■2025年度高等学校受験用

明治学院高等学校

収録内容一覧

★この問題集は以下の収録内容となっています。また、編集の都合上、解説、解答用紙を省略させていただいている場合もございますのでご了承ください。

（○印は収録、－印は未収録）

入試問題と解説・解答の収録内容		解答用紙
2024年度	英語・数学・国語	○
2023年度	英語・数学・国語	○
2022年度	英語・数学・国語	○
2021年度	英語・数学・国語	○
2020年度	英語・数学・国語	○
2019年度	英語・数学・国語	○

★当問題集のバックナンバーは在庫がございません。あらかじめご了承ください。

●凡例●

【英語】

≪解答≫

〔　〕　①別解
②置き換え可能な語句（なお下線は置き換える箇所が2語以上の場合）
(例) I am〔I'm〕glad〔happy〕to～

（　）　省略可能な言葉

≪解説≫

1，2…　本文の段落（ただし本文が会話文の場合は話者の1つの発言）

〔　〕　置き換え可能な語句（なお〔　〕の前の下線は置き換える箇所が2語以上の場合）

（　）　①省略が可能な言葉
(例)「(数が) いくつかの」
②単語・代名詞の意味
(例)「彼（＝警察官）が叫んだ」
③言い換え可能な言葉
(例)「いやなにおいがするなべにはふたをするべきだ（＝くさいものにはふたをしろ）」

//　訳文と解説の区切り

cf.　比較・参照

≒　ほぼ同じ意味

【数学】

≪解答≫

〔　〕　別解

≪解説≫

（　）　補足的指示
(例)（右図1参照）など

〔　〕　①公式の文字部分
(例)〔長方形の面積〕＝〔縦〕×〔横〕
②面積・体積を表す場合
(例)〔立方体ABCDEFGH〕

∴　ゆえに

≒　約、およそ

【社会】

≪解答≫

〔　〕　別解

（　）　省略可能な語

＿＿　使用を指示された語句

≪解説≫

〔　〕　別称・略称
(例) 政府開発援助〔ODA〕

（　）　①年号
(例) 壬申の乱が起きた（672年）。
②意味・補足的説明
(例) 資本収支（海外への投資など）

【理科】

≪解答≫

〔　〕　別解

（　）　省略可能な語

＿＿　使用を指示された語句

≪解説≫

〔　〕　公式の文字部分

（　）　①単位
②補足的説明
③同義・言い換え可能な言葉
(例) カエルの子（オタマジャクシ）

≒　約、およそ

【国語】

≪解答≫

〔　〕　別解

（　）　省略してもよい言葉

＿＿　使用を指示された語句

≪解説≫

〈　〉　課題文中の空所部分（現代語訳・通釈・書き下し文）

（　）　①引用文の指示語の内容
(例)「それ（＝過去の経験）が ～」
②選択肢の正誤を示す場合
(例)（ア，ウ…×）
③現代語訳で主語などを補った部分
(例)（女は）出てきた。

／　漢詩の書き下し文・現代語訳の改行部分

明治学院高等学校

所在地	〒108-0071 東京都港区白金台1-2-37
電　話	03-5421-5011
ホームページ	https://www.meigaku.ed.jp/
交通案内	都営浅草線　高輪台駅より徒歩約5分，JR高輪ゲートウェイ駅より徒歩約13分 都営三田線・東京メトロ南北線　白金台駅より徒歩約7分 JR目黒駅，品川駅よりバスで「明治学院前」下車

普通科

男女共学

くわしい情報は
ホームページへ

応募状況

年度	募集数	受験数	合格数	倍率
2024	推薦　120名	334名	149名	2.2倍
	一般１回150名	628名	189名	3.3倍
	２回 60名	484名	75名	6.5倍
2023	推薦　120名	393名	147名	2.7倍
	一般１回150名	673名	180名	3.7倍
	２回 60名	472名	78名	6.1倍
2022	推薦　120名	307名	141名	2.2倍
	一般１回150名	575名	192名	3.0倍
	２回 60名	366名	82名	4.5倍

※推薦は書類審査実施につき応募者数を記載。

試験科目　（参考用：2024年度入試）

推薦：書類審査，面接
一般：数学・国語・英語，面接

教育目標

・一人ひとりを大切にする教育
・他者を思いやる心
・自主と自律

キリスト教を教育の基本としている本校の教育理念は「隣人を自分のように愛しなさい」という聖書の言葉による。「人は何のために生きるか」という，自分の人生の目標を追い求めて歩んでいく，生徒一人ひとりの助けとなり，力となることを目指した指導を行っている。

教育の特色

1．各学年に聖書の科目を設け，校内のチャペルで礼拝が行われている。
2．２年の総合探究では，６つのコースから好きなコースを選択して，各テーマに基づいた授業と研修旅行が行われる。
3．２年次から，多様な進路に合わせたさまざまな選択科目を設置している。
4．明治学院大学から講師を呼び，講義を受けられる「大学入門講座」や，明治学院大学法学部のゼミに出席してプレゼンテーションや討論を体験する「法学部ゼミ体験」など，系列校の利点を生かしたプログラムが充実している。
5．留学を希望する場合，留学先の学校の単位を認定する制度によって，３年間で卒業できる。
6．オリーブ祭（文化祭）や合唱コンクール，体育祭などの行事を通して，コミュニケーション力や協調性，発想・思考力を養う。

進路

本校には明治学院大学へ内部進学ができる「系列校特別推薦」制度がある。高校１年次から３年１学期までの成績の上位80％の生徒に出願資格が与えられる。また，上位30％以内であれば書類審査と課題レポート，その他の生徒は書類審査，面接試験，小論文により合否が決定する。学科によっては他大学と併願できる制度もある（上位30％以内対象）。

◎近年の主な国公立・私立大学合格実績

明治学院大，北海道大，九州大，東京外国語大，東京農工大，東京海洋大，茨城大，東京都立大，早稲田大，慶應義塾大，上智大，東京理科大，国際基督教大，学習院大，明治大，青山学院大，立教大，中央大，法政大，成蹊大，成城大，東京女子大，日本女子大，同志社大，立命館大ほか

編集部注―本書の内容は2024年3月現在のものであり，変更されている場合があります。正確な情報は，学校のホームページ等で必ずご確認ください。

出題傾向と今後への対策　英語

出題内容

	2024	2023	2022
大問数	4	5	5
小問数	30	30	38
リスニング	×	×	×

◎大問４～５題で，小問数は35問前後である。出題構成は長文読解問題１題，文法問題１～２題，対話文１題，整序結合１題である。

2024年度の出題状況

A 長文読解総合―物語

B 適語(句)選択

C 整序結合

D 長文読解―英問英答―対話文

解答形式

2024年度	記　述／マーク／併　用

出題傾向

設問や出題パターンはさまざまだが，中学の学習範囲内での総合力を試す問題である。読解問題では，英文の内容に即して考えないとあわてて引っかかる恐れがある。選択肢には迷わせるものがあるので注意が必要。文法問題は，基本的な動名詞，不定詞から，前置詞など細かい項目まで問う問題もある。

今後への対策

中学の学習内容の徹底的な復習が不可欠である。基本事項を復習することによって自分の弱点を補強できる。文法と長文読解はそれぞれ問題集を決めて，何度も解き直すこと。英文は繰り返し読むことで長文に慣れてくる。指示語や代名詞が何を指すのかを常に意識して読もう。最後に過去問題集で問題と時間配分を確認するとよい。

◆◆◆◆◆ 英語出題分野一覧表 ◆◆◆◆◆

分野			2022	2023	2024	2025 予想※
音声	放送問題					
	単語の発音・アクセント					
	文の区切り・強勢・抑揚					
語彙・文法	単語の意味・綴り・関連知識					
	適語(句)選択・補充		■	●	■	◎
	書き換え・同意文完成					
	語形変化					
	用法選択					
	正誤問題・誤文訂正		●	●		◎
	その他					
作文	整序結合		●	●	●	◎
	日本語英訳	適語(句)・適文選択				
		部分・完全記述				
	条件作文					
	テーマ作文					
会話文	適文選択		■	●		◎
	適語(句)選択・補充					
	その他				●	△
長文読解	内容把握	主題・表題	●			△
		内容真偽	●	●	●	◎
		内容一致・要約文完成			●	△
		文脈・要旨把握		●	●	◎
		英問英答	●	●	●	◎
	適語(句)選択・補充		●		●	◎
	適文選択・補充		●	●		◎
	文(章)整序					
	英文・語句解釈(指示語など)		●	●	●	◎
	その他					

●印：１～５問出題，■印：６～10問出題，★印：11問以上出題。
※予想欄　◎印：出題されると思われるもの。　△印：出題されるかもしれないもの。

出題傾向と今後への対策　数学

出題内容

2024年度

大問５題，20問の出題。1は小問集合で，10問。数と式，図形，データの活用などからの出題。基本的な計算力や知識を見るものが中心である。2はさいころを利用した確率２問。3は平面図形で，円を利用した問題。等しい角から相似な三角形を見つけられるかがポイント。4は空間図形で，三角柱について問うもの。平面で分けられた立体などについて問われている。5は関数で，放物線と直線に関するもの。平行線の性質など，図形の知識を要する問題もある。

2023年度

大問５題，20問の出題。1は小問集合で，９問。計算を主とする問題のほか，数の性質や図形，関数なども出題されている。2はさいころを利用した確率。出た目の数が等式，不等式を満たすときの確率が問われている。3は平面図形で，台形について問う計量題３問。4は関数で，一次関数のグラフについて問うもの。三角形の面積や交点のx座標を文字を使って表す問題などもある。5は特殊・新傾向問題で，画用紙を張るときの必要な画びょうの数について問うもの。

作…作図問題　証…証明問題　グ…グラフ作成問題

解答形式

2024年度	記　述／マーク／併　用

出題傾向

近年は，大問５題，総設問数20問である。1は小問集合で10問前後。数と式，方程式から計算を主とするものと，関数，図形などから数問出題される。2以降は，関数，図形が必出。標準的な内容であるが，設定が複雑なものも見られる。その他では，データの活用などから出題されている。

今後への対策

基本問題集で基礎基本を定着させ，標準レベルの問題集で問題に慣れていくようにしよう。併せて，いろいろな考え方や解法を身につけていこう。解けなかった問題は解説を読み，改めて解き直すこと。各分野からまんべんなく出題されているので偏りのない学習を心がけよう。やや複雑な計算にも対応できるよう，計算練習も忘れずに。

◆◆◆◆◆ 数学出題分野一覧表 ◆◆◆◆◆

分野	年度	2022	2023	2024	2025予想※
数と式	計算，因数分解	★	★	★	◎
	数の性質，数の表し方	●	●	■	◎
	文字式の利用，等式変形				
	方程式の解法，解の利用	●	●		◎
	方程式の応用		●		△
関　数	比例・反比例，一次関数		★	●	◎
	関数$y=ax^2$とその他の関数	★	●	★	◎
	関数の利用，図形の移動と関数				
図　形	（平面）計　量	★	★	★	◎
	（平面）証明，作図				
	（平面）その他			●	
	（空間）計　量	■		■	◎
	（空間）頂点・辺・面，展開図				
	（空間）その他				
データの活用	場合の数，確率	■	■	■	◎
	データの分析・活用，標本調査	●		●	△
その他	不等式				
	特殊・新傾向問題など	●	★		
	融合問題				

●印：１問出題，■印：２問出題，★印：３問以上出題。
※予想欄　◎印：出題されると思われるもの。　△印：出題されるかもしれないもの。

出題傾向と今後への対策　国語

出題内容

2024年度

論説文　論説文　小説

課題文
一鎌田浩毅
『知っておきたい地球科学』
二藤原辰史『縁食論』
三永井荷風『羊羹』

2023年度

説明文　論説文　小説

課題文
一小泉武夫『くさいはうまい』
二國分功一郎『暇と退屈の倫理学』
三尾崎一雄『虫のいろいろ』

2022年度

説明文　論説文　小説

課題文
一旦部幸博『コーヒーの科学』
二森本哲郎『日本語　表と裏』
三井上ひさし『あくる朝の蟬』

解答形式

2024年度	記　述／マーク／併　用

出題傾向

設問は，それぞれの読解問題に10問前後付されており，全体で30問前後の出題となっている。設問のレベルは，いずれも標準的である。課題文は，論説文の場合，著名な評論家や学者の作品からの出典が目立つ。小説については，どちらかというと古典的な作家の作品が好まれているようである。

今後への対策

いろいろな文章を読みこなす基本的な読解力が要求されている。こうした力を身につけるには，問題集をたくさんこなすだけでなく，日頃から著名な学者・評論家・作家の作品を新書や文庫などで読んでおく必要がある。また，国語の知識に関しては，漢字を中心に語句関連の復習をしておくとよい。

◆◆◆◆◆ 国語出題分野一覧表 ◆◆◆◆◆

分野		年度	2022	2023	2024	2025予想※
現代文	論説文・説明文	主題・要旨	●	●	●	◎
		文脈・接続語・指示語・段落関係	●	●	●	◎
		文章内容	●	●	●	◎
		表現	●			△
	随筆・日記・手紙	主題・要旨				
		文脈・接続語・指示語・段落関係				
		文章内容				
		表現				
		心情				
	小説	主題・要旨				
		文脈・接続語・指示語・段落関係				
		文章内容	●	●	●	◎
		表現	●	●		◎
		心情	●	●	●	◎
		状況・情景				
韻文	詩	内容理解				
		形式・技法				
	俳句・和歌・短歌	内容理解				
		技法				
古典	古文	古語・内容理解・現代語訳				
		古典の知識・古典文法				
	漢文	（漢詩を含む）				
国語の知識	漢字・語句	漢字	●	●	●	◎
		語句・四字熟語	●	●	●	◎
		慣用句・ことわざ・故事成語		●	●	◎
		熟語の構成・漢字の知識				
	文法	品詞				
		ことばの単位・文の組み立て				
		敬語・表現技法				
	文学史					
作文・文章の構成・資料						
その他						

※予想欄　◎印：出題されると思われるもの。　△印：出題されるかもしれないもの。

合格を勝ち取るための

本書の使い方

本書に掲載されている過去問をご覧になって，「難しそう」と感じたかもしれません。でも，大丈夫。ほとんどの受験生が同じように感じるのです。高校入試の出題範囲は中学校の定期テストに比べて広いですし，残りの中学校生活で学ぶはずの，まだ習っていない内容からも出題されているかもしれません。

ですから，初めて本書に取り組む際には，点数を気にする必要はありません。点数は本番で取れればいいのです。

過去問で重要なのは「間違えること」です。自分の弱点を知るために，過去問に取り組むのです。当然，間違った問題をそのままにしておいては意味がありません。

本書には，長年にわたって高校受験に関わってきたベテランスタッフによる詳細な解説がついています。間違えた問題は重点的に解説を読み，何度も解きなおしてください。時にはもう一度，教科書で復習するのもよいでしょう。

別冊として，抜き取って使える解答用紙を収録しました。表示してあるように拡大コピーをとれば，実際の入試と同じ条件で，何度でも過去問に取り組むことができます。特に記述問題では解答欄の大きさがヒントになる場合があります。そうした，本番で使える受験テクニックの練習ができるのも，本書の強みです。

前のページにある「出題傾向と今後への対策」もよく読んで，本校の出題傾向に慣れておきましょう。

2025年度 高校受験用

明治学院高等学校　6年間スーパー過去問

をご購入の皆様へ

お詫び

本書、明治学院高等学校の入試問題につきまして、誠に申し訳ございませんが、以下の問題文は著作権上の問題により掲載することができません。設問と解説、解答は掲載してございますので、よろしくお願い申し上げます。

記

2019年度　国語　一　の問題文

以上

株式会社　声の教育社　編集部

2024年度 明治学院高等学校

【英　語】（50分）〈満点：100点〉

（注意）指示のない限り，答えは１つです。

A　1.〜13.の設問に答えなさい。

If You Have Time

Natalie Garibian was packing her suitcases in her bedroom. She was 20 years old, and 1 she was both nervous and excited. The next day she was traveling from her home in Florida to Paris, France. She would study for six months there. She was almost finished packing when her father walked into the room. He held 2 two small black-and-white photos in his hand.

"When I was your age, I traveled, too," he said in *Armenian, his native language. "I came to the United States. On the way, I stopped in *Syria and stayed with a cousin for a few weeks. She and her husband had four children—a son and three daughters. They're the family in these photos. I heard from a family member that the daughters might live in Paris now. I know you'll be busy in Paris. But I hope at some point you'll have time to look for these girls. I want to know how they are. And I want them to meet you."

Mr. Garibian turned the photos over and showed Natalie the names written on the back. "Of course, that was (3) ago," he continued. "The girls are probably married and have different names. I'm sure they look very different, too. Maybe they don't even live in Paris. Still, I hope you have time to look for them."

Natalie took the photos from her father. 4 "If I have time, Papa," Natalie answered in Armenian. "If I have time."

Natalie knew that she would have to study hard in Paris. She wanted to travel a little, too. How would she find time to look for the girls? She didn't know what they looked like, what their names were, or where they lived. Looking for them would be like trying to find a needle in a *haystack.

What was her father thinking? Natalie put the photos at the bottom of her suitcase. She did not want to spend six months in Paris looking for the little girls—grown women now—who met her father thirty years ago.

As soon as Natalie arrived in Paris, 5 she tried to experience as much as possible. During the week, she went to classes, and on long weekends she took train trips throughout Europe. The summer passed and the fall passed. The days got shorter, darker and colder. Natalie was homesick. She missed her family. She missed her mother's cooking, and she missed hearing her parents speak Armenian. She remembered seeing a small stone Armenian church on a street in Paris. 6 She decided to go there for a church *service, just to hear people speak Armenian.

When Natalie arrived at the church, she was surprised to see that it was crowded. She found a chair and sat down. A few minutes later, she saw 7 a woman about 70 years old walking up and down the *aisle on the other side of the church. She was looking for an empty chair. The woman was bent over and it seemed difficult for her to walk. Several people offered her their seats, but she shook her head, *no, no*, and kept walking to Natalie. A few minutes later, she was standing next to Natalie.

Natalie stood up and, in Armenian, offered the woman her seat. The woman sat down. Natalie looked around; the only seat left was at the end of the row, against the stone wall, so Natalie sat down there. All through the service, the woman kept turning her head and looking at her. When the service ended, the woman asked her in Armenian, 8 "You're not from here, are you?"

Natalie was surprised. She spent her whole life in the United States, but she always spoke Armenian with her parents. She thought her Armenian was pretty good. She wondered if she spoke Armenian with an American accent.

"No, I'm not from here," Natalie answered. "How did you know that?"

"I'm not from here, either," the woman answered. "I'm visiting my daughters. But I've noticed that the young Armenians, the ones who grow up here, don't speak Armenian. They all speak French. You speak Armenian—good Armenian—so I knew you weren't from here. Where are you from?"

"I'm from the United States, from Florida," Natalie answered.

“Ah, I have family members in the United States,” the woman said. She began to say their names: “Sarkis, Dikran, Ara…”

“Ara?” Natalie asked. Ara was Natalie’s father’s name. “When did you last see Ara?”

“Thirty years ago, in Syria,” the woman answered. “He stayed with my family for a while on his way to the United States. Such a nice young man. He was so kind to my children.”

Natalie began to cry. “That’s my father,” she said.

The woman began to cry, too, and raised her hands. 9 She said, “Asdoodzo Kordzeh.” It meant God’s work. “I’ve been looking for your father for thirty years. I knew you were something special. I knew it from your face.”

Natalie wanted to hear Armenian because she missed her family. She thought they were all thousands of miles away. 10 Not all of them were far away. One of them was sitting near her, in a small stone church in Paris.

［注］
Armenian: アルメニア語、アルメニア人
Syria: シリア
haystack: 干し草の山
service: 礼拝
aisle: 通路

1. 下線部 1 について、次の問いの答えとして最もふさわしいものを選びなさい。
Why did Natalie feel so when she was packing her suitcases?

(1) It was because her father walked into her room after she finished packing her suitcases.

(2) It was because she didn’t want to go to Paris for less than six months.

(3) It was because she was going to leave for France to study for half a year.

(4) It was because she wasn’t able to pack her suitcases by herself.

(5) It was because the photos which her father had in his hand were Natalie’s.

2. 下線部 2 の写真について当てはまるものとして最もふさわしいものを選びなさい。

(1) Natalie's father, his wife and four children were in the old photos.

(2) Natalie's father kept these colored photos for about six months.

(3) Natalie's father showed Natalie the photos and talked about the family in them.

(4) The names of Natalie's brother and sisters were written on the back of the photos.

(5) The photos were taken by Natalie's father when he took a trip to Paris.

3. 空所 3 に入るものとして最もふさわしいものを選びなさい。

(1) a few years

(2) not long

(3) six months

(4) thirty years

(5) twenty years

4. 下線部 4 について、次の問いの答えとして最もふさわしいものを選びなさい。

Why did Natalie say to her father, "If I have time"?

(1) It was because she also wanted to look for the girls while she was studying hard in Paris.

(2) It was because she didn't know how to find the girls and thought she wouldn't have time to do so.

(3) It was because she didn't understand what her father asked her to do.

(4) It was because she planned to travel around Paris with her father.

(5) It was because she realized that her father had no hope to find the family in Paris.

5. 下線部 5 の内容を表すものとして最もふさわしいものを選びなさい。

(1) Natalie experienced many things when she was with her family.

(2) Natalie just went to school and enjoyed her school life.

(3) Natalie was doing her best to enjoy her days while she was staying in Paris.

(4) Natalie was too busy to do things that she wanted to do.

(5) Natalie was traveling all over America to have a lot of experience.

6.　下線部 6 について、次の問いの答えとして最もふさわしいものを選びなさい。

Why did Natalie go to the Armenian church?

(1) It was because she expected that she could meet the girls her father was looking for.

(2) It was because she knew that she could have her mother's cooking there.

(3) It was because she missed her family and wanted to hear the language her parents used.

(4) It was because she thought it would be empty and she wouldn't need to talk to anyone.

(5) It was because she wanted to go into many small stone buildings in Paris.

7.　下線部 7 の人物について当てはまるものとして最もふさわしいものを選びなさい。

(1) The woman accepted Natalie's offer and sat next to Natalie at the church.

(2) The woman asked several people for a seat, but they all refused.

(3) The woman could not stop thinking about Natalie all through the service.

(4) The woman could not walk at all so someone brought her a chair to sit on.

(5) The woman had trouble sitting so she was standing during the church service.

8.　下線部 8 について、次の問いの答えとして最もふさわしいものを選びなさい。

Why did the woman think so?

(1) It was because Natalie didn't look like a person living in the United States.

(2) It was because Natalie spoke Armenian unlike the young Armenians who grew up in Paris.

(3) It was because Natalie was looking for someone with photos in her hand.

(4) It was because Natalie was talking to a lot of people in the church.

(5) It was because Natalie's Armenian had an American accent.

9.　下線部 9 から読み取れる彼女の心情として最もふさわしいものを選びなさい。

(1) She believed that it was God's plan for them to meet.

(2) She thanked God for taking care of her children.

(3) She thought that God helped her to pray for her family.

(4) She was so surprised that she finally met Ara.

(5) She wondered who Asdoodzo Kordzeh was.

10. 下線部 10 の内容を表すものとして最もふさわしいものを選びなさい。

(1) Natalie found one family member at the Armenian church she visited in Paris.

(2) Natalie noticed Paris was not so far from her hometown, Florida.

(3) Natalie understood that Paris was not thousands of miles away from Syria.

(4) Natalie was not alone in Paris because there were so many Armenian people in the church.

(5) One of Natalie's family members in Florida was sitting with her in the church.

11. 本文の内容と一致するものとして最もふさわしいものを選びなさい。

(1) Natalie didn't have many opportunities to hear people speak Armenian in Paris.

(2) Natalie really enjoyed traveling throughout Europe and never thought of her parents.

(3) Natalie stopped studying in Paris and traveled to Syria because she found her family.

(4) Natalie wasn't pleased with what her father asked her to do because she finished packing.

(5) Natalie's father knew that his daughters stayed in Paris because he got letters from them.

12. 本文の内容と一致するものとして最もふさわしいものを選びなさい。

(1) Natalie tried her best to look for the girls and met one at a church.

(2) Natalie was proud of speaking Armenian with an American accent.

(3) The elderly woman always attended church with her daughters.

(4) The elderly woman had family members in the United States including Ara.

(5) When Natalie was in Florida, she usually talked with her family in English.

13. 以下の英文は、本文を読んだある高校生の感想です。以下の空所(13)~(15)に下の選択肢から適切な語をそれぞれ選び、記号で答えなさい。

I was moved by the last part of this story. Natalie and the woman began to cry because they were able to meet their family member. Natalie was asked to find her father's family members shown in the photos. The woman, who was Natalie's father's (13), also wanted to meet Natalie's father. Natalie and the woman never imagined they would have a (14) to meet, but luckily they could. In addition, I thought there was another reason Natalie began to cry when I realized her situation in Paris. At that time, she was (15) in Paris. She wanted to hear Armenian, so she felt relaxed and happy to find Armenian people talking to each other. So, I concluded that the reason both Natalie and the woman began to cry was not exactly the same.

選択肢

(1) chance (2) cousin (3) daughter (4) homesick (5) satisfied (6) time

B 次の 16.～22.の文の空所に入る最もふさわしいものを選びなさい。21.～22.には、2つの空所に共通して入る最もふさわしいものを選びなさい。ただし、文頭の語も小文字になっている。

16. I saw a bird on the top ( ) the house roof.

(1) from (2) in (3) of (4) out (5) to

17. It’s raining outside. It is announced, ( ), the soccer game will start.

(1) although (2) but (3) however (4) that (5) while

18. I got home very late yesterday. That ( ) my mother angry.

(1) did (2) made (3) was (4) went (5) why

19. If I ( ) a lot of money, I would travel all over the world.

(1) had (2) have (3) was (4) were (5) with

20. Newton ( ) a new theory when he saw falling apples.

(1) came up with (2) got in (3) jumped up (4) paid attention (5) ran out

21. She ( ) to run fast when she was young.

( ) books help students who don’t have much money.

(1) cheap (2) new (3) old (4) used (5) was

22. We need to ( ) dogs so that they won’t bark at people.

The first ( ) arrives at 6 o’clock.

(1) call (2) car (3) clean (4) plane (5) train

C　次の 23.〜27.の選択肢の語（句）を正しい語順に並べかえたとき、(　1　)及び(　2　)に入る語（句）の組み合わせとして最もふさわしいものを選びなさい。ただし、文頭の語（句）も小文字になっている。

23.　彼は世界で最も優れた野球選手の一人です。

He is (　　)(　1　)(　　)(　　)(　　)(　2　)(　　) the world.

（ア）baseball　（イ）of　（ウ）in　（エ）greatest
（オ）one　（カ）players　（キ）the

	1	と	2
(1)	（ア）	と	（オ）
(2)	（イ）	と	（カ）
(3)	（エ）	と	（オ）
(4)	（オ）	と	（カ）
(5)	（キ）	と	（カ）

24.　今夜、テレビで何かおもしろいものはありますか。

(　　)(　　)(　1　)(　　)(　2　)(　　) tonight?

（ア）there　（イ）TV　（ウ）anything　（エ）is
（オ）on　（カ）interesting

	1	と	2
(1)	（ア）	と	（ウ）
(2)	（イ）	と	（カ）
(3)	（ウ）	と	（イ）
(4)	（ウ）	と	（オ）
(5)	（カ）	と	（オ）

25. トムという名前の猫が私たちの側に寝ている。

(　　)(　　)(　1　)(　　)(　　)(　2　)(　　).

（ア）beside　（イ）a cat　（ウ）is　（エ）us
（オ）sleeping　（カ）Tom　（キ）named

	1	と	2
(1)	（カ）	と	（ア）
(2)	（カ）	と	（エ）
(3)	（キ）	と	（ア）
(4)	（キ）	と	（エ）
(5)	（キ）	と	（オ）

26. 一人で食べるよりも友達と食べる方が好きだ。

(　　)(　　)(　1　)(　　)(　　)(　　)(　　)(　2　).

（ア）with　（イ）I　（ウ）than　（エ）eating alone
（オ）better　（カ）my friends　（キ）like　（ク）eating together

	1	と	2
(1)	（エ）	と	（カ）
(2)	（オ）	と	（エ）
(3)	（オ）	と	（カ）
(4)	（カ）	と	（エ）
(5)	（ク）	と	（エ）

27. 彼女が遅刻した理由にあなたは驚くかもしれない。

You (　　)(　1　)(　　)(　　)(　　)(　2　)(　　)(　　).

（ア）the reason　　（イ）late　　（ウ）surprised　　（エ）was
（オ）be　　（カ）at　　（キ）she　　（ク）may

	1	と	2
(1)	（ウ）	と	（オ）
(2)	（オ）	と	（イ）
(3)	（オ）	と	（キ）
(4)	（カ）	と	（エ）
(5)	（ク）	と	（ア）

D　会話文を読み 28.～30.の設問に答えなさい。

MENU

SALAD　¥350

WITH CHICKEN	+¥50
WITH SHRIMP	+¥30
WITH CHEESE	+¥20

SOUP

TODAY'S	¥150
SPECIAL	¥180

PIZZA　¥400

WITH EXTRA CHEESE	+¥20
WITH MUSHROOMS	+¥30
WITH CORN	+¥30
WITH SAUSAGES	+¥60

PASTA

MEAT SAUCE	¥450
CREAM SAUCE	¥400
SEA FOOD	¥430

DESSERT

ICE CREAM	¥200
PUDDING	¥280
CHOCOLATE CAKE	¥300
CHEESE CAKE	¥300
APPLE PIE	¥350

Emma and Olivia came into a restaurant after club activities at school.

Emma: We had a long day!

Olivia: That’s true. I’m so hungry.

Emma: What are you going to have?

Olivia: I only have 600 yen today. What do you think I should have?

Emma: The meat sauce pasta looks nice.

Olivia: I agree, but I want to have some dessert, too.

Emma: Then how about a pizza?

Olivia: That sounds good. I wanted to have an apple pie, but I will still be able to buy a dessert with the rest of the money.

28. What will Olivia have for dessert?

(1) Apple pie

(2) Cheese cake

(3) Chocolate cake

(4) Ice cream

(5) Pudding

29. What has the highest price on the menu?

(1) Apple pie

(2) Meat sauce pasta

(3) Pizza with sausages

(4) Salad with chicken

(5) Today’s soup

30. How much does Olivia need if she wants to have a pizza and a salad with chicken?

(1) 650 yen

(2) 700 yen

(3) 750 yen

(4) 800 yen

(5) 850 yen

【数　学】（50分）〈満点：100点〉

1　次の各問いに答えよ。

(1) $0.6^2\times\left(\dfrac{2}{3}\right)^3\div\left(\dfrac{3}{5}-1\right)^2$ を計算せよ。

(2) $\dfrac{2x-3y}{3}-\dfrac{y-x}{4}-x+2y$ を計算せよ。

(3) $(x-2)^2+3(2-x)-18$ を因数分解せよ。

(4) $\sqrt{15}$ の小数部分を a とするとき，a^2+6a+4 の値を求めよ。

(5) y は x に比例し，$x=2$ のとき，$y=3$ である。また，z は y に反比例し，$y=4$ のとき，$z=12$ である。
$x=-4$ のとき，z の値を求めよ。

(6) $\sqrt{\dfrac{168}{n}}$ が整数となるような自然数 n をすべて求めよ。

(7) 3^{2024} の一の位の数字を求めよ。

(8) 図のような△ABCの面積を求めよ。

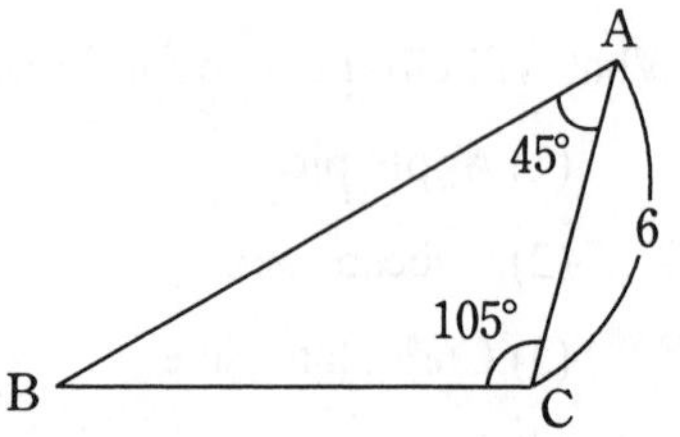

(9) 四角形ABCDは台形でAD∥EFのとき，$\dfrac{EB}{AE}$ を求めよ。

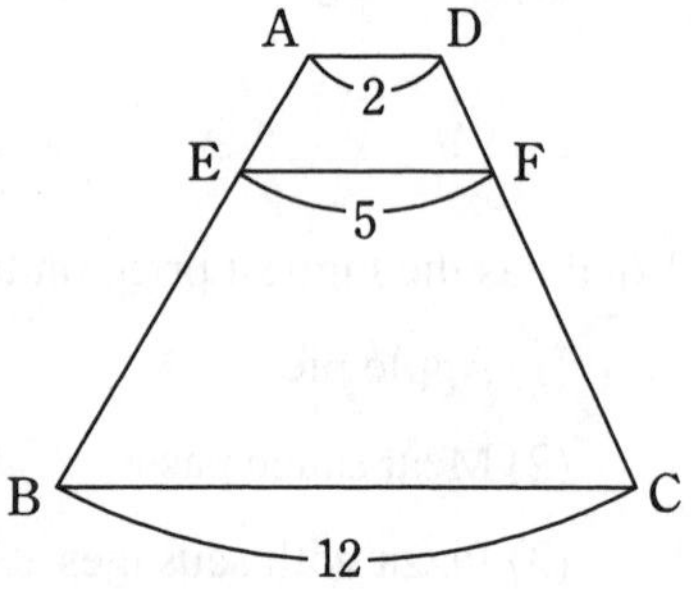

(10) 次の表は，10人にテストを行った結果である。
テストは10問で1問1点，中央値が6.5点，平均値が6.4点であるとき，x, y の値を求めよ。
ただし，$x\leqq y$ とする。

	A	B	C	D	E	F	G	H	I	J
点数	x	y	4	5	6	8	8	9	8	6

2　2つのさいころ A, B を同時に1回投げて，出た目をそれぞれ a, b とする。
a, b の最小公倍数を X とするとき，次の問いに答えよ。

(1) $X=6$ となる確率を求めよ。

(2) $X>6$ となる確率を求めよ。

3 図のように，円周上に3点A, B, Cがあり，AB=3, AC=4である。

∠BACの二等分線と円の交点をDとするとき，AD=$4\sqrt{3}$ である。

線分ADと線分BCの交点をEとするとき，次の問いに答えよ。

(1) △ABDと相似な三角形を，次の(ア)～(キ)の中から2つ選択せよ。

(ア) △ABC　(イ) △AEC　(ウ) △ABE　(エ) △ADC

(オ) △BED　(カ) △BDC　(キ) △EDC

(2) 線分AEの長さを求めよ。

(3) 四角形ABDCの周の長さを求めよ。

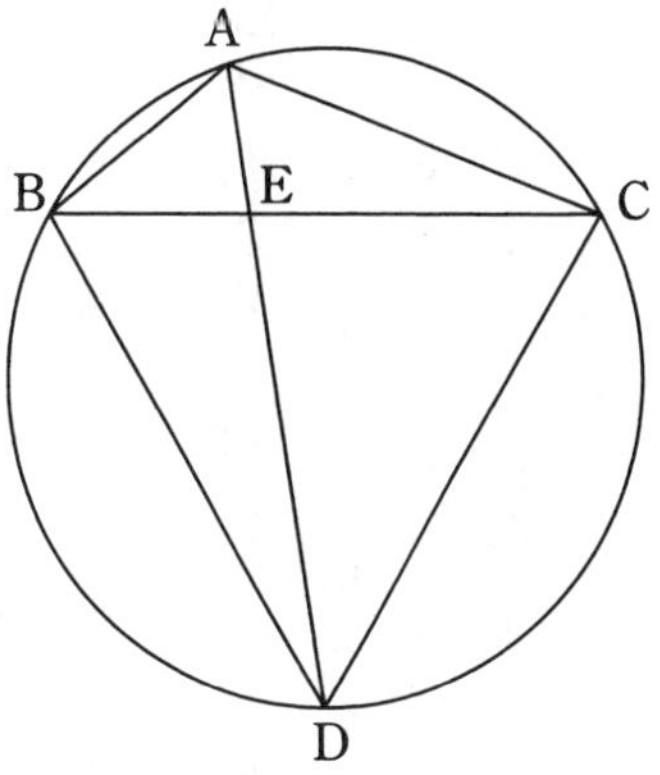

4 図のような，一辺の長さが2である正三角形を底面とし，高さが5である三角柱ABC−DEFがある。

辺CF上に点L，辺BE上に点MをAL+LM+MDの値が最小となるようにとる。

次の問いに答えよ。

(1) CL:BMをもっとも簡単な整数比で表せ。

(2) 三角柱ABC−DEFを平面ALMで切断してできる2つの立体のうち，頂点Cを含む立体の体積を求めよ。

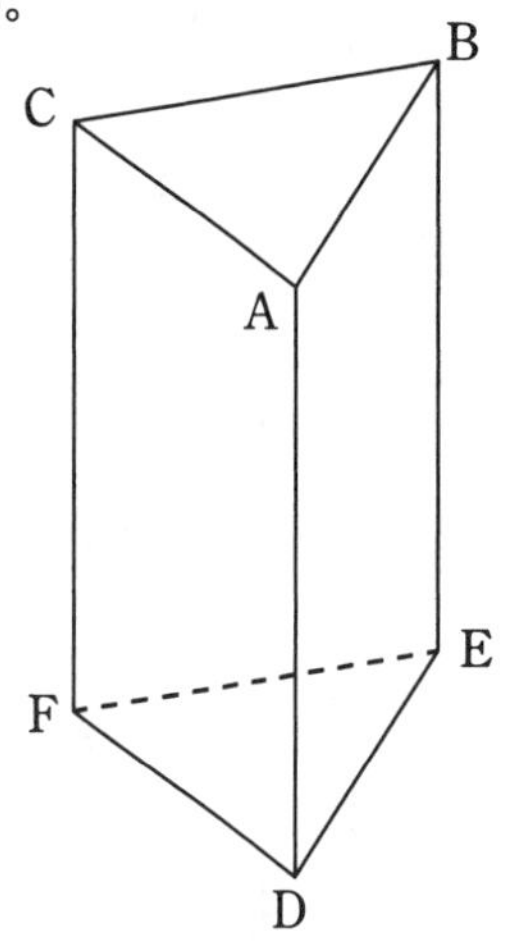

5 放物線 $y=ax^2$ $(a>0)$ 上に2点A, Bがあり，x座標はそれぞれ $x=-1, 3$ である。

また，点Bからx軸に垂線を下ろし，x軸との交点をC，直線AB, ACとy軸の交点をそれぞれD, Eとする。

点Bを通り直線ACに平行な直線と $y=ax^2$ との交点をFとする。

△ADEの面積が $\dfrac{3}{8}$ であるとき，次の問いに答えよ。

(1) aの値を求めよ。

(2) 直線BFの式を求めよ。

(3) △ABFの面積を求めよ。

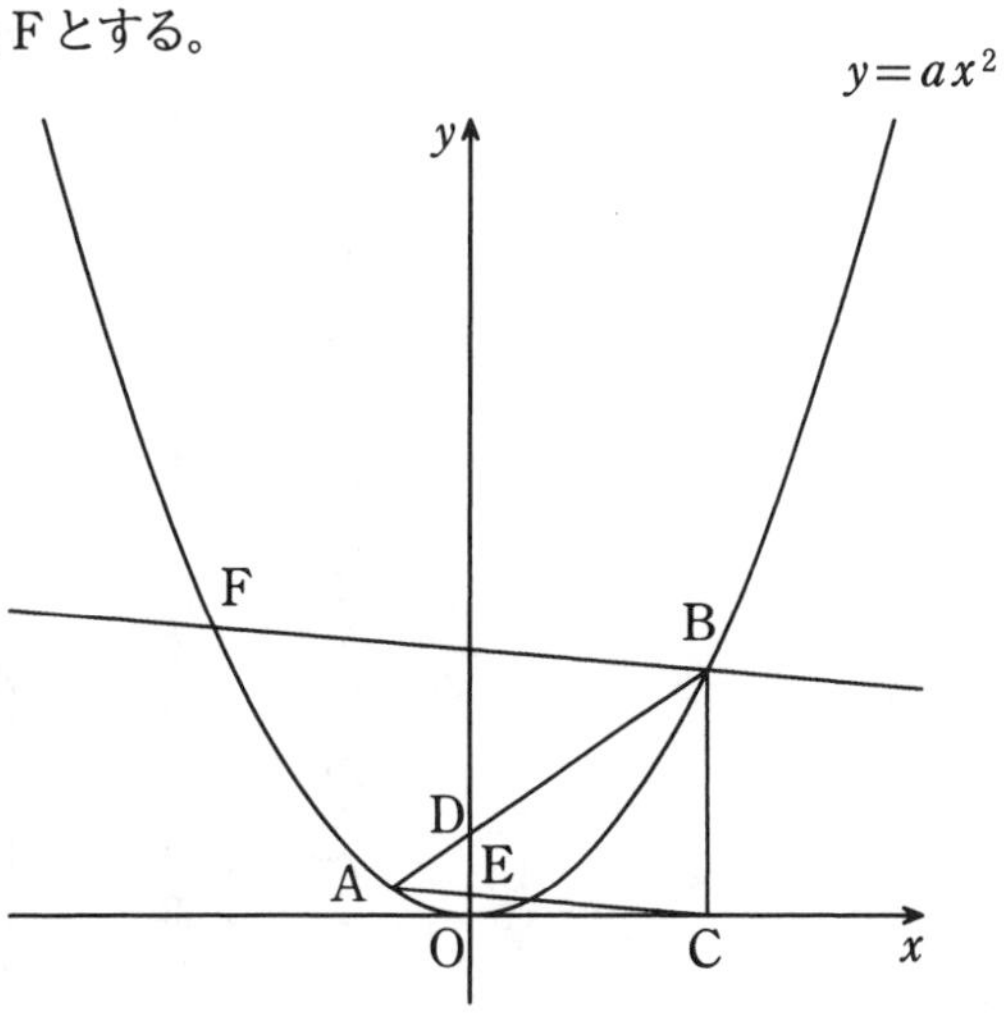

問19 傍線部⑨「何もないんだよ。」に込められた思いとはどのようなものであると考えられるか。もっともふさわしいものを次から選べ。

A 戦争によって全てを奪われ、このような田舎で不自由な暮らしを強いられていることを恨みがましく思い、落ちぶれてしまった今の自分たちの生活をぼやき嘆く思い。

B 新太郎が毎日の食べるものにも困り、遠くから無心しに自分たちを訪ねてきたと思い込み、少し警戒しつつもせめてお腹を満たして帰って行って欲しいと心から願う思い。

C かつての弟子がめかしこんだ派手な身なりをしてきたことをどこか面白くないと感じ、自分たちの贅沢《ぜいたく》な食事や暮らしぶりをさりげなく見せ、あてつけてやろうという思い。

D 戦前の店で出していた料理には到底及ばないが、自分たちを探しわざわざ足を運んでくれた新太郎に、今ある美味しいものをふるまい、精一杯もてなしてやりたい思い。

問20 傍線部⑩「幾度も頭を下げて潜門を出た」とあるが、「もとの主人」と「おかみさん」に対するこの時の新太郎の心情を説明したものとして、もっとも適切なものを次から選べ。

A 突然の訪問にも関わらず温かく自分を迎え入れ、親身になって相談に乗り、また話に来るよう言ってくれたことに対する感謝の気持ちと別れの悲しさとがないまぜになっている。

B 疎開先での苦労や戦争によって没落した暮らしをどこかでイメージしていたが、その暮らしぶりと豊かな食卓を目の当たりにし、何だか割り切れないやり場のない思いになっている。

C かつて使われる身であった自分が、戦争により立場の逆転こそないものの、主人にもてなされる身となったことを嬉しく感じつつも、どこか切ないようなやるせない気持ちになっている。

D 外は真っ暗になり酒まで勧められたので、泊まっていくよう誘われるものと心づもりしていたが、期待外れに終わり、引き留めてくれなかったことを寂しくどこか恨めしく思っている。

問21 新太郎が「羊羹《ようかん》」を買い求めたのはなぜか。もっともふさわしいものを次から選べ。

A とびきり甘い高値の品を口にすることにより、傷ついた自分の心を慰めたかったから。

B これ見よがしに手に入れひけらかすことにより、自らの虚栄心を満たしたかったから。

C 子どもたちに施しを与えることにより、不条理な社会を見返してやりたかったから。

D 時代が変わろうとも富める者が幅を利かせている世の中に、一石を投じたかったから。

問15 傍線部④「道（　X　）」について、（　X　）に入れるにふさわしい語句を次から選べ。

A　ながら　　B　がてら　　C　なりに　　D　すがら

問16 傍線部⑤「怠りなく心あたりを尋ね合していた」から読みとることのできる新太郎の心のうちとはどのようなものであるか。もっともふさわしいものを次から選べ。

A　教えを請い、何かと便宜を図ってもらった「もみじ」の人たちに恩義を感じ、いま何ひとつ不自由のない立派な生活を送っている自分の姿を見せることにより、彼らの恩に報いたい。

B　以前は景気のよかった「もみじ」で世話になった人たちも、今は日々の暮らしにも喘《あえ》いでいるだろうから、闇市で手に入れた贅沢品《ぜいたくひん》やおいしいものでも恵んでやり、情けをかけてやろう。

C　かつては見習いの身であった自分が、今では金回りもよく、いっぱしの気取った格好で羽振りのよい生活を送っているところを「もみじ」の人たちに見せつけ、得意面をしてやりたい。

D　戦後の混乱に乗じて成り上がった今の自分をどう思うだろうか、という一抹の不安を抱きつつも、懐かしい「もみじ」の人たちに会って旧交を温めたいという気持ちが勝っている。

問17 傍線部⑥「俄に」の意味としてもっともふさわしいものを次から選べ。

A　喧《やかま》しく　　B　激しく　　C　瞬時に　　D　突然に

問18 傍線部⑧「土産物を出しおくれて、手をポケットに突込んだまま」とあるが、この時の新太郎の心の動きを説明したものとしてもっとも適切なものを次から選べ。

A　闇市で手に入れた高価な品ゆえもったいないと出し惜しみをし、ここは黙ってもらっておいた方が得策だと考えている。

B　主人に勧められた煙草《たばこ》は、自分が持ってきた安価な品とは似て非なる高級品だとわかり、プライドを傷つけられている。

C　自分が主人に土産としてあげるには、あまりに分不相応な品であったことを悟り、身の程をわきまえ恥じている。

D　貴重な品を主人はありがたがってくれるだろうと考えていたが、当初の思惑が外れたことを察し、逡巡《しゅんじゅん》している。

*御燗番―料亭などでお酒のお燗をつける人のこと。
*中形―染め模様で、大紋と小紋との中間の大きさの紋。
*袂―和服の袖の下に垂れさがる袋状の部分。
*饗応―食事や酒を出して客をもてなすこと。
*財産封鎖―第二次大戦後の農地解放や資産封鎖など、資産家が蓄えた財を庶民に分散させる施策。

問12 傍線部①「手蔓を求め」の意味としてふさわしいものを次から選べ。

A　お金を積んで
B　つてを頼って
C　合格通知を手にして
D　いい生活を期待して

問13 冒頭の[A]【　　】の部分から読みとることのできる「新太郎」の人物像とはどのようなものであるか。もっともふさわしいものを次から選べ。

A　先見の明があり、時代の先を見据えたうえで重大な局面では的確な判断を下し、最善の道を選びとることができるひとかどの人物。
B　置かれた状況でくすぶるよりは新たな場所で勝負をし、願わくは次なる足がかりをつかみたいという望みを抱く、ちょっとした野心家。
C　与えられた環境に甘んじることなくつねにチャンスをものにし、自らの腕一本でのしあがっていこうとする、うぬぼれの強い自信家。
D　義理堅く働き者で地道な仕事も進んで引き受け、故郷の家族に楽をさせてやりたいという純粋な志を持った、実直でどこか一本気な青年。

問14 傍線部②「けんつくを食した」の意味としてふさわしいものを次から選べ。

A　けんかが絶えなかった
B　酒や食事をおごってくれた
C　荒々しくしかりつけた
D　手取り足取り教えてくれた

問丁 傍線部③「祝儀」⑦「軒下」の読みをひらがなで記せ。

「おかみさん。いろいろありがとう御在《ございま》ました。何か御用がありましたら、どうぞ葉書でも。」

⑩新太郎は幾度も頭を下げて潜門を出た。外は庭と同じく真暗であるが、人家の窓から漏れる燈影《ほかげ》をたよりに歩いて行くと、来た時よりはわけもなく、すぐに京成電車の線路に行当《いきあた》った。新太郎はもとの主人の＊饗応《きょうおう》してくれた事を何故《なぜ》もっと心の底から嬉しく思うことが出来なかったのだろう。無論嬉しいとは思いながら、何故、当《あて》のはずれたような、失望したような、つまらない気がしたのであろうと、自分ながらその心持ちを怪しまなければならなかった。

ポケットに出し忘れた土産物の巻烟草があったのに手が触った。新太郎は手荒く紙包をつかみ出し、抜き出す一本にライターの火をつけながら、主人は＊財産封鎖の今日になってもああして毎晩麦酒《ビール》や日本酒を飲んでいるだけの余裕が在るのを見ると、思ったほど生活には窮していない。戦後の世の中は新聞や雑誌の論説や報道で見るほど窮迫してはいないのだ。ブルジョワの階級はまだ全く破滅の瀬戸際《せとぎわ》まで追込められてしまったのではない。古い社会の古い組織は少しも破壊されてはいないのだ。以前楽にくらしていた人達は今でもやっぱり困らずに楽にくらしているのだ、と思うと、新太郎は自分の現在がそれほど得意がるにも及ばないもののような気がして来て、自分ながら訳の分らない不満な心持が次第に烈《はげ》しくなって来る。

国道へ出たので、あたりを見ると、来た時見覚えた薬屋の看板が目についた。新太郎は急に一杯飲み直したくなって、八幡の駅前に、まだ店をたたまずにいる露店を見回した。然《しか》し酒を売る店は一軒もない。喫茶店のような店構えの家に、明るい灯《ひ》が輝いていて、窓の中に正札をつけた羊羹《ようかん》や菓子が並べられてあるのを、通る人が立止《たちどま》って、値段の高いのを見て、驚いたような顔をしている。中には馬鹿々々しいと腹立しげに言い捨てて行くものもある。新太郎はつと入って荒々しく椅子《いす》に腰をかけ、壁に貼ってある品書の中で、最も高値なものを見やり、

「林檎《りんご》の一番いいやつを貰おうや。それから羊羹は甘いか。うむ。甘ければ二三本包んでくれ。近所の子供にやるからな。」

（永井荷風『羊羹』より）

＊統制後――戦時中、国の主導で行われた経済統制下で、物資が不足していた社会の状況のことを指す。
＊軍属――軍隊に所属する軍人以外の者で、戦闘に直接関与せず雑役に従事する。
＊満州――中国東北部。当時日本の「占領地」となっていた。
＊二里――一里は約四キロメートル。
＊闇市――戦後各地にできた非合法の市場で、食料や日用品などの物の売買が行われた。配給の数十倍の値段で物資が取引されることも珍しくなかった。
＊進駐軍――第二次大戦後、日本に進駐した連合国軍（主にアメリカ軍）の俗称。
＊羅紗地――厚地の毛織物。
＊士官――将校。士官学校などにおいて士官教育を受けた軍人などを指す。
＊プロレタリヤ――賃金をもらう労働者のこと。後に出てくる「ブルジョワの階級」（資産家階級）と対照的に用いられる。
＊省線――政府が運営した鉄道線。現在のＪＲにあたる。
＊四五町――一町は約一〇九メートル。

「よくわかったな。この辺は番地がとびとびだから、きいてもわかる所じゃないよ。まアお上り。」

「はい。」と新太郎は縁側に腰をかけ、「この春、帰って来たんですが、どこを御尋ねしていいのか分《わか》らなかったもんで、御無沙汰《ごぶさた》してしまいました。」

「今どこに居る。」

「小岩に居《お》ります。トラックの仕事をしています。忙しくッて仕様がありません。」

「それア何よりだね。丁度いい時分だ。夕飯でも食って、ゆっくり話をきこう。」

「上田さんはどうしましたろう。」と新太郎は靴をぬぎながら、料理番上田のことをきく。

「上田は家が岐阜だから、便《たより》はないが、大方疎開しているだろう。疎開のおかげで、此方《こっち》もまアこうして居られるわけだ。何一ツ焼きゃアしないよ。」と、旦那はおかみさんを呼び、「飯は後にして、お早くビールをお願いしたいね。」

「はい。唯今《ただいま》。」

新太郎は土産にするつもりで、ポケットに亜米利加《アメリカ》の巻烟草《まきたばこ》を二箱ばかり入れて来たのであるが、旦那は*袂《たもと》から同じような紙袋を出し一本を抜取《ぬきと》ると共に、袋のままに新太郎に勧めるので、新太郎は⑧土産物を出しおくれて、手をポケットに突込んだまま、

「もうどうぞ。」

「配給の煙草ばかりは呑《の》めないな。くらべ物にならない。戦争に負けるのは煙草を見てもわかるよ。」

おかみさんが茶ぶ台を座敷へ持ち出し、

「新ちゃん。さアもっと此方へおいで。⑨何もないんだよ。」

茶ぶ台には胡瓜《きゅうり》もみとえぶし鮭《ざけ》、コップが二ツ、おかみさんはビールの罎《びん》を取り上げ、

「井戸の水だから冷くないかも知れません。」

「まア、旦那から。」と新太郎は主人が一口飲むのを待ってからコップを取上げた。

ビールは二本しかないそうで、後は日本酒になったが新太郎は二三杯しか飲まなかった。問われるままに、休戦後満州から帰って来るまでの話をしている中、女中が飯櫃《おはち》を持ち出す。おかみさんが茶ぶ台の上に並べるものを見ると、鯵《あじ》の塩焼。茗荷《みょうが》に落し玉子の吸物。茄子の煮付に香の物は白瓜《しろうり》の印籠漬《いんろうづけ》らしく、食器も皆揃ったもので、飯は白米であった。

飲食物の闇相場の話やら、第二封鎖の話やら、何やら彼《か》やら、世間の誰《たれ》もが寄ればきまって語り合う話が暫《しば》くつづいている中夕食がすんだ。庭はもう真暗になって、空の星が目に立ち松風の音が聞えて、時々灯取虫《ひとりむし》が座敷の灯を見付けてばたりばたりと襖《ふすま》にぶつかる。垣隣りの家では風呂でも沸かすと見えて、焚付《たきつけ》の火のちらちら閃《ひらめ》くのが植込みの間から見える。新太郎は腕時計を見ながら、

「突然伺いまして。御馳走《ごちそう》さまでした。」

「また話においで。」

ある日新太郎は、偶然出会った昔の常連客から、「もみじ」は強制疎開（空襲による被害を少なくするため、前もって住民を強制的に、比較的安全な土地に移らせること）で取払いとなり、店の主人とおかみさんは今は千葉の八幡の地にいることを聞き知る。

その日の仕事が暗くならない中に済んだ日を待ち、新太郎は所番地をたよりにもみじの疎開先を尋ねに行った。

*省線の駅から国道へ出る角の巡査派出所できくと、鳥居前を京成電車が通っている八幡神社の松林を抜けて、溝川《どぶがわ》に沿うた道を*四五町行ったあたりだと教えられた。然し行く道は平家の住宅、別荘らしい門構え、茅葺《かやぶき》の農家、畠《はたけ》と松林のあいだを勝手次第に曲るたびたび又も同じような岐路《わかれみち》へ入るので忽《たちま》ち方角もわからなくなる。初秋の日はいつか暮れかけ、玉蜀黍《とうもろこし》をゆする風の音につれて道端に鳴く虫の音が⑥俄《にわか》に耳立って来るので、この上いか程尋ね歩いても、門札の読み分けられる中には到底行き当りそうにも思われないような気がし出した。念の為、もう一度きいて見て、それでも分らなかったら今日は諦めてかえろうと思いながら、竿《さお》を持った蜻蛉《とんぼ》釣りの子供が二三人遊んでいるのを見て、呼留《よびと》めると、子供の一人が、

「それはすぐそこの家だよ。」

別の子供が、「そこに松の木が立ってるだろう。その家だよ。」

「そうか。ありがとう。」

新太郎は教えられた潜門《くぐりもん》の家を見て、あの家なら気がつかずに初め一度通り過ぎたような気もした。

両側ともに柾木《まさき》の生垣が続いていて、同じような潜門が立っている。表札と松の木とを見定めて内へ入ると新しい二階建の家の、奥深い格子戸《こうしど》の前まで一面に玉蜀黍と茄子《なす》とが植えられている。

新太郎は家の⑦軒下を回って勝手口から声をかけようとすると、女中らしい洋装の女が硝子戸《ガラスど》の外へ焜爐《こんろ》を持出して鍋《なべ》をかけている。見れば銀座の店で*御燗番《おかんばん》をしていたお近という女であった。

「お近さん。」

「あら。新ちゃん。生きていたの。」

「この通り。足は二本ちゃんとありますよ。新太郎が来たって、おかみさんにそう言って下さい。」

声をききつけてお近の取次《とりつ》ぐのを待たず、台所へ出て来たのは年の頃三十前後、髪は縮らしているが、東京でも下町の女でなければ善悪《よしあし》のわからないような、*中形《ちゅうがた》の浴衣《ゆかた》に仕立直しの半帯をきちんと締めたおかみさんである。

「御機嫌よう。赤坂の姐《ねえ》さんにお目にかかって、こちらの番地を伺いました。」

「そうかい。よく来ておくれだ。旦那もいらっしゃるよ。」と奥の方へ向いて、「あなた。新太郎が来ましたよ。」

「そうか。庭の方へ回って貰《もら》え。」と云《い》う声がする。

女中が新太郎を庭先へ案内すると、秋草の咲き乱れた縁先に五十あまりのでっぷりした赤ら顔の旦那が腰をかけていた。

三　次の文章を読んで、あとの問いに答えよ。（読解の一助として表記を変えている箇所がある。）

A　【新太郎はもみじという銀座裏の小料理屋に雇われて料理方の見習をしている中、徴兵にとられ二年たって帰って来た。然《しか》し*統制後の世の中一帯、銀座界《かい》隈《わい》の景況はすっかり変っていた。

仕込にする物が足りないため、東京中の飲食店で毎日滞りなく客を迎えることのできる家は一軒もない。もみじでは表向《おもてむき》休業という札を下げ、ないないで顔《かお》馴染《なじみ》のお客とその紹介で来る人だけを迎えることにしていたが、それでも十日に一遍は休みにして、肴《さかな》や野菜、酒や炭薪《たんしん》の買いあさりをしなければならない。このまま戦争が長びけば一度の休みは二度となり三度となり、やがて商売はできなくなるものと、おかみさんを初めお客様も諦《あきら》めをつけているような有様になっていた。

新太郎は近所の様子や世間の噂から、ぐずぐずしていると、もう一度召集されて戦へ送られるか、そうでなければ工場の職工にされるだろう。幸いにこのまここに働いていて、一人前の料理番になったところで、日頃思っていたように行末《ゆくすえ》店一軒出せそうな見込はない。いっそ今の中《うち》一か八かで、此方《こっち》から進んで占領地へ踏み出したら、案外新しい生活の道を見つけることができるかも知れない。そう決心して昭和十七年の暮に①手蔓《てづる》を求め*軍属になって*満州へ行き、以前入営中にならい覚えた自動車の運転手になり四年の年月を送った。

停戦になって帰って来ると、東京は見渡すかぎり、どこもかしこも焼原《やけのはら》で、もみじの店のおかみさんや料理番の行方も其時《そのとき》にはさがしたいにも捜しようがなかった。生家《せいか》は船橋の町から*二里あまり北の方へ行った田舎の百姓家なので、一まずそこに身を寄せ、市役所の紹介で小岩町のある運送会社に雇われた。】

一二ヶ月たつか、たたない中、新太郎は金には不自由しない身になった。いくら使い放題つかっても、ポケットにはいつも千円内外の札束《さつたば》が押込んであった。そこで先《まず》洋服から靴まで、日頃ほしいと思っていたものを買い揃えて身なりをつくり、毎日働きに行った先々《さきざき》の*闇市《やみいち》をあさって、食べたいものを食べ放題、酒を飲んで見ることもあった。

夜は仲間のもの五六人と田圃《たんぼ》の中に建てた小屋に寝る。時たま仕事の暇を見て、船橋在の親の家へ帰る時には、闇市で一串拾円《くしじゅうえん》の鰻《うなぎ》の蒲焼《かばやき》を幾串も買って土産《みやげ》にしたり、一本壱《いち》円の飴《あめ》を近所の子供にやったり、また現金を母親にやったりした。

新太郎は金に窮《こま》らない事、働きのある事を、親兄弟や近所のものに見せてやりたいのだ。むかし自分を叱ったり怒りつけたりした年上の者どもに、現在その身の力量を見せて驚かしてやるのが、何より嬉《うれ》しく思われてならないのであった。

やがて田舎の者だけでは満足していられなくなった。新太郎は以前もみじの料理場で手つだいをさせながら、②けんつくを食《くわ》した上田という料理番にも、おかみさんや旦那《だんな》にも、また毎晩飲みに来たお客。煙草《たばこ》を買いに出させる度毎《ごと》に剰銭《つりせん》を③祝儀にくれたお客にも会って見たくなった。*進駐軍の兵卒と同じような上等の*羅紗地《ラシャじ》の洋服に、靴は戦争中*士官がはいていたような本革の長靴をはき、鍔《つば》なしの帽子を横手にかぶり、日避《ひよ》けの色眼鏡をかけた若き*プロレタリヤの姿が見てもらいたくなって、仕事に行く④道（　X　）⑤も怠りなく心あたりを尋ね合していた。

問10 傍線部④とは、どのようなことか。説明として最も適切なものを次から選べ。

A 資本主義社会において家族との食事は、疲弊した現代人にとって合理化されえない数少ない憩いの場であり、食育にとっても重要であることから、家族との食事のみを「共食」と呼び、特別視するようになったということ。

B 資本主義社会において家族との食事は、家族の成員とコミュニケーションを取り、家庭的な温かい雰囲気を維持するために大切であることから、「共食」には家族以外を含むべきではないと考えられるようになったということ。

C 資本主義社会において家族との食事は、現代の人々が労働の合間に栄養を摂り、健康を維持するために必要であることから、母の手料理を家族全員で食べることを「共食」と表現し、その必要性が強調されるようになったということ。

D 資本主義社会において家族との食事は、外で働く労働者がリフレッシュし、労働力を回復させ英気を養ううえで必要なものであることから、「共食」が家族との食事を中心に想定されるようになったということ。

問11 本文全体を通して、筆者が中心的に述べていることは何か。最も適切なものを次から選べ。

A 家族との食事が原始時代に比べて大幅に減り、「孤食」が問題視されている現代社会において、改めて日本独自の食の歴史的な変遷を捉え直し、今の時代に合った新しい家族の共食の形を提示していく必要がある。

B 現代社会において、家族愛が社会全体の利潤のために搾取されているだけではなく、家族は既存のあり方では担いきれないほどの課題を抱えており、それらを解決するためには家族の枠を超えた血縁関係にとらわれない人間関係が重要である。

C 国家が家族愛や家族の絆を強調し、母親の愛情を重視する背景には、労働者の雇い主や企業の力だけでは労働環境の改善が難しくなってきているという実態があり、解決策の一つとして家族の社会における立ち位置を見直すことが挙げられる。

D 家族との食事は労働者が自身の労働力を回復させるだけではなく、未来の労働者を育てるという点でも重要だとされており、社会問題となっている「孤食」をなくすためにも、家族だけで純粋に食を楽しむ本来の形に戻していくべきだ。

C　子どもたちが孤食に苦しむのは人々が社会全体より個人を重視するようになったからであり、孤食の解決には家族内の役割を見直す必要があると認識されているから。

D　政治や経済における歪みは、労働者と家族の結びつきが弱くなったことによって生じており、家族の絆を強化すれば現代社会の問題の多くは解決できると信じているから。

問7　【　イ　】～【　ハ　】に当てはまる語の組み合わせとして最も適切なものを次から選べ。

A　イ　けれども　　ロ　しかも　　ハ　もちろん

B　イ　しかし　　ロ　あるいは　　ハ　もはや

C　イ　ただし　　ロ　つまり　　ハ　だが

D　イ　たとえば　　ロ　また　　ハ　したがって

問8　傍線部②とあるが、「家」の定義を説明したものとして**当てはまらないもの**を次から選べ。

A　人間はほかの動物に比べて眠りが深いため、睡眠中に敵から身を守るうえでなくてはならないものである。

B　人間は肌が体毛で覆われておらず外気の影響を受けやすいため、体力の消耗を防ぐ上で重要なものである。

C　人間は家族単位で食べものを調理し食事をとるため、火を守り食事の場所を確保するうえで大切なものである。

D　人間は生殖行為に羞恥心を抱くことが一般的であるため、他者に見られないようにするうえで必要なものである。

問9　傍線部③とは、どのようなことか。説明として最も適切なものを次から選べ。

A　原始時代においては、ひとつの鉢から大勢の人間が食べものをつかみ取ることで争いになることもあったが、皿が登場した近代以降は食で争いが生まれないように配膳されたものを食べる形に変化したということ。

B　原始時代においては、食は集まった人々が会話とともに楽しむ娯楽的な位置づけであったが、皿が登場した近代以降は食の共有が難しくなったことから、人々が食に楽しみを見いだせなくなったということ。

C　原始時代においては、鉢に盛られた食べものを各自が好きなだけ食べる形だったが、皿が登場した近代以降は自分の取り分が定められたことでそれぞれの食事量が制限されるようになったということ。

D　原始時代においては、食は火を囲い調理したものを鉢に盛り、家族以外の人間も多く集まってなされるものであったが、皿が登場した近代以降は家族のなかで営まれるものに変化していったということ。

それぞれ別々に食べものが盛られる。

　この図式が実際にどれだけの文化の歴史的な変遷に符合するのか、西洋以外の文化にも当てはまるのかどうかはとりあえず置いておき、自分の皿が各自のテーブルの前に置かれるのが、近代のひとつの徴候であるというジンメルの指摘は興味深い。③皿は、本来は三次元的に囲われつつも開かれた行為であった食を、三次元的に閉ざされた空間にしていくひとつの道具となった。

【　ハ　】、大きな皿や鍋を食卓に置いて、家族でつつきあうことも少なくない。ただ、これは原始的な食のかたちの名残というよりは、近代の発明であった。ライデン大学のカタジーナ・チフェルトカによる詳細な日本の食の研究によると、近代社会が産み出したサラリーマン階層の核家族は、近代家族のモデルとなったが、その重要な役割を果たしたのがちゃぶ台であった（Katarzyna J.Cwiertka, Modern Japanese Cuisine: Food, Power and National Identity,University of Chicago Press, 2006, p.94)。家庭的な温かい雰囲気のなかで、外で働く父親がリフレッシュできること、そのなかで家族愛が育まれること、そうした家族の機能は資本主義社会にとって必須の労働力再生産装置であった。つまり、お膳を用い、家族がバラバラで食べ、家族以外の成員も入ってくる、という前近代的な形態から、狭い家でも脚をたたんで収納できるちゃぶ台を使い、核家族が全員集合し、サイドメニューを盛った皿を真ん中に置き、各々がご飯と味噌汁でそれを食べるという形態に変化したのである。ちゃぶ台は、もともと中国料理と日本料理の折衷である卓袱《しっぽく》料理の台から発展したものだ、とチフェルトカは述べている。④近代社会は、共食を、家族というパーテーションで囲んだのであった。食育基本法が家族の枠組みから「食育」を解放できないのは、こうした歴史的経緯があるからだと私は考えている。

　現在、家族の構成も多様になりつつあるなかで、家族という、ひとつの人間グループに対し、いつの時代にもまして厳しく吸い取られている労働力の回復の役割だけでなく、育児・介護の担い手、税金の納入者、学校教育の補助という課題がつぎつぎに降りかかり、もはや近代家族モデルでは成り立たないほどにまでなっている。そんななか、ちゃぶ台の拡大、家族以外の人間が座ることのできるちゃぶ台の開発が、かつてなく求められている。

（藤原辰史『縁食論――孤食と共食のあいだ』より）

＊天火……オーブンのこと。

問丙　空欄X・Yに当てはまる漢字をそれぞれ一字で答えよ。

問6　傍線部①とあるが、日本の政治家たちが「家族が大事」と言い続けるのはなぜか。最も適切なものを次から選べ。

A　企業は、市場全体を活性化させることよりも自社の利益を重視しており、持続可能な市場の成立のためには家族単位の協力がなくてはならないと考えているから。

B　家族は外で働く労働者たちを癒やし、回復させる働きがあるだけでなく、将来の労働者となる子どもを産み、育てる場でもあるということを重視しているから。

そのためにも②「家」とは何か。根源的に考えてみよう。思い切って、洞窟だった頃の家に遡《さかのぼ》って定義してみたい。家とは、外の雨、雪、風、埃《ほこり》、熱などから内部を三次元的に囲ってできる空間のことである。家とは単に名詞として静態的にとらえてはならない。もっと動態的に、つまり、「囲う」という動詞から考えなくてはならない。これが家の基本である。では、何を囲っているのか。

第一に、空気を囲うこと。進化の過程で皮膚から毛が抜け落ちた人類は、毛に覆われた動物よりも、雨、風、寒さ、暑さ、砂埃によって体が痛めつけられやすい。疲労も早い。空気を囲うことで、温度と湿度を保ち、風と雨や雪を避け、直射日光を遮り、皮膚の露《あら》わになった人類の体を消耗から守らなければならない。

第二に、寝る場所を囲うこと。人間は、ほかの動物よりも深く寝る傾向にある。寝ているあいだ、人間はなにものかに襲われる可能性がある。敵から身を隠さなければならないことは、もはや意識されない人間の基本的なあり方である。

第三に、生殖を囲うこと。恥じらいをもっとも強く感じるこの行為は、人目を避けなければならない。性の場所を囲うためには、単純に壁が必要である。

第四に、火を囲うこと。風や雨から火を守り、火をたやさないこと。こうして寒い夜や冬には暖をとり、湿気を取り、台所ではナマモノを焼いたり、炙《あぶ》ったり、水を沸かしたりするために、火を囲わなければならない。

ただし、人間は、食は公開する。火のまわりに人が集まる。原始時代から、おひとりさまのシステムファイヤーキッチンが存在していたのかもしれないが、それはレアケースだろう。そこには家族以外の人間が集まりやすいような吸引力が生まれる。火を使い生きものの死骸を変質させて、吸収しやすくしたうえで食べる動物が人間だけであることは、もしかすると、食の公開と関係しているのかもしれない。煙や煤《すす》が室内に充満するのを防ぐために、しばしば食は野外でなされた。もちろん、換気の装置は室内の料理を可能にした。しかし、人類が比較的高性能の換気装置を手に入れたのはつい最近であり、【 ロ 】、いまなお地域的に限定されている。欧米でさえ、農村では、*天火《てんぴ》の使用は近代までなされているところも多かった。煙と煤が長いあいだ、地球上の台所の象徴であり、電気とガスがそれから人間を解放しつつあるとはいえ、他方で薪《まき》ストーブが人気なのは、火から離れた人間の寂しさのあらわれかもしれない。

そこで思い出すのが、ドイツ各地で訪問した野外博物館である。ここでは近世の農村の風景や建てものが民俗学の研究に基づき、復元されている。ここで驚いたのは、どこでもパン焼き小屋があったことだ。村落のなかにあり、そこを共用していた。パンは定期的に大きな窯で焼かれ、村民で分けていたのである。煙と煤が充満しないように火を扱う場所は広くなり、また、広く暖かいので人が集まる。台所とは、考古学的にいえば、そんな場所であった。

近代家族とちゃぶ台

とすると、食の行為が家という囲いのなかでなされるためには、引きこもれるだけのキッチンとダイニングの装備の充実が必要である。

ゲオルク・ジンメル（一八五八―一九一八）というドイツの社会学者は、一九一〇年に執筆された「食の社会学 Soziologie der Mahlzeit」という論文のなかで、原始時代にはひとつの鉢に複数人の食べものが入っていて、それを各人がつかみ取りをしていたが、歴史が進むにつれて鉢に対立するものが生まれた、と述べている。それこそが、皿である。皿という食器は、個人主義の象徴である、というような言い方だ。ちなみに、日本も近世社会では配膳式が主流であり、

二

次の文章を読んで、あとの問いに答えよ。

「家族愛」という罠

二一世紀に入って、日本政府が「共食」に注目し始めている。たとえば二〇〇五年七月一五日、小泉純一郎政権のときに食育基本法が施行された。それを推進する食育推進会議は内閣府に設置されていて、毎年『食育白書』を出版している。食育白書では、子どもたちの孤食を憂い、学校給食を充実せよ、家族で一緒に食べよ、というテーマが［X］を変え［Y］を変え、繰り返されている。

日本のかなりの数の政治家たちは、戦前も戦中も戦後も、①家族が大事、家庭が安定すれば国も安定する、と言い続けている。孤食が生じるのは家族の絆が弱くなっているためだ、母親の愛情が足りないからだ、家族の絆を取り戻さなければならない、などという意見も相変わらず存在している。まさに家族絶対主義の宝庫だ。けれども、家族を本当に大切に思う人は、この類の言説に疑問を感じるにちがいない。なぜなら、こうした言説は、家族の愛を深めるための言葉ではなく、むしろ、家族から毎日湧いてくる力を利潤に転換するための言葉だからである。さらにいえば、労働力の定常的な品質管理と持続可能な確保は、市場にとって生命線であり、そこに企業の収支がかかっている場合は、収奪はさらにシビアになる。

「食は教育の課題なのか――食育基本法をめぐる考察」（佐藤卓己編『岩波講座現代 第八巻 学習する社会の明日』岩波書店、二〇一六年）で、私は、孤食の問題の責任を家族に押し付ける政治や経済の仕組みを、食育基本法はあまり打破しようとしていないと論じた。「国民運動」と自己規定する食育は、その背景にある労働や福祉の仕組みの歪《ゆが》みを無視して、家庭になんとかせよと要請する。たとえば、いくら家族で食卓を囲むように啓蒙《けいもう》活動をしても、企業の労働環境の改善にノータッチのままでは意味がない。家族とは、市場にとってみれば、労働力を復活させる修理所であり、未来の労働者を産出する生物機械である。市場にとっては貨幣で購入できない魔法のような装置であり、家族の成員にとっては現実であるこのはたらきがなければ、一日たりともみずからの運動を維持することができない。だから雇い主は、賃金を払って、労働力のリフレッシュを促す。【　イ　】、賃金が健康な食を購入するのに十分ではない場合、賃金が高すぎる携帯電話の利用料によって毎月大幅に削られなければならない場合、賃金が子どもを育てるのに十分ではない場合、雇い主は、家族のモチベーション、家族のやる気、家族のがんばり、家族のふんばり、そして家族の「愛」に頼ることになる。だから、政府は人びとの心を動かすように「運動」を必要とするのである。

家族の愛を育むことを国家が説き始めるときは細心の注意が必要である。というのも、教育勅語に端的にあらわれているように、個より公を優先するような道徳観の押し付けの合図を意味するからである。それは国や家族を愛することの強制であるばかりではない。市場の外に存在する労働力再生産装置に、つまり、人間のうちにある自然の力に過度に頼るための、内面の管理なのである。

囲うこと

だが、そもそも、家族とは市場や国家が求めるようなものだったのだろうか。ともに住む行為は、こんなにも管理されやすいものだったのだろうか。

問乙　二重傍線Ⅱ・Ⅲのカタカナを漢字に改め、**終止形で記せ**。

問3　本文中で挙げられている次の出来事を古い年代順に並べ替えた時に三番目に来る出来事は何か。適当なものを次の中から一つ選べ。

A　月の裏側が実際に確認された。

B　月のクレーターの観察がはじめて行われた。

C　「溶岩チューブ」と呼ばれる巨大な空洞が発見された。

D　「ジャイアントインパクト説」が提唱された。

問4　筆者の主張として適切なものを次の中から一つ選べ。

A　この先も人類が地球上での生活を維持していくためには、月の誕生による地球環境の変化や生物への影響を知っておく必要がある。

B　いずれ月が地球から遠ざかり衛星でなくなった場合、人類は移住を余儀なくされてしまうため、人類は今の地球環境に感謝して生活を営んでいかなければならない。

C　巨大な天体の衝突による地球の地軸の傾きは生物にとって生存しやすい環境をもたらしたが、緑地帯である地域が砂漠化してしまうなど必ずしも良いことばかりではない。

D　月の誕生が地球に大きな影響を与えていることがわかったのは多くの先人たちの努力によるものであり、そうした先人たちの功績を知ることは非常に重要である。

問5　本文の内容に合致するものを次の中から一つ選べ。

A　月の表面に見られるクレーターは隕石の落下によって形成されたが、多くのクレーターは比較的新しい時代に噴出した溶岩上に見られる。

B　月の形成のシミュレーションによって、月の誕生は地球の誕生からおよそ一カ月から一年後であり、大きさも現在の月の大きさと変わらないことが判明した。

C　地球と月の間に働く引力による地球の自転の遅れによって、今日の生物の進化がもたらされたが、その進化には地軸の傾きも重要な役割を担っている。

D　長い年月をかけた月の観察と岩石の分析によって、地球は、巨大な天体同士が衝突して飛散した破片が集積し形成されたことが判明した。

れば、赤道上はいつも灼熱《しゃくねつ》の夏で、極地はつねに氷に閉ざされた厳冬である。いずれも季節のない単調で厳しい気候だ。

一方、地軸の傾きが二三・四度ではなく九〇度になっていたらどうなるか。この場合には極地域では六カ月の夏と六カ月の冬が交代し、他の地域でも灼熱の夏と極寒の冬が目まぐるしく変わるきわめて不安定な気候となる。

かつてアフリカのサハラ砂漠は緑地帯だったが、地軸がわずかに傾いたせいで砂漠化したという説がある。このように現在の地軸の傾きは、地上に安定した環境を生み出すため重要な要素だった。

次に、遠い未来を考えてみよう。現在の月と地球の距離は約三八万キロメートルである。月が毎年三センチずつ地球から遠ざかると、数十億年後に月が地球の衛星でなくなった時にどうなるのだろうか。

地球の自転を遅らせてきた月が完全に消滅すると、地球は超高速で自転しはじめる。一日の長さは三分の一以下になり、時速数百キロの強風と砂嵐が地表を吹き荒れる。その結果、植物と動物は生存が困難となり、人類も他の惑星へ移住しなければならない。

こうして四五億年前の月の誕生は、地球上で生命が進化するための貴重な条件を整えてくれたのである。人類が持続的社会をつくる際に、こうした大きなスケールでできた地球環境の成り立ちを知ることはとても大切ではないだろうか。

（鎌田浩毅『知っておきたい地球科学——ビッグバンから大地変動まで』より）

問甲　二重傍線Ⅰの空欄に入る漢数字を解答欄に合わせて答えよ。

問1　傍線①「月は同じ面だけを地球に向けながら回っている。」とあるが、このことの原因は何か。適当なものを次の中から一つ選べ。

A　月の片面を「玄武岩」という重い物質が覆っており、その質量によって月が傾き、一定の面だけが地球に向くようになったこと。

B　月は地球から飛び出した破片から出来た衛星であり、それゆえ月の自転周期は地球の自転周期とまったく同じになっていること。

C　地球からの強い引力によって月の自転が止まり、地球の周りを回る公転のみを行うようになったこと。

D　月の片側にたまっている物質が地球の引力によって引き寄せられることで、月の公転周期と自転周期が一致したこと。

問2　月の誕生に関連して生じた地球への影響として**当てはまらないもの**を次の中から一つ選べ。

A　巨大な天体が地球に衝突したことによって地球の地軸が傾き、その影響で四季の変化が生じた。

B　巨大な天体が地球に衝突したことによって地球の地軸が傾き、その影響で極地域における気候の変化が極端になった。

C　地球と月の間に働く引力によって地球の自転が遅くなった影響で極端な強風が抑えられ、生物の生存に適した環境となった。

D　地球と月の間に働く引力によって地球の自転が遅くなった影響で一日が長くなり、二四時間となった。

察した。これらのクレーターは、月の表面に大量の隕石《いんせき》が落下して形成されたもので、古い時代に噴出した溶岩上ほどクレーターの数が多い。

　このときのガリレイの観察には興味深いエピソードがたくさんある。彼は自力で屈折望遠鏡を組み立て、太陽の影を映し出している月の表面を観察した。意外にもその影がなめらかでないことにガリレイは気づいたのである。もし、月がなめらかな球体であるならば、その影もまたなめらかな曲線を描くはずだ。ところが望遠鏡で見た影は、ガタガタと歪《いびつ》な姿を現していた。

　こうした観察からガリレイは、月も地球と同じように山や谷があるのではないかと考えた。さらに月と地球は同じような成因を持つと思い至る。こうした洞察は現在でもほとんどが通用する。ガリレイは月の表面にある山脈の高度を望遠鏡によって測ったが、この原理は現在行われている手法と同じなのである。

　月の観察は現在も続いている。日本が二〇〇七年に打ち上げた月探査機「かぐや」によって、地下に直径約五〇キロメートル、長さ約五〇キロメートルに及ぶ巨大な空洞があることが判明した。これは溶岩が流れた跡を示す天然のトンネルで「溶岩チューブ」と呼ばれ、月と同じ玄武岩で構成される富士山の周辺にもよく見られる。月にはまだ不思議な現象が詰まっており、興味が尽きない。

　月は四五億年前に地球から飛び出して衛星になったが、月の周回は地球環境にも大きな影響を与えてきた。月は質量が地球の一〇〇分の一、直径が地球の四分の一、表面積は南北アメリカ大陸ほど、という巨大な衛星である。太陽系を回っている他の惑星衛星と比べても飛び抜けて大きい衛星なのだ。

　その月は地球を飛び出して以来、毎年三センチメートルずつ地球から遠ざかっており、地球の自転速度を遅くする重要な働きをしている。月が誕生した当時の地球は、現在よりも速く自転しており、一日は四〜六時間ほどだった。

　一方、地球が太陽の周りを回る公転速度は変わっていないので、当時の一年は一五〇〇〜二〇〇〇日ほどになる。すなわち、いまより四〜六倍の速さで一日が終わり、四季は四〜六年でやっとⅡメグッてくるというわけだ。

　その後、現在まで四〇億年以上もかかって地球の自転速度を遅くしたのは、地球と月の間で働く引力である。これによって地球上の海では潮の満ち引き、すなわち「潮汐《ちょうせき》」が起きた。

　海水が潮汐で大量に移動すると、海底との間で摩擦を起こし、地球の自転にブレーキをかける。その結果、地球の一日は次第に長くなり、現在の二四時間となった。

　もし過去に月が地球から飛び出なければ、地球の一日は八時間だったというシミュレーションがある。この場合、地表では東西方向に絶えず強風が吹き荒れる。同じ状況は木星や土星の大気に見られるが、大型ハリケーンが何百年も連続して吹き荒れる状況だ。

　こうした強風は生物の生存を大きく変える。植物は風から身を守るため地中深く根を張り、太陽エネルギーを効率的に受け取る葉が進化するだろう。また、動物は強風でも呼吸を維持し乾燥から身を守るため、特別な器官を発達させる。人類も現在とは全く異なる進化をⅢトゲていたに違いない。

　月の形成時に巨大な天体が地球に衝突した影響はもう一つある。地球が自転する地軸が傾いたのだ。衝突の際、それまで太陽の周りを回る公転面に対して垂直方向であった地球の地軸に二三・四度の傾きが生じた。

　この結果、地球には四季の変化が訪れた。北半球で夏が暑く、冬が寒いのは、地軸が傾いているためである。もし、地軸が公転面に垂直（〇度の傾き）であ

二〇二四年度
明治学院高等学校

【国　語】（五〇分）〈満点：一〇〇点〉

☆問1～問21はマークシートに、問甲・乙・丙・丁については別紙の解答用紙に書くこと。
☆読解の一助とするため、表記を変えた箇所があります。

一　次の文章を読んで、あとの問いに答えよ。

月は今から四五億年前に地球から飛び出して誕生した。地球は太陽系初期の四六億年前に誕生したので、わずか一億年後の事件である。ちなみに、アポロ計画で月から持ち帰られたもっとも古い岩石は、約四五億年前のものだった。

現在の火星ほどの巨大な天体が地球に衝突し、そのエネルギーによって地球の表面は非常に高温となり、破片がⅠ□方□方へ飛び散った。

宇宙に飛び出した最大の破片が、地球の引力によって周囲を回り始める。これらの破片が集まってできた最大の物質が月なのである。こうした成因は「ジャイアントインパクト説」と呼ばれ、一九八四年に提唱された。

その後、破片が集積して月を形成するシミュレーションが行われ、一カ月から一年後に現在の姿で月が地球を周回できることが分かった。また地球が衝突後に現在とほぼ同じ大きさになったことも確認された。

①月は同じ面だけを地球に向けながら回っている。月も地球も自転しているが、勝手に回ってもよさそうなものなのに正確にシンクロしている。すなわち、月が自転する周期と、月が地球の周りを一周する周期がまったく同じなのである。

そのため月は満ち欠けをしようとも、地球からは表側しか見ることができず、裏側は隠れたままである。したがって、人類は一九五九年にソ連が月探査機ルナ三号を打ち上げて初めて、月の裏側を見ることができた。

月が常に表を向けている原因は、内部を構成する物質にある。地球に見せる側には重い物質、裏側には軽い物質がたまっている。表側には「玄武岩《げんぶがん》」と呼ばれるマグマが固まった重い岩石がたくさんあり、裏側には「斜長岩《しゃちょうがん》」という軽くて白い岩石がある。玄武岩は黒い色なので、望遠鏡で月の表面を見たときに黒っぽく見える。

このように、表面の玄武岩を主体とする重い部分が地球に引き寄せられた結果、月が地球の周りを回る公転周期が月の自転周期と一致し、月はいつも表側を地球に向けるようになったのである。

さらに地球から重力を受けた表側では、地下にある高温のマグマが吸い出され月の表面に噴出する。これが黒い溶岩流となって月の表側を広く覆った。黒い溶岩は三九億～三二億年前に噴出したもので、この時期に盛んにマグマが噴出したことを示している。

また、溶岩の表面にはたくさんのクレーターができており、ガリレオ・ガリレイ（一五六四～一六四二）は一六〇九年に世界ではじめて望遠鏡でそれらを観

英語解答

A	1 (3)	2 (3)	3 (4)	4 (2)						20 (1)	21 (4)	22 (5)	
	5 (3)	6 (3)	7 (3)	8 (2)					C	23 (2)	24 (4)	25 (1)	26 (5)
	9 (1)	10 (1)	11 (1)	12 (4)						27 (3)			
	13 (2)	14 (1)	15 (4)						D	28 (4)	29 (3)	30 (4)	
B	16 (3)	17 (3)	18 (2)	19 (1)									

A 〔長文読解総合―物語〕

≪全訳≫もし君に時間があれば❶ナタリー・ガリビアンは自分の寝室でスーツケースに荷物を詰めていた。彼女は20歳で，不安と興奮の両方を感じていた。次の日，彼女はフロリダの自宅からフランスのパリに行く。そこで6か月間勉強するのだ。荷づくりがほとんど終わりかけたとき，父親が部屋に入ってきた。彼は2枚の小さな白黒写真を手にしていた。❷「私もお前の年頃には，旅をしたよ」と彼は自分の母語であるアルメニア語で言った。「アメリカに来たのさ。途中でシリアに寄って，いとこの家に数週間いたんだ。彼女とその夫には4人の子どもがいて，息子が1人と娘が3人だった。それがこの写真の家族だよ。この娘たちが，今パリに住んでいるかもしれないと家族から聞いた。お前はパリで忙しいとは思う。でも，どこかの時点でこの女の子たちを捜す時間をつくってほしいんだ。私は彼女たちがどうしているのか知りたいんだ。そして彼女たちをお前に会わせたい」❸ガリビアン氏は写真をひっくり返し，裏に書かれた名前をナタリーに見せた。「もちろん，それは30年前だ」と彼は続けた。「この子たちは結婚していて，別の名前になっているかもしれない。きっと見かけもだいぶ変わっているだろう。もしかするとパリに住んでいないかもしれない。それでもお前に彼女たちを捜す時間をつくってほしいんだ」❹ナタリーは父親から写真を受け取った。「もし私に時間があればね，パパ」とナタリーはアルメニア語で答えた。「もし時間があれば」❺ナタリーにはパリで一生懸命勉強しなければならないことがわかっていた。少しくらいは旅行もしたかった。どうやってその少女たちを捜す時間を見つけよう？ 彼女たちがどんな外見なのかも，名前は何なのかも，どこに住んでいるのかも知らない。彼女たちを捜すのは，まるで干し草の山から針を捜すようなものだろう。父は何を考えているのだろう？ ナタリーはその写真をスーツケースの底に入れた。彼女は，30年前に父親と会った少女たち――今では大人の女性――を捜すことにパリでの6か月を費やしたくはなかった。❻パリに着くとすぐに，ナタリーはできるだけ多くの経験をしようとした。平日は授業に出て，長い週末にはヨーロッパ中を列車で旅した。夏が過ぎ，秋が過ぎた。日は短くなり，暗くなり，寒くなった。ナタリーはホームシックにかかった。家族に会いたいと思った。母の料理を懐かしく思い，両親がアルメニア語で話すのを聞けないのが寂しかった。彼女はパリの通りで小さな石づくりのアルメニア教会を見たことを思い出した。彼女は，人々がアルメニア語を話すのを聞きたい一心で，その教会へ礼拝に行くことにした。❼ナタリーは教会に着くと，そこが混雑しているのを見て驚いた。彼女は椅子を見つけて座った。数分後に彼女は，70歳くらいの女性が反対側にある教会の通路を行ったり来たりしているのを見た。彼女は空いている椅子を探していた。その女性は腰が曲がっていて，歩くのが難しそうだった。数人が彼女に席を譲ろうとしたが，彼女はいいえ，いいえと首を振り，ナタリーの方に歩き続けた。数分後，彼女はナタリーの隣に立っていた。❽ナタリーは立ち上がり，アルメニア語でその女性に席を譲ると申し出た。女性は座った。ナタリーは周囲を見回したが，残った唯一の席は列の一番後ろで石の壁を背にしたものだったので，ナタリーはそこに座った。礼拝の間中，その女性はずっと顔を横に向けてナタリーを見ていた。礼拝が終わったとき，その女性はアルメニア語で彼女に尋ねた。「あなたはここの人じゃないでしょ？」❾ナタリーは驚いた。彼女は人生をずっとアメリカで過ごしたが，両親とはいつもアルメニア語で話していた。自分のアルメニア語はかなり上手だと思っていた。彼女は，自分がアメリカ訛《なま》りのあるアルメニア語を話しているのだろうかと思った。❿「はい，私はここの出身ではありません」とナタリーは答えた。「あなたはどうしてそれがわかったのですか？」⓫「私もここの出身じゃないの」と女性は答えた。「娘たちを訪ねているの。でも，ここで育った若いアルメニア人たちは，アルメニア語を話さないのよ。皆フランス語を話す。あなたはアルメニア語，それも上手なアルメニア語を話すから，あなたはここの出身じゃないとわかったの。あなたはどこから来たの？」⓬「私はアメリカ出身です，フロリダから来ました」とナタリーは答えた。⓭「あら，私はアメリカに家族がいるのよ」と女性は言った。彼女は彼らの名前を言い始めた。「サルキス，ディクラン，アラ…」⓮「アラ？」とナタリーは尋ねた。アラとはナタリーの父親の名前だった。「あなたが最後にアラに会ったのはいつですか？」⓯「30年前に，シリアでよ」と女性は答えた。「彼はアメリカに行く途中，しばらく私の家族のところにいたのよ。とてもいい青年だったわ。私の子どもたちにも，とても親切にしてくれたの」⓰ナタリーは泣き出した。「それは私の父です」と彼女は言った。⓱その女性も泣き出し，両手を挙げた。彼女は言った。「アスドゥーゾ　コルゼ」　それは神の御業《みわざ》という意味だった。「私はあなたのお父さんを30年も捜していたのよ。私にはあなたが特別な人だとわかった。あなたの顔からそれがわかったの」⓲ナタリーがアルメニア語を聞きたかったのは，家族を懐かしく思ったからだった。家族は何千マイルも離れていると彼女は思っていた。家族が皆遠くにいるわけではなかった。その1人は彼女の近くに座っていたのだ。パリの小さな石づくりの教会で。

1＜**英問英答―文脈把握**＞「ナタリーはスーツケースに荷物を詰めているとき，なぜそう思ったのか」―(3)「それは彼女が半年間の留学のためフランスへ旅立つことになっていたからだ」　次の文より，フランスに留学にいくことがわかる。これは不安と期待の両方を感じさせる出来事といえる。

2＜**要旨把握**＞写真については，続く第2段落で説明している。第5文で They're the family in these photos. と述べており，この They はその前の2文で説明しているいとこの家族を指す。(3)「ナタリーの父親はナタリーにその写真を見せ，その中の家族について話した」がこの内容に適する。

3＜**適語句選択**＞第5段落最終文参照。父がいとこの娘たちに会ったのは30年前である。

4＜**英問英答―文脈把握**＞「ナタリーが父親に『もし私に時間があればね』と言ったのはなぜか」―(2)「それは彼女がどうやってその少女たちを捜せばいいのかわからず，そうする時間はないと思ったからだ」　条件をつけたのは消極的な気持ちの表れと解釈でき，その理由が次の第5段落に詳しく述べられている。

5＜**要旨把握**＞直後の文が下線部の具体的な内容になっている。(3)「ナタリーはパリにいる間，日々を楽しむことに全力を尽くしていた」がこの内容に一致する。

6＜**英問英答―文脈把握**＞「なぜナタリーはアルメニア教会に行ったのか」―(3)「それは彼女が家族を懐かしく思い，両親が使っていた言葉を聞きたいと思ったからだ」　下線部直後に「人々がアルメニア語を話すのを聞くため」と目的が述べられており，これはその3文前と2文前にある彼女の気持ちの反映と考えられる。

7＜**要旨把握**＞第8段落最後から2文目に，女性はずっとナタリーのことを見ていたとある。また，第17段落終わりの女性の言葉から，ナタリーの顔に何か見覚えのあるものを感じており，(3)「女性は礼拝の間中ずっと，ナタリーのことを考えずにはいられなかった」と考えられる。

8＜**英問英答―文脈把握**＞「その女性はなぜそう思ったのか」―(2)「それは，ナタリーがパリで育った若いアルメニア人と違い，アルメニア語を話したからだ」　第11段落第3～5文参照。

9＜**文脈把握**＞下線部直後の God's work「神の御業」という表現や，女性がアルメニア教会に来る敬虔《けいけん》な信者であることから，(1)「彼女たちが出会うのは神の計画だと彼女は信じていた」と考えられる。

10＜**英文解釈**＞not all ～ は「全ての～が(…では)ない」という‘部分否定’を表す。文中の them は2文前の her family を指す。下線部の内容は直後の文で具体的に説明されており，(1)「ナタリーはパリで訪れたアルメニア教会で，家族の1人を見つけた」がその内容に一致する。

11＜**内容真偽**＞(1)「ナタリーはパリで人々がアルメニア語を話すのを聞く機会があまりなかった」…○　第6段落後半の内容から読み取れる。　(2)「ナタリーはヨーロッパ中を旅行するのが本当に楽しかったので，両親のことを思い出すことはなかった」…×　第6段落第5～7文参照。ホームシックになった。　(3)「ナタリーは家族を見つけたので，パリでの勉強をやめてシリアに行った」…×　そのような記述はない。　(4)「ナタリーは荷づくりを終えたので，父親が彼女に頼んだことに不満だった」…×　第5段落参照。手がかりもなく写真の女性たちを見つけるのは大変だと思ったのであり，荷づくりを終えたからではない。　(5)「ナタリーの父親は娘たちから手紙をもらったので，彼女たちがパリにいることを知っていた」…×　「手紙をもらった」という記述はない。

12＜**内容真偽**＞(1)「ナタリーは少女たちを捜すのに全力を尽くし，教会で1人に会った」…×　ナタリーは捜すつもりはなかった。　(2)「ナタリーはアメリカ訛りのアルメニア語を話すことを誇りに思っていた」…×　第9段落最終文参照。自分のアルメニア語がアメリカ訛りなのではないかと気にしていた。　(3)「その老女はいつも娘たちと教会に通っていた」…×　そのような記述はない。　(4)「その老女にはアメリカにアラを含む家族がいた」…○　第13段落の内容に一致する。　(5)ナタリーがフロリダにいたとき，家族とはたいてい英語で話していた」…×　第9段落第2文参照。アルメニア語で話していた。

13～15＜**内容一致**＞《**全訳**》私はこの話の最後の部分に感動した。ナタリーとその女性は，自分の家族に会えたことで泣き出した。ナタリーは，写真に写っている父親の家族を見つけるよう頼まれた。ナタリーの父親の$_{13}$いとこであったその女性も，ナタリーの父親に会いたがっていた。ナタリーとその女性は，まさか自分たちが会う$_{14}$機会があるとは想像もしていなかったが，幸運にも出会うことができた。さらに，私はナタリーのパリでの状況を理解したとき，彼女が泣き出したのにはもう1つ理由があると思った。その当時，彼女はパリで$_{15}$ホームシックにかかっていた。彼女はアルメニア語を聞きたがっていたので，アルメニア人どうしが話しているのを聞いて，彼女は安らぎと幸せを感じた。だから私は，ナタリーとその女性のどちらもが泣き出した理由は，全く同じだったわけではないと結論づけた。

＜**解説**＞**13.** 第2段落第3文参照。　**14.** chance to ～「～する機会」　**15.** 第6段落第5文参照。

B〔**適語(句)選択・共通語**〕

16. on the top of ～ で「～の頂上に」。　「僕は家の屋根のてっぺんに鳥がいるのを見た」

17. 選択肢の中で，文中にコンマに挟まれた形で使えるのは however「しかしながら」だけ。「外は雨が降っている。しかし，サッカーの試合は行われると発表されている」

18. ‘make＋目的語＋形容詞’「～を…(の状態)にする」の形。　「僕は昨日，とても夜遅い時間に家に帰った。それが母を怒らせた」

19. ‘現在の事実に反する仮定’を表す‘If I＋動詞の過去形～，主語＋助動詞の過去形＋動詞の原形…’「もし～だったら，…するのに」の形(仮定法過去)。　「もし僕がたくさんお金を持っていたら，世界中を旅行するのに」

20. come up with ～「～を思いつく，発見する」　「ニュートンは落ちるリンゴを見たときに新しい理論を発見した」

21. 上：助動詞の used to ～「かつて～した」　「若い頃彼女は走るのが速かった」／下：形容詞の used「中古の」　「古本はあまりお金のない学生たちの助けになる」。

22. 上：動詞の train「～を訓練する」　「犬が人にほえないように訓練することが必要だ」／下：名詞の train「列車」　「始発列車は６時に到着する」

C〔整序結合〕

23. ‘one of the＋最上級＋複数名詞’「最も～なもののうちの１つ」の形をつくる。　He is one of the greatest baseball players in the world.

24. Is there で始め,「何かおもしろいもの」は anything interesting とする。-thing で終わる代名詞を修飾する形容詞は後ろに置かれ‘-thing＋形容詞’の形となることに注意する。　Is there anything interesting on TV tonight?

25. 「トムという名前の猫」は‘名詞＋過去分詞＋語句’の形で a cat named Tom と表せる。beside は「～のそばに」という意味の前置詞。　A cat named Tom is sleeping beside us.

26. ‘like *A* better than *B*’「*B* より *A* が好きだ」の構文。「～と(一緒に)」は together with ～ の形で表せる。　I like eating together with my friends better than eating alone.

27. 「～に驚く」は be surprised at ～,「彼女が遅刻した理由」は‘reason (that)＋主語＋動詞…’「～する理由」の形で表せる。　You may be surprised at the reason she was late.

D〔長文読解―英問英答―対話文〕

メニュー

サラダ	350円	スープ	
＋チキン	＋50円	本日のスープ	150円
＋エビ	＋30円	スペシャル	180円
＋チーズ	＋20円		
ピザ	400円	パスタ	
＋チーズ追加	＋20円	ミートソース	450円
＋マッシュルーム	＋30円	クリームソース	400円
＋コーン	＋30円	シーフード	430円
＋ソーセージ	＋60円		
デザート			
アイスクリーム	200円		
プリン	280円		
チョコレートケーキ	300円		
チーズケーキ	300円		
アップルパイ	350円		

≪全訳≫❶エマとオリビアが学校の部活動の後にレストランに入ってきた。❷エマ(E)：長い１日だったわね！❸オリビア(O)：そうね。すごくおなかがすいてるわ。❹E：あなたは何を食べるの？❺O：今日は600円しか持っていないの。何を食べればいいと思う？❻E：ミートソーススパゲティがよさそうよ。❼O：そう思うけど，デザートも食べたいのよ。❽E：じゃあピザはどう？❾O：それはいいわね。アップルパイが食べたかったけど，残りのお金でまだデザートが食べられるわ。

＜解説＞28.「オリビアはデザートに何を食べるか」　第５～９段落参照。持っているお金は600円でピザ(400円)を食べるのだから，残りは200円。200円で買えるデザートはアイスクリームだけ。

29. 「メニューで一番高いものは何か」　ピザ(400円)＋ソーセージ(60円)で合計460円となり，ミートソーススパゲティ(450円)より高くなる。　30.「オリビアがピザとチキンサラダを頼むにはいくら必要か」　ピザ(400円)，チキンサラダ(350円＋50円)で合計800円。

数学解答

1 (1) $\dfrac{2}{3}$　(2) $\dfrac{-x+9y}{12}$

(3) $(x+1)(x-8)$　(4) 10

(5) -8　(6) 42，168　(7) 1

(8) $9+9\sqrt{3}$　(9) $\dfrac{7}{3}$

(10) $x=3$，$y=7$

2 (1) $\dfrac{1}{4}$　(2) $\dfrac{1}{3}$

3 (1) (イ)，(オ)　(2) $\sqrt{3}$　(3) 19

4 (1) 1：2　(2) $\dfrac{5\sqrt{3}}{3}$

5 (1) $\dfrac{1}{3}$　(2) $y=-\dfrac{1}{12}x+\dfrac{13}{4}$

(3) $\dfrac{75}{8}$

1 〔独立小問集合題〕

(1)**＜数の計算＞**与式$=\left(\dfrac{3}{5}\right)^2\times\dfrac{8}{27}\div\left(\dfrac{3}{5}-\dfrac{5}{5}\right)^2=\dfrac{9}{25}\times\dfrac{8}{27}\div\left(-\dfrac{2}{5}\right)^2=\dfrac{9}{25}\times\dfrac{8}{27}\div\dfrac{4}{25}=\dfrac{9}{25}\times\dfrac{8}{27}\times\dfrac{25}{4}=\dfrac{2}{3}$

(2)**＜式の計算＞**与式$=\dfrac{4(2x-3y)-3(y-x)-12x+24y}{12}=\dfrac{8x-12y-3y+3x-12x+24y}{12}=\dfrac{-x+9y}{12}$

(3)**＜式の計算―因数分解＞**与式$=x^2-4x+4+6-3x-18=x^2-7x-8=(x+1)(x-8)$

≪別解≫$3(2-x)=3\{-(x-2)\}=-3(x-2)$より，与式$=(x-2)^2-3(x-2)-18$として，$x-2=A$とおくと，与式$=A^2-3A-18=(A+3)(A-6)$となる。$A$をもとに戻して，与式$=(x-2+3)(x-2-6)=(x+1)(x-8)$である。

(4)**＜数の計算＞**$\sqrt{9}<\sqrt{15}<\sqrt{16}$より，$3<\sqrt{15}<4$だから，$\sqrt{15}$の整数部分は3であり，小数部分$a$は$a=\sqrt{15}-3$となる。よって，与式$=a(a+6)+4=(\sqrt{15}-3)\{(\sqrt{15}-3)+6\}+4=(\sqrt{15}-3)(\sqrt{15}+3)+4=(\sqrt{15})^2-3^2+4=15-9+4=10$である。

≪別解≫$a=\sqrt{15}-3$より，$a+3=\sqrt{15}$，$(a+3)^2=(\sqrt{15})^2$，$a^2+6a+9=15$，$a^2+6a=6$となるから，与式$=(a^2+6a)+4=6+4=10$である。

(5)**＜関数―zの値＞**yはxに比例するから，比例定数をaとして，$y=ax$と表せる。$x=2$のとき$y=3$だから，$3=a\times2$より，$a=\dfrac{3}{2}$となり，比例の式は$y=\dfrac{3}{2}x$となる。また，zはyに反比例するから，比例定数をbとして，$z=\dfrac{b}{y}$と表せる。$y=4$のとき$z=12$だから，$12=\dfrac{b}{4}$より，$b=48$となり，反比例の式は$z=\dfrac{48}{y}$となる。よって，$x=-4$のとき，$y=\dfrac{3}{2}\times(-4)=-6$となり，$z=\dfrac{48}{-6}=-8$となる。

(6)**＜数の性質＞**$\sqrt{\dfrac{168}{n}}=\sqrt{\dfrac{2^3\times3\times7}{n}}$だから，$\sqrt{\dfrac{168}{n}}$が整数となるとき，$\dfrac{2^3\times3\times7}{n}$は整数を2乗した数となる。$n$は自然数だから，$\dfrac{2^3\times3\times7}{n}=1^2$，$2^2$である。$\dfrac{2^3\times3\times7}{n}=1^2$のとき，$\dfrac{168}{n}=1$より，$n=168$となる。$\dfrac{2^3\times3\times7}{n}=2^2$のとき，$n=2\times3\times7$より，$n=42$となる。よって，求める自然数$n$は，$n=42$，168である。

(7)**＜数の性質＞**$3^1=3$，$3^2=9$，$3^3=27$，$3^4=81$，$3^5=243$，$3^6=729$，……より，3^nで表される数の一の位の数字は，3^1から順に，3，9，7，1，3，9，……となり，3，9，7，1の4個の数字がこの順に繰り返される。$2024\div4=506$より，3^{2024}までは，3，9，7，1の4個の数字がちょうど506回繰り返されるので，3^{2024}の一の位の数字は，繰り返される4個の数字のうちの最後の数字で，1である。

(8)<**平面図形―面積**>右図1で，点Cから辺ABに垂線CHを引くと，$\angle$CAH＝45°より，△AHCは直角二等辺三角形となるから，AH＝CH＝$\frac{1}{\sqrt{2}}$AC＝$\frac{1}{\sqrt{2}}\times 6=3\sqrt{2}$ である。また，$\angle$ACH＝45°より，$\angle$BCH＝$\angle$ACB－$\angle$ACH＝105°－45°＝60°となるから，△BHCは3辺の比が $1:2:\sqrt{3}$ の直角三角形となり，BH＝$\sqrt{3}$CH＝$\sqrt{3}\times 3\sqrt{2}=3\sqrt{6}$ である。これより，AB＝AH＋BH＝$3\sqrt{2}+3\sqrt{6}$ となる。よって，△ABC＝$\frac{1}{2}$×AB×CH＝$\frac{1}{2}\times(3\sqrt{2}+3\sqrt{6})\times 3\sqrt{2}=9+9\sqrt{3}$ である。

図1

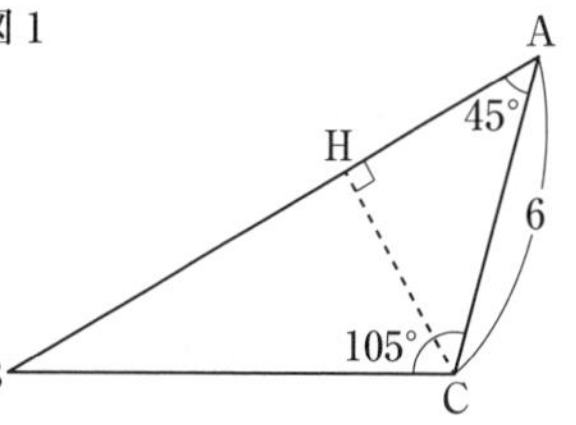

(9)<**平面図形―長さの比**>右図2で，点Aを通り辺DCに平行な直線を引き，線分EF，辺BCの交点をそれぞれG，Hとする。四角形ABCDが台形より，AD∥BCであり，AD∥EFだから，四角形AHCD，四角形AGFDはともに平行四辺形となる。よって，HC＝GF＝AD＝2であり，BH＝BC－HC＝12－2＝10，EG＝EF－GF＝5－2＝3となる。また，$\angle$EAG＝$\angle$BAHであり，EF∥BCより，$\angle$AEG＝$\angle$ABHだから，△AEG∽△ABHである。これより，AE：AB＝EG：BH＝3：10となり，AE：EB＝3：(10－3)＝3：7だから，$\frac{\mathrm{EB}}{\mathrm{AE}}=\frac{7}{3}$ である。

図2

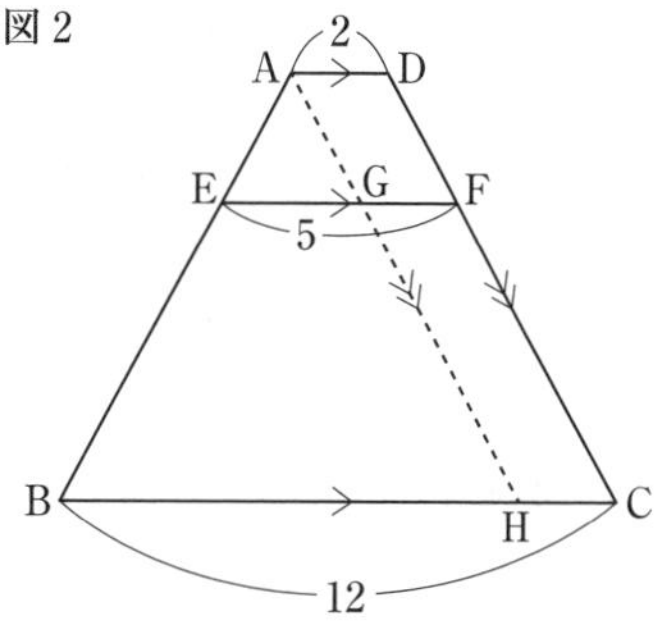

(10)<**データの活用―x，yの値**>10人の点数の平均値が6.4点だから，10人の点数の合計について，$x+y+4+5+6+8+8+9+8+6=6.4\times 10$ が成り立ち，$x+y+54=64$，$x+y=10$ となる。また，中央値が6.5点より，10人の点数を小さい順に並べたとき，5番目と6番目の平均値が6.5点となる。6点がいるので，5番目は6点，6番目は7点である。A，B以外の8人の中に7点はいないので，A，Bの少なくともどちらかが7点となる。$x\leqq y$ なので，$y=7$ であり，$x+7=10$ より，$x=3$ となる。このとき，10人の点数は，小さい順に，3，4，5，6，6，7，8，8，8，9となり，5番目が6点，6番目が7点だから，適する。よって，$x=3$(点)，$y=7$(点)である。

2 〔データの活用―確率―さいころ〕

(1)<**確率**>2つのさいころA，Bを同時に1回投げるとき，目の出方は全部で6×6＝36(通り)あるから，a，bの組も36通りある。このうち，a，bの最小公倍数Xが$X=6$となるのは，$a=1$のとき，$b=6$の1通りある。$a=2$のとき，$b=3$，6の2通りある。$a=3$のとき，$b=2$，6の2通りある。$b=4$，5のときはない。$a=6$のとき，$b=1$，2，3，6の4通りある。よって，$X=6$となる場合は1＋2＋2＋4＝9(通り)だから，求める確率は $\frac{9}{36}=\frac{1}{4}$ である。

(2)<**確率**>36通りのa，bの組のうち，$X>6$となるのは，$a=1$のときはない。$a=2$のとき，$b=5$の1通りある。$a=3$のとき，$b=4$，5の2通りある。$a=4$のとき，$b=3$，5，6の3通りある。$a=5$のとき，$b=2$，3，4，6の4通りある。$a=6$のとき，$b=4$，5の2通りある。よって，$X>6$となる場合は1＋2＋3＋4＋2＝12(通り)だから，求める確率は $\frac{12}{36}=\frac{1}{3}$ である。

3 〔平面図形―円〕

≪**基本方針の決定**≫(2)，(3)　三角形の相似を利用する。

(1)<**相似な三角形**>次ページの図で，$\angle$BAD＝$\angle$EACであり，$\overset{\frown}{\mathrm{AB}}$に対する円周角より，$\angle$ADB＝$\angle$ACEだから，△ABD∽△AECである。また，$\overset{\frown}{\mathrm{CD}}$に対する円周角より，$\angle$EAC＝$\angle$EBDだから，

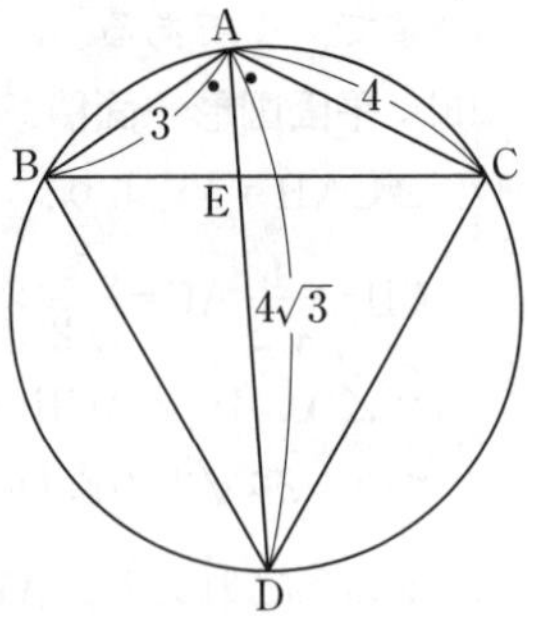

∠BAD＝∠EBD となる。∠ADB＝∠BDE だから，△ABD∽△BED である。

(2)＜**長さ―相似**＞右図で，(1)より，△ABD∽△AEC だから，AB：AE＝AD：AC である。よって，3：AE＝$4\sqrt{3}$：4 が成り立ち，AE×$4\sqrt{3}$＝3×4，AE＝$\sqrt{3}$ となる。

(3)＜**長さ―相似**＞右図で，(2)より，AE＝$\sqrt{3}$ だから，ED＝AD－AE＝$4\sqrt{3}-\sqrt{3}=3\sqrt{3}$ となる。(1)より，△ABD∽△BED だから，BD：ED＝AD：BD である。よって，BD：$3\sqrt{3}$＝$4\sqrt{3}$：BD が成り立ち，BD^2＝$3\sqrt{3}\times4\sqrt{3}$，BD^2＝36，BD＝±6 となる。BD＞0 だから，BD＝6 である。また，∠BAD＝∠EBD であり，$\overset{\frown}{BD}$ に対する円周角より，∠BAD＝∠BCD だから，∠EBD＝∠BCD となる。これより，△BCD は二等辺三角形だから，CD＝BD＝6 となる。よって，四角形 ABDC の周の長さは，AB＋BD＋CD＋AC＝3＋6＋6＋4＝19 である。

4〔空間図形―三角柱〕

≪**基本方針の決定**≫(2)　四角形 CBML を底面と見る。

図1

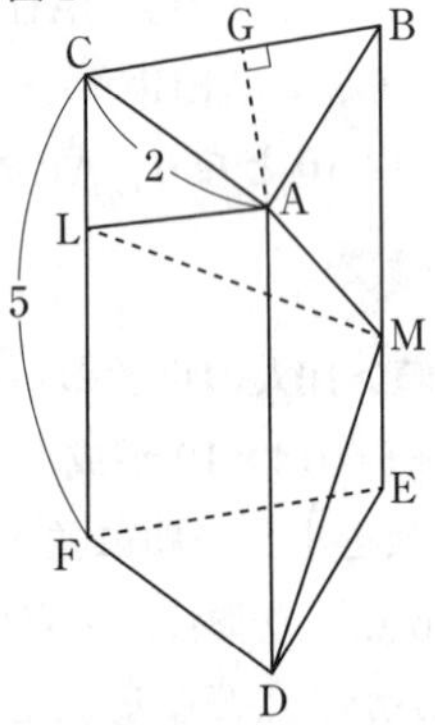

図2

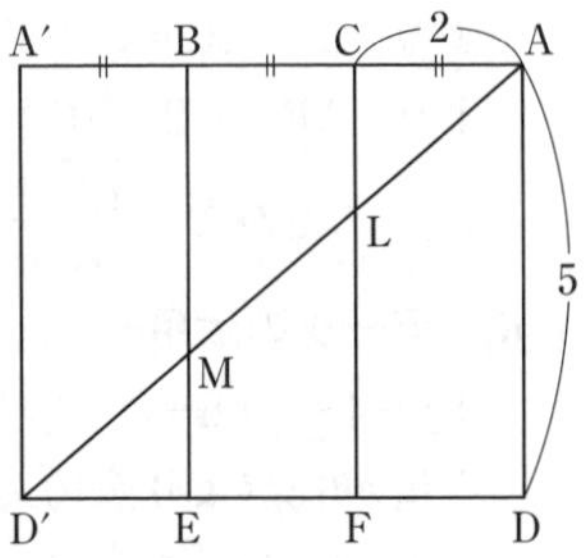

(1)＜**長さの比**＞右図1で，線分 AL，LM，MD を含む面 ACFD，面 CBEF，面 BADE を右図2のように展開する。AL＋LM＋MD の値が最小となるのは，4点A，L，M，D′ が一直線上に並ぶときである。このとき，CF∥BE より，△ACL∽△ABM となり，AC＝CB だから，CL：BM＝AC：AB＝1：2 である。

(2)＜**体積**＞右図1で，三角柱 ABC-DEF を平面 ALM で切断してできる立体のうち，頂点Cを含む立体は，四角錐 A-CBML である。〔面 CBEF〕⊥〔面 ABC〕だから，点Aから面 CBEF に垂線 AG を引くと，点Gは辺 BC 上の点となる。△ABC は正三角形だから，△AGB は3辺の比が 1：2：$\sqrt{3}$ の直角三角形となり，AG＝$\frac{\sqrt{3}}{2}$AB＝$\frac{\sqrt{3}}{2}\times2=\sqrt{3}$ である。また，図2で，四角形 CBML は CL∥BM の台形である。CF∥A′D′ より，△ACL∽△AA′D′ だから，CL：A′D′＝AC：AA′＝1：3 となる。よって，CL＝$\frac{1}{3}$A′D′＝$\frac{1}{3}\times5=\frac{5}{3}$ であり，(1)より，CL：BM＝1：2 だから，BM＝2CL＝$2\times\frac{5}{3}=\frac{10}{3}$ となる。よって，〔台形 CBML〕＝$\frac{1}{2}$×(CL＋BM)×CB＝$\frac{1}{2}\times\left(\frac{5}{3}+\frac{10}{3}\right)\times2=5$ となる。したがって，図1で，求める立体の体積は，〔四角錐 A-CBML〕＝$\frac{1}{3}$×〔台形 CBML〕×AG＝$\frac{1}{3}\times5\times\sqrt{3}=\frac{5\sqrt{3}}{3}$ である。

5〔関数―関数 $y=ax^2$ と一次関数のグラフ〕

≪**基本方針の決定**≫(3)　△ABF＝△CBF となることに気づきたい。

(1)＜**比例定数**＞次ページの図で，BC⊥〔x 軸〕より，BC は y 軸に平行だから，△ADE∽△ABC となる。2点A，Bの x 座標がそれぞれ－1，3 より，△ADE は底辺を DE と見ると高さは 0－(－1)＝1，△ABC は底辺を BC と見ると高さは 3－(－1)＝4 である。よって，高さの比が 1：4 だから，相似比は 1：4 となり，△ADE：△ABC＝1^2：4^2＝1：16 となる。△ADE＝$\frac{3}{8}$ なので，△ABC＝

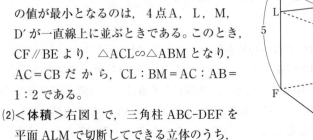

$16\triangle ADE=16\times\frac{3}{8}=6$である。点Bは放物線$y=ax^2$上にあり，$x$座標は3だから，$y=a\times3^2=9a$より，B$(3,\ 9a)$となる。これより，BC$=9a$だから，△ABCの面積について，$\frac{1}{2}\times9a\times4=6$が成り立ち，$a=\frac{1}{3}$となる。

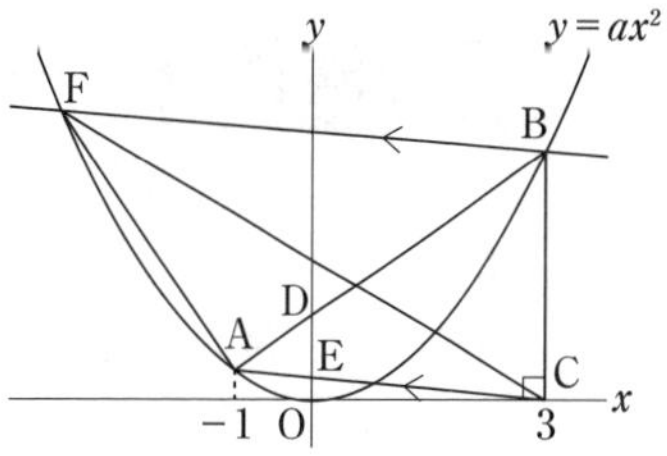

(2)＜**直線の式**＞右上図で，(1)より，$a=\frac{1}{3}$だから，$9a=9\times\frac{1}{3}=3$となり，B$(3,\ 3)$となる。また，点Aは，放物線$y=\frac{1}{3}x^2$上の点となり，x座標は-1だから，$y=\frac{1}{3}\times(-1)^2=\frac{1}{3}$より，A$\left(-1,\ \frac{1}{3}\right)$である。C$(3,\ 0)$だから，直線ACの傾きは$\left(0-\frac{1}{3}\right)\div\{3-(-1)\}=-\frac{1}{12}$となる。BF∥CAだから，直線BFの傾きも$-\frac{1}{12}$となり，その式は$y=-\frac{1}{12}x+b$とおける。これが点Bを通るので，$3=-\frac{1}{12}\times3+b$，$b=\frac{13}{4}$となり，直線BFの式は$y=-\frac{1}{12}x+\frac{13}{4}$である。

(3)＜**面積**＞右上図で，2点C，Fを結ぶ。BF∥CAより，△ABFと△CBFは，底辺を辺BFと見ると，高さが等しい。よって，△ABF=△CBFである。点Fは放物線$y=\frac{1}{3}x^2$と直線$y=-\frac{1}{12}x+\frac{13}{4}$の交点だから，2式から$y$を消去して，$\frac{1}{3}x^2=-\frac{1}{12}x+\frac{13}{4}$，$4x^2+x-39=0$より，$x=\frac{-1\pm\sqrt{1^2-4\times4\times(-39)}}{2\times4}=\frac{-1\pm\sqrt{625}}{8}=\frac{-1\pm25}{8}$となり，$x=\frac{-1+25}{8}=3$，$x=\frac{-1-25}{8}=-\frac{13}{4}$である。これより，点Fの$x$座標は$-\frac{13}{4}$となる。(2)より，B$(3,\ 3)$だから，△CBFは，底辺をBC$=3$と見ると，高さは$3-\left(-\frac{13}{4}\right)=\frac{25}{4}$となる。したがって，$\triangle CBF=\frac{1}{2}\times3\times\frac{25}{4}=\frac{75}{8}$となるので，$\triangle ABF=\frac{75}{8}$である。

＝読者へのメッセージ＝

関数で用いる座標は，フランスの哲学者，数学者のルネ・デカルト(1596〜1650)によって発明されました。彼は，部屋にいるハエの位置を表すのに座標を思いついたといわれています。

2024年度／明治学院高等学校

国語解答

一 問甲 四[方]八[方]　問１ D

問２ B

問乙 Ⅱ 巡る　Ⅲ 遂げる

問３ D　問４ A　問５ C

二 問丙 手[を変え]品[を変え]

問６ B　問７ A　問８ C

問９ D　問10 D　問11 B

三 問12 B　問13 B　問14 C

問丁 ③ しゅうぎ　⑦ のきした

問15 D　問16 C　問17 D

問18 D　問19 D　問20 B

問21 C

一〔論説文の読解―自然科学的分野―科学〕出典：鎌田浩毅『知っておきたい地球科学――ビッグバンから大地変動まで』。

問甲＜四字熟語＞「四方八方」は，あらゆる方向に，あちらこちらに，という意味。「四方」は，東西南北のこと。「八方」は，「四方」に，北東・北西・南東・南西の四つを加えたもの。

問１＜文章内容＞「月が常に表を向けている原因は，内部を構成する物質」にあり，「地球に見せる側には重い物質，裏側には軽い物質がたまっている」からである。「玄武岩を主体とする重い部分が地球に引き寄せられた結果，月が地球の周りを回る公転周期が月の自転周期と一致し，月はいつも表側を地球に向けるようになった」のである。

問２＜文章内容＞月ができてから，「現在まで四〇億年以上もかかって地球の自転速度を遅くしたのは，地球と月の間で働く引力」で，この引力によって地球では潮の満ち引きが起き，それが「地球の自転にブレーキ」をかけた結果，「地球の一日は次第に長くなり，現在の二四時間」となった(D…○)。もし地球の自転速度が遅くならなければ，「地表では東西方向に絶えず強風が吹き荒れ」ており，そのような環境では，生物は，現在のような形では進化しなかっただろう(C…○)。また，「月の形成時に巨大な天体が地球に衝突した」結果，地軸が傾き，「地球には四季の変化」が訪れた(A…○)。もし地軸の傾きが「二三・四度ではなく九〇度」だったら，「極地域では六カ月の夏と六カ月の冬が交代」する，現在よりも極端な気候になっていたはずである(B…×)。

問乙＜漢字＞Ⅱ．音読みは「巡回」などの「ジュン」。　Ⅲ．音読みは「完遂」などの「スイ」。

問３＜文章内容＞ガリレオ・ガリレイは「一六〇九年に」世界で初めて望遠鏡で月のクレーターを観察した(…B)。人類は「一九五九年に」ソ連が打ち上げた月探査機ルナ三号によって，初めて「月の裏側を見ること」ができた(…A)。「ジャイアントインパクト説」は，「一九八四年に」提唱された(…D)。日本が「二〇〇七年に」打ち上げた月探査機「かぐや」によって，月に「溶岩チューブ」と呼ばれる「巨大な空洞があることが判明」した(…C)。

問４＜主題＞「四五億年前の月の誕生」は，地球の自転速度を遅くし，地軸を傾けて四季をもたらして「地球上で生命が進化するための貴重な条件を整えて」くれた。人類が「持続的社会をつくる際」には，このような「大きなスケールでできた地球環境の成り立ちを知ることはとても大切」なのである。

問５＜要旨＞月は，地球誕生の「一億年後」にできた(B…×)。クレーターは，「月の表面に大量の隕石が落下」してできたもので，「古い時代に噴出した溶岩上」ほどその数が多い(A…×)。「地球と月の間で働く引力」により地球の自転速度が遅くなったことと地軸の傾きによって，生物が進化するのに適した「安定した環境」が形成されたのである(C…○)。巨大な天体が地球に衝突し，そのときに飛び出した破片が「集まってできた最大の物質が月」である(D…×)。

二〔論説文の読解―社会学的分野―家族〕出典：藤原辰史『縁食論――孤食と共食のあいだ』。

≪本文の概要≫家族とは，市場にとっては，労働力を復活させる修理所であり，未来の労働者を産出する生物機械である。だから，雇い主は，賃金を払って，労働力のリフレッシュを促す。賃金を十分に払えない場合は，雇い主や政治家が，家族の大切さを呼びかけることになる。しかし，そもそも家族とは，市場や国家が求めるようなものだったのだろうか。この疑問について考えるために，「家」とは何かを根源的に考えてみよう。家とは，内部を三次元的に囲ってできる空間のことである。ただし，人間は，食は公開してきた。ジンメルは，皿が各自の前に置かれるようになったことを近代の一つの特徴であると指摘している。皿は，本来は開かれた行為であった食を，閉ざされた空間にしていく一つの道具となった。日本の核家族は，近代家族のモデルとなったが，そこで重要な役割を果たしたのは，ちゃぶ台だった。現代の家族は，さまざまな問題を抱えており，もはや近代家族モデルは通用しなくなった。新たな人間グループのモデルの開発が，かつてなく求められている。

問丙＜慣用句＞「手を変え品を変え」は，いろいろな方法を用いて，という意味。

問６＜文章内容＞家族は，「市場にとってみれば，労働力を復活させる修理所であり，未来の労働者を産出する生産機械」なので，雇い主は，「賃金を払って，労働力のリフレッシュを促す」のである。賃金を十分に払えない場合には，雇い主は，家族の「愛」に頼ることになる。市場にとって家族が重要であるから，政治家たちは，雇い主の要望に応えるためにも「家族が大事」だと言い続けるのである。

問７＜接続語＞イ．雇い主は，「賃金を払って，労働力のリフレッシュを促す」が，「健康な食を購入するのに十分ではない」など賃金が家計を支えるのに十分でない場合，「家族の『愛』に頼ること」になる。　ロ．「人類が比較的高性能の換気装置を手に入れたのはつい最近」であり，そのうえ，「いまなお地域的に限定されて」いる。　ハ．皿は，それぞれの食べ物が盛られて「各自のテーブルの前に置かれる」が，いうまでもなく，「大きな皿や鍋を食卓に置いて，家族でつつきあうことも少なくない」のである。

問８＜文章内容＞家とは，外界から「内部を三次元的に囲ってできる空間のこと」であり，「囲う」ものである。「進化の過程で皮膚から毛が抜け落ちた人類」は，動物よりも外気の影響を受けやすいので，「空気を囲うこと」で「体を消耗から守らなければ」ならない（B…○）。「人間は，ほかの動物よりも深く寝る傾向にある」ので，寝ている間に何者かに襲われないように，「寝る場所を囲う」必要がある（A…○）。人類にとって，生殖行為は「恥じらいをもっとも強く感じる」ものなので，人目を避けるために，「性の場所を囲う」必要がある（D…○）。家は火を囲うものではあるが，「人間は，食は公開する」のであり，火の周りには「家族以外の人間が集まりやすいような吸引力」が生まれる（C…×）。

問９＜文章内容＞原始時代から，人間は「食は公開」し，家族以外の人間も含めて火の周りに集まって調理し，複数人の食べ物を「鉢」に盛ってともに食べていた。しかし，近代になって皿が登場すると，食事は，各自の「三次元的に閉ざされた空間」を生み出す皿によって，個人的なもの，もしくは大皿で家族だけで取るものへと変化していった。

問10＜文章内容＞前近代の日本では，食は，「お膳を用い，家族がバラバラで食べ，家族以外の成員も入ってくる」という形態を取っていた。しかし，近代になると，「ちゃぶ台を使い，核家族が全員集合し，サイドメニューを盛った皿を真ん中に置き，各々がご飯と味噌汁《みそしる》でそれを食べるという形態に変化した」のである。資本主義社会において，家族は「労働力再生産装置」の役割を持っていたので，本来は家族の外部に開かれていた「共食」も，外部から切り離され，家族単位で行われるものになっていったのである。

問11＜主題＞現代社会において，家族の「愛」は，より多くの利潤を上げるために雇い主や政治家によって提唱されているが，現代の家族は，「育児・介護の担《にな》い手」などさまざまな課題を抱えていて，「もはや近代家族モデルでは成り立たない」ほどになっている。現在の家族が抱える問題を解決するためには，「家族以外の人間」にも開かれた人間関係が必要であると，筆者は考えている。

三〔**小説の読解**〕出典：永井荷風『羊羹』。

問12＜語句＞「手蔓」は，依頼や交渉の際に，頼りにすることができるような人とのつながりのこと。「つて」は，自分の希望などをかなえるための手がかりとして，頼りにできそうな人のこと。

問13＜文章内容＞徴兵期間を終えて東京に帰ってきた新太郎は，このままもみじで働いていても将来の見込みはないと判断して，自分から「軍属になって満洲へ」と渡った。軍隊で習い覚えた自動車の運転技術を生かして，新太郎は，満州で運転手になり，さらに，敗戦後に日本に戻ってからも，運送会社で働くことができた。新太郎は，ずるずると判断を先送りして最悪の状況に陥るよりは，新しい環境へと移って，そこでよりましな生活を送ろうと考えるタイプである。

問14＜慣用句＞「けんつくを食わす〔食らわす〕」は，厳しくしかる，または，荒々しい言葉で拒否する，という意味。

問丁＜漢字＞③「祝儀」は，ここではサービスに対して支払われるお金，チップのこと。　⑦「軒下」は，家の屋根が突き出している所の下のこと。

問15＜語句＞「道すがら」は，道を行きながら，道の途中で，という意味。

問16＜心情＞新太郎は，今は仕事も順調で「金には不自由しない身になった」ことを，「田舎の者だけ」に見せるのでは満足がいかなくなり，もみじで知り合った人々にも見せて自慢したくなった。そのため，新太郎は，仕事に行く途中でも，もみじにいた頃の知り合いを捜していたのである。

問17＜語句＞「俄に」は，いきなり，急に，という意味。

問18＜心情＞新太郎は，旦那たちが生活に困っているだろうと予想して，高価なアメリカのタバコを土産に持ってきた。ところが，旦那は，余裕が感じられる暮らしをしており，新太郎が持ってきたのと「同じような」タバコを出して，自分のために一本抜き取ると，袋ごと新太郎に勧めてきた。新太郎は，当てが外れて当惑し，土産用のタバコを渡すのをためらったのである。

問19＜心情＞おかみさんは，新太郎がわざわざ疎開先を捜し当てて，訪ねてきてくれたことをうれしく思った。その気持ちを表すために，新太郎にごちそうしたかったのだが，かつてのもみじで出していたような立派な料理はとうてい準備できなかったので，おかみさんは，今の自分たちにできる精一杯の料理をつくって，「何もないんだよ」と言ったのである。ただし，この言葉には多少の謙遜も含まれていて，実際には，おかみさんが出した料理は，戦後のこの時期としては，ぜいたくなもので，「飯は白米」だった。

問20＜心情＞新太郎は，旦那やおかみさんが生活に困っているだろうと予想していたが，意外にも豊かな暮らしぶりを見せつけられて，複雑な気持ちになった。戦争に負けても，「古い社会の古い組織は少しも破壊されては」おらず，「以前楽にくらしていた人達は今でもやっぱり困らずに楽にくらしている」ことを知って，新太郎は，何度も頭を下げて潜門を出ながら，「当のはずれたような，失望したような，つまらない気がした」のである。

問21＜文章内容＞戦争に負けても，戦前の金持ちが相変わらず裕福に暮らしているのを見て，新太郎は，「古い社会の古い組織は少しも破壊されては」おらず，自分の現在も「それほど得意がるにも及ばないもの」に思え，何とも割りきれない気持ちになった。新太郎は，子どもたちに与えるために，あえて高価な羊羹を買うことで，金持ちに対する反発を示し，そのような社会に対するいらだちを晴らそうとしたのである。

2023年度 明治学院高等学校

【英　語】（50分）〈満点：100点〉

（注意）指示のない限り，答えは１つです。

A　次の文を読み、1.〜10.の設問に答えなさい。なお、筆者は女性である。

American *Saying

Like many Americans, I often heard my parents say, “_*Cleanliness is next to *godliness._” They said this when I sat down at the dinner table before cleaning my hands or when I wanted to go outside and play on a Saturday but did not clean my room yet. It sometimes seemed to me that they were always thinking about keeping clean. Later I realized that my parents were not the only people who were worrying about being clean; all my friends’ parents were saying the same thing. I guess (　1　) in the United States.

2Sometimes I felt like my parents had an old saying for every single point they wanted to make. If I didn’t eat all my dinner, my mother would say, “_Waste not, want not,_” and would make me sit at the table until I finished everything on my plate. When I didn’t do my homework, I was told I could not watch my favorite TV program. I complained about 3it and my father said, “_You’ve made your bed, now you have to lie in it._”

However, my parents didn’t always use old sayings to scold me. Sometimes my parents used them to encourage me when I was sad. I remember working on a 3-D map of my hometown for my *geography project, and there was one piece that refused to stand up. Every time I put it on to the map, it was so heavy that it fell over. I was ready to give up, but my father said, 4“_There’s more than one way to bake a pie,_” and he helped me find another way to solve the problem.

5Sayings like these show important points of culture. When we hear them again and again from our parents, grandparents, and teachers, we naturally understand the beliefs and *morals that make up our culture.

However, 6beliefs represented by old sayings sometimes seem to bump into each other. For example, I remember I was told, “_It’s not whether you win or lose, but how you play the game._” This helped me to realize the importance of playing fair. But my basketball coach also used to say, “_Everyone loves a winner._” Which saying really represents American beliefs? Is it sportsmanship and fair play or strong competition with passion to win? Or could it be both?

While I was an exchange student, I realized that old sayings played an important part in making me who I am. Sometimes when things went wrong or when I was confused, I’d find myself thinking about one of the old sayings my parents used. After about the third time 7this happened, I asked my homestay family to tell me some of their favorite sayings, and we had a great time learning about each other’s culture.

Now I notice that I use old sayings quite a lot. 8My parents would probably laugh, but I will say, “_If you can’t *beat them, join them!_”

［注］	saying	ことわざ	cleanliness	清潔	godliness	神を敬うこと
	geography	地理	moral	道徳	beat	打ち負かす

1. 空所 1 に入るものとして最もふさわしいものを選びなさい。

(1) cleaning our hands is the most important thing

(2) my friends and I have special parents who don't like to clean

(3) parents have to clean their room before they do something important

(4) people don't have to worry about being clean

(5) we want things to be clean and well prepared

2. 下線部 2 に関する次の質問の答えとして最もふさわしいものを選びなさい。

Why did the writer feel this way?

(1) It was because the family wrote sayings to show important points of the house.

(2) It was because the writer realized her mother always told her a saying that she liked.

(3) It was because the writer thought each time something happened, the writer's parents were ready with a saying.

(4) It was because the writer's parents always had something to say to the writer and never stopped talking.

(5) It was because when the writer did something wrong, the writer's father always wrote a saying in front of the writer.

3. 下線部 3 の内容として最もふさわしいものを選びなさい。

(1) The writer was not able to finish her homework on time.

(2) The writer was not able to watch her favorite TV program.

(3) The writer's father didn't help the writer with her homework.

(4) The writer's father watched TV while the writer was doing her homework.

(5) The writer's favorite TV program was not shown that day.

4. 下線部 4 に関する次の質問の答えとして最もふさわしいものを選びなさい。

Why did the writer's father say, "*There's more than one way to bake a pie*"?

(1) It was because he knew that it was time to give up.

(2) It was because he remembered a good way to stand up.

(3) It was because he wanted the writer to keep working on the map.

(4) It was because he was ready to make a different project.

(5) It was because it was almost dinner time, so he wanted to make a pie.

5. 下線部 5 の内容として最もふさわしいものを選びなさい。

(1) Beliefs and morals make us understand the meanings of old sayings.

(2) Our parents, grandparents and teachers are helpful for us to understand the importance of nature.

(3) Sayings are connected by a lot of beliefs and morals and they help people understand the culture they live in.

(4) Using famous sayings helps us live in harmony with people in the society.

(5) We gradually learn the meaning of the culture by using sayings again and again.

6. 下線部 6 の具体的内容を表すものとして最もふさわしいものを選びなさい。

(1) コーチによってはことわざの使い方を間違ってしまう。

(2) 勝負ごとに関して使うことわざの意味が相反する場合がある。

(3) スポーツマンシップに関することわざが時代によって変化する。

(4) チームによってことわざの意味が通じないことがある。

(5) バスケットボールにおいて勝つことを表すことわざがたくさんある。

7. 下線部 7 の内容として最もふさわしいものを選びなさい。

(1) The writer had a great time learning about her homestay family's culture.

(2) The writer had to make a difficult decision as an exchange student.

(3) The writer realized she was looking for an old saying that would help her with her problem.

(4) The writer realized that old sayings played an important part in learning about culture.

(5) The writer was confused about which saying to use to express her feelings.

8. 下線部 8 に関する次の質問の答えとして最もふさわしいものを選びなさい。

Why would the writer's parents probably laugh?

(1) It is because the writer uses sayings in the same way as her parents.

(2) It is because the writer uses sayings that make her parents laugh.

(3) It is because the writer's parents know that the writer will start using sayings when she becomes a parent.

(4) It is because the writer's parents like to laugh a lot.

(5) It is because the writer's parents want the writer to laugh a lot.

9. 本文の内容と一致するものを選びなさい。

(1) Not only the writer's parents but also her friend's parents said their children needed to keep clean.

(2) The writer was upset because her parents used too many old sayings.

(3) There is a family rule for the writer that old sayings are only used when something bad happens.

(4) When the writer couldn't eat all of her food, her father would say, "*You've made your bed, now you have to lie in it.*"

(5) When the writer had a problem, her father said her favorite sayings, but they didn't help her get over it.

10. 本文の内容と一致しないものを選びなさい。

(1) "*Everyone loves a winner*" means that a strong will to win is important.

(2) The writer didn't have a chance to think about what kind of person she was during her homestay.

(3) The writer had to finish her homework to watch her favorite TV program.

(4) When the writer had a hard time, the writer's parents encouraged her with old sayings.

(5) When the writer was an exchange student, she and her host family enjoyed talking about each other's culture.

B　次の 11.～15.の文の空所に入るものとして最もふさわしいものを選びなさい。

11. (　　) of the club members is going to make a speech tomorrow.

(1) All

(2) Both

(3) Each

(4) Every

(5) Most

12. At the station near my house, there is a poster (　　) two cats fighting.

(1) above

(2) before

(3) on

(4) over

(5) with

13. (　　) would you like your steak?

(1) How

(2) What

(3) Which

(4) How come

(5) Why not

14. She's the famous writer (　　) book I like very much.

(1) of

(2) that

(3) who

(4) whom

(5) whose

15. I saw my boss (　　) the bank.

(1) enter

(2) enter to

(3) entered

(4) enters

(5) to enter

C　次の 16.－20.の選択肢の中からそれぞれ正しいものを選びなさい。

16.

(1) Chocolate bars have lines they cool down with less time.

(2) Many theater plays canceled because of the earthquake.

(3) The science museum had a special rock exhibition.

(4) There is 100 yen shops in the Ginza area now.

(5) Wear masks has become one of our daily customs.

17.

(1) I had few money at that time, so I couldn't take a taxi.

(2) Nancy is a girl who know a lot about Germany.

(3) That was a very difficult plan for me, so I gave up.

(4) The news was very excited and I couldn't say a word.

(5) You should come back home before it will begin raining.

18.

(1) Her hobby is enjoy growing flowers in her garden.

(2) I will tell him go back to the office at once.

(3) People who came to the party was in formal dress.

(4) We were caught in a storm on the way home.

(5) What language do people speaking in your country?

19.

(1) I don't have money enough for plane tickets.

(2) It seems that I took somebody's umbrella at mistake.

(3) It was raining hard, however he went out.

(4) Mt. Fuji is taller than any other mountain in Japan.

(5) Write the number down, if you'll forget it.

20.

(1) Almost people in this class are friendly.

(2) Do you know where does he live?

(3) I bought two pairs of shoe at this store.

(4) No other city are as big as New York.

(5) Some of my friends I invited have not arrived yet.

D　次の 21.～25.の日本語の意味に合うように語(句)を並べかえた時、(1)と(2)に入るものの組み合わせとしてふさわしいものを選びなさい。なお、文頭にくる文字も小文字にしています。

21. ケンには友達と話す面白いことが何もない。

Ken (　　)(　　)(　1　)(　　)(　　)(　2　)(　　)(　　)(　　).

ア. about　イ. friends　ウ. has　エ. his　オ. interesting

カ. nothing　キ. talk　ク. to　ケ. with

(1) オ　と　ア

(2) オ　と　ケ

(3) カ　と　ア

(4) カ　と　キ

(5) カ　と　ケ

22. あなたの弟が割った花瓶はイタリア製ですか。

(　　)(　　)(　　)(　1　)(　　)(　2　)(　　)(　　)?

ア. broke　イ. brother　ウ. in　エ. is　オ. Italy

カ. made　キ. the vase　ク. your

(1) イ　と　ウ

(2) イ　と　カ

(3) ウ　と　ア

(4) ウ　と　カ

(5) キ　と　カ

23. その虫がどうやって私の家に入り込んだのか分かりません。

(　　)(　　)(　　)(　　)(　1　)(　　)(　　)(　　)(　2　).

ア. came　イ. don't　ウ. how　エ. I　オ. insect

カ. into　キ. know　ク. my house　ケ. the

(1) イ　と　ク

(2) オ　と　ウ

(3) オ　と　ク

(4) カ　と　キ

(5) ケ　と　ク

24. 旅慣れた人は身軽だ。

People who are (　1　)(　　)(　　)(　　)(　2　)(　　).

ア. baggage　　イ. carry　　ウ. little　　エ. to　　オ. traveling　　カ. used

(1) イ　と　カ
(2) オ　と　ウ
(3) オ　と　カ
(4) カ　と　イ
(5) カ　と　ウ

25. 学生にとって国語はすべての教科を理解するのに大切だ。

Japanese (　　)(　　)(　1　)(　　)(　　)(　2　)(　　)(　　).

ア. all　　イ. for　　ウ. important　　エ. is　　オ. students
カ. subjects　　キ. to　　ク. understand

(1) イ　と　キ
(2) イ　と　ク
(3) カ　と　キ
(4) キ　と　ア
(5) キ　と　イ

E　次の会話文I.とII.の空所 26.〜30.に入るものとして最もふさわしいものを選びなさい。

会話文I.

Tom: Hey, Mike! How have you been? It's been about a month since we last met.

Mike: That's right. I've been very busy with doing my summer homework.

Tom: Really? We don't have much homework this year. Last year was terrible. We had a 100-page math workbook, a picture diary, and a book report. I wasn't able to finish my homework until three days before the summer vacation was over. That's why my dad and mom were so angry that they didn't allow me to go to Tokyo Disney Land with you. But, why are you so busy? We have only a 20-page math workbook and a book report this year. You can't be that busy.

Mike: (　26　)

Tom: What? Only those who want to do it should do it. Not all students have to do a research project, right?

Mike: That's true. But, when I went camping, I found a beautiful *grasshopper. Since then, I have been crazy about grasshoppers. Do you know there are more than 300 kinds of grasshoppers in Japan? I want to research about grasshoppers and write a report as a research project.

Tom: Wow! I didn't know that. That's very interesting. How's the project going? Do you think you can finish it during summer vacation?

Mike: Not well, so far. I have so many things to write about but I can't put together my thoughts.

Tom: In that case, you should try using "The three tips for research projects." Don't you remember the tips Mr. Suzuki told us about research projects in class?

Mike: (27)

Tom: Yes, I have a pretty good memory, so I remember all of them. Number 1, find good books about your topic. Number 2, try not to use difficult words. Number 3, write about three main points, not more than four.

Mike: That sounds helpful. (28), because I already went to the school library to borrow some books and did some research. Also, I'm using simple words as much as possible.

Tom: I hope you can finish your research project by the first day of school. You have only a week. Good luck!

Mike: Thanks. See you at school.

［注］ grasshopper バッタ

26.

(1) All students should be busy with doing a research project.

(2) I'm good at math, so I'm going to do a research project using math.

(3) I'm not busy at all. I'm searching for how to go to Tokyo Disney Land.

(4) I've finished the other schoolwork already, but I'm working on a research project.

(5) My dad and mom tell me to do a book report every day.

27.

(1) I'm afraid not. Do you?

(2) Of course. I wrote them down, but I lost the memo.

(3) What are you talking about? Mr. Suzuki's already gone.

(4) Yes, it was useful, so I already tried one of them.

(5) Yes, you are very kind to remind me about that.

28.

(1) I won't try any of those

(2) I'll try all of them

(3) I'll try Number 1 and Number 2

(4) I'll try Number 2 and Number 3

(5) I'll try Number 3

会話文11.

Kate: My favorite *duo celebrated their 25th anniversary! They both have the same family name even though they are not brothers.

Matt: That's interesting. What do you like about them?

Kate: They are both good singers. One of them also likes acting, so he has a famous musical *series that he has been doing for 21 years.

Matt: (29)

Kate: The other member has a solo singing project and he has been having concerts in Kyoto.

Matt: Have you been to their concerts?

Kate: (30)

Matt: I see. I hope you will get a chance someday.

Kate: Thanks.

［注］ duo 二人組
series シリーズ

29.

(1) It is good to know that. I don't like movies.

(2) That's amazing, but I wonder what the other members do.

(3) That's sad. He started it before they became a duo.

(4) That's shocking. I want to see their musical.

(5) Wow, that's so long. Does the other member do anything else?

30.

(1) I am going to their concert next month.

(2) I have been there more than 10 times.

(3) I heard you have already been to one of their concerts.

(4) I would like to, but it is difficult to get the tickets for their concerts.

(5) It is easy to get the tickets so you should try to get them.

【数　学】 (50分) 〈満点：100点〉

1 次の各問いに答えよ。

(1) $\frac{1}{2}\times\left\{5+(3-4)\times\frac{1}{3}\right\}\div\left(-\frac{7}{6}\right)$ を計算せよ。

(2) $(\sqrt{2}+\sqrt{3})^2(\sqrt{2}-\sqrt{3})^2$ を計算せよ。

(3) $2x^2+4x-48$ を因数分解せよ。

(4) 2 次方程式 $x^2-ax+a+7=0$ の解の 1 つが -3 のとき, a の値と他の解を求めよ。

(5) $a<0$, $b>0$ とする。放物線 $y=ax^2$ と直線 $y=bx-7$ について, x の変域が $1\leqq x\leqq 2$ のとき, y の変域が一致する。a, b の値を求めよ。

(6) $\sqrt{\frac{300}{n}}$ が整数となるような自然数 n はいくつあるか。

(7) 所持金でプリンを 8 個買うと 220 円余り, 10 個買うと合計金額から1 割引きになるので 60 円余る。このときの所持金はいくらか。

(8) $l \parallel m$ のとき, $\angle x$ の大きさを求めよ。

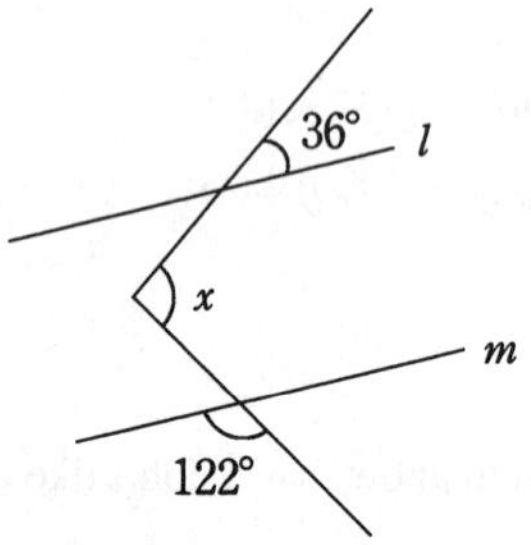

(9) 次の (ア) ～ (エ) はそれぞれ $y=\frac{a}{x}$ のグラフと点 P(2 , 1) を表した図である。

$a>2$ となるグラフはどれか。

(ア)
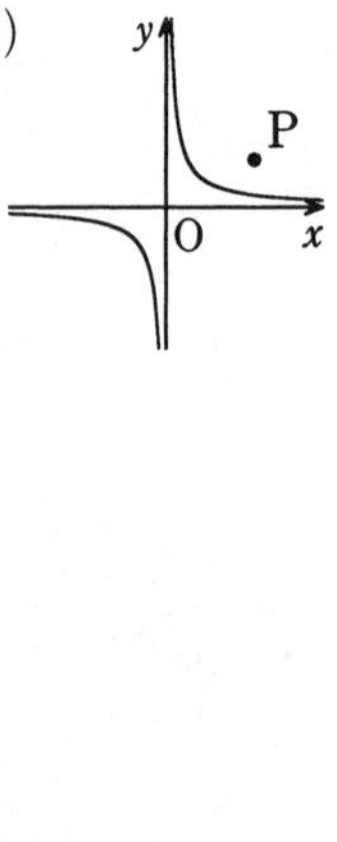

(イ)
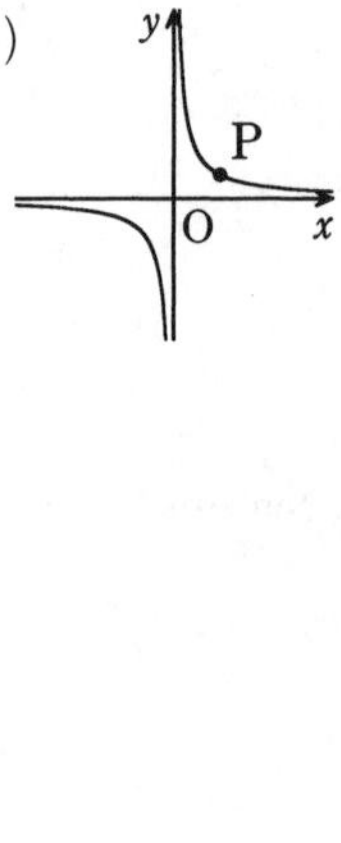

(ウ)
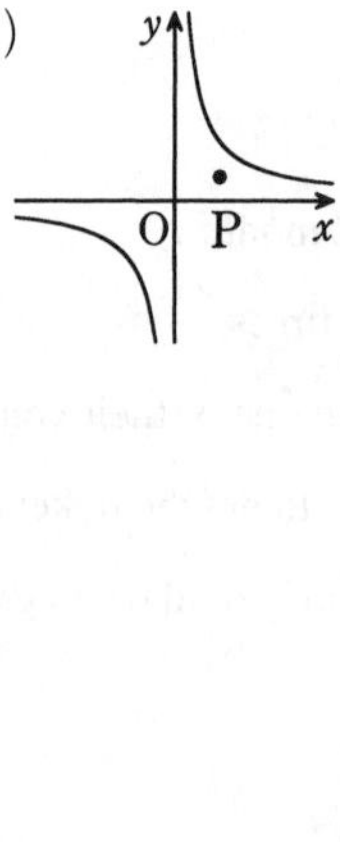

(エ)
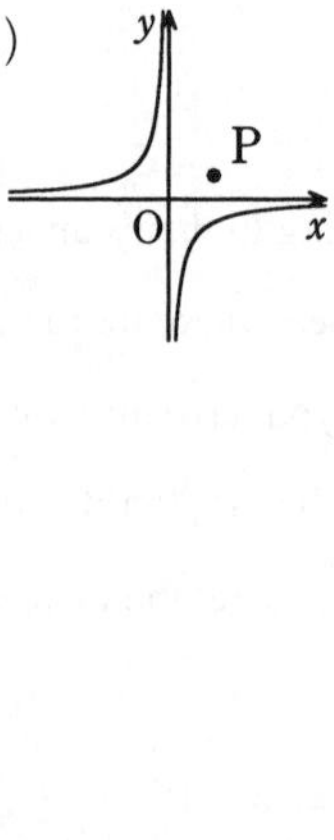

2 1個のさいころを3回投げて，出た目の順に x_1，x_2，x_3 とするとき，次の式を満たす確率を求めよ。

(1) $(x_1-3)^2+(x_2-3)^2+(x_3-3)^2=0$

(2) $(x_1-3)^2+(x_2-3)^2+(x_3-3)^2 \geqq 2$

3 図のように，AD ∥ BC の台形 ABCD がある。点 A から対角線 BD に引いた垂線と辺 BC の交点を E とする。AB=8, BC=18, AD=8, AE=$4\sqrt{2}$ のとき，次の問いに答えよ。

(1) 線分 BE の長さを求めよ。

(2) △ABE の面積を求めよ。

(3) 辺 CD の長さを求めよ。

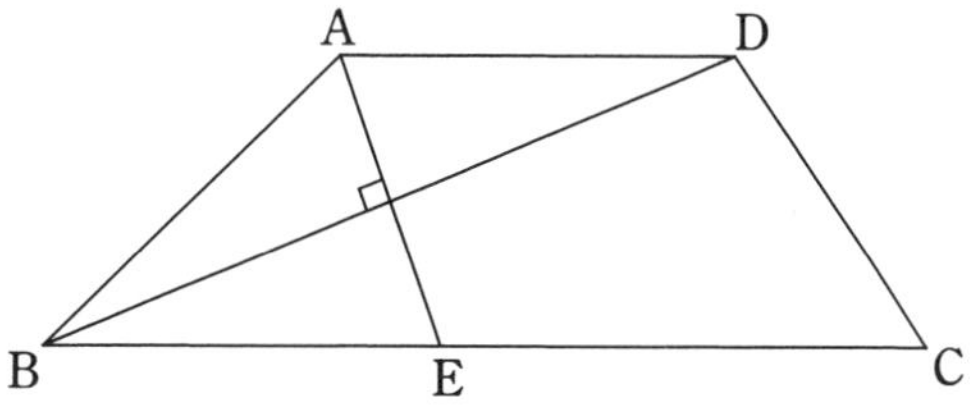

4 図のように，2直線 $y=\frac{3}{2}x+s$ …①，$y=\frac{9}{8}x+t$ …② ($0<s<t$) がある。

① と x 軸，y 軸との交点をそれぞれ A，B，② と x 軸，y 軸との交点をそれぞれ C，D，① と ② の交点を E とする。次の問いに答えよ。ただし，原点を O とする。

(1) △AOB の面積を s を用いて表せ。

(2) 点 E の x 座標を s，t を用いて表せ。

(3) $s=3$ で，△AEC と △ODC の面積が等しいとき，t の値を求めよ。

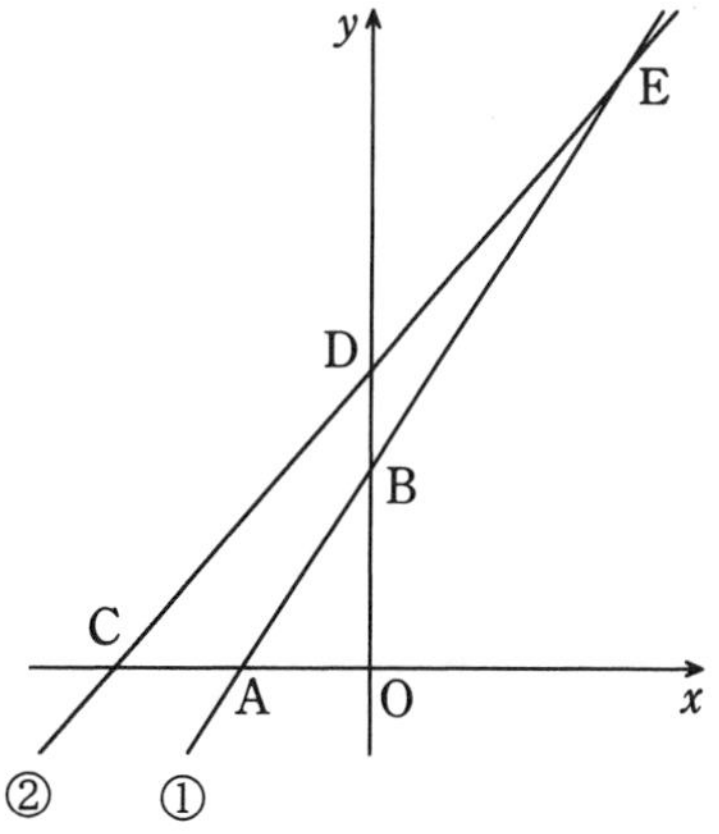

5 長方形の画用紙の 4 隅を画びょうでとめて, 掲示板に張る。
図のように, 2 枚目以降を張るときはその一部を重ねて張る。
例えば, 図 1 のような張り方で画用紙を 2 枚張るとき, 画びょうは6 個,
　　　図 2 のような張り方で画用紙を 4 枚張るとき, 画びょうは9 個必要である。
次の問いに答えよ。

【図 1】

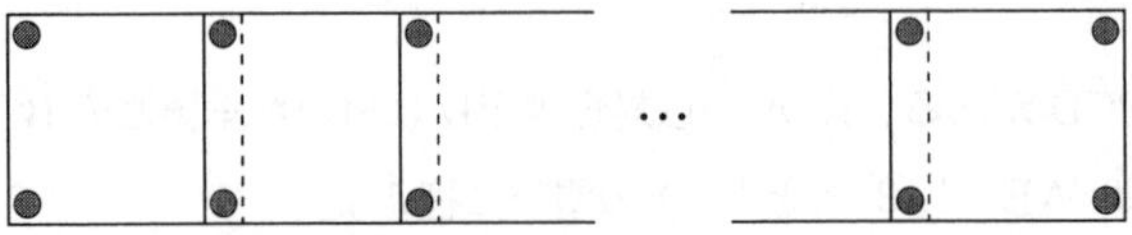

【図 2】

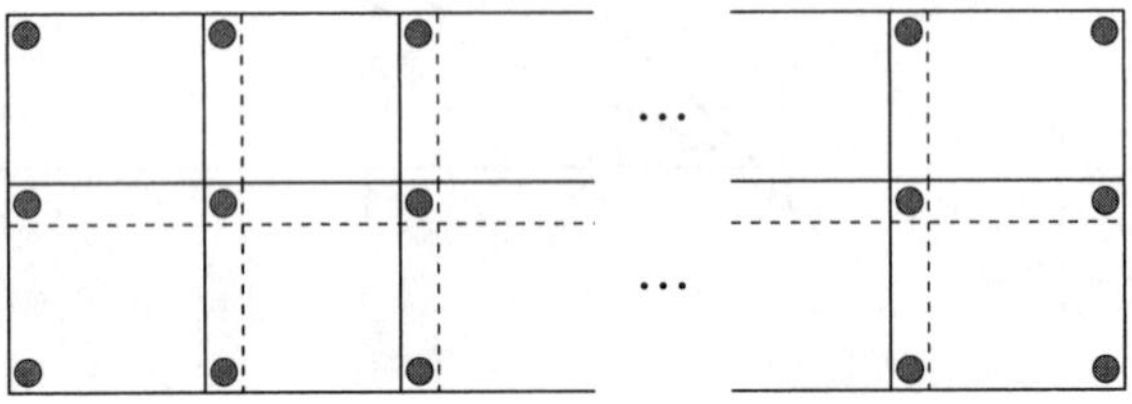

(1) 図 1 のような張り方で, 画用紙 5 枚を張るとき, 必要な画びょうは何個か。
(2) 図 1 のような張り方で, 画用紙 n 枚を張るとき, 必要な画びょうの個数を n を用いて表せ。
(3) 図 2 のような張り方をするとき, 210 個の画びょうで張ることができる画用紙は何枚か。

問17 傍線部⑥とあるが、それぞれの虫に対する「私」の認識を説明したものとして、適当でないものを次から選べ。

A 「私」は蜂の大胆さに舌を巻きつつも、蜂が大胆だというのは単なる人間の思い込みにすぎないのではないかとも感じている。

B 「私」は蜘蛛を忍耐強いと評価する一方、その油断も隙もない冷静さに対してはなじめないという思いを持っている。

C 「私」は、自らの可能性がすでに失われているということを直視しようとしない蚤の姿勢を、愚かだと見下している。

D 「私」は蜘蛛の粘り強さに比して蚤を意気地なしだと軽蔑しているが、自分自身のあり方と重ね合わせているのは蚤の方である。

問18 この文章の説明として、もっとも適当なものを次から選べ。

A 自分よりも大きなものに翻弄されながら必死でもがいているという点では、虫も人間も変わりはないという真理が、派手さはないが誠実で内省的な「私」という語り手の、行きつ戻りつしながら語られる言葉に託され、描かれている。

B 虫に関する挿話が、「私」の思考の中で人間の存在そのものに対する普遍的で根本的な疑問へと結びついていく様子が、凝った表現のない、一見すると素朴な文章によって、とぼけたおかしみや温かみを伴いながら描かれている。

C 「私」が友人や家族と話した内容が、最終的に人間の存在という究極の謎に収斂《しゅうれん》していくという巧みな仕掛けが、余計な説明を省き、会話を中心に物語を進める手法によって、わざとらしさを感じさせることなく描かれている。

D 生存のために虫が取るさまざまな行動が、人間の存在を考える際の手がかりになるという気付きに至るまでの「私」の思考が、淡々とした飾り気のない、理知的な文章によって、ときに脱線しつつもわかりやすく描かれている。

問14　傍線部③とあるが、このときの「友人」の気持ちを説明したものとして、もっとも適当なものを次から選べ。

A　何の気なしにした蚤の話が、尊敬すべき年長の友人である「私」の興味を思いのほかかき立てたことが嬉しく、少し得意になっている。

B　療養中とはいえ、蚤の見世物などという話題にこだわる「私」の姿が、年齢の割に浮世離れしているように映り、軽侮の念を抱いている。

C　蚤の話と対照的な蜂に関する話があることを思い出し、その話を披露したときの「私」の驚きを今から想像し、わくわくしている。

D　年長者である「私」が、たかが蚤のことなのに真剣に歯がゆく思っているような様子が何やらちぐはぐな感じで、愉快に思っている。

問戊　傍線部㋐・㋑について、漢字は読み方を書き、カタカナは漢字に直せ。

問己　空欄Ⅰにふさわしい語を本文中から三字で抜き出せ。

問15　傍線部④とあるが、このときの「私」の心情を説明したものとして、もっとも適当なものを次から選べ。

A　想像を絶するほど広大な宇宙に自分や自分の住む世界の小ささを比して無力感におそわれるという、かつて自分が陥った状況に今の長女もあるということを知り、血筋というのは争えないものだと、しみじみとした温かい気持ちになっている。

B　長女からの問いかけをきっかけに、広大な宇宙と比べれば自分など何の価値もない存在である、という思いにかつて苦しめられていたことを思い出し、中学時代の自分をかわいそうに思うとともに、一種のいとおしさも感じている。

C　宇宙の大きさに圧倒され、自己の存在の小ささやはかなさを思い知らされる年頃というのが自分にもあったが、同じような状況にあるのであろう長女に対して、そっと見守ってやりたいような、励ましてやりたいような気持ちを抱いている。

D　果てしない宇宙の広さを考えるにつけ、地道に勉強することがばかばかしく思えるような経験が自分にもあったが、それでもやはり諦めず学び続けることの重要さを、何とか長女に対して教えてやりたいという義務感にかられている。

問16　傍線部⑤とあるが、このときの「私」の状態を説明したものとして、もっとも適当なものを次から選べ。

A　質問への説明として始めた「私」の話に対する長女の注意がすでに薄れている中で、「私」自身の思考が娘を置いてきぼりにして動き出している状態。

B　いつの間にか長女には理解できない水準になってしまった「私」の話を、どうすればわかりやすく説明できるか考え、必死で頭を働かせている状態。

C　長女はもはや自分で考えることをやめてしまい、「私」自身の手にも余る話になってきたと自覚しつつも、意地になって考え続けようとしている状態。

D　長女への説明は済んだが、まだ解決されていない宇宙の謎に対する「私」自身の興味が際限なく膨らみ、とりとめのない思考に身を任せている状態。

は実は飛べないのだ、と、私という蜂が誰かにいわれることはないのか。そういう奴が元来あるのか、それとも、われわれがつくるのか、更にまた、われわれがなるのか、――それを教えてくれるものはない。

（尾崎一雄「虫のいろいろ」より）

＊太夫…狂言・浄瑠璃を演じる者。ここでは曲芸を演じる蚤のことを言っている。
＊文数…足袋の大きさを表す数。

問12　傍線部①とあるが、「私」はこの話のどのような点についてこのように思ったのか、もっとも適当なものを次から選べ。

A　蚤にとって跳躍とは生来の習性であるにも関わらず、それに疑問を抱かずにはいられない状況に追い込まれ、最後には自ら諦めるよう仕向けられているところ。

B　蚤にとって曲芸をすることは不自然であり負担もかかることなのに、何度も脅かされることで、結果的に自ら進んでそれをするようになってしまっているところ。

C　蚤にとって何かを深く考える行為はもともと必要でないにも関わらず、生存のためにはそれをせざるを得ないという過酷な状況に強制的に置かれているところ。

D　蚤にとって自由に跳躍し、移動することは当然の権利であるのに、それを妨げられることで混乱や恐怖を味わわされ、最終的に無気力にさせられているところ。

問13　傍線部②とあるが、「尻」を用いた慣用句として正しくないものを次から選べ。

A　尻をぬぐう

B　尻に帆をかける

C　尻を肥やす

D　尻に火がつく

ええと、光の速度は、一秒間に……などといいながら、長女は掛算を重ねて十三桁《けた》か十四桁の数字を出し、うわ、零《ゼロ》が紙からハミ出しちゃったといった。そいつを二億五千万倍してくれ、というと、そんな天文学的数字、困る、という。

「だって、これ、天文学だぜ」

「あ、そうか。――何だか、ぼおッとして、悲しくなっちゃう」と長女は鉛筆を放した。

二人は暫《しば》らく黙っていたが、やがて私がいい出す。

「でもね、数字の大きさに驚くことはないと思うよ。数字なんて、人間の発明品だもの、単位の決め方でどうにでもなる。仮《か》りに一億光年ぐらいを単位にする、超光年とかいってね、そうすれば、可視宇宙の半径を二超光年半か三超光年、二・五か三、何だそれだけかということになる。――反対に原子的な単位を使うとすると、零の数は、紙からハミ出すどころか、あんたが一生かかったって書き切れない」

「うん」と静かに答える。

「単位の置きどころということになるだろう。有限なら、いくら零の数が多くたって、人間の頭の中に入るよ。ところが、無限となると……」

神、という言葉がそこへ浮んだので、ふと私は口をつぐんだ。長女は、機械的に私の右肩を揉んでいる。⑤問題が自分に移された感じで、何かぶつぶつと私は頭の中でつぶやきつづけるのだった。

――われわれの宇宙席次ともいうべきものは、いったいどこにあるのか。時間と空間の、われわれはいったいどこにひっかかっているのだ。そいつをわれわれは自分自身で知ることが出来るのか出来ないのか。知ったら、われわれはわれわれでなくなるのか。

⑥蜘蛛《くも》や蚤や何とか蜂の場合を考える。私が閉じ込めた蜘蛛は、二度とも偶然によって脱出し得た。来るか来ぬか判りもせぬ偶然を、静まり返って待ちつづけた蜘蛛、機会をのがさぬその素速さには、反感めいたものを感じながらも、見事だと思わされる。

蚤は馬鹿だ、腑抜《ふぬ》けだ。何とか蜂は、盲者蛇におじずの向《むこ》う見ずだ。鉄壁はすでに除かれているのに、自ら可能を放棄して疑わぬ蚤、信ずることによって不可能を可能にする蜂、われわれはそのどっちなのだろう。われわれといわなくていい、私、私自身はどうだろう。

私としては、蜘蛛のような冷静な、不屈なやり方は出来ない。出来ればいいとも思うが、性に合わぬという気持がある。

何がし蜂の向う見ずの自信には、とうてい及ばない。だがしかし、これは自信というものだろうか。彼として無意識なら、そこに自信も何もないわけだ。蜂にとっては自然なだけで、かれこれいわれることはないのだ。

馬鹿で腑抜けの蚤に、どこか私は似たところがあるかも知れない。自由は、あるのだろうか。あらゆることは予定されているのか。私の自由は、何ものかの筋書によるものなのだろうか。すべてはまた、偶然なのか。鉄壁はあるのかないのか。私には判らない。判るのは、そのうち、死との二人三脚も終る、ということだ。

私が蜘蛛や蚤や蜂を観《み》るように、どこかから私の一挙一動を見ている奴《やつ》があったらどうだろう。更にまた、私が蜘蛛を閉じ込め、逃がしたように、私のあらゆる考えと行動とを規制している奴があったらどうだろう。あの蚤のように、私が誰かから無慚な思い知らされ方を受けているのだとしたらどうなのか。お前

「なるほど、そういうことはありそうだ。——いや、そいつはいい」私は、この場合力学なるものの自己過信をちらと頭に浮《うか》べもしたが、何よりも［Ｉ］を識《し》らぬから可能というそのことだけで十分面白く、蚤の話による㋐物憂さから幾分立直ることができたのだった。

☆

神経痛やロイマチスの痛みは、あんまり揉《も》んではいけないのだそうだが、痛みがさほどでない時には、揉ませると、そのままおさまってしまうことが多いので、私はよく妻や長女に揉ませる。しかし、痛みをこうじさせてしまうと、もういけない。触ればなお痛むからはたの者は、文字通り手のつけようがない。

神経痛の方は無事で、肩の凝りだけだというとき、用の多い家人をつかまえて揉ませるのは、今の私に出来るゼイタクの一つだ。この頃では十六の長女が、背丈は母親と似たようになり、足袋も同じ文数*をはき、力も出て来たので、多くこの方に揉ませる。疎開以来田舎の荒仕事で粗雑になった妻の指先よりも、長女のそれの方がしなやかだから、よく効くようだ。それに長女は、左下に寝た私の右肩を揉みながら、私の身体を机代りに本を開いて復習なんかするから、まるで時間の損というのでもない。

ときにはまたおしゃべりをする。学校のこと、先生のこと、友人のこと——たいてい平凡な話で、うんうんときいてやっていればすむ。が、時々何か質問をする。先日も、何の連絡もないのに、宇宙は有限か、無限か、といきなりきかれて、私はうとうとしていたのをちょっとこづかれた感じだった。

「さあ、そいつは判らないんだろう」

「学者でも？」

「うん、定説はないんじゃないのかな。——それは、あんたより、お父さんの方が知りたいぐらいだよ」云《い》い云い、私は近頃読んだある論文を思い出していた。可視宇宙における渦状星雲の数は、推定約一億で、それが平均二百万光年の距離を置いて散らばっている。その星雲の、今見られる最遠のもの、宇宙の㋑ヘンキョウともいうべき所にあるものは、地球からの距離約二億五千万光年、そして各星雲の直径は二万光年——そんなことが書いてあったようだ。そしてわれわれの太陽系は、約一億と言われる渦状星雲のうちのある一つの、ささやかな一構成分子たるに過ぎない。「宇宙の大」というようなことで、ある感傷に陥った経験が自分にもある、と思った。中学上級生の頃だったと思う。今、十六の長女が同じ段階に入っていると感ずると、④何かいたわってやりたい思いに駆られるのだった。

「一光年というのを知っているかい？」ときく。

「ハイ、光が一年間に走る距離であります」と、わざと教室の答弁風にいう。

「よろしい。では、それは何キロですか」こちらも先生口調になる。

「さア」

「ちょっと揉むのをやめて、紙と鉛筆、計算をたのむ」

問11　本文の内容に合致するものを次から選べ。

A　人間は、物そのものではなく、物に与えられた価値や意味を消費するようになったが、それは際限なく繰り返し行われるよう社会から仕向けられており、消費行動を通して人間が満足することは永遠にない。

B　人間は、飽くなき欲望を持っているため、どれだけ物を受け取ったり価値あるものを浪費したりしても満足することがなく、常に何かを渇望している状態であるといえる。

C　必要以上の物を受け取ったり支出したりすることは、確かに人間に豊かさをもたらすかもしれないが、非難される行為であることに変わりはないため、身の丈に合った生活を送るのがよい。

D　世間的に高い価値が与えられたものを消費することは、必要以上のことを行っているという点で贅沢な状態であり、その贅沢な状態を維持し続けるために人間はひたすら消費行動を繰り返す。

三

次の文章を読んで、あとの問いに答えよ。

また、虫のことだが、蚤《のみ》の曲芸という見世物、あの*太夫《たゆう》の仕込み方を、昔何かで読んだことがある。蚤をつかまえて、小さな丸い硝子《ガラス》玉に入れる。彼は得意の脚で跳ね廻《まわ》る。だが、周囲は鉄壁だ。散々跳ねた末、もしかしたら跳ねるということは間違っていたのじゃないかと思いつく。試しにまた一つ跳ねて見る。やっぱり無駄だ、彼は諦めて音《おと》なしくなる。すると、仕込手である人間が、外から彼を脅《おびや》かす。本能的に彼は跳ねる。駄目だ、逃げられない。人間がまた脅かす、跳ねる、無駄だという蚤の自覚。この繰り返しで、蚤は、どんなことがあっても跳躍をせぬようになるという。そこで初めて芸を習い、舞台に立たされる。

このことを、私は①随分無慚《むざん》な話と思ったので覚えている。持って生れたものを、手軽に変えてしまう。蚤にしてみれば、意識以前の、したがって疑問以前の行動を、一朝にして、われ誤《あやま》てり、と痛感しなくてはならぬ、これほど無慚な理不尽さは少なかろう、と思った。

「実際ひどい話だ。どうしても駄目か、判《わか》った、という時の蚤の絶望感というものは、——想像がつくというかつかぬというか、ちょっと同情に値する。しかし、②頭かくして尻かくさず、という、元来どうも彼は馬鹿者らしいから……それにしても、もう一度跳ねてみたらどうかね、たった一度でいい」

東京から見舞いがてら遊びに来た若い友人にそんなことを私はいった。彼は笑いながら、

「蚤にとっちゃあ、もうこれでギリギリ絶対というところなんでしょう。最後のもう一度を、彼としたらやってしまったんでしょう」

「そうかなア。残念だね」私は残念という顔をした。③友人は笑って、こんなことをいい出した。

「丁度《ちょうど》それと反対の話が、せんだっての何かに出ていましたよ。何とか蜂《ばち》、何とかいう蜂なんですが、そいつの翅《はね》は、体重に比較して、飛ぶ力を持っていないんだそうです。まア、翅の面積とか、空気を搏《う》つ振動数とか、いろんなデータを調べた挙句、力学的に彼の飛行は不可能なんだそうです。それが、実際には平気で飛んでいる。つまり、彼は、自分が飛べないことを知らないから飛べる、と、こういうんです」

問9

傍線④の説明としてもっとも適切なものを次から選べ。

A 「個性」を追い求めるかどうかはその人次第であるにもかかわらず、社会から「個性的」であらねばならないと要求されるため、否応《いやおう》なしに自分のあるべき姿を模索し続けなければならないということ。

B 「個性」というものの理想型は人それぞれであるにもかかわらず、社会からある特定の「個性」像を示されてしまっているため、それに近づくためにはどうすればよいかを考え続けなければならないということ。

C 「個性」をどう形成すればよいかは誰も分かっていないにもかかわらず、社会から一定の評価を得て満足感を覚えるためには「個性的」でなければならないため、試行錯誤し続けなければならないということ。

D 「個性」というものが何たるかは誰も分かっていないにもかかわらず、社会から「個性」の模範を示すように求められているため、まずは自分がその完成形を見せられるよう努力し続けなければならないということ。

問10

傍線⑤とあるが、「浪費」と「消費」の説明としてもっとも適切なものを次から選べ。

A 「浪費」は、必要以上に物を受け取ったり支出したりすることだが、過度な支出は他者から批判される行動であるため、満足したら終えなければならない。同様に「消費」も、物を受け取ることではないにせよ、我慢が美徳とされている社会であるため、ある程度満足したら終えなければならない。

B 「浪費」は、必要以上に物を受け取ったり支出したりすることだが、そのことには限界があるため、いずれ満足をもたらすとともに終わる。一方で「消費」は、そもそも物を受け取ることではないため限界がなく、したがって満足はもたらされずにいつまでも止まることなく行われる。

C 「浪費」は、必要以上に物を受け取ったり支出したりすることだが、ある程度満たされると飽きてしまい、いずれ終わる。一方で「消費」は、自分の欲望ではなく他者から促されてとっている行動であるため、どこで終わらせればよいか分からず、いつまでも止まることなく行われる。

D 「浪費」は、必要以上に物を受け取ったり支出したりすることだが、そのことには限界があるため、自分の意志とは関係なく終えざるをえない。同様に「消費」も、消費する物がそもそも市場にあまり出回っておらず、いずれ枯渇してしまうため、満足していなかったとしても終えざるをえない。

問5　空欄Xに当てはまる語として適切なものを次から選べ。

A　無　　B　未　　C　不　　D　非

問丁　空欄Yに当てはまる適切な語句を漢数字二字で記せ。

問6　傍線①とあるがどういう状態か。説明としてもっとも適切なものを次から選べ。

A　日常生活に必要なものを手に入れようとしても、なかなか手に入らない状態。

B　必要なものが不足しないように、常にあくせくしなければならない状態。

C　日常生活を送るうえでの必需品が、時代とともに少しずつ増えている状態。

D　必要なものをそろえるのにかかる分以上の支出を強いられている状態。

問7　傍線②の理由としてもっとも適切なものを次から選べ。

A　消費という行動をするうえでは、物自体の質よりも、数や量が多いことのほうが意味をもつから。

B　消費という行動は、実体のあるものではなく、サービスなどの形のないものだけを対象とするから。

C　消費という行動は、物そのものではなく、それに与えられた価値などを追い求めるものだから。

D　消費という行動をするうえでは、物そのものの価値と同じくらい、それにつけられた値段のほうが重要だから。

問8　傍線③「イマシめ」の「イマシ」と同じ字を含む熟語を次から選べ。

A　キカイ的に処理する。

B　心境をジュッカイする。

C　ダムがケッカイする。

D　夜道をケイカイして歩く。

消費社会はしばしば物があふれる社会であると言われる。物が過剰である、と。しかしこれはまったくのまちがいである。*サーリンズを援用しつつボードリヤールも言っているように、現代の消費社会を特徴づけるのは物の過剰ではなくて稀少《きしょう》性である。消費社会では、物がありすぎるのではなくて、物がなさすぎるのだ。

なぜかと言えば、商品が消費者の必要によってではなく、生産者の事情で供給されるからである。生産者が売りたいと思う物しか、市場に出回らないのである。消費社会とは物があふれる社会ではなく、物が足りない社会だ。

そして消費社会は、そのわずかな物を記号に仕立て上げ、消費者が消費し続けるように仕向ける。消費社会は私たちを浪費ではなくて消費へと駆り立てる。消費社会としては浪費されては困るのだ。なぜなら浪費は満足をもたらしてしまうからだ。消費社会は、私たちが浪費家ではなくて消費者になって、絶えざる観念の消費のゲームを続けることをもとめるのである。消費社会とは、人々が浪費するのを妨げる社会である。

消費社会において、私たちはある意味で我慢させられている。浪費して満足したくても、そのような回路を閉じられている。しかも⑤消費と浪費の区別などなかなか思いつかない。浪費するつもりが、いつのまにか消費のサイクルのなかに閉じ込められてしまう。

この観点は極めて重要である。なぜならそれは、質素さの提唱とは違う仕方での消費社会批判を可能にするからである。

しばしば、消費社会に対する批判は、つつましい質素な生活の推奨を伴う。「消費社会は物を浪費する」「人々は消費社会がもたらす贅沢に慣れてしまっている」「人々はガマンして質素に暮らさねばならない」。日本でもかつて「清貧の思想」というのが流行《はや》ったがまさしくこれだ。

そうした「思想」は根本的な勘違いにもとづいている。消費は贅沢などもたらさない。消費する際に人は物を受け取らないのだから。消費はむしろ贅沢を遠ざけている。消費を徹底して推し進めようとする消費社会は、私たちから浪費と贅沢を奪っている。

しかも単にそれらを奪っているだけではない。いくら消費を続けても満足はもたらされないが、消費には限界がないから、それは延々と繰り返される。延々と繰り返されるのに、満足がもたらされないから、消費は次第に過激に、過剰になっていく。しかも過剰になればなるほど、満足の欠如が強く感じられるようになる。

これこそが、二〇世紀に登場した消費社会を特徴づける状態に他ならない。

消費社会を批判するためのスローガンを考えるとすれば、それは「贅沢をさせろ」になるだろう。

（國分功一郎『暇と退屈の倫理学』より）

*ブルジョワ…利潤追求を目的とし、資本主義社会を形成する原動力となったフランスの市民階級のこと。

*サーリンズ…アメリカの文化人類学者。

浪費はどこかでストップするのだった。物の受け取りには限界があるから。しかし消費はそうではない。消費は止まらない。消費には限界がない。消費はけっして満足をもたらさない。

なぜか？

消費の対象が物ではないからである。

人は消費するとき、物を受け取ったり、物を吸収したりするのではない。人は物に付与された観念や意味を消費するのである。ボードリヤールは、消費とは「観念論的な行為」であると言っている。②消費されるためには、物は記号にならなければならない。記号にならなければ、物は消費されることができない。

記号や観念の受け取りには限界がない。だから、記号や観念を対象とした消費という行動は、けっして終わらない。

たとえばどんなにおいしい食事でも食べられる量は限られている。腹八分目という昔からの③イマシめを破って食べまくったとしても、食事はどこかで終わる。いつもいつも腹八分目で質素な食事というのはさびしい。やはりたまには豪勢な食事を腹一杯、[Y]分に食べたいものだ。これが浪費である。浪費は生活に豊かさをもたらす。そして、浪費はどこかでストップする。

それに対し消費はストップしない。たとえばグルメブームなるものがあった。雑誌やテレビで、この店がおいしい、有名人が利用しているなどと宣伝される。人々はその店に殺到する。なぜ殺到するのかというと、だれかに「あの店に行ったよ」と言うためである。

当然、宣伝はそれでは終わらない。次はまた別の店が紹介される。またその店にも行かなければならない。「あの店に行ったよ」と口にしてしまった者は、「えぇぇ？　この店行ったことないの？　知らないの？」と言われるのを嫌がるだろう。だから、紹介される店を延々と追い続けなければならない。

これが消費である。消費者が受け取っているのは、食事という物ではない。その店に付与された観念や意味である。この消費行動において、店は完全に記号になっている。だから消費は終わらない。

浪費と消費の違いは明確である。消費するとき、人は実際に目の前に出てきた物を受け取っているのではない。これはモデルチェンジの場合と同じである。なぜモデルチェンジすれば物が売れて、モデルチェンジしないと物が売れないのかと言えば、人がモデルそのものを見ていないからである。「チェンジした」という観念だけを消費しているからである。

ボードリヤール自身は消費される観念の例として、「個性」に注目している。今日、広告は消費者の「個性」を煽《あお》り、消費者が消費によって「個性的」になることをもとめる。消費者は「個性的」でなければならないという強迫観念を抱く（いまの言葉ではむしろ「オンリーワン」といったところか）。

問題はそこで追求される「個性」がいったい何なのかがだれにも分からないということである。したがって、「個性」はけっして完成しない。つまり、消費によって「個性」を追いもとめるとき、人が満足に到達することはない。その意味で消費は常に「失敗」するように仕向けられている。失敗するというより、成功しない。あるいは、到達点がないにもかかわらず、どこかに到達することがもとめられる。こうして④選択の自由が消費者に強制される。

（中略）

えた支出が無駄だと言われているのである。

だが、よく考えてみよう。たしかに贅沢は[X]必要と関わっており、だからこそそれは非難されることもある。ならば、人は必要なものと必要な分だけをもって生きていけばよいのだろうか？　必要の限界を超えることは非難されるべきことなのだろうか？

おそらくそうではないだろう。

必要なものが十分にあれば、人はたしかに生きてはいける。しかし、必要なものが十分あるとは、必要なものが必要な分しかないということでもある。十分とは[Y]分ではないからだ。

必要なものが必要な分しかない状態は、リスクが極めて大きい状態である。何かのアクシデントで必要な物が損壊してしまえば、すぐに必要のラインを下回ってしまう。だから必要なものが必要な分しかない状態では、あらゆるアクシデントを排して、必死で現状を維持しなければならない。

①これは豊かさからはほど遠い状態である。つまり、必要なものが必要な分しかない状態では、人は豊かさを感じることができない。必要を超えた支出があってはじめて人は豊かさを感じられるのだ。

したがってこうなる。必要の限界を超えて支出が行われるときに、人は贅沢を感じる。ならば、人が豊かに生きるためには、贅沢がなければならない。

とはいえ、これだけでは何かしっくりこないと思う。

お金を使いまくったり、ものを捨てまくったりするのはとてもいいことだとは思えない。必要を超えた余分が生活に必要ということは分かるし、それが豊かさの条件だということも分かる。だが、だからといって贅沢を肯定するのはどうなのか？

このような疑問は当然だ。

この疑問に答えるために、ボードリヤールという社会学者・哲学者が述べている、浪費と消費の区別に注目したいと思う。贅沢が非難されるときには、どうもこの二つがきちんと区別されていないのだ。

浪費とは何か？　浪費とは、必要を超えて物を受け取ること、吸収することである。必要のないもの、使い切れないものが浪費の前提である。

浪費は必要を超えた支出であるから、贅沢の条件である。そして贅沢は豊かな生活に欠かせない。

浪費は満足をもたらす。理由は簡単だ。物を受け取ること、吸収することには限界があるからである。身体的な限界を超えて食物を食べることはできないし、一度にたくさんの服を着ることもできない。つまり、浪費はどこかで限界に達する。そしてストップする。

人類はこれまで絶えず浪費してきた。どんな社会も豊かさをもとめたし、贅沢が許されたときにはそれを享受した。あらゆる時代において、人は買い、所有し、楽しみ、使った。「未開人」の祭り、封建領主の浪費、一九世紀*ブルジョワの贅沢……他にもさまざまな例があげられるだろう。

しかし、人類はつい最近になって、まったく新しいことを始めた。

それが消費である。

問3 日本料理の特徴について説明したものとして、最も適切なものを次の中から選べ。

A　油脂成分なしに複雑で奥深いうまみをもたらすだしによって、日本人の味覚の発達が促され、日本料理は独自の進化を遂げた。

B　コンブやシイタケなど複数の食材のうまみを抽出しているだしを用いているからこそ、日本料理に一様ではない奥行きのある深い味わいが生まれる。

C　油脂は料理の味を損ねるため、油脂が生じない鰹節やコンブをだし取りに使用することで、質素だが味わい深い侘び寂び料理が誕生した。

D　日本の侘び寂び文化を料理で表現するために、あっさりとしながらも上品で奥深い味わいを生み出す鰹節やコンブをだしとして活用した。

問4 傍線部④「鰹節は間違いなく第一号に登録されていると思うほどの食べ物であるのです」とあるが、筆者がそのように述べる理由として最も適切なものを次の中から選べ。

A　鰹節は世界的に見ても希有《けう》な製造法であり、それゆえに独自性を持ち、侘び寂び料理などの日本独特の食文化の発展に大きく貢献してきた食品であるから。

B　鰹節の誕生は十七世紀と歴史が非常に古く、世界的に見ても鰹節のような発酵食品はまだ存在していなかったため、世界最古の発酵食品として歴史的価値が高い食品であるから。

C　鰹をカビの力で発酵させ、鰹節を生み出すという日本の発酵技術の影響を受けて、カマンベールチーズなどの発酵食品が誕生したため、鰹節の誕生が世界の食文化の発展に大きく貢献したといえるから。

D　平安時代から日本人は微生物であるカビを用いて鰹節を生み出しており、それほど古い食品が製法の工夫を重ねながら現在でも食べられているということは、世界的に見ても例がないことであるから。

二

次の文章を読んで、あとの問いに答えよ。

突然だが、日常的にはよく使うけれども立ち止まって考えられることのほとんどない、とある言葉を取り上げるところから始めたいと思う。

その言葉とは「贅沢《ぜいたく》」である。

贅沢とはいったいなんだろうか？

まずはこのように言えるのではないだろうか？　贅沢は［　X　］必要なものと関わっている、と。必要の限界を超えて支出が行われるとき、人は贅沢であると感じる。たとえば豪華な食事がなくても生命は維持できる。その意味で、豪華な食事は贅沢と言われる。装飾をふんだんに用いた衣類がなくても生命は維持できる。だから、これも贅沢である。

贅沢はしばしば非難される。人が「贅沢な暮らし」と言うとき、ほとんどの場合、そこには、過度の支出を非難する意味が込められている。必要の限界を超このように、鰹節には昔から日本人のいくつもの知恵が織りこまれていることに気づきますが、実は鰹節がつくられた時代の古さもすごいのです。鰹節の原型は平安時代の『延喜式』に見られる「鰹魚《かたうお》」という素干し品の保存食に当たりますが、今のようにいぶして乾燥し、カビを付けて発酵させた最初は江戸時代の延宝《えんぽう》二（一六七四）年です。

ところが、奇《く》しくもその同じ年、人類にとって偉大な発見がヨーロッパでありました。それは、オランダの科学者で発明家のアントーン・ファン・レーウェンフック（一六三二～一七二三年）が人類史上初めて顕微鏡を作り、誰も見ることのできなかった微生物を発見したのです。地球の反対側の日本では、すでにその微生物を巧みに応用して、鰹から鰹節という発酵保存食品を製造していたのですから、この民族の発酵の知恵は本当に優れていたことに気づきます。

湿度の高い環境を好むカビの性質を見抜いた鰹節の発酵法は、世界に類例がなく、我が国の先達たちの知恵の深さとユニークな発想力は驚くべきものです。食に世界遺産があったら、④鰹節は間違いなく第一号に登録されていると思うほどの食べ物であるのです。

（小泉武夫『くさいはうまい』より）

＊室…外気から隔て、内部の温度を一定に保つ構造にした所。

問1　傍線部①「歯が立ちません」とあるが、「歯が立たない」と同じような意味を持つ語を次の中から選べ。

A　背に腹は代えられない　B　手も足もでない

C　首が回らない　D　鼻持ちならない

問甲　空欄Xに入る言葉を漢字二字で答えよ。

問2　傍線部②「鰹という魚が鉋で削らなくてはならない」ほど硬くなったのはなぜか。その理由として最も適切なものを次の中から選べ。

A　麹カビを付着させた鰹節を一日おきに日干しすることによって、活性化した麹カビが鰹節内の水分を吸い出し、全体が乾燥するから。

B　鰹節を高温で一気に熱することによって、水分が蒸発し、全体が乾燥するから。

C　麹カビを何度も鰹節に付着させることによって、大量の麹カビが鰹節内の水分を吸い出し、全体が乾燥するから。

D　鰹節を日当たりの悪い場所に長期間置いておくことによって、鰹節内に生息する麹カビが繁殖し、それが鰹節内の水分を吸い出して全体が乾燥するから。

問乙　傍線部③「そのため」が指す事柄を、解答欄に合う形で本文中より三十字以内で抜き出せ。

問丙　二重傍線部Ⅰ・Ⅱの漢字の読みを答えよ。

他の微生物に比べ、カビの生育には実に多くの水分が必要で、湿度の多い梅雨時にさまざまなカビが生えるのはそのためで、乾燥地帯で降雨量、湿度の少ないヨーロッパに、カマンベールチーズぐらいしかカビが関与した食べ物がないのも③そのためなのです。

カビはまず、生きるために鰹節表面の水分を吸い尽くします。すると表面が乾燥状態になるので、今度はさらに奥の水分が乾燥した表面に移り、その水分がまたカビに吸い取られる。こうして最終的にカビに吸い出されて節内の水はほとんどなくなり、全体が乾燥した状態になるのです。

ですから、三〜四回もカビが付いて乾燥し切った鰹節同士を手に持ってたたきますと、Ⅰ拍子木のように「カーン!」という乾いた高い快音を発するのです。

スルメやホタテの貝柱を見てわかる通り、乾燥した物が腐らないのは、水分も取ってしまうと、他の微生物たちは全く生育できなくなるから保存が利くのです。冷蔵庫がなかった大昔からの偉大なる知恵というわけです。

さて、生きていくのに大量の水分が必要な麹カビを実に巧みに応用してつくった鰹節は、うま味成分を極めて多く含みますから、削ってだしを取るとどんな日本料理もたちどころに美味にしてくれます。上品なあのうまみとうれしい香りは、日本人の味覚を発達させ、日本料理を独特の世界へ発展させる原動力となったのです。日本人以外の民族の食味は「甘、辛、酸、苦、鹹《かん》(塩辛い)」の「五味」からなるといわれますが、日本人は鰹節に「うまみ」を教えられ、「六味」としました。

この六つ目のうまみは、どんな成分から成立しているかといいますと、グルタミン酸を主体としたうまみをもつアミノ酸類と核酸(イノシン酸)です。鰹節菌は節の表面で繁殖する一方で、さまざまな酵素を生産し節内に送り込んでいますが、その酵素群の中に、鰹の魚体のタンパク質を分解してアミノ酸にするタンパク質分解酵素(プロテアーゼ)があり、それが作用してうまみの主要成分であるアミノ酸を蓄積させるのです。

そして、そのアミノ酸類が魚肉のイノシン酸と相乗して抜群のうまみをⅡ醸してくるのです。このように、水を吸い取ったり、うまみ成分を蓄積させたりしてくれるありがたい鰹節菌は麹菌の仲間であります。

鰹節はいつまでも保存が利き、その上、おいしい味をもたらすうれしすぎる発酵食品ですが、もう一つの驚くべき素晴らしさがあります。それは、鰹節を削って、だしを取るとわかることですが、煮だしの上に油脂《あぶら》成分が全く浮かんでこないということです。これはすごい。

あれだけ脂肪ののった鰹が原料魚なのに、一体あの脂はどこに消えたのでしょうか。その答えは、やはり発酵中の鰹節菌が油脂成分を見事に分解してしまったからなのです。鰹節菌が節の表面で増殖中に油脂分解酵素(リパーゼ)を分泌して、油脂成分を脂肪酸とグリセリンに分解してしまったからなのです。驚きましたなあ。

西欧料理や中国料理のだし取りでは鶏《とり》ガラや牛の尾、ブタの足や骨、魚介類などを煮込むため、油脂成分がスープの上に浮いてきますが、日本のだしには全く見当たらないのです。

日本のだしの三大神器といえば鰹節、コンブ、シイタケですが、いずれも油脂が出てこない。このように質素にして格調高く、上品できめ細かい日本のだしは、日本料理の方向を決定する要因とさえなったのです。粋《いき》さや上品さ、淡泊さの中にある優雅で奥深い味。油脂をともなわないだけに、哲学的にさえ感じます。そんなだしだからこそ、この国ならではの精進、懐石、普茶《ふちゃ》といった侘《わ》び寂《さ》び料理が誕生したのであります。

二〇二三年度 明治学院高等学校

【国語】（五〇分）〈満点：一〇〇点〉

☆問1～問18はマークシートに、問甲・乙・丙・丁・戊・己については別紙の解答用紙に書くこと。
☆読解の一助とするため、表記を変えた箇所があります。

一 次の文章を読んで、あとの問いに答えよ。

「世界で一番硬い食べ物は何だろうか」という質問をすると、ほとんどの人は「えーと」とか「うーん」とかしばらく考えますが、すぐに答えが出ない。そして、身近な食卓にある、日本の鰹節《かつおぶし》だというと、誰もが「あっ、そうか」とうなずきます。実は本当に鰹節は世界一硬い食べ物なのです。

鰹の刺身やたたきを、ニンニクを薬味にして口いっぱいにほおばって顎下《がっか》に下す豪快さとおいしさが忘れられず、旬には生まれ故郷に近い福島県いわき市の小名浜《おなはま》まで行って堪能《たんのう》する私ですが、いくら鰹が大好物でも、鰹節には①歯が立ちません。

ある時、鰹節が本当に世界ナンバーワンの硬さなのか調べてみたことがあります。鰹節に対抗するのは中華料理の重要材料の一つ「乾鮑《カンパオ》」、つまり鮑《あわび》を干してカチンカチンにした硬い食材で、硬さの測定には食材の硬さを測る最新の測定器を使いました。

その結果、一平方センチメートルにかけた圧力を反発する力の量は圧倒的に鰹節が強く、その他さまざまな実験でも鰹節に［ X ］が上がりました。また、鰹節にゆっくり力をかけると、ある力のところで「バン！」と音を立てて折れてしまいますが、乾鮑はしなやかにねじれるなどの違いもありました。

では、一体どうして②鰹という魚が鉋《かんな》で削らなくてはならないほど剛硬になったのか。実はそれは、麹菌《こうじ》の仲間の発酵作用によるものなのです。

まず鰹節の作り方を簡単に述べておきましょう。最初に原料の鰹を三枚におろして煮かごに入れ、一時間半ほど煮た後、冷まします。これを骨抜きしてから底をスノコ張りにした木の箱に四、五枚重ねて入れ、焙乾《ばいかん》室で硬い薪材を燃やしていぶし、数日間かけて乾燥させます。これが「荒節《あらぶし》」といわれるもので、舟形に削ったものを「裸節」といいます。

これを四～五日間日光で乾かしてから、常に使用しているカビ付け用の樽や桶《おけ》、箱、*室《むろ》などに入れます。この使い古された容器や室には、鰹節菌と呼ばれる麹カビの一種が多数生息していますから、裸節を二週間も入れておくと、表面にカビが密生します（一番カビ）。これを取り出してカビの胞子を刷毛《はけ》で払い落として日干しし、再びカビ付けの容器や室に入れます。二週間でカビは再度密生します（二番カビ）ので、前と同様の操作を繰り返し、三番カビ、四番カビを付け、最後に十分に乾燥し、製品とします。ずいぶんと手間暇かけて鰹節はでき上がるのですねえ。

さて、どうして鰹節製造の時にこのように頻繁にカビを付けるのか、読者の皆さんは不思議に思うでしょう。その理由は、カビを付けていない裸節の水分をカビが吸い取ってしまうからなのです。

2023年度／明治学院高等学校

英語解答

A 1 (5)　2 (3)　3 (2)　4 (3)
5 (3)　6 (2)　7 (3)　8 (1)
9 (1)　10 (2)

B 11 (3)　12 (5)　13 (1)　14 (5)
15 (1)

C 16 (3)　17 (3)　18 (4)　19 (4)
20 (5)

D 21 (1)　22 (2)　23 (5)　24 (5)
25 (2)

E 26 (4)　27 (1)　28 (5)　29 (5)
30 (4)

A 〔長文読解総合―エッセー〕

≪全訳≫アメリカのことわざ❶多くのアメリカ人がそうであるように，私も両親がよく「清潔は敬神に次ぐ」と言うのを耳にした。両親がそう言ったのは，私が手を洗う前に夕食の席に着いたときや，土曜日に外に出て遊びたいのに部屋をまだ掃除していないときだった。両親は清潔に保つことばかり考えていると思ったりもした。後で気づいたのだが，私の両親だけが清潔にすることを気にしているのではなかった。友達の親も全員，同じことを言っていた。どうやらアメリカでは，[1]私たちは物事が清潔で，ちゃんと整っていることを求めているのだ。❷私の両親は言いたい全ての点に対応する古いことわざを持っているように感じることもあった。私が夕食を完食しないと，母は「無駄がなければ不足もない」と言って，皿の上のものを全部食べ終えるまで私をテーブルに座らせたものだった。私は宿題をしていないと，大好きなテレビ番組を見ることはできないと言われた。それについて文句を言うと，父は「身から出た錆《さび》」だと言った。❸しかし，両親は古いことわざを使って，私をしかってばかりいたのではない。私が悲しんでいるときに，古いことわざを使って励ましてくれたこともあった。私が地理の課題で故郷の立体地図をつくっていたことがあり，どうしても立たないピースが1つあった。それを地図に貼りつけると毎回，地図が重くなりすぎて，倒れてしまった。私は諦めかけていたが，父は「やり方はいろいろある」と言って，この問題を解決する別の方法を見つけるのを手伝ってくれた。❹このようなことわざは，文化の重要な点を示している。私たちは，両親や祖父母，先生からことわざを繰り返し聞くと，私たちの文化を構成する信念や道徳を自然と理解する。❺しかし，古いことわざによって表される信念は，お互いにぶつかることもあるようだ。例えば，私は「肝心なのは勝つか負けるかではなく，いかに戦うかだ」と言われたのを覚えている。これは，フェアプレーの大切さを認識するのに役立った。しかし，私のバスケットボールのコーチは「誰もが勝者を愛する」とも言っていた。どっちのことわざがアメリカ人の信念を実際に表しているのだろうか。スポーツマンシップとフェアプレーなのか，それとも，激しい競争と勝利への情熱なのか。あるいは，両方ということもあるのだろうか。❻私は留学生だったとき，現在の自分をつくりあげるうえで古いことわざが重要な役割を果たしていることに気づいた。物事がうまくいかなかったり迷ったりしたときには，気がつくと両親が使っていた古いことわざの1つについて考えていることもあった。およそ3回こんなことが起こった後，私はホームステイ先の家族に好きなことわざをいくつか教えてくれるように頼み，私たちはお互いの文化を学んで楽しんだ。❼今では，自分が古いことわざをよく使っていることに気づいている。両親はおそらく笑うだろうが，私は「長い物には巻かれろ！」と言うだろう。

1＜適文選択＞自分だけでなく，友達も皆 Cleanliness is next to godliness.「清潔は敬神に次ぐ(←清潔は神を敬うことの隣にある)」ということわざを親から聞かされていた結果として考えられる内容が入る。well prepared は「しっかり準備ができて」といった意味。

2＜英問英答―文脈把握＞「筆者はなぜこのように感じたのか」―(3)「何かが起こるたびに，筆者の両親がことわざを用意していると思ったから」　下線部２の直後から同じ段落の終わりにかけて述べられている，ことあるごとに両親が古いことわざを持ち出したことを示す具体的な例が，筆者が下線部２のように考えた理由となっていることを読み取る。なお，下線部２は‘feel like＋主語＋動詞...’「まるで～のように感じた」の形で，an old saying for every single point they wanted to make は「彼らが言いたい全ての点に対応する古いことわざ」といった意味(point と they の間に目的格の関係代名詞が修飾されている)。　‘each time＋主語＋動詞’「～するたびに」

3＜指示語＞complain about ～ は「～について不満を言う」。不満の理由について考えると直前の文の内容が該当する。(2)「筆者は大好きなテレビ番組を見られなかった」がその内容に一致する。

4＜英問英答―文脈把握＞「筆者の父はなぜ『やり方はいろいろある(←パイの焼き方は１つではない)』と言ったのか」―(3)「筆者に地図に取り組み続けてほしかったから」　下線部４は，諦めかけていた筆者に対して筆者の父親がかけてくれた言葉。直後に続く，父親が別の解決法を一緒に考えてくれたという内容から判断できる。　keep ～ing「～し続ける」(⇔ give up ～ing「～することを断念する」)　work on ～「～に取り組む」

5＜英文解釈＞直後の文が下線部５の内容を具体的に説明した内容になっている。(3)「ことわざは多くの信念や道徳と結びついており，人々が自分の住んでいる文化を理解するのに役立つ」は，これを言い換えた内容である。

6＜英文解釈＞beliefs represented by old sayings「古いことわざで表される信念」が主語。bump into ～ は「～にぶつかる」という意味。この意味を知らなくても，直後の For example 以下で，勝負ごとに関して使う２つのことわざの意味が相反する例が挙げられていることから判断できる。

7＜指示語＞ここに当てはめて意味が通る内容を探すと，直前の文の内容が当てはまる。(3)「筆者は自分の問題に役立つ古いことわざを探していることに気づいた」は，その内容を表している。このように，this は前の文，またはその一部の内容を指すことが多い。

8＜英問英答―文脈把握＞「筆者の両親が笑うと考えられるのはなぜか」―(1)「筆者が両親と同じようにことわざを使っているから」　筆者は今，まさに筆者の両親のようによく古いことわざを使っているから，それを知ったら両親は笑うだろうと考えているのである。

9＜内容真偽＞(1)「筆者の両親だけでなく筆者の友人の両親も，子どもたちは清潔さを保つ必要があると言った」…○　第１段落第４文に一致する。　(2)「筆者は両親が古いことわざを使いすぎるので，腹を立てていた」…×　このような記述はない。　(3)「筆者には，何か悪いことが起きたときだけ古いことわざを使うという家族のルールがある」…×　このような記述はない。　(4)「筆者が食べ物を完食できなかったとき，筆者の父は『身から出た錆』と言った」…×　第２段落参照。　(5)「筆者が問題を抱えていたとき，筆者の父は彼女の好きなことわざを言ったが，それは彼女が問題を乗り越えるのに役立たなかった」…×　第３段落参照。

10＜内容真偽＞(1)「『誰もが勝者を愛する』は，勝利への強い意志が大切だと意味している」…○　第5段落後半の内容に一致する。　(2)「筆者はホームステイ中，自分がどのような人間なのか考える機会がなかった」…×　第6段落第1文に反する。　(3)「筆者は大好きなテレビ番組を見るために，宿題を終わらせなければならなかった」…○　第2段落第3文に一致する。　(4)「筆者がつらかったとき，筆者の両親は彼女を古いことわざで励ました」…○　第3段落第2文に一致する。　(5)「筆者が交換留学生だったとき，筆者とホストファミリーはお互いの文化について話すのを楽しんだ」…○　第6段落最終文に一致する。

B〔適語(句)選択〕

11. 動詞の is に対応して主語になれる単数形の代名詞は，選択肢の中では each「それぞれ」のみ。every には代名詞の用法がない。　「部員全員が明日，スピーチをする予定だ」

12. ‘with＋名詞＋～ing’の形で「…が～した状態で〔の〕」という‘付帯状況’を表す。　「私の家の近くの駅には，2匹の猫がけんかしているポスターがある」

13. ステーキの焼き上がりの‘状態’を尋ねる定型表現。　「ステーキ(の焼き具合)はどのような状態がお好みですか」

14. She's a famous writer. という文と I like her book very much. という文を合わせた文なので，所有格の関係代名詞 whose を用いる。　「彼女は私がとても好きな本を書いている有名な作家だ」

15. ‘see＋目的語＋動詞の原形’で「～が…するのを見る」という意味。enter「～に入る」は他動詞なので後ろに前置詞は不要。　「私は上司が銀行に入っていくのを見た」

C〔正誤問題〕

16. (1)…×　板チョコに線があるのは早く冷えて固まるようにするためなので，they の前に so (that)「～するように」が必要。　(2)…×　cancel は「～を中止する」。theater plays「演劇」は「中止にされる」ものなので were canceled と受け身形で表す必要がある。　(3)…○　「科学館が岩石の特別展示展をしていた」　(4)…×　There is/are ～「～がある〔いる〕」の構文の be動詞は主語に当たる‘～’に合わせるので，There is a 100 yen shop ..., または There are 100 yen shops ... が正しい。　(5)…×　Wear は動詞なので has become の主語にはなれない。Wearing masks または To wear masks とするのが正しい。

17. (1)…×　money は‘数えられない名詞’なので，few ではなく little を使う。　(2)…×　先行詞が a girl なので，know ではなく knows が正しい。　(3)…○　give up「断念する」　*cf.* give up ～ing「～することを断念する」　「それは私にとってはとても難しい計画だったので，私は断念した」　(4)…×　(be) excited は「(人が)わくわくする」⇔(be) exciting は「(人を)わくわくさせる」という意味。ここでは主語が The news なので，excited ではなく exciting が正しい。(5)…×　‘時’や‘条件’を表す副詞節では，未来のことでも現在形で表すので，will begin ではなく begins が正しい。

18. (1)…×　「彼女の趣味」＝「花の栽培を楽しむこと」なので，enjoy を enjoying にする。　(2)…×　tell は‘tell＋人＋to ～’「〈人〉に～するように言う」の形をとるので，go ではなく to go が正しい。　(3)…×　主語が People なので was ではなく were が正しい。　(4)…○　be caught

in a storm「嵐に遭う」　on the〔~'s〕way home「帰る途中」　「私たちは帰る途中に嵐に遭った」　(5)…×　doがあるのでspeakingではなくspeakが正しい。

19. (1)…×　enoughは通例，名詞の前に置くので，money enoughはenough moneyとする。　(2)…×　by mistakeで「誤って」の意味を表すのでatをbyにする。　(3)…×　however「しかしながら」は副詞なので，文と文はつなげない。接続詞のbutに直す。　(4)…○　‘比較級＋than any other＋単数名詞’「他のどの～より…」の形。　「富士山は日本の他のどの山よりも高い」　(5)…×　ifをorに変えると，‘命令文，or ～’「～しなさい，さもないと～」の文になる。

20. (1)…×　almost「ほとんど」は副詞なので，名詞を修飾することはできない。Almostを形容詞のMost「ほとんどの」に変えてMost peopleとする。　(2)…×　Do you knowの後は間接疑問なので，where does he liveではなく，where he livesが正しい。　(3)…×　「靴1足」はa pair of shoes，「靴2足」はtwo pairs of shoesとなる。　(4)…×　No other cityは単数扱いなので，動詞はareではなくisが正しい。　(5)…○　「招待した何人かの私の友人はまだ到着していない」

D 〔整序結合〕

21. 「ケンには面白いことが何もない」→Ken has nothing interestingという文の骨組みをつくる(-thingで終わる代名詞につく形容詞は後ろに置かれることに注意)。「友達と話す(ための)」はto不定詞の形容詞的用法で表す。talk about ～で「～について話す」なのでto talk aboutとまとめ，その後with his friendsと続ける。　Ken has nothing interesting to talk about with his friends.

22. 「花瓶はイタリア製ですか」は「花瓶はイタリアでつくられましたか」と読み換えて，受け身の疑問でIs the vase made in Italy？とまとめる。「花瓶」を修飾する「あなたの弟が割った」はthe vaseを先行詞とする関係代名詞節で表す。目的格の関係代名詞は省略できる。　Is the vase your brother broke made in Italy？

23. I don't knowで始め，knowの目的語となる「どうやって～か」を‘疑問詞＋主語＋動詞...’の語順の間接疑問で表す。「～に入り込む」はcome into ～で表せる。　I don't know how the insect came into my house.

24. 「旅慣れた人」はbe used to ～ing「～することに慣れている」を使ってPeople who are used to travelingとまとめる。「身軽だ」は「荷物が少ない」と読み換えて，carry little baggageとする。baggage「手荷物」(＝luggage)は‘数えられない名詞’。　People who are used to traveling carry little baggage.

25. 「国語は大切だ」をJapanese is importantとし，この後に‘for … to ～’「…が〔…にとって〕～する」の形を続ける。　Japanese is important for students to understand all subjects.

E 〔対話文完成―適文選択〕

Ⅰ≪全訳≫❶トム(T)：やあ，マイク！　どうしてた？　最後に会ってから1か月くらいだね。❷マイク(M)：そうだね。夏休みの宿題でとても忙しいよ。❸T：本当？　今年はあまり宿題がないよね。去年はひどかった。100ページの数学のワークブックと絵日記と読書感想文があったから。夏休みが終わる3日前まで宿題を終えられなかったよ。だからお父さんもお母さんもひどく怒っちゃって，君と一緒に東京ディズニーランドに行くのを許してくれなかったんだ。でも，なんでそんなに忙しいの？　今年は20ページの数学のワークブックと読書感想文だけだよ。そんなに忙しいはずはないよ。❹Ｍ：26僕は他の学校の勉強はもう終わったけど，研究課題に取り組んでいるんだ。❺Ｔ：何だって？　それはやりたい人だけがやるやつだろ。生徒全員が研究課題をやる必要はないよね？❻Ｍ：そうだよ。でも，キャンプに行ったときに，きれいなバッタを見つけてさ。それ以来，僕はバッタに夢中なんだ。日本には300種類以上のバッタがいるって知ってる？　バッタについて調べて，研究課題としてレポートを書きたいんだ。❼Ｔ：へえ！　それは知らなかったな。とてもおもしろいね。課題はどんなふうに進んでるの？　夏休み中に終えられると思う？❽Ｍ：今のところはそんなにうまくいってないんだ。書くことはとてもたくさんあるんだけど，考えをまとめられなくてね。❾Ｔ：その場合は「研究課題の３つのヒント」を使ってみるといいよ。授業中にスズキ先生が教えてくれた研究課題のヒントを覚えていない？❿Ｍ：27残念ながら覚えてないな。君は覚えてるの？⓫Ｔ：うん，僕はわりと記憶力がいいから，全部覚えてるよ。その１：自分のトピックに関するいい本を見つけること。その２：難しい単語を使わないようにすること。その３：３つくらいの要点について書き，せいぜい４つまでにすること。⓬Ｍ：それは役に立ちそうだね。28その３を試してみる，というのは，もう学校の図書館に行って本を何冊か借りて調べているんだ。それに，できるだけ簡単な単語を使ってもいるから。⓭Ｔ：学校の初日までに研究課題を終えられるといいね。あと１週間しかないよ。がんばって！⓮Ｍ：ありがとう。学校で会おうね。

＜解説＞26. これを聞いたトムはWhat？と驚いている。この後に続く内容から，マイクがバッタについて研究していることがわかるので，必ずしも全員がやる必要のない研究課題をマイクがやっていると聞いてトムは驚いたのである。　27. 直前のDon't you remember the tips …？に対する返答と，直後のYesを導く質問の両方の内容を含むのは⑴だけ。このI'm afraid not.は，I'm afraid (that I do) not (remember the tips …)のカッコ内の部分が省略されたもの。続くDo you？もDo you (remember the tips …)？という文のカッコの部分が省略されたものである。I'm afraid not.は「残念ながらそうではない」という意味。　28. この後に続く内容が，前でトムが説明した「その１」と「その２」に対応しているので，「その３」だけ試せばよい。

Ⅱ≪全訳≫❶ケイト(Ｋ)：私が大好きな２人組の25周年なの！　彼らは兄弟ではないんだけど，同じ苗字なの。❷マット(Ｍ)：それはおもしろいね。彼らのどんなところが好きなの？❸Ｋ：２人とも歌がうまいのよ。１人は演技も好きだから，21年間やり続けている有名なミュージカルのシリーズがあるの。❹Ｍ：29わあ，それはとても長いね。もう１人のメンバーは他に何かやってるの？❺Ｋ：もう１人のメンバーはソロで歌うプロジェクトがあって，京都でコンサートをやり続けているのよ。❻Ｍ：彼らのコンサートに行ったことはあるのかい？❼Ｋ：30行きたいんだけど，コンサートのチケットを手に入れるのが難しくて。❽Ｍ：そうなんだ。いつか機会があるといいね。❾Ｋ：ありがとう。

＜解説＞29. この後ケイトはthe other member「もう１人のメンバー」がしていることについて話している。⑵はthe other membersと複数形になっているので不適。　30. コンサートに行ったことがあるかときかれたケイトの返答。直後で「いつか機会があるといいね」と言われているので，まだコンサートには行けていないことを示す内容が入る。

数学解答

1 (1)　-2　(2)　1　(3)　$2(x+6)(x-4)$
(4)　$a=-4$，他の解…$x=-1$
(5)　$a=-1$，$b=3$　(6)　4 個
(7)　1500 円　(8)　$94°$　(9)　(ウ)

2 (1)　$\dfrac{1}{216}$　(2)　$\dfrac{209}{216}$

3 (1)　8　(2)　$8\sqrt{7}$　(3)　$2\sqrt{11}$

4 (1)　$\dfrac{1}{3}s^2$　(2)　$\dfrac{8t-8s}{3}$　(3)　$\dfrac{9}{2}$

5 (1)　12 個　(2)　$2n+2$ 個
(3)　138 枚

1〔独立小問集合題〕

(1)＜数の計算＞与式$=\dfrac{1}{2}\times\left\{5+(-1)\times\dfrac{1}{3}\right\}\div\left(-\dfrac{7}{6}\right)=\dfrac{1}{2}\times\left\{5+\left(-\dfrac{1}{3}\right)\right\}\times\left(-\dfrac{6}{7}\right)=\dfrac{1}{2}\times\left(\dfrac{15}{3}-\dfrac{1}{3}\right)\times\left(-\dfrac{6}{7}\right)=\dfrac{1}{2}\times\dfrac{14}{3}\times\left(-\dfrac{6}{7}\right)=-\dfrac{1\times14\times6}{2\times3\times7}=-2$

(2)＜数の計算＞与式$=\{(\sqrt{2}+\sqrt{3})(\sqrt{2}-\sqrt{3})\}^2=(2-3)^2=(-1)^2=1$

(3)＜式の計算―因数分解＞与式$=2(x^2+2x-24)=2(x+6)(x-4)$

(4)＜二次方程式―解の利用＞二次方程式 $x^2-ax+a+7=0$ の解の 1 つが $x=-3$ だから，解を方程式に代入して，$(-3)^2-a\times(-3)+a+7=0$，$4a=-16$ より，$a=-4$ である。これより，二次方程式は，$x^2-(-4)\times x+(-4)+7=0$，$x^2+4x+3=0$ となるから，$(x+1)(x+3)=0$ より，$x=-1$，-3 となる。よって，他の解は $x=-1$ である。

(5)＜関数―比例定数，傾き＞$a<0$ より，放物線 $y=ax^2$ は下に開く放物線となるから，x の絶対値が大きくなると y の値は小さくなる。x の変域が $1\leqq x\leqq2$ だから，絶対値が最小の $x=1$ のとき y の値は最大で，$y=a\times1^2=a$ となり，絶対値が最大の $x=2$ のとき y の値は最小で，$y=a\times2^2=4a$ となる。よって，y の変域は $4a\leqq y\leqq a$ となる。また，$b>0$ より，直線 $y=bx-7$ は右上がりの直線となるから，x の値が大きくなると y の値も大きくなる。x の値が最小の $x=1$ のとき y の値は最小で，$y=b\times1-7=b-7$ となり，x の値が最大の $x=2$ のとき y の値は最大で，$y=b\times2-7=2b-7$ である。よって，y の変域は $b-7\leqq y\leqq2b-7$ となる。2 つのグラフの y の変域が一致するので，$4a=b-7$……①，$a=2b-7$……②が成り立つ。②を①に代入して，$4(2b-7)=b-7$ より，$8b-28=b-7$，$7b=21$，$b=3$ となり，これを②に代入して，$a=2\times3-7$ より，$a=-1$ となる。

(6)＜数の性質＞$\sqrt{\dfrac{300}{n}}=\sqrt{\dfrac{2^2\times3\times5^2}{n}}$であり，$n$ は自然数だから，$\sqrt{\dfrac{300}{n}}$が整数となるとき，考えられる$\dfrac{2^2\times3\times5^2}{n}$の値は，$\dfrac{2^2\times3\times5^2}{n}=1$，$2^2$，$5^2$，$2^2\times5^2$ である。$\dfrac{2^2\times3\times5^2}{n}=1$ のとき，$n=2^2\times3\times5^2$，$n=300$ であり，$\dfrac{2^2\times3\times5^2}{n}=2^2$ のとき，$n=3\times5^2$，$n=75$ であり，$\dfrac{2^2\times3\times5^2}{n}=5^2$ のとき，$n=2^2\times3$，$n=12$ であり，$\dfrac{2^2\times3\times5^2}{n}=2^2\times5^2$ のとき，$n=3$ である。よって，自然数 n は，$n=3$，12，75，300 の 4 個ある。

(7)＜一次方程式の応用＞プリン 1 個の値段を x 円とする。所持金でプリンを 8 個買うと 220 円余るから，所持金は，$8x+220$ 円と表せる。また，10 個買うと，プリンの代金が合計金額から 1 割引になって，60 円余るから，所持金は，$10x\times\left(1-\dfrac{1}{10}\right)+60=9x+60$(円)とも表せる。よって，$8x+220=9x+60$ が成り立つ。これを解くと，$-x=-160$，$x=160$ となるから，所持金は $8x+220=8\times160+220=1500$(円)である。

(8)＜平面図形―角度＞次ページの図のように，7 点 A ～ G を定め，点 B を通り直線 l に平行な直線を

n とし，直線 n 上の点Bより右に点Hをとる。$l /\!/ n$ より同位角は等しいから，$\angle ABH=\angle DAE=36^\circ$ である。また，$\angle FCG=180^\circ-122^\circ=58^\circ$ であり，$n /\!/ m$ より同位角は等しいから，$\angle HBC=\angle FCG=58^\circ$ である。よって，$\angle x=\angle ABH+\angle HBC=36^\circ+58^\circ=94^\circ$ となる。

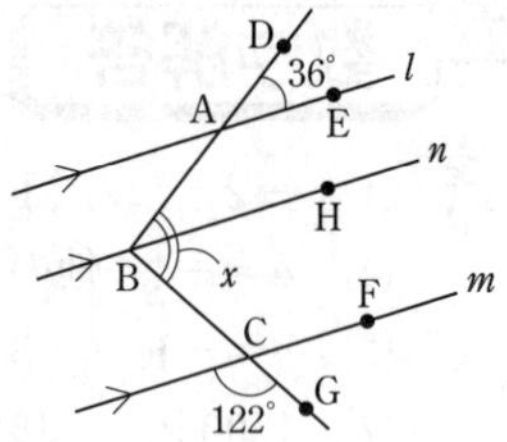

(9)＜関数―グラフ＞関数 $y=\dfrac{a}{x}$ のグラフ上で，x 座標が2の点は，y 座標が $y=\dfrac{a}{2}$ となり，その点の座標は $\left(2,\ \dfrac{a}{2}\right)$ となる。$a=2$ とすると，$\dfrac{a}{2}=\dfrac{2}{2}=1$ となるから，$a>2$ のとき，$\dfrac{a}{2}>1$ であり，点 $\left(2,\ \dfrac{a}{2}\right)$ の y 座標は1より大きい。よって，$a>2$ のとき，関数 $y=\dfrac{a}{2}$ のグラフ上の点 $\left(2,\ \dfrac{a}{2}\right)$ の y 座標は，$P(2,\ 1)$ の y 座標よりも大きいので，関数 $y=\dfrac{a}{x}$ のグラフは，点Pより上側を通る。したがって，グラフは(ウ)となる。

2 〔データの活用―確率―さいころ〕

(1)＜確率＞さいころを3回投げるとき，目の出方は全部で $6\times6\times6=216$(通り)あるから，x_1，x_2，x_3 の組も216通りある。$(x_1-3)^2$，$(x_2-3)^2$，$(x_3-3)^2$ はいずれも0以上の整数となるから，$(x_1-3)^2+(x_2-3)^2+(x_3-3)^2=0$ となるのは，$(x_1-3)^2=0$，$(x_2-3)^2=0$，$(x_3-3)^2=0$ のときである。よって，$(x_1,\ x_2,\ x_3)=(3,\ 3,\ 3)$ の1通りだから，求める確率は $\dfrac{1}{216}$ となる。

(2)＜確率＞$(x_1-3)^2+(x_2-3)^2+(x_3-3)^2\geqq2$ とならない場合を考えると，これは，$(x_1-3)^2+(x_2-3)^2+(x_3-3)^2=0$，1となる場合である。$(x_1-3)^2+(x_2-3)^2+(x_3-3)^2=0$ となる場合は，(1)より，1通りである。$(x_1-3)^2+(x_2-3)^2+(x_3-3)^2=1$ となる場合は，$(x_1-3)^2$，$(x_2-3)^2$，$(x_3-3)^2$ のうち，1つが1，他の2つが0となる。$(x_1-3)^2=1$，$(x_2-3)^2=0$，$(x_3-3)^2=0$ のとき，$(x_1,\ x_2,\ x_3)=(2,\ 3,\ 3)$，$(4,\ 3,\ 3)$ の2通りある。$(x_1-3)^2=0$，$(x_2-3)^2=1$，$(x_3-3)^2=0$ のとき，$(x_1-3)^2=0$，$(x_2-3)^2=0$，$(x_3-3)^2=1$ のときも同様にそれぞれ2通りある。よって，$(x_1-3)^2+(x_2-3)^2+(x_3-3)^2=1$ となる場合は $2+2+2=6$(通り)ある。以上より，$(x_1-3)^2+(x_2-3)^2+(x_3-3)^2\geqq2$ となる場合は $216-1-6=209$(通り)となるから，求める確率は $\dfrac{209}{216}$ となる。

3 〔平面図形―台形〕

(1)＜長さ＞右図で，線分AEと線分BDの交点をFとする。△ABDが $AB=AD=8$ の二等辺三角形より，$\angle ABF=\angle ADB$ であり，$AD /\!/ BC$ より，$\angle ADB=\angle EBF$ だから，$\angle ABF=\angle EBF$ である。また，$BF=BF$，$\angle AFB=\angle EFB=90^\circ$ だから，$\triangle ABF\equiv\triangle EBF$ となる。よって，$BE=AB=8$ である。

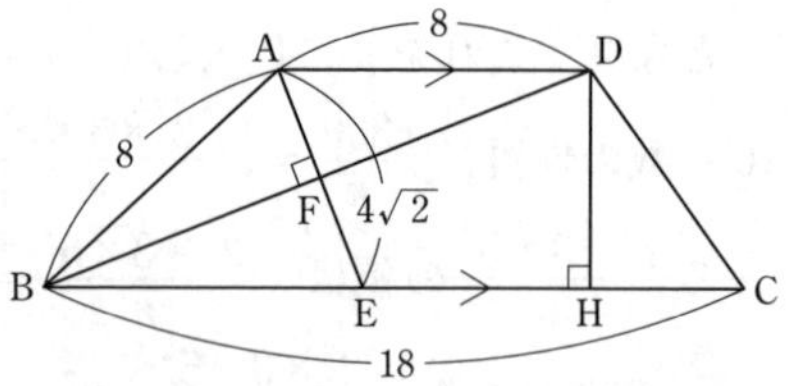

(2)＜面積＞右上図で，(1)より $\triangle ABF\equiv\triangle EBF$ だから，$AF=EF=\dfrac{1}{2}AE=\dfrac{1}{2}\times4\sqrt{2}=2\sqrt{2}$ である。△ABFで三平方の定理より，$BF=\sqrt{AB^2-AF^2}=\sqrt{8^2-(2\sqrt{2})^2}=\sqrt{56}=2\sqrt{14}$ となるから，$\triangle ABE=\dfrac{1}{2}\times AE\times BF=\dfrac{1}{2}\times4\sqrt{2}\times2\sqrt{14}=8\sqrt{7}$ となる。

(3)＜長さ＞右上図で，△ABDは $AB=AD$ の二等辺三角形だから，$AF\perp BD$ より，点Fは底辺BDの中点である。(2)より，$BF=2\sqrt{14}$ だから，$BD=2BF=2\times2\sqrt{14}=4\sqrt{14}$ となる。次に，点Dから辺BCに垂線DHを引く。$\angle ABF=\angle DBH$，$\angle AFB=\angle DHB=90^\circ$ より，$\triangle ABF\backsim\triangle DBH$ となる。相似比は $BA:BD=8:4\sqrt{14}=2:\sqrt{14}$ だから，$AF:DH=2:\sqrt{14}$ より，$DH=\dfrac{\sqrt{14}}{2}AF=\dfrac{\sqrt{14}}{2}\times$

$2\sqrt{2}=2\sqrt{7}$ となり，BF：BH＝2：$\sqrt{14}$ より，$BH=\dfrac{\sqrt{14}}{2}BF=\dfrac{\sqrt{14}}{2}\times2\sqrt{14}=14$ となる。これより，$HC=BC-BH=18-14=4$ である。よって，△DHC で三平方の定理より，$CD=\sqrt{DH^2+HC^2}=\sqrt{(2\sqrt{7})^2+4^2}=\sqrt{44}=2\sqrt{11}$ となる。

4 〔関数―一次関数のグラフ〕

(1)＜面積＞右図で，点 A は直線 $y=\dfrac{3}{2}x+s$ と x 軸の交点だから，$y=0$ を代入して，$0=\dfrac{3}{2}x+s$，$-\dfrac{3}{2}x=s$，$x=-\dfrac{2}{3}s$ より，$A\left(-\dfrac{2}{3}s,\ 0\right)$ となり，$OA=0-\left(-\dfrac{2}{3}s\right)=\dfrac{2}{3}s$ である。また，切片が s だから，$B(0,\ s)$ であり，$OB=s$ である。よって，$\triangle AOB=\dfrac{1}{2}\times OA\times OB=\dfrac{1}{2}\times\dfrac{2}{3}s\times s=\dfrac{1}{3}s^2$ と表される。

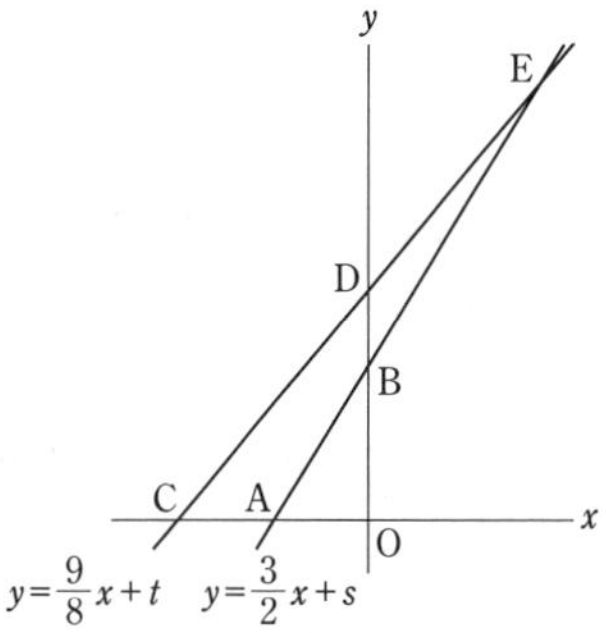

(2)＜x 座標＞右図で，点 E は，直線 $y=\dfrac{3}{2}x+s$ と直線 $y=\dfrac{9}{8}x+t$ の交点だから，この 2 式より，$\dfrac{3}{2}x+s=\dfrac{9}{8}x+t$，$12x+8s=9x+8t$，$3x=8t-8s$，$x=\dfrac{8t-8s}{3}$ となり，点 E の x 座標は，$\dfrac{8t-8s}{3}$ である。

(3)＜切片＞右上図で，△AEC＝△BED＋〔四角形 ABDC〕，△ODC＝△AOB＋〔四角形 ABDC〕だから，△AEC＝△ODC のとき，△BED＝△AOB である。$s=3$ のとき，(1)より，$\triangle AOB=\dfrac{1}{3}s^2=\dfrac{1}{3}\times3^2=3$ となるので，△BED＝△AOB＝3 である。また，(2)より，点 E の x 座標は $\dfrac{8t-8s}{3}=\dfrac{8t-8\times3}{3}=\dfrac{8}{3}(t-3)$ と表せる。$B(0,\ 3)$ となり，直線 $y=\dfrac{9}{8}x+t$ の切片より，$D(0,\ t)$ だから，$DB=t-3$ である。△BED は，底辺を DB と見ると，高さは $\dfrac{8}{3}(t-3)$ だから，△BED の面積について，$\dfrac{1}{2}\times(t-3)\times\dfrac{8}{3}(t-3)=3$ が成り立つ。これより，$(t-3)^2=\dfrac{9}{4}$，$t-3=\pm\dfrac{3}{2}$，$t=3\pm\dfrac{3}{2}$ となり，$t=3+\dfrac{3}{2}=\dfrac{9}{2}$，$t=3-\dfrac{3}{2}=\dfrac{3}{2}$ である。$0<s<t$ より，$t>3$ だから，$t=\dfrac{9}{2}$ である。

5 〔特殊・新傾向問題―規則性〕

(1)＜画びょうの個数＞図 1 のような張り方で画用紙を張るとき，画びょうは，左端，右端に 2 個ずつと，画用紙が重なる部分 1 か所につき 2 個必要となる。画用紙を 5 枚張るとき，重なる部分は 4 か所なので，必要な画びょうの個数は，$2\times2+2\times4=12$(個)である。

(2)＜画びょうの個数―文字式＞図 1 のような張り方で，画用紙を n 枚張るとき，画用紙が重なる部分は $n-1$ か所である。よって，必要な画びょうの個数は，(1)と同様に考えて，$2\times2+2(n-1)=2n+2$(個)となる。

(3)＜画用紙の枚数＞図 2 のような張り方で画用紙を張るとき，画びょうは，左端，右端に 3 個ずつと，横に並ぶ画用紙が重なる部分 1 か所に 3 個必要となる。よって，画用紙が横に m 枚並ぶとすると，横に並ぶ画用紙が重なる部分は $m-1$ か所だから，必要な画びょうの個数は $3\times2+3(m-1)=3m+3$(個)と表せる。画びょうが 210 個必要であるとき，$3m+3=210$ が成り立ち，$3m=207$，$m=69$ となる。したがって，画用紙は，横に 69 枚並び，縦が 2 段になっているので，210 個の画びょうで張ることのできる画用紙の枚数は，$69\times2=138$(枚)となる。

国語解答

一 問1 B　問甲 軍配　問2 C
問乙 他の微生物に比べ，カビの生育には実に多くの水分が必要[だから。]
問丙 Ⅰ ひょうしぎ　Ⅱ かも
問3 A　問4 A

二 問5 C　問丁 十二　問6 B
問7 C　問8 D　問9 A
問10 B　問11 A

三 問12 A　問13 C　問14 D
問戊 ㋐ ものう　㋑ 辺境
問己 不可能　問15 C　問16 D
問17 C　問18 B

一〔説明文の読解―文化人類学的分野―日本文化〕出典；小泉武夫『くさいはうまい』「滋養たっぷり物語」。

問1＜慣用句＞「歯が立たない」は，自分の力では対抗できない，という意味。「手も足もでない」は，自分の力が及ばずに，どうすることもできない，という意味。「背に腹は代えられない」は，追い詰められた状況では，大事なものを守るために，多少の犠牲を払うことはやむをえない，という意味。「首が回らない」は，借金や支払いが多くて，お金のやりくりがつかない，という意味。「鼻持ちならない」は，言動が不愉快で，我慢できない，という意味。

問甲＜慣用句＞「軍配が上がる」は，二つのものを比べて，一方が勝っている，優れていると認める，という意味。

問2＜文章内容＞鰹節をつくるためには，鰹を乾燥させた裸節を，「カビ付け用の樽や桶，箱，室など」に入れて，「鰹節菌と呼ばれる麴カビの一種」を付着させるという過程を何度も繰り返す必要がある。その過程で，麴カビが裸節の水分を完全に「吸い取ってしまう」ために，鰹節は，「全体が乾燥した状態」になり，硬くなるのである。

問乙＜指示語＞「乾燥地帯で降雨量，湿度の少ないヨーロッパに，カマンベールチーズぐらいしかカビが関与した食べ物がない」のは，「他の微生物に比べ，カビの生育には実に多くの水分が必要」だからである。

問丙＜漢字＞Ⅰ.「拍子木」は，二本の硬い棒状の木を打ち合わせて，リズムを取ったり，合図をしたりするのに用いる道具。　Ⅱ. 音読みは「醸造」などの「ジョウ」。

問3＜文章内容＞「日本のだしの三大神器といえば鰹節，コンブ，シイタケ」だが，「いずれも油脂が出てこない」のである。「質素にして格調高く，上品できめ細かい日本のだし」は，日本人の味覚を発達させ，侘び寂び料理を誕生させたという点で，「日本料理の方向を決定する要因」となったといえるのである。

問4＜文章内容＞「湿度の高い環境を好むカビの性質を見抜いた鰹節の発酵法は，世界に類例がなく，我が国の先達たちの知恵の深さとユニークな発想力は驚くべきもの」である。鰹節から取っただしのうまみと香りは，「日本人の味覚を発達させ，日本料理を独特の世界へ発展させる原動力となった」のである。製造法がユニークであり，その後の日本料理の発達に大きな影響を与えた点からいっても，鰹節は，食に世界遺産があったら，「第一号に登録されていると思うほどの食べ物」だといえるのである。

二〔論説文の読解―社会学的分野―現代文明〕出典；國分功一郎『暇と退屈の倫理学』。

≪本文の概要≫必要の限界を超えて支出が行われるとき，人は，贅沢だと感じる。贅沢はしばしば非難されるが，人が豊かに生きるためには，贅沢がなければならないのである。とはいえ，贅沢を肯定することには疑問もあるだろう。そこで，浪費と消費の区別に注目してみよう。浪費とは，必要を超えて物を受け取ることである。浪費は，満足をもたらす。それは，物を受け取ることには限界があるからである。浪費は，どこかで必ず限界に達し，ストップする。しかし，消費には限界がなく，消費は，決して満足をもたらさない。人は消費するとき，物ではなく，物に付与された観念や意味を消費する。記号や観念の受け取りには限界がないので，消費という行動は，決して終わらないのである。消費社会は，しばしば物があふれる社会であるといわれるが，それは全くの間違いである。消費社会では，生産者が売りたい物しか市場には出回らないので，物は足りないのである。浪費は人に満足をもたらしてしまうので，消費社会としては，浪費されては困る。消費社会とは，人々が浪費するのを妨げる社会である。

問５＜語句＞「必要の限界を超えて支出が行われるとき，人は贅沢であると感じる」のである。したがって，贅沢は，必要がないものと関わっているといえる。必要がないことを，「不必要」という。

問丁＜語句＞「十二分」は，十分よりもさらにたっぷりしている，満たされていること。

問６＜文章内容＞「必要なものが十分にあれば，人はたしかに生きてはいける」が，「必要なものが十分あるとは，必要なものが必要な分しかないということ」でもある。そのような状態では，「何かのアクシデントで必要な物が損壊してしまえば，すぐに必要のラインを下回ってしまう」ので，「あらゆるアクシデントを排して，必死で現状を維持しなければならない」のである。このような必要なものを保持するために，常に努力し続けなければならない状態は，「豊かさからはほど遠い」のである。

問７＜文章内容＞人は消費するとき，「物を受け取ったり，物を吸収したりする」のではなく，「有名人が利用している」や「モデルチェンジ」したといった「物に付与された観念や意味を消費する」のである。したがって物は，消費されるためには「観念や意味」といった記号を付与されなければならないのである。

問８＜漢字＞「戒め」と書く。Ａは「機械」，Ｂは「述懐」，Ｃは「決壊」，Ｄは「警戒」。

問９＜文章内容＞現代の消費社会では，「個性」も，「消費される観念」の一つである。今日，広告は「消費者の『個性』を煽り，消費者が消費によって『個性的』になることをもとめる」ので，「消費者は『個性的』でなければならないという強迫観念を抱く」のである。しかし，「『個性』がいったい何なのかがだれにも分からない」ので，「『個性』はけっして完成しない」のである。現代社会では，消費者は，いつまでも満足できずに失敗することが決まっているにもかかわらず，「個性」を追い求めることを強制されるのである。

問10＜文章内容＞浪費とは，「必要を超えて物を受け取ること，吸収すること」である。食べられる量には限界があるように，浪費はどこかで限界に達し，人は満足して，そこで浪費はストップする。一方，消費は，物を受け取ったり，物を吸収したりするのではない。人は「物に付与された観念や意味を消費する」のである。宣伝によって次から次へと新しい店に行くように，「記号や観念の受け取りには限界がない」ので，「消費という行動は，けっして終わらない」のである。

問11＜要旨＞浪費は，「必要を超えた支出」なので，批判されるのもやむをえないが，「贅沢の条件」であり，「贅沢は豊かな生活に欠かせない」のである（Ｃ…×）。「物を受け取ること，吸収することには限界がある」ので，限界に達したとき，人は満足し，浪費をやめる（Ｂ…×）。現代になって，人は，物ではなく，「物に付与された観念や意味を消費する」ようになり，消費社会は，「消費者が消費し続けるように仕向ける」が，「記号や観念の受け取りには限界がない」ので，消費者が満足をすることはなく，「消費は止まらない」のである(A…○)。「消費する際に人は物を受け取らない」ので，「必要を超えて物を受け取る」という贅沢の条件は満たされず，「消費は贅沢などもたらさない」のである。そして，「消費には限界がないから，それは延々と繰り返される」が，「満足がもたらされないから，消費は次第に過激に，過剰になっていく」のである(D…×)。

三 〔小説の読解〕出典；尾崎一雄『虫のいろいろ』。

問12＜文章内容＞ノミにとって，跳躍は「持って生れた」習性なのに，ノミは人間に調教されて，「もしかしたら跳ねるということは間違っていたのじゃないか」と考えるようになり，やがては，「どんなことがあっても跳躍をせぬようになる」のである。ノミが，しだいに自分の習性に疑問を抱き，最後には跳ぶことを諦めるというところを，「私」は，残酷だと思ったのである。

問13＜慣用句＞「尻をぬぐう」は，他人の失敗の後始末をする，という意味。「尻に帆をかける」は，慌てて，または，さっさと逃げ出す，という意味。「尻に火がつく」は，事態が切迫して，追い詰められた状況になる，という意味。「尻を肥やす」という慣用句はない。

問14＜心情＞ノミが調教されて跳躍を諦めてしまったことを，「私」は，とても残念に思い，顔にもその気持ちが表れていた。「私」は，「若い友人」から見れば立派な大人なのに，ノミのことで真剣にくやしがっている様子がおもしろくて，「若い友人」は，笑ったのである。

問戊＜漢字＞㋐「物憂さ」は，何となく心が晴れず，憂鬱であること。　㋑「辺境」は，中央から遠く離れた地域のこと。

問己＜文章内容＞「何とか蜂」の羽は，「体重に比較して，飛ぶ力を持っていない」のだが，「実際には平気で飛んで」いる。この蜂は，「自分が飛べないことを知らないから飛べる」のである。

問15＜心情＞「われわれの太陽系は，約一億と言われる渦状星雲のうちのある一つの，ささやかな一構成分子たるに過ぎない」ことを知って，「中学上級生の頃」の「私」は，「『宇宙の大』というようなことで，ある感傷に陥った経験」があった。宇宙の大きさに比べて自分の小ささを痛感した経験が自分にもあったが，今，長女も同じようなことを感じているのかと思うと，「私」は，長女に優しくしてやりたくなったのである。

問16＜文章内容＞「宇宙は有限か，無限か」という長女の問いに，「私」は，定説はないと答えたうえで，地球から宇宙の辺境までの距離を示し，宇宙がいかに広大であるかを説明した。ここまでで，長女の問いに対する説明はいったん終わったが，その後も，「私」は，宇宙に関して，「われわれの宇宙席次ともいうべきものは，いったいどこにあるのか」などと考えを巡らせ続けた。長女が抱いていた，宇宙に関する疑問という問題を，長女に代わって，「私」が考えることになったのである。

問17＜文章内容＞「来るか来ぬか判りもせぬ偶然を，静まり返って待ちつづけた蜘蛛」の「機会をのがさぬその素速さ」に，「私」は，「反感めいたものを感じながらも，見事だ」と思わされた(B…○)。「蜂の向う見ずの自信」に，「私」は，「とうてい及ばない」と感じたが，一方で，蜂は自信を持っているわけではなく，ただ無意識に，自然に振る舞っているだけなのかもしれないとも考えた(A…○)。「私」は，冷静で不屈なクモと比べて，ノミを「馬鹿で腑抜け」だと思っているが，ノミにはどこか「似たところがあるかも知れない」と感じた(C…×，D…○)。

問18＜表現＞虫にまつわるさまざまなエピソードを語っているうちに，やがて，宇宙の中における人間の存在の意味という，根源的な疑問へとたどり着くに至るまでの過程が，淡々とした，ユーモアを交えた文章で描かれている。

Memo

Memo

2022年度 明治学院高等学校

【英　語】（50分）〈満点：100点〉

（注意）指示のない限り，答えは１つです。

A　次の文を読み、1.～14.の設問に答えなさい。なお、筆者は男性である。

Many years ago, when my daughter started school, I said to her, “I know you’ll do well.” Over the years, I wished her success many times. But often, in my heart, (　1　). In other words, I wanted her to fail*.

I love my daughter, so I wanted her to fail. It’s because this is the best way to learn. When we do something well, we do not learn anything new. Success means doing (　2　). There is very little learning from success.

When we fail, we have a chance to learn. But, we have to understand why we did not succeed, and then learning starts. Of course, we should not try to fail. We should try to succeed. If we do the same things in the same way, we will never fail. But, $_{3}$we will never learn anything new.

Failure* comes when we take a risk, or when we do something different. When I lived in Africa, I heard this phrase: $_{4}$“A good cook has broken many pots.” At the time, I didn’t understand it. But, later I realized that it meant that a person needs to try different ways and to try new things. Life is boring if we only do things that we know how to do well.

I didn’t learn the importance of failure until I became a university professor. In my teaching and research, I wanted to do the best I could. When I had a task, I always tried not to fail. $_{5}$I was afraid of failure because other professors would think that I was not a good professor. I was worried that if I failed other people would think I was a failure.

$_{6}$One day I had a terrible class. Until that day, I was the only one talking in the classroom. The 45 students sat quietly and they just listened to me from the beginning to the end of the class. One professor told me before that his students really enjoyed working in groups. So, I decided to try $_{7}$this in my class. After I talked about the textbook, I asked the students to make groups of four or five. And then, I asked them to talk about what they learned in the class. I left the front of the classroom, walked from group to group, and asked if they understood or if they had any questions. But, the result was terrible. They didn’t say anything. They just sat quietly and looked at the floor.

$_{8}$That lesson was a failure. I really felt bad. But, then I started to think about why it didn’t go well. I realized that I needed to tell my students how to work in groups clearly. This was new for them and for me. I made a few changes, and I tried again a week later. This time the lesson was not a failure, but it was also not a success. For the next lesson, I tried to make a few more changes. My students worked better in groups $_{9}$day by day.

$_{10}$This is why I wanted my daughter to fail. And, of course, she failed, and I did my best to make her feel better. I tried to help her so that she could understand why she failed, and I encouraged her by telling her that she could do better the next time. But, I didn’t tell her that (　11　). This was something she had to learn on her own.

注)

fail 失敗する failure 失敗、失敗した人

1. 空所 1 に入るものとして最もふさわしいものを選びなさい。

(1) I hoped that she would not succeed

(2) I knew that she was the best learner

(3) I thought that her school life would be easy

(4) I wanted to give something to her

(5) I was sure that she would do better than others

2. 空所 2 に入るものとして最もふさわしいものを選びなさい。

(1) everything for my daughter's happy life

(2) everything that we can do to make others happy

(3) nothing that my daughter would love

(4) something that others have done

(5) something that we can already do

3. 下線部 3 が表す内容として最もふさわしいものを選びなさい。

(1) 意識して失敗することで成功する機会を得ることができる。

(2) 同じ方法で同じことを繰り返すことでは新しい学びにつながらない。

(3) 成功することや失敗することに関わらずいつでも学び直しができる。

(4) 挑戦して失敗したら新しい学びをもたらさない。

(5) 学ぶ機会に感謝することで初めて新しい学習が始まる。

4. 下線部 4 が表す内容として最もふさわしいものを選びなさい。

(1) A great cook had so many pots in her kitchen that she wanted to break some of them.

(2) A great person has experienced many mistakes before becoming successful.

(3) Many pots have to be broken when a great person tries something new.

(4) Many pots were broken when a great person tried to make something.

(5) People need many pots to become a great cook who can try something new.

5. 下線部 5 に関する次の質問の答えとして最もふさわしいものを選びなさい。

Why was the writer afraid of failure?

(1) It was because the writer knew that no one would like him anymore.

(2) It was because the writer said to others that he would never fail.

(3) It was because the writer thought that he already failed too many times.

(4) It was because the writer wanted others to think that he was a good teacher.

(5) It was because the writer was told not to fail by his daughter.

6. 下線部 6 に関する次の質問の答えとして最もふさわしいものを選びなさい。

What happened in this class?

(1) The students asked a lot of questions to the writer after he talked about the textbook.

(2) The students didn't understand what the writer tried to do for the first time.

(3) The students kept quiet and studied well for the first time that year.

(4) The students walked from group to group and asked some questions.

(5) The students were noisy and didn't listen to the advice from the writer.

7. 下線部 7 が示す内容として最もふさわしいものを選びなさい。

(1) Students learn by themselves.

(2) Students listen to me.

(3) Students sit quietly.

(4) Students talk with other professors.

(5) Students work with others.

8. 下線部 8 に関する次の質問の答えとして最もふさわしいものを選びなさい。

What did the writer do after this happened?

(1) He asked the students what was wrong about the class.

(2) He talked to the professor again to find a better way.

(3) He changed things in a good way after thinking about why the class failed.

(4) He tried doing the same thing again and again in the same way.

(5) He wasn't able to do anything new in his class.

9. 下線部 9 に関する次の質問の答えとして最もふさわしいものを選びなさい。

What does "day by day" mean?

(1) at any time

(2) by the next day

(3) easily and very quickly

(4) for a long time

(5) slowly and in small stages

10. 下線部 10 に関する次の質問の答えとして最もふさわしいものを選びなさい。

Why did the writer want his daughter to fail?

(1) It was because failure would bring little learning to everyone.

(2) It was because failure would give her a chance to think about different ways.

(3) It was because making mistakes would let her know about others.

(4) It was because success was more important than failure at school.

(5) It was because taking a risk was always helpful for her to work in groups.

11. 空所 11 に入るものとして最もふさわしいものを選びなさい。

(1) doing the same things was important

(2) failure was a good thing

(3) helping others was the key

(4) mistakes were less important

(5) success means understanding others

12. この文章のタイトルとして最もふさわしいものを選びなさい。

(1) A Piece of Advice from Other Professors

(2) Learning through Failure

(3) Never Fail

(4) Success Means More

(5) Things I learned from My Daughter

13. 本文の内容と一致するものとして最もふさわしいものを選びなさい。

(1) Professors who failed a lot helped the writer.

(2) Caring about how other professors think about you is not important.

(3) Failure gives you important lessons so you should try to fail from the beginning.

(4) Learning starts after you understand why you failed.

(5) Students in the writer's class didn't like working in groups because it was not new for them.

14. 本文の内容と一致するものとして最もふさわしいものを選びなさい。

(1) The writer asked his students to make groups and talk about what they thought of him.

(2) The writer stopped trying to do something new because he didn't want other people to think of him as a bad teacher.

(3) The writer noticed it was difficult for his daughter to think about why she had to fail.

(4) When the writer tried a group work again a week later, the lesson was not perfect, but the students learned better.

(5) When the writer's daughter was in trouble, the writer always helped her so much that she never failed.

B　次の 15.～20.の文の空所に入る最もふさわしいものを選びなさい。

15. A: How (　　　) do the buses come?

B: They come every fifteen minutes.

(1) far

(2) long

(3) many

(4) often

(5) to

16. Watch (　　　)! There is a hole in front of you.

(1) above

(2) at

(3) in

(4) off

(5) out

17. Two (　　　) got together in the hall.

(1) hundred student

(2) hundreds of student

(3) hundreds student

(4) hundreds students

(5) hundred students

18. Who is the woman (　　　) to our boss?

(1) explained

(2) invited

(3) saying

(4) spoken

(5) talking

19. Children don’t like summer vegetables. For example, tomatoes and cucumbers (　　　).

(1) are liked not

(2) are not liked

(3) isn’t liked

(4) not like

(5) not liked

20. There are less people receiving plastic bags at stores, but (　　　) are buying plastic bags to throw out garbage.

(1) few people

(2) huge people

(3) less people

(4) more people

(5) much people

C　次の 21.～25.の選択肢の中からそれぞれ正しいものを選びなさい。

21.

(1) He has been in France since two years ago.

(2) He was too busy doing his homework to go to shopping yesterday.

(3) How an interesting story our grandfather told us last night!

(4) I can cook as good as my mother.

(5) Nobody knows when he left school yesterday.

22.

(1) She must finish her homework last night.

(2) We don't know how many kinds of animals there are.

(3) We would like to climbing the mountain that day.

(4) Would you lent me a Japanese dictionary if you have?

(5) You can find something that make other people happy.

23.

(1) He will arrive at our house at an hour.

(2) I was enough tired to finish reading this book last night.

(3) It is important that children should have various experiences.

(4) She was exciting to visit Kyoto for the first time.

(5) We go to Italy when we were in high school.

24.

(1) My brother is more taller than my father.

(2) Taking classes on the Internet is not easy thing.

(3) The trains are crowd in the morning.

(4) There are vending machines all under the city in Japan.

(5) What is this cat called by your family?

25.

(1) He taught me how to use a new phone.

(2) I have no time to read the book I bought it last week.

(3) The girl who eyes are blue is my friend.

(4) The people at the festival looked very happily.

(5) You and I am good friends, aren’t we?

D　次の 26.～30.の日本語の意味に合うように語(句)を並べかえた時、(1)と(2)に入るものの組み合わせとしてふさわしいものを選びなさい。なお、文頭にくる文字も小文字にしています。

26. 外国へ行くのであれば、あなたに覚えておいて欲しいことが 1 つある。

If you visit other countries, (　　)(　　)(　　)(　　)(　1　)(　　)(　　)(　　)(　2　)(　　).

ア. I　　イ. is　　ウ. like　　エ. one　　オ. remember

カ. there　　キ. thing　　ク. to　　ケ. would　　コ. you

(1)　ア　と　ク

(2)　ア　と　コ

(3)　キ　と　カ

(4)　ク　と　エ

(5)　ク　と　カ

27. 誰もが愛と平和に満ちた世界で暮らすことができたらよいと思っている。

(　　)(　　)(　1　)(　　)(　　)(　2　)(　　)(　　)(　　)(　　).

ア. and　　イ. can live　　ウ. everyone　　エ. filled　　オ. hope

カ. I　　キ. in a world　　ク. love　　ケ. peace　　コ. with

(1)　ア　と　オ

(2)　ウ　と　エ

(3)　カ　と　エ

(4)　キ　と　コ

(5)　コ　と　ケ

28. ペットを世話することは自分の子どもを育てるようなものだ。

(　)(　)(　)(　)(　1　)(　)(　)(　2　)(　)(　).

ア. a pet　　イ. care　　ウ. is　　エ. like　　オ. of

カ. own child　　キ. raising　　ク. something　　ケ. taking　　コ. your

(1)　ウ　と　キ

(2)　ウ　と　ク

(3)　エ　と　オ

(4)　エ　と　キ

(5)　ケ　と　キ

29. 夏の間はたとえ短い時間であっても子どもを車に残してはいけない。

During the summer (　1　)(　)(　)(　)(　)(　2　)(　)(　)(　)(　).

ア. a　　イ. children　　ウ. even　　エ. for　　オ. in the car

カ. leave　　キ. must　　ク. not　　ケ. short　　コ. time

サ. we

(1)　イ　と　ウ

(2)　イ　と　エ

(3)　ウ　と　キ

(4)　サ　と　ウ

(5)　サ　と　ク

30. 私の学校には、勉強もスポーツも両方とも楽しんでいる生徒がたくさんいる。

(　)(　)(　)(　1　)(　)(　)(　)(　2　)(　)(　) in my school.

ア. and　　イ. are　　ウ. both　　エ. enjoy　　オ. many students

カ. playing　　キ. sports　　ク. studying　　ケ. there　　コ. who

(1)　ウ　と　ア

(2)　ウ　と　キ

(3)　ク　と　エ

(4)　コ　と　ア

(5)　コ　と　ク

E　次の会話文I.とII.の空所31.〜38.に入る最もふさわしいものを選びなさい。

I.

Lee is an exchange student from Taiwan. She is talking with her friend Kyoko at school in Japan.

Lee: Wow! Your lunch is amazing! There're colorful flowers and butterflies in your lunch box. (31)

Kyoko: I used a boiled egg and some vegetables. We call this kind of *bento* "*kyaraben*."

Lee: Oh, I've seen many *kyaraben* pictures on the Internet! Not only Japanese people but also people in other countries are making very beautiful and colorful *bentos* now.

Kyoko: I like looking at those pictures on my cell phone and (32). This is my first one!

Lee: Good! So, do you know we also have *bento* culture in Taiwan?

Kyoko: Really? Is *bento* popular in Taiwan, too?

Lee: Yes, but there's a big difference between our *bentos* and the Japanese *bentos*.

Kyoko: What is that?

Lee: We usually keep our lunch warm because we think it's better for our health not to eat cold food. Here in Japan, my host family makes me Japanese style *bentos*. I really enjoy it and I'm always very thankful for it, but (33).

Kyoko: The difference is very big, so I understand how you feel. Now, I'd really like to try the *bento* in Taiwan!

Lee: Then, you should try a boxed lunch at a train station in Taiwan.

Kyoko: Oh, you mean "*ekiben*?"

Lee: Yes, we have so many kinds of "*ekiben*" in Taiwan! I'm sure you'll love it.

Kyoko: Good! (34)

Lee: You're always welcome!

31.

(1) How did you make it?

(2) How much did it cost?

(3) Where did you buy it?

(4) Who told you how to make it?

(5) Why did you prepare it like that?

32.

(1) I've always wanted to make my own

(2) I'll never put my original *kyaraben* picture on the Internet

(3) I think it's too difficult for me to make it

(4) I tried making a homemade lunch before

(5) it cost me so much money to buy it

33.

(1) every morning, I eat cold meals for breakfast

(2) I don't know how much money I should pay for it

(3) I like Japanese style better than any other style

(4) sometimes I miss my homeland style *bentos*

(5) we are not allowed to bring our lunch to school

34.

(1) I can't say how thankful you are!

(2) I can't wait to visit Taiwan!

(3) You can't miss it!

(4) You should try them, too!

(5) I hope you will come soon!

II.

Ken is a Japanese student who is staying with his host family in the US. He is talking about his day trip to the City Tower.

Judy: So, how was the view from the City Tower?

Ken: It was so great! I was able to see many famous places, like the city hall, old towns and bridges. Also, I saw many green areas in the city center. I was surprised that you have so many beautiful parks here.

Judy: I'm happy to hear that. To keep our community beautiful, we are doing a lot of work on environmental protection* right now. In the past, (35).

Ken: Really? I can't imagine that!

Judy: About thirty years ago, there was always a lot of garbage on the streets. I didn't like my hometown very much because it was very dirty.

Ken: Too bad! (36)

Judy: Some young people realized that if they didn't like the city, they would not live here anymore. It was a sad thing and of course, bad for the city's economy, too. The city wanted to change the situation so they tried hard so that (37).

Ken: I see. So, what did they do?

Judy: They planted trees and picked up the garbage on the streets. It took a lot of time, but finally the city got much cleaner and we feel very happy with it.

Ken: That's a good story! And that's why many young people collect garbage on the streets and in the parks on weekends.

Judy: That's right. I also joined such activities when I was younger.

Ken: I haven't tried it yet, but I'm going to take part in one of those activities this weekend.

Judy: That's wonderful! (38)

Ken: Nice idea! I'll ask them!

注)

environmental protection 環境保護

35.

(1) most of us tried to protect our nature

(2) most people didn’t have any interest in it

(3) we didn’t work for making money

(4) we had many more visitors here

(5) we realized our nature was very important

36.

(1) How did you collect garbage from the streets?

(2) How many pieces of garbage did they pick up?

(3) How soon did you leave the city?

(4) Why did you do it thirty years ago?

(5) Why has the city changed so much?

37.

(1) the city would be loved by many people

(2) the city would disappoint them

(3) the city wouldn’t change for young people

(4) they would find good cities

(5) they would never come back again

38.

(1) Can I say something to you?

(2) Have you prepared for it?

(3) How many times will you take part in it?

(4) Why don’t you do it with your friends?

(5) Won’t you go this weekend?

【数　学】　(50分)　〈満点：100点〉

1　次の各問いに答えよ。

(1) $-\left(\dfrac{3}{2}\right)^2 \times 4 - \dfrac{3^3}{2} \div \left(-\dfrac{9}{8}\right)$ を計算せよ。

(2) $\dfrac{5x-y}{3} - \dfrac{x-7y}{2} - x - 3y$ を計算せよ。

(3) $(7+\sqrt{7})(\sqrt{7}-1)+(3-\sqrt{7})^2$ を計算せよ。

(4) 連立方程式 $\begin{cases} 0.7x+0.25y=5 \\ 0.3x+0.2y=2.7 \end{cases}$ を解け。

(5) a, b を定数とする。$\dfrac{1}{6}x^2-ax-18$ を因数分解すると $\dfrac{1}{6}(x-12)(x+b)$ となる。このとき, a, b の値を求めよ。

(6) 記号【　】,〔　〕をそれぞれ【 a 】$=a^2-4$,〔b〕$=\dfrac{b}{2}+3$ と定める。方程式【〔x〕】$=4$ を解け。

(7) 次の6つのデータの平均値は60であり, $x:y=1:2$ である。このとき, 中央値を求めよ。

　　75 , 80 , 60 , x , 40 , y

(8) $\dfrac{60}{3n+1}$ が整数となるような自然数 n をすべて求めよ。

(9) 図の $\angle x$ の大きさを求めよ。ただし, 点Oは円の中心とする。

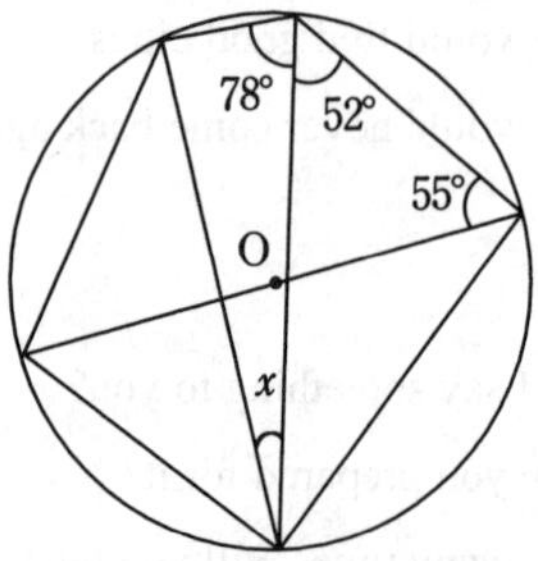

(10) 図のように, 直角三角形ABCに正方形PBQRが内接している。BQの長さを求めよ。

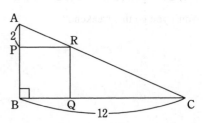

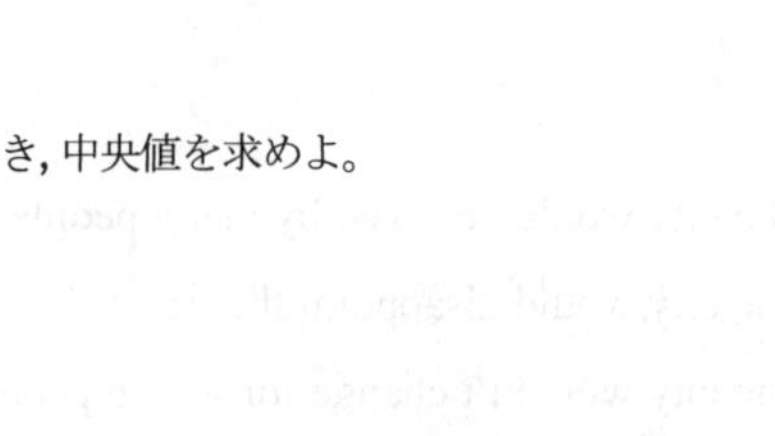

2 大小2つのさいころを同時に投げ，大きいさいころの出た目を a，小さいさいころの出た目を b とする。図のような中心O，直径ABの半円があり，動点Pは点Aから，動点Qは点Bから $\overset{\frown}{AB}$ 上をそれぞれさいころの目に応じて移動する。次の問いに答えよ。

(1) $\angle AOP = 10a°$，$\angle BOQ = 20b°$ とするとき，$\angle POQ = 90°$ となる確率を求めよ。

(2) $\angle AOP = 30a°$，$\angle BOQ = 30b°$ とするとき，$\angle POQ = 90°$ とならない確率を求めよ。

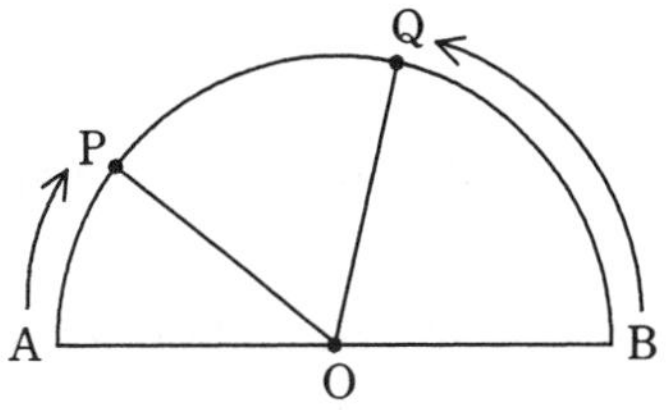

3 図のように，点Oを中心とする半径2の円に AB＝AC，∠Aが鋭角の二等辺三角形ABCが内接している。直線AOと辺BCの交点をDとすると，OD＝$\sqrt{3}$ である。辺ABの中点をE，直線EOと辺ACの交点をFとする。次の問いに答えよ。

(1) 線分BDの長さを求めよ。

(2) AE^2 の値を求めよ。

(3) △AEFの面積を求めよ。

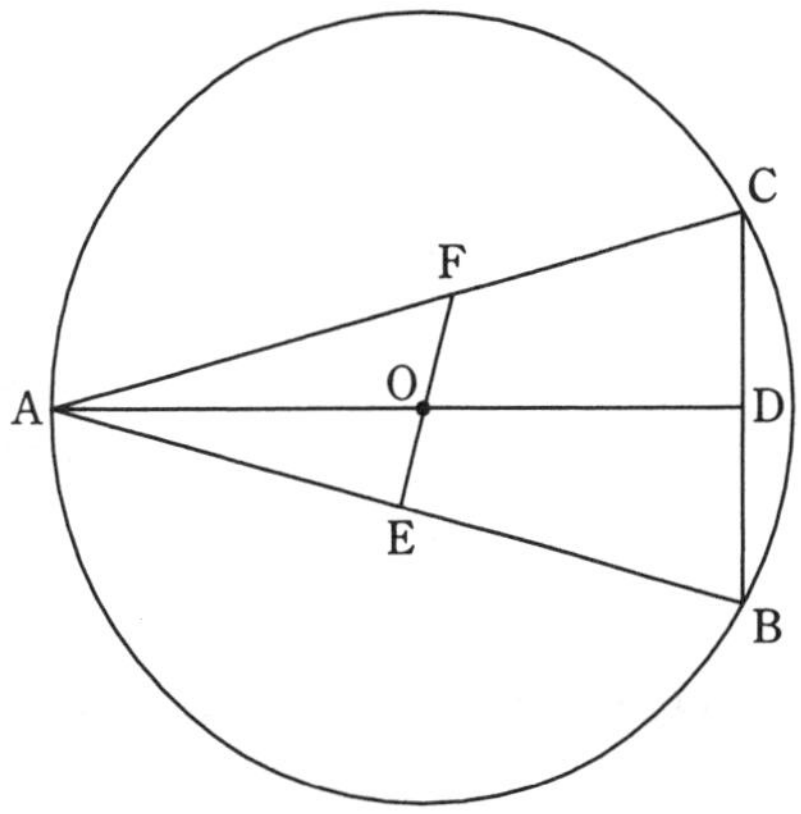

4 図のように，放物線 $y=\frac{1}{6}x^2$ と直線 l との交点をそれぞれ A, B, 点 B を通る直線 m と x 軸の交点を C，直線 l と y 軸の交点を D とする。また，点A, B, C の x 座標がそれぞれ $-6, 3, -2$ である。次の問いに答えよ。

(1) 点 D の座標を求めよ。

(2) 点 D を通り，△ACB の面積を二等分する直線と直線 AC の交点を E とする。

① △DEC と△DCB の面積比を求めよ。

② 直線 DE の式を求めよ。

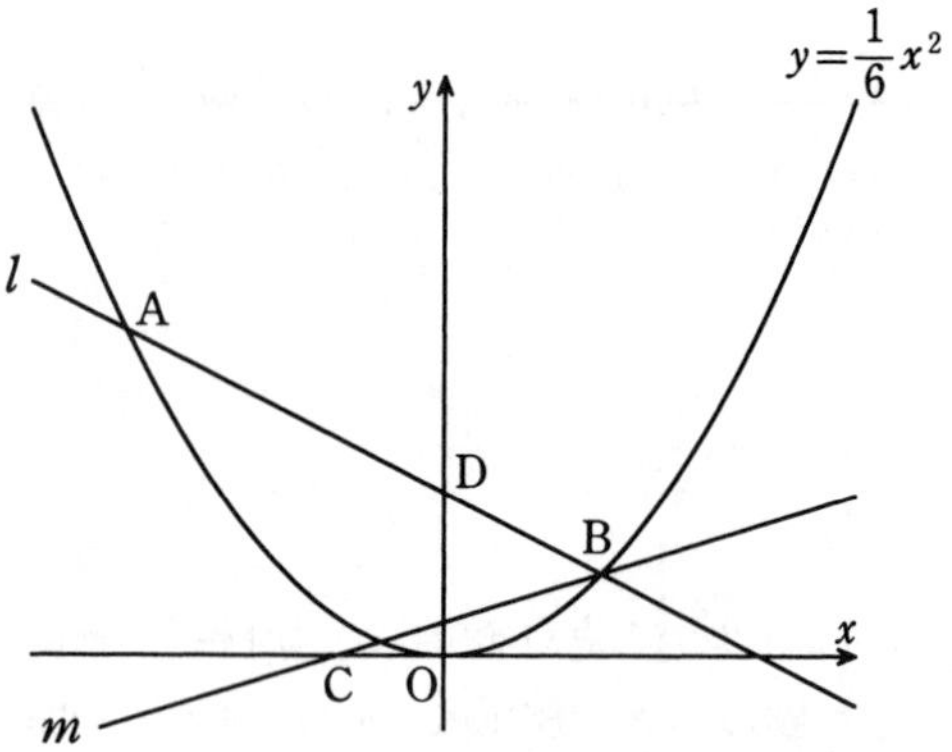

5 図のように，底面が正方形の直方体 ABCD−EFGH と△PQG を底面とする正四面体 O−PQG を重ねた場合を考える。点 P, Q はそれぞれ辺 EH, EF上の点であり，直方体と正四面体の高さは等しい。辺 PQ の中点を M，線分 GM 上に点 R を GR:RM=2:1 となるようにとると，OR⊥GM である。OR$=2\sqrt{6}$ のとき，次の問いに答えよ。

(1) 正四面体の一辺の長さを求めよ。

(2) 直方体 ABCD −EFGH，正四面体 O−PQG の体積をそれぞれ V_1, V_2 とするとき，$\frac{V_1}{V_2}$ の値を求めよ。

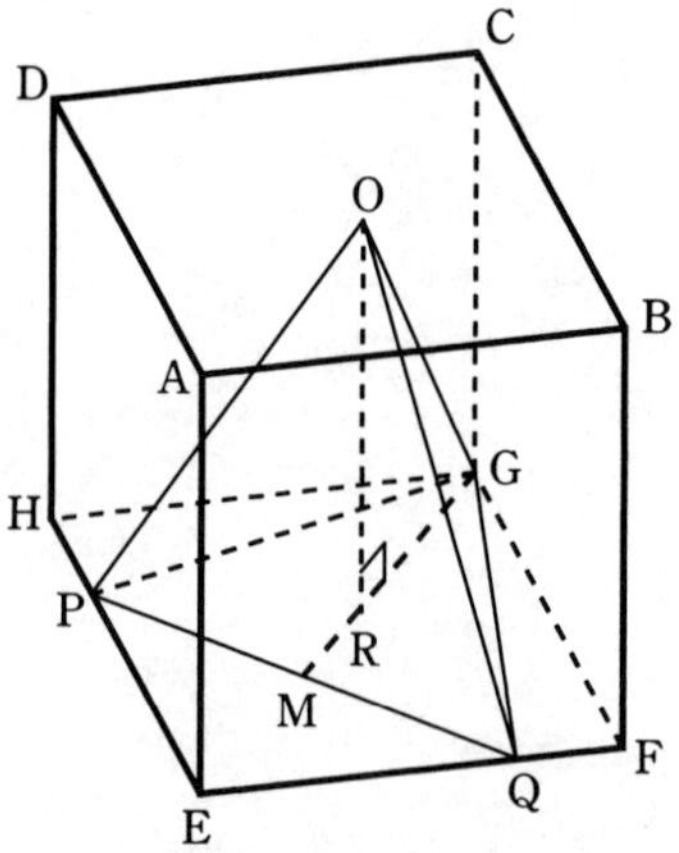

問20 傍線部⑤の意味としてもっとも適当なものを、次のなかから選べ。

A 驚きの声　B 感心した声　C あきれた声　D おびえた声

問21 「ぼく」はどういう少年だったと考えられるか。次のなかからもっとも適当なものを選べ。

A 恵まれない境遇にあっても、周りに気を遣いながら気丈に生きてゆこうとする、弟思いの少年。

B 意志が強く、弟とふたりで生きてゆくためには思い切った行動もいとわない、たくましい少年。

C 世の中を生き抜くため、大人の顔色を窺《うかが》いながら抜け目なく立ち回る、したたかな少年。

D 運命に翻弄されながらも、希望を失わず明るく前向きに生きている、天真爛漫《らんまん》な少年。

問22 この作品における「エゾ蟬」の効果を説明したものとしてもっとも適当なものを、次のなかから選べ。

A けたたましいエゾ蟬の鳴き声が、本当は祖母の家でずっと暮らしていたいのに、追い立てられるように出てゆく兄弟の悲痛な心の叫びに共鳴しているように思える。

B 驚くとやみくもに地面に衝突するというエゾ蟬の習性が、祖母に引き取ってもらえることをあてにして孤児院を飛び出してきた「ぼく」の無鉄砲ぶりを連想させる。

C もともと山に棲息《せいそく》しているというエゾ蟬が、安住の場所を得られないまま元の生活に戻ってゆく兄弟の姿と重なり、そこはかとないやるせなさを醸しだしている。

D 虫捕りが好きな弟にエゾ蟬を「見逃してやろう」と言い聞かせる場面から、何とか祖母や叔父に気づかれずに孤児院に帰ろうとする「ぼく」の必死さが読み取れる。

問16　傍線部(2)について、「祖母」が「考えていた」と思われるのはどういうことか。次のなかからもっとも適当なものを選べ。

A　祖母として孫に食事の作法をしつけなければならないということ。

B　孤児院の先生たちが子どもたちの指導に苦労しているだろうということ。

C　食器が補充できないほど孤児院の経営が逼迫《ひっぱく》しているのかということ。

D　孫たちにとって孤児院での生活は望ましくないかもしれないということ。

問戊　傍線部(3)とほぼ同じことを言っている箇所を二五字以内で抜き出し、最初と最後の五字を記せ。

問17　傍線部(4)について、「祖母」が「悲しそう」だったのはなぜだと考えられるか。次のなかからもっとも適当なものを選べ。

A　食い意地が張った孫の行為を目の当たりにして、情けなくなったから。

B　食べ盛りの子どもが我慢を強いられてきたことを、不憫《ふびん》に思ったから。

C　自分の作った食事に子どもたちの箸が進まず、申し訳なかったから。

D　孫たちが他人行儀でなかなか懐こうとしないので、寂しかったから。

問18　傍線部(5)について、「祖母」が「恥《は》じているような強い口調だった」のはなぜだと考えられるか。次のなかからもっとも適当なものを選べ。

A　孫たちのたっての頼みに、一瞬であれ躊躇《ちゅうちょ》してしまった後ろめたさを打ち消したかったから。

B　本当は孤児院に帰ってもらいたいのに、心にもない返事をしていることを悟られまいとしたから。

C　僅《わず》かに迷いを見せたことによって不安になったにちがいない孫たちを、安心させようと思ったから。

D　即答できなかったのは、金銭問題や嫁との関係など、孫たちに知られたくないことが理由だったから。

問19　傍線部(6)の理由としてもっとも適当なものを、次のなかから選べ。

A　二度と訪れることがないかもしれない祖母の家の庭や裏の畑を、目に焼き付けておきたかったから。

B　急いで出発しないと、今夜行われるハーモニカバンドの演奏会に間に合わなくなりそうだったから。

C　祖母につらい思いをさせないため出てゆくことにしたが、顔を合わせると引き留められるだろうから。

D　叔父が目を覚まさないうちにこの家を出ないと、有無を言わせず孤児院に送り返されてしまうから。

「よし、捕えちゃおう。大きな声を上げればいいんだね？」

そうさ、と頷きかけて、ぼくは慌てて弟の口を手で塞《ふさ》いだ。

「ばっちゃや叔父さんが目を覚しちまう」

弟はなにかもごもご口を動かした。きっと不平を言っているのにちがいなかった。そこでぼくは弟の耳に口を寄せて囁《ささや》いた。

「たしか今度の日曜日に、市の昆虫採集同好会とかいうところの小父《おじ》さんたちが孤児院に慰問に来ることになってたろう。あの小父さんたちがきっとこのとんまな蝉のいるところへ連れてってくれると思うよ。だからこいつは見逃してやろう」

弟がかすかにうんと首を振ったのでぼくは彼の口から手を離した。それからぼくらはエゾ蝉の鳴き声にせきたてられるようにして通用門の方へ歩いて行った。

（井上ひさし「あくる朝の蝉」より）

＊公教要理…キリスト教の教えを、問答形式でわかりやすく記した入門書（の勉強）。
＊お櫃《ひつ》…釜で炊いた飯を移して入れておく木製の器。
＊箍《たが》…桶《おけ》の周りにはめる、竹や金属で作った輪。ここでは比喩的に用いられている。
＊薬九層倍…薬の値段は仕入れ値の九倍になる、転じてぼろもうけのこと。
＊マーキュロか正露丸…いずれも薬の商品名。
＊舅《しゅうと》…ここでは夫の父。

問丁 傍線部①～④の読みを記せ。

問14 傍線部(1)が想定しているのは「だれ」か。次のなかから選べ。

A 孤児院の子どもたち　B 祖母や叔父　C 孤児院の先生　D 昔の同級生たち

問15 〔 1 〕に入れるのに適当な語句を次のなかから選べ。

A 生活の智恵《ちえ》　B 孤児院の規則　C 子どもたちの流儀　D 生まれつきの癖

ることになりました。ばっちゃ、お元気で」

書き置きを机の上にのせてから、ぼくは弟を揺り起した。

「これから孤児院に帰るんだ」

弟は頷《うなず》いた。

「ばっちゃや叔父さんが目を覚ますとまずい。どんなことがあっても大声を出すなよ」

「いいよ」

弟は小声で言って起き上った。

(6)ぼくらはトランクとボストンバッグを持って裏口から外へ出た。裏の畑にはもう朝日がかっと照りつけていた。足音を忍ばせて庭先へ廻った。

ギーッ！　ギーッ！

と大きな声で蝉が鳴いている。あまり大きな声なので思わず足が停まった。蝉の声は赤松の幹のあたりでしていた。近づいて見ると、透明なハネを持った赤褐色の大蝉だった。幹に頭を下に向けてしがみついている。

「でかいなあ」

弟が⑤嘆声をあげた。

「あんなにでかいのは油蝉かな。ちがう、熊蝉だ……」

「大きな声を出すんじゃない」

ぼくは唇に右の人さし指を当ててみせて、

「それからあいつは油蝉でも熊蝉でもないぜ」

「じゃなに？」

「エゾ蝉。とんまな蝉さ」

「とんま？　どうして？」

「いきなり大声を出すとびっくりして飛び出す。そこまではいいけど、さかさまにとまっているから、地面に衝突してしまうんだ」

「……それで？」

「脳震盪《のうしんとう》を起こして気絶しているところを捕える。それだけのことさ。ぼくなんか前にずいぶん捕えたな。おまえにもずいぶん呉《く》れてやったじゃないか」

「憶えてないや」

「たいてい山の松林にいるんだけどね、あいつ珍しく降りてきたんだぜ」

弟はボストンバッグを地面に置いた。

「そんなことを言うんなら母さんが店をやるんだな。*薬九層倍なんていうけど、この商売、どれだけ儲《もう》けが薄いか母さんだって知ってるはずだよ。とくにこんな田舎じゃ売れるのは*マーキュロか正露丸だ。母さんと二人で喰って行くのがかっつかつだぜ」

「でも、長い間とはいわない。あの子たちの母親が立ち直るまででいいんだから」

「それがじつは一番腹が立つんだ」

叔父の声は前よりも高くなった。

「あの二人の母親は親父の、*舅《しゅうと》の葬式にも顔を出さなかったような冷血じゃないか。そりゃあの二人の母親は親父や母さんに苛《いじ》められたかも知れない。でも相手がこの世から消えちまったんだ。それ以上恨んでもはじまらないだろ。線香の一本もあげにくればいいじゃないか。向うが親父を許さないのなら、そのことを今度はおれが許さない。おれはいやだよ。あの女の子どもの面倒など死んでも見ないよ」

「でもあの子たちはおまえの甥《おい》だろうが……」

箱膳のひっくり返る音がした。

「そんなにいうんなら、なにもかも叩き売って借金を払い、余った金で母さんが養老院にでも入って、そこへあの二人を引き取ればいいんだ。おれはおれでひとりで勉強をやり直す」

叔父の廊下を蹴る音が近づき、座敷の前を通ってその足音は店の二階へ消えた。叔父は赤松が目の前に見える、店の二階の一番端の部屋で寝起きしているのだろう。

いまの話を弟が聞いていなければいいな、と思いながら、弟の様子を窺《うかが》うと、彼は大きく目を見開いて天井を睨んでいた。

「……ぼくたちは孤児院に慣れてるけど、ばっちゃは養老院は初めてだよね」

弟はぼそぼそと口を動かした。

「そんなら慣れてる方が孤児院に戻ったほうがいいよ」

「そうだな」

とぼくも答えた。

「他に行くあてがないとわかれば、あそこはいいところなんだ」

蚊帳に貼りついていた蛍はいつの間にか見えなくなっていた。つい今し方の叔父の荒い足音に驚いて逃げ出したのだろうとぼくは思った。

ぼくはそれから朝方まで天井を眺めて過ごした。これからは祖母がきっと一番辛いだろう。「じつはそろそろ帰ってもらわなくちゃ……」といういやな言葉をいつ口に出したらいいかとそればかり考えていなくてはならないからだ。店の大時計が五時を打つのをしおに起き上がって、ぼくは祖母あてに書き置きを記した。ごく簡単な文面だった。

「大事なことを忘れていました。今夜、ぼくら孤児院のハーモニカ・バンドは米軍キャンプで慰問演奏会をしなくてはならないのです。そのため急いで出発す

「で、でも、他に行くあてが少しでもあったら一秒でも我慢できるようなところでもないんだ。ばっちゃ、考えといてください。お願いします」

店で戸締りをする音がしはじめた。祖母はトランクの傍から腰を上げた。

「叔父さんの食事の支度をしなくっちゃ。今のおまえの話はよく考えておくよ」

祖母が出て行った後、ぼくはしばらく机の前にぼんやり坐っていた。この話をいつ切り出そうかとじつはぼくは迷っていたのに、それが思いがけなくすらすらと口から出たので自分でも驚いてしまったのだ。気が軽くなって、ひとりで笑い出したくなった。ぼくはその場に仰向けに寝ころんで、ひょっとしたらぼくと弟が長い間寝起きすることになるかもしれない部屋をぐるりと眺め廻《まわ》した。そして何日ぐらいで、弟の孤児院流の茶碗の持ち方が直るだろうかと考えた。弟④は蚊帳の中で規則正しい寝息を立てている……。ぼくは蚊帳の中に這《は》っていって、出来るだけ大きく手足を伸ばして、あくびをした。

縁側から小さな光がひとつ入ってきて、蚊帳の上に停《とま》った。それは蛍だった。

行手《ゆくて》示す　明けの星

船路示す　愛の星

空の彼方で　我等守る……

孤児院で習った聖歌を呟《つぶや》いているうちに、光が暗くなって行き、ぼくは眠ってしまった。

どれくらい経ってからかわからないが、叔父の声で目を覚した。蛍がまだ蚊帳の上で光っていたから、どっちにしてもそう長い間ではなかったことはたしかだった。

「……いいかい、母さん、おれは母さんが、親父が借金を残して死んだから学資が送れない、と言うから学校を中途で止《よ》してここへ戻ってきたんだ……」

叔父の声は震えていた。

「店を継いでくれないと食べては行かれないと母さんが頼むから薬種業の試験を受けて店を継いだ。借金をどうにかしておくれと母さんが泣きつくから必死で働いている。これだけ言うことをきけば充分じゃないか。これ以上おれにどうしろというんだよ」

「大きな声を出さないでおくれ。あの子たちに聞えるよ」

「とにかく母さんの頼みはもう願いさげだよ」

叔父の声がすこし低まった。

「今年の暮は裏の畑を手離さなくちゃ年が越せそうもないっていうのに、どうしてあの二人を引き取る余裕なんかあるんだ」

祖父はだいぶ大きな借金を残したらしかった。それにしても裏の畑を手離すことになったら祖母の冷し汁の味もずいぶん落ちるにちがいないと思った。冷し汁に入れる野菜はもぎたてでないと美味しくないからだ。

「子ども二人の喰《く》い扶持《ぶち》ぐらいどうにかなると思うんだけどねぇ」

で、おかわりと言い、茶碗を祖母に差し出した。弟は一度置いた箸をまた取って、小声で、ぼくもと言った。孤児院の飯は盛切りだった。弟はその流儀が祖母のところでも行われていると考えて一膳だけで箸を置いたのにちがいなかった。食事の後に②西瓜が出た。そのときも弟は孤児院流を使った。どの一切れが最も容積のある一切れか、一瞬のうちに見較べ判断しそれを手で掴《つか》むのがあそこでの流儀なのだ。

(4)弟の素速い手の動きを見ていた祖母が悲しそうな声で言った。

「ばっちゃのところは薬屋さんなんだよ。腹痛《はらいた》の薬は山ほどある。だからお腹の痛くなるほどたべてごらん」

〔中略〕

「もうすぐお祭だね」

ぼくは太鼓の聞えてくる方を指さした。

「あれは獅子舞いの太鼓だな」

「そう、あと七日でお祭」

「ぼくたち、祭まで居ていい？」

ほんの僅《わず》かの間だが祖母は返事をためらっていた。

「駄目かな、やっぱり」

「いいよ」

(5)返事をためらったことを恥《は》じているような強い口調だった。

「おまえたちはわたしの長男の子どもたちだもの、本当ならおまえがこの家を継ぐべきなのだよ。大威張りでいていいよ」

この祖母の言葉で勇気がついて、当分言わないでおこうと思っていたあのことを口に出す決心が出た。

「ばっちゃ、お願いがあります」

急にぼくが正坐《せいざ》したので祖母が愕《おどろ》いた眼をした。

「母が立ち直ってぼくと弟を引き取ることが出来るようになるまで、ぼくたちをここへ置いてください」

「……でも高校はどうするの」

「この町の農業高校でいいんだ。店の手伝いでもなんでもするから」

祖母はぼくと弟をかわるがわる眺め、やがて膝に腕を乗せて前屈みになった。

「孤児院はいやなのかね、やはり」

「あそこに居るしかないと思えばちっともいやなところじゃないよ。先生もよくしてくれるし、学校へも行けるし、友だちもいるしね」

「そりゃそうだねぇ。文句を言ったら③罰が当たるものねぇ」

（……いまごろ孤児院ではなにをしているだろう）

ぼくは縁側の板の間の上に寝そべって肘枕をついた。

（……六時。お聖堂《みどう》で夕べの祈りをしているころだな。お祈りは六時二十五分まで、六時半から六時四十五分までが夕食。七時から一時間はハーモニカ・バンドの練習。八時から四十五分間は*公教要理。八時四十五分から十五分間は就寝のお祈り……）

孤児院の日課を暗誦《あんしょう》しているうちに、ぼくはだんだん落ち着かなくなっていった。しみじみとして優しい田舎のさまざまな音に囲まれているのだからのんびりできそうなものなのに、かえっていらいらしてくるのだった。生まれたときから檻《おり》の中で育ったライオンかなにかがいきなり外に放たれてかえってうろたえるように、ぼくも時間の檻の中から急に外へ連れ出され戸惑っていたのだ。

立ってみたり坐《すわ》ってみたり、表へ出たり裏へまわったりしながら、夕餉のでき上がるのを待った。

〔中略〕

お菜は冷し汁だった。凍《しみ》豆腐や青豆や茄子《なす》などの澄し汁を常時穴倉に貯蔵してある氷で冷した食物で町の名物だった。

「おや、変な茶碗の持ち方だこと」

しばらく弟の手許《てもと》を見ていた祖母がいった。弟は茶碗を左手の親指、人さし指、中指の三本で摘《つま》むように持っていた。もっと詳しくいうと、親指の先と中指の先で茶碗を挟み、人さし指の先を茶碗の内側に引っかけて、内と外から茶碗を支えているわけである。

「それも孤児院流なんだ」

忙しく口を動かしている弟に代ってぼくが説明した。

「孤児院では御飯茶碗もお汁茶碗も、それからお菜を盛る皿も、とにかく食器はみんな金物なんだ。だから熱いご飯やお汁を盛ると、食器は熱くなって持てなくなる。でも、弟のようにすればなんとか持てる。つまり〔　1　〕……」

「どうして食器は金物なの？」

「瀬戸物はこわれるからだよ」

(2)祖母はしばらく箸を宙に止めたまま、なにか考えていた。それから溜息《ためいき》をひとつついて、

「孤児院の先生方もご苦労さまだけど、子どもたちも大変だねえ」

と漬物の小茄子を噛《か》んだ。

「……ごちそうさま」

弟が*お櫃《ひつ》を横目で睨《にら》みながら小声で箸を置いた。

「もうおしまい？　お腹がいっぱいになったの」

弟は黙ったままである。ぼくは時間の(3)*箍《たが》が外れたので面喰《めんくら》ったが、弟は孤児院の箍を外せないで困っているようだった。ぼくは弟に手本を示すつもりで大声

ぼくは浴衣を羽織りながら答えた。弟は丸裸のまま祖母の横にしゃがみこみ、祖母の運針に見とれている。

「でもばっちゃ、どうしてそんなことを聞くのさ」

「ずいぶん早風呂だからだよ。①烏の行水だっておまえたちのようには早くないよ」

「だって、後がつかえると困るもの」

弟が言った。

「みんなの迷惑になるよ」

(1)「だれも迷惑なんかしないじゃないの」

祖母は糸切歯でぷつんと糸を切った。

「前の人が上ってから入る、それでいいんだから」

祖母は弟に浴衣を着せながら、

「おまえたちったら何を慌てているんだろ」

と小首を傾《かし》げている。

ぼくは笑い出した。ぼくらがどうやら孤児院の規則をここまで引きずってきているらしいと気がついたからである。

「孤児院の風呂は畳一帖《じょう》分もあるんだ。でも一度に五人以上は入れない。ところがぼくらの数は四十人。四人ずつ組にして十組。一組三十分ずつ入ったとしても五時間かかる。それでね、一組十分間と決められているのさ」

ぼくのこの説明に、弟がさらにつけ加えた。

「十分経っても出てこないとね、先生が長い竹竿《たけざお》でお風呂のお湯をぴしゃぴしゃ叩《たた》くんだ。それでもお湯に漬《つ》かっていたいと思うときは潜るんだよ、深くね。おもしろいよ」

「妙なことをおもしろがる子だねえ」

また首を捻《ひね》りながら、祖母は弟の兵児《へこ》帯を締め終った。

「さあ、夕餉《ゆうげ》の支度が出来るまで縁側ででも涼んでいなさい」

祖母に背中を軽く叩かれて、ぼくと弟は縁側へ出た。

縁側に腰を下し、足をぶらぶらさせながらぼくと弟はいろんな音を聞いていた。表を通り過ぎて行く馬の蹄《ひづめ》の音、その馬の曳《ひ》く荷車の鉄輪が小石をきしきしと砕く音、道の向うの川で啼《な》く河鹿の声、軒に揺れる風鈴の可憐《かれん》な音色、ときおり通り抜けて行く夕風にさやさやと鳴る松の枝、台所で祖母の使う包丁の音、それから、赤松の幹にしがみついてもの悲しく啼くカナカナ。

弟は庭下駄を突っかけて赤松の方へそっと近づいて行く。彼は昆虫を捕えるのが好きなのだ。

問11 傍線4「自然を信仰する日本人もそう思っているのだ。」とは日本人がどう思っていることを述べているのか。適切なものを選べ。

A 自然に身をゆだね、すべてを任せればやがて天の意志にかなうようになる。

B 人間が懸命に努力を重ねていけば、おのずと運命はひらけていく。

C 人としてなすべきことをすべてやったうえで、あとの結果は天の意志に任せる。

D 自然のまえでは人間の存在はちっぽけなもので、あれこれあがいても意味はない。

問12 傍線5は、どういう点で「軌を一にしている」のか。適切なものを選べ。

A 捨てばちな気持ちから使われているという点。

B 自然にゆだねる態度が根底にあるという点。

C 相手に解釈を任せる表現であるという点。

D 自然と人間、双方の側面からの意味をもっているという点。

問丙 傍線6「見えざる糸」とはどういうことを指しているのか。同じ形式段落中から五字以上十字以内で抜き出せ。

問13 この文章で中心的に述べられていることとして適切なものを選べ。

A おだやかな自然環境の中で生活をしてきて、あたりまえのように自然に従ってきた日本人は、何事にも従順であきらめがいいといわれている。

B 自然にすべてをゆだねる日本人の生き方は、中国の古代哲学で説かれた知や欲をはたらかせずに、自然に生きることをよしとする態度とは異なるものである。

C 日本人は何ごとでも程よく調整された状態に心地よさを覚え、よい程あいを意味する「いい加減」という言葉を好んで使ってきた。

D 文脈によって意味の受け取り方が変わってくる言葉の背景に、自分たちのすべてをいずれは受け入れてもらえるという日本人の自然観がうかがえる。

三

次の文章を読んで、あとの問いに答えよ。

ぼくと弟はきっかり十分間で風呂場から出た。弟の着る浴衣の揚げをしていた祖母が老眼鏡の奥で目を瞠《みは》った。

「昔の同級生とでも逢《あ》う予定があるの」

「同級生たちと逢うのは明日からのことにするよ」

＊無為自然…人の手を加えず、ありのままであること。老・荘思想の基本的概念。
＊人倫…社会の綱紀を維持するのに足る実践道徳。
＊孔子…中国春秋時代の思想家。その教えを儒教という。
＊孟子…中国戦国時代の思想家。孔子のあとを継いで、孔子の思想を発展させた。
＊陰陽…古代中国の易学の考え方で、森羅万象、宇宙のあらゆる事物の根源をなす、相反する二つのもの。
＊放擲…自分のなすべき事をしないでほうっておくこと。

問8 空欄【　1　】に入る例文として適切なものを選べ。

A　部屋の掃除をいい加減にする。
B　人を茶化すのもいい加減にしてほしいものだ。
C　いい加減待たされた。
D　小物をしまうのにいい加減の大きさの入れ物を探す。

問9 《[2]　　》でくくった段落の説明として適切なものを選べ。

A　使う場面によって大きく意味が異なってくる語句の例を、ユーモアを交えてあげている。
B　意味が取り違えられやすい語句の例を、身近な話題に触れることでわかりやすく示している。
C　日本語を習得するうえで手がかりとなる語句の例を、日常会話のなかからあげている。
D　意味が微妙に異なる語句の例を、その違いがわかるようやや大げさに述べている。

問10 傍線3「人間の手でいくら自然の一部をこわしても、自然は怒らないし、そんなに傷つくこともあるまいという自然への信頼！」について、文末に感嘆符（！）が用いられていることの説明として適切なものを次の中から選べ。

A　自然災害による被害を避けながら自然をうまく利用してきたという、今まで知られていなかった日本人の意外な一面に驚きながらも、日本人のしたたかさに感心している。
B　自然の摂理を無視して、自分たちの生活のために日本人が自然を破壊し続けてきたことに憤り、日本人の身勝手さに愛想をつかしている。
C　自然を安易に破壊してしまうほど、日本人が自然に対して気を許し、依存してきたことにあきれつつ、そうした日本人の姿勢を揶揄《やゆ》している。
D　日本人が持ちつづけてきた自然に甘えた心情によって、多くの自然が破壊されてきたことを嘆き、壊された自然がもとに戻らない状況を悲しんでいる。

べきことをやらず、すぐに自然に甘えるという安易な人間についての判定による、というわけである。とすれば、「いい加減」という言葉の第二の意味は、でたらめ、というよりは、むしろ投げやり、あるいは、ちゃらんぽらんという語義に近いとみるべきであろう。

この意味で、5この言葉は「どうせ」と軌を一にしている。あるいは「よろしく」というあいまいな言葉とも気脈を通じている。「どうせ」も「よろしく」も、すべて自然にあるべき状態に任せてしまう態度だからである。そして、こうした日本語は、最終的には自然に任せておけばどうにかなるという日本人の楽天的な人生態度を正直に語っているといえよう。

日本人はあきらめがいいとよくいわれる。ふた言目には「どうせ」を連発するところをみると、たしかに日本人はあきらめがよく、いさぎよいように思える。しかし、じつはその根底に自然に頼り切った楽観主義がひそんでいるのである。自然に任せておけば悪いようにはなるまい、時が何とか解決してくれるだろう、下手な小細工をするよりも造化に随ったほうがよい、という自然主義、自然信頼である。こうして「いい加減」という言葉には「どうせ」とおなじように、その表と裏に、まったく反対の心情が塗りこめられることになったのである。

私は『広辞苑』にあげられている「いい加減」の三つの意味のあいだに何の関連も見いだせそうにないといった。だが、以上のように考えてくると、この三つの意味はやはり6見えざる糸で結ばれていることに気づく。それはともに日本人の自然観の正直な告白なのである。自然は見方によれば神の摂理のように「程よく調節されて」いる。けれども、べつの観点に立てば、けっして人間の思わくどおりには動いてくれない。だから時として、自然はまさしく「条理を尽くさぬ」「でたらめ」のように思えるのだ。

むろん、自然が「不条理」のように思えるのは、人間の尺度と自然の尺度とがちがうからである。そして、その尺度のずれが「いい加減」の第三の意味を形づくる。この言葉が第三の意味、すなわち「【　1　】」というふうに「かなり」「だいぶ」の意味に使われるのは、人間の考えている尺度よりも自然の尺度のほうがひとまわり大きく、時間に関していうなら悠長《ゆうちょう》であることを暗黙に表現しているのだ。つまり、「いい加減」という言葉の意味はすべてその根を「自然」に持っているのだ。だから、この言葉を「自然」に置きかえてみれば納得がゆく。「【　1　】」というのは、自然の運行のように待たされたということであり、「いい加減な処置」というのは、自然に放置されたような処置のことであり、「湯加減は?」と、きかれて「たいへんいい加減です」などと答えるのは、湯の状態が自然のように程よく調節されている、ということなのだ。

だとすれば、この言葉こそ、世界で例外といえるほど優しい山河、おだやかな自然にめぐまれた島国に暮らす日本人独特の表現であり、日本人の心性をこの上なく雄弁に語っている興味深い日常語――といえるのではなかろうか。

（森本哲郎『日本語　表と裏』より）

＊随順…逆らわずに従うこと。
＊老子…中国春秋時代の思想家。
＊荘子…中国戦国時代の思想家。老子のあとを継いで、老子の思想を発展させた。

頼！　それが日本人をして平気で自然環境をそこなわしめたのである。私が日本的自然主義というのは、まるで幼児が母親に甘えるような日本人の自然に対する甘ったれた心情である。その心情は、すべては自然が解決してくれるという信仰にまで達する。日本的自然主義とは、そうした自然信頼にほかならない。

　したがって、日本人の最後の安心立命は自然に*随順することである。芭蕉《ばしょう》の行き着いた先は「造化に随《したが》ひ造化に帰れ」ということであった。だからこそ、芭蕉は日本人にだれよりも親しまれ、崇《あが》められているのである。中国の*老子も*荘子も*無為自然を説いた。しかし、老子、荘子の説く無為自然とは、あくまで*人倫を強調した*孔子、*孟子に対抗して主張された哲学であって、自然に甘えた心情が生み出した自然信仰ではない。〝母なる自然〟のようなイメージではなく、厳然たる原理なのである。その原理に拠《よ》って老子、荘子は人為を冷笑し、拒絶したのだ。この意味で老・荘の思想は、日本人の無条件な自然信仰と本質的に異なるといってよい。

　とはいえ、日本人も、ただ自然に随順すればそれでよいと考えたわけではない。「造化に随ひ造化に帰れ」といっても、人間は造化＝自然そのものとはちがう。人は死ねば土に還《かえ》るには相違ないが、少なくとも人間は生きているかぎりは人間である。人間である以上、人間的な努力をせねばならぬ。その努力の果てに造化がこころよく待ち受けていてくれるのである。つまり、造化に帰ることはあくまで最終的な解決なのであって、最初から自然に随えばいいということではない。日本人にとって自然とは、いわば〝すべり止め〟的役割を果たしているのだ。〝すべり止め〟としての自然——それが日本的自然主義の正体といってもよかろう。

　では、そのような自然とは何なのか。じつはそれが「いい加減」の実体なのである。「いい加減」というのは、そもそも程よく調節されていることである。その場合の「加減」とは、おそらく中国哲学の根本要素ともいうべき*陰陽二気の加減であろう。中国人は宇宙の根源に「*太極《たいきょく》」、あるいは「太一《たいいつ》」という絶対的実在を想定し、その「太極」「太一」のなかに「気」がこもっていると考えた。「気」は動くとふたつに分かれ、陰と陽の二気が生じる。そして、この陰陽二気の増減で世界が形づくられているというわけである。陰が極まれば陽になり、陽がふえつづければ陰に転化する。その陽と陰の状態を「消息」というが、「消息」とは、陰陽二気の「加減」の様子をさしている。したがって、「いい加減」とは、陰と陽の加減が最もよくつり合っている状態ということを意味したにちがいない。自然はさまざまに変化するが、最終的には陰陽二気の調和をめざしている。すなわち、「いい加減」の状態に落ち着くものこそ自然なのだ。

　だとすれば、「いい加減」の状態とは、すなわち自然の状態ということになる。したがって、「いい加減な人間」とは、自然のままになっている人間、別言すれば、人為を*放擲《ほうてき》した人間ということになる。なすべきことをなさず、自然のままに任せておくということは、いくら自然に甘え、自然を信じている日本人にとっても、けっして好ましいことではない。なすべきことを自然のままに放置する、すなわち成りゆきに任せるということは、最終的な解決ではあっても、そこに到達するためには人間である以上、人間的な努力をせねばならぬ。人事ヲ尽クシテ天命ヲ待ツとは中国の名言だが、[4]自然を信仰する日本人もそう思っているのだ。そこで、日本人は人事を尽くさずして自然に任せてしまう安易な人間を「いい加減なヤツ」として糾弾《きゅうだん》するのである。

　したがって、この言葉はこういうふうに解釈できる。すなわち、「いい加減」という言葉が第一に、程よく調節された、とか、適当な、というプラスの意味を持つのは、それが自然について抱いたイメージによるのであり、それが第二の、徹底せぬ、とか、でたらめ、といったマイナスの意味に転化するのは、やるしかし、考えてみると、これはまことに奇妙なことではあるまいか。「いい加減」というのは字義どおりに解すれば、よい加減という意味であり、つまり、適切な、ということだからである。したがって、いい加減な人というのは、ものごとに対してきわめて適切な処置のとれる人、感情の起伏が激しくなく、いつも平静を保っていることのできる人、過激な行動に走ることなく、つねに節度をわきまえている人、ということになる。にもかかわらず、いい加減な人間といわれると、十人のうち十人までが憤《いきどお》るというのは、この言葉がけっしてそうした字義どおりの意味で使われていないことを証明している。そこで私はあらためて辞書（『広辞苑＝第二版』）を引いてみる。すると、「好い加減」の項にはつぎの三つの意味が記されている。

一、よい程あい。適当。二、条理を尽くさぬこと。徹底せぬこと。でたらめ。いいくらい。

三、（副詞的に用いて）相当。だいぶん。かなり。

そして、第三の意味の用例として、「【　1　】」という用法があげられている。だが、どう考えてみても、この三つの意味のあいだには関連が見いだせそうにない。「適当」と「でたらめ」と「かなり」に、どんな共通項があるのだろう。まったくニュアンスを異にする意味を三つもふくんでいるとすれば、「いい加減」という言葉は文脈で判断するほかない。おそらく、日本語のなかで外国人に最も理解しがたいのは、こうした言葉であろう。時と場合によって、その意味が異なるどころか、正反対の意味にさえなってしまうのであるから。

2《たとえば、子供のいたずらが過ぎると、母親はきまって「いい加減にしなさい！」といって叱《しか》る。この場合の「いい加減」は、いうまでもなく第一の意味、すなわち「よい程あい」にせよ、ほどほどにしろ、ということである。ところが、そういわれて子供が「いい加減」なことをしたとすると、これまた叱責《しっせき》されることになる。「いい加減」とは「でたらめ」ということでもあるからだ。「いい加減にしなさい！」といって子供を叱った母親は、そういいながら子供が「いい加減な人間」になることを、けっして望んではいないのである。》

ではなぜ、「いい加減」が好ましからざる意味を持つようになったのであろうか。それはおそらく、「よい加減」ということを日本人がいいことと思わなかったにちがいない。どうして、いいことと思わなかったのか。その心の底には、日本的自然主義があるように私は思う。

日本の国土は、世界でもまれな温和な気象と美しい自然にめぐまれている。むろん、狭い島国であっても、北と南とでは気候は異なり、生活の条件もかなりちがう。けれども概していうなら、これほど優しい山河に取り巻かれた風土は、地球上で例外といってもよい。このようなおだやかな自然のなかで暮らしつづけてきた日本人は、とうぜん自然に親しみ、自然に甘えてきた。日本人は自然に敵対したり、自然を克服しようなどとは、まったく考えもしなかった。

たしかに自然は災害ももたらした。台風、地震、洪水《こうずい》、旱魃《かんばつ》、豪雪、火山の噴火……こうした天災で人びとは苦しんできた。しかし、それにしても、この国では自然が徹底的に人間を痛めつけることはしなかった。一時的に災害をもたらしても、自然はすぐに優しく人間をいたわり、その打撃から立ち直らせてくれるのである。だから日本人は自然を愛したというより、自然を信じてきたというべきだろう。

自然への信頼は、いつか自然への甘えとなる。自然に親しみつづけてきた日本人が、なぜかくも自然を破壊して顧みなかったのかというその理由は、日本人の自然に対する甘え以外の何ものでもない。3人間の手でいくら自然の一部をこわしても、自然は怒らないし、そんなに傷つくこともあるまいという自然への信

問5 空欄〈i〉～〈iii〉に当てはまる接続詞の組み合わせとして最も適切なものを選べ。

A 〈i〉しかし　〈ii〉けれども　〈iii〉すなわち
B 〈i〉すなわち　〈ii〉しかし　〈iii〉また
C 〈i〉また　〈ii〉ただし　〈iii〉つまり
D 〈i〉つまり　〈ii〉あるいは　〈iii〉さらに

問6 空欄【 X 】に当てはまる内容として最も適切なものを選べ。

A 飲む人自身の経験や学習
B 飲む人自身の年齢や性別
C 飲む人自身の味覚の変化
D 飲む人自身の家庭の環境

問7 本文の内容に合致するものを選べ。

A 一般的には甘味やうま味が好ましい味と認識されるが、他の「本来は忌避される味」とは異なり、苦味に関しては様々な条件がそろえばおいしいと感じることができる。
B コーヒーの苦味は本来ヒトにとって「不快な味」だが、大人になると苦味感受性が低下し、苦いものもおいしく感じることがあるため、ヒトの味覚は曖昧なものだと言える。
C 食品の見た目や食べるときの状況によっておいしいと感じるかどうかは変わることがあることから、ヒトが感じる「おいしさ」は様々な要素によって成り立つものだと言える。
D コーヒーの味ことばに「すっきりした」と「後に残る」という両方の表現があることから、苦味においしさを見いだす食品の中でもコーヒーは特殊な苦味を持つことが分かる。

二

次の文章を読んで、あとの問いに答えよ。

あなたはいい加減な人だ——そういわれたなら日本人のだれもが不快、どころか、腹をたてることだろう。わたしのどこがいい加減なんですか、と、ムキになって反論する人も多いにちがいない。ということは、「いい加減」という言葉がけっして好ましいことではないことを語っている。

問2　傍線部③「日本で用いられる『コーヒーの味ことば』」を筆者が本文中で取り上げた理由として、あてはまらないものを選べ。

A　複合的で主観的な感覚である「おいしさ」を客観的に分析するのは難しいが、「苦い」という味ことばには「まろやかな」「すっきりした」という修飾表現が見られることから、人々がコーヒーの苦味においしさを感じていることが分かるから。

B　複合的で主観的な感覚である「おいしさ」を客観的に分析するのは難しいが、「コク」や「マイルド」「芳醇」といった全体的な印象を表す表現が豊富にあることから、コーヒーのおいしさは様々な要素が混ざり合って生まれるものだと言えるから。

C　複合的で主観的な感覚である「おいしさ」を客観的に分析するのは難しいが、「おいしさの三要素」のうちテクスチャーを表す言葉はあまり使われていないことから、人々がコーヒーの味や香りからおいしさを感じていると言えるから。

D　複合的で主観的な感覚である「おいしさ」を客観的に分析するのは難しいが、日本における「コーヒーの味ことば」の中で、香りに関するものが味に関するものと比べてより多く上位に入ることから、人々が特にコーヒーの香りに魅力を感じていることが分かるから。

問3　傍線部④とあるが、日本と欧米のコーヒーについての説明として最も適切なものを選べ。

A　日本ではコーヒーの香りを表す言葉の数が少なく、香りについては重視されていないと言えるが、欧米では様々な比喩を用いてコーヒーの香りを表現するため、コーヒーの香りがおいしさと直結していると言える。

B　日本ではコーヒーの味を表す言葉として味質を修飾した表現が多用されており、「まろやかな苦味」や「すっきりした酸味」といった表現が人々の間にも浸透しているが、欧米では味も香りと同様に比喩的な表現が多く使われている。

C　日本ではコーヒーの香りに「香ばしい」「焙煎した」といった表現が用いられ、人々に好意的に捉えられているが、欧米では「煙っぽい」「焦げた」といった表現が使われており、必ずしも良いものとして受け入れられているわけではない。

D　日本ではコーヒーの苦味に「まろやかな」「すっきりとした」といった修飾表現がつくことから、人々に好意的に捉えられていると分かるが、欧米では苦味についての言及はほとんどなく、コーヒーは香りで楽しむものと認識されている。

問4　空欄 あ に当てはまる熟語として最も適切なものを選べ。

A　客観　　B　具体　　C　普遍　　D　合理

して見られる現象です。

また親が普段から苦いものを食べていると、子供も安全だと判断するため、受け入れやすくなります。つまりコーヒーをおいしいと感じるには、その人の周囲で社会的、文化的に受容されているかどうかも重要です。例えば17世紀に中東で初めてコーヒーを飲んだヨーロッパ人旅行者は「味は苦く、良い香りがするわけでもないが現地で愛飲されている」と記していますし、日本でも初期に飲んだ＊大田南畝《なんぼ》（蜀山人《しょくさんじん》）は「焦げ臭くて味わうに堪えず」と評しています。〈ⅰ〉、それぞれの社会で最初に飲んだ人たちにとってコーヒーは「おいしいもの」ではありませんでした。それが普及するにつれて「おいしい」と認識されるようになっていったのです。

コーヒーを飲んでいくうちに、最初は飲めなかった苦いコーヒーが平気になり、好みがだんだん深煎りにシフトしていく例はよく見られます。〈ⅱ〉、常人では信じられないほどの「激辛好き」の人はときどき目にしても、そこまでの「激苦好き」の人はあまり見かけません。経験で苦味が平気になるとは言っても限界があり、不快に感じる限度（閾値《いきち》）を越えないことも、おいしく感じる条件の一つのようです。〈ⅲ〉コーヒーの苦味が平気な人が、他の苦いものまで平気だとは限らないのも面白いところです。普段はあまり意識しませんが、コーヒー、ゴーヤ、ビールなどいろいろな苦味を思い浮かべると、どれも同じではなく、苦味にも味わいが異なるいくつかの種類があるようです。中でもコーヒーには「まろやかな」「すっきりした」「後に残る」など、いろいろな質感の苦味が混在していることが、味ことばから窺えます。これらを総合すると、「苦味のおいしさ」が成立するためには、①【　X　】、②社会的文化的な受容、③ほどほどの苦味の強さ、④苦味の種類や質感、という要因が関わってくると考えられます。

（旦部幸博『コーヒーの科学』より）

＊大田南畝《なんぼ》（蜀山人《しょくさんじん》）…江戸時代中後期に、下級武士でありながら狂歌師や戯作者《げさく》、学者としても活躍した文化人。

問甲　傍線部①「『おいしさ』」の説明として、最も適切な箇所を三十字以内で抜き出し、始めと終わりの五字を答えよ。

問1　傍線部②「ヒトが感じる味」に関する説明として最も適切なものを次から選べ。

A　塩味は微量であってもヒトにとっては不快な味と認識されることで、摂取は危険であると分かり避けることができる。

B　ヒトが感じられる味は甘味や酸味など「基本味」と呼ばれるものだけであり、それ以外は味として認識しづらい。

C　ヒトの味覚は、人体にとって危険のある物質を避けたり、効率よく栄養を摂取したりできるように進化してきた。

D　うま味は味が濃く「好ましい味」と認識されるが、摂取しすぎると有害となるため、適度な量の摂取が望ましい。

問乙　傍線部Ⅰ「エイビン」・Ⅱ「ヒンド」をそれぞれ漢字に直せ。

絞って考えます。複合的で主観的な感覚である「おいしさ」は分析が難しいのですが、それを人に伝えるときの「味ことば」からそのヒントが得られます。③日本で用いられる「コーヒーの味ことば」を一般消費者の認知度の順に並べると、焙煎《ばいせん》した／香ばしい香りと、まろやかな／すっきりした苦味、コクなどの語彙が上位にランクインします。特に「コクがある」「香ばしい」は、日本人が用いる味ことば全体でも、おいしそうと感じるトップ3に入る言葉です。これは現在の日本で「コーヒーはおいしい」と認識されていることを裏付ける、一つの証拠と言えるでしょう。

「コーヒーの味ことば」における主役の一人は、何と言っても「焙煎した」「香ばしい」という香りです。ただし上位に入る「香り」系の味ことばはこの二つだけで、これ以外の表現（甘い香りやフルーティなど）を使う人は少数派です。一方「味」系でコーヒーを代表する味ことばは、やはり苦味に関するものです。「生理的に忌避される」と言われる通り、数ある味ことばの中でも「苦い」はおいしそうなイメージから最も遠い語彙なのですが、コーヒーでは「まろやかな」「すっきりした」という「おいしそう」な言葉が付く表現が受け入れられており、多くの人がコーヒーの苦味においしさを感じていることが窺《うかが》えます。酸味に関する表現も苦味に次いで多く、これも「まろやか」「すっきり」などが付くことから、好意的に捉えられていると思われます。渋みも多くの人に認知されていますが、修飾表現は見られず、あまり良く思われていないようです。

これ以外の味質では甘味が続くものの、一般認知度は2割程度。また塩味、うま味と辛みを挙げる人はほとんどいませんでした。「おいしさの三要素」の一つであるテクスチャーも、香りや味ほど重視されないようです。液体である分、固形物に比べて食感の影響が少ないのかもしれません。一方で、味の複雑さから生まれる「コク」や、「マイルド」「芳醇《ほうじゅん》」「まろやか」など全体的な印象を表す表現は非常に豊富です。「コーヒーのおいしさ」とは「香ばしさと苦味を中心に、酸味その他のさまざまな要素が渾然《こんぜん》一体となって生まれる、複雑なおいしさ」だと言えるでしょう。

④ここまでは日本の話でしたが、海外の場合はどうでしょうか。例えばイギリスの一般消費者では、味は「苦味」、香りは「煙っぽい」「焦げた」「チョコレート」の順に、用いるⅡヒンドが高かったという報告があります。日本より香りの表現が具体的ですが、じつは「香ばしい」という言葉は日本と韓国にある（香ばしい＝グスハン）程度で、大半の言語にはぴったり当てはまる訳語がありません。その分、欧米では特にコーヒーの香りをいろいろなものに喩《たと》える表現が増えるようです。逆に言えば、日本語では「香ばしい」の一言で伝えられるから、それ以外の表現が少ないのかもしれません。また「まろやかな苦味」「すっきりした酸味」など、味質を修飾した表現の多さは日本特有で、欧米では味でも香りと同様に比喩的な表現が目立ちます。コーヒー業界では「日本ではコーヒーの味を、欧米は香りを重視する」と言われるのですが、そこにはこうした言語の違いも関係しているのかもしれません。ただし表現は多少違っても、日本でも海外でも一般消費者が考えるコーヒー像は、結局「苦くて香ばしいもの」だと言えそうです。

（中略）

苦味においしさを見いだす例は、コーヒー以外にもビール、ゴーヤ、グレープフルーツ、ビターチョコなど数多く見られ、それなりに［あ］的な現象だと言えます。もともとヒトは、子供の頃は苦味を嫌う傾向があるものの、大人になるとその中においしさを見いだすようになると言われています。近年の研究では、子供も大人も苦味を感じる能力（苦味感受性）自体には大きな差はないことが判明しており、大人になるまでの食体験の中で、その食品が安全だと学習することで平気になり、味の変化の一つとして楽しむようになるようです。これは苦味だけに限らず、酸味や辛み、渋みなど「本来は忌避される味」全般に共通

二〇二二年度 明治学院高等学校

【国語】（五〇分）〈満点：一〇〇点〉

☆問1～問22はマークシートに、問甲・乙・丙・丁・戊については別紙の解答用紙に書くこと。
☆読解の一助とするため、表記を変えた箇所があります。

一　次の文章を読んで、あとの問いに答えよ。

「おいしい・まずい」はコーヒーだけではなく、全ての食べ物、飲み物に共通する概念です。まずは飲食物全てに共通する①「おいしさ」の仕組みについて考えてみましょう。

我々が感じる「おいしさ」の中心になるのは「味」であり、それを感じるために備わっている専門の感覚が「味覚」です。味覚は口腔《こうこう》内の化学物質を識別、感知する「センサー」の役割を果たしており、その情報は味神経（味覚神経）という専用の神経を経て脳に伝わります。

②ヒトが感じる味（味質）には、甘味、苦味、酸味、塩味（鹹味《かんみ》）、うま味の5種類の「基本味」があり、このうち、ヒトは甘味やうま味を「好ましい味」と認識します。甘味は糖類の、うま味はアミノ酸やタンパク質の味なので、自然界ではこれらの味が濃いものを食べれば、効率よく栄養を摂ることができると考えられます。一方、酸味は腐敗した食べ物や未熟な果物、苦味は有毒な植物に含まれるアルカロイドなどの自然毒に感じる「不快な味」であり、特に苦味は極めて微量で感知されるⅠエイビンな感覚です。これらの不快な味を忌避することで、体に有害な物質を自然に避けられるようになっていると考えられています。また塩味は、程よい場合には好ましく感じますが、海水のように濃すぎる場合には不快な味として忌避されるため、適度な量の塩分やミネラルを摂取することに役立ちます。このように、味覚は自然界に存在するさまざまなものの中から、何を食べて何を食べないかを上手く選択できるよう進化してきた感覚だと考えられています。

このほか狭義の「味覚」には含めませんが、辛み（辛味）や渋み（渋味）も、広義の「味」には含まれます。これらは味神経以外で伝わる、痛覚や温冷覚に近い感覚刺激です。また味質だけではなく、味物質の濃度や持続時間、構成要素の複雑さも重要で、これらがコクやキレなどを生むと言われています。基本五味にこれらの複雑な要素が加わることで、総合的な「味」が形成されるのです。また総合的な「おいしさ」には、味以外の要素も重要です。特に味、香り、テクスチャー（食感、口触り）は「おいしさの三要素」とも呼ばれ、これら3つが合わさった「風味」が、「おいしさ」の中核を担っています。この他、食品の色や形状などの視覚、咀嚼《そしゃく》音などの聴覚情報、また誰とどこで食べるかといった状況も「おいしさ」を左右します。「おいしさ」は味覚を中心に、さまざまな感覚や情報が重なり合った複合的なものだと言えます。

では、コーヒーの場合はどうでしょうか。砂糖やミルクを加えるかどうかでも随分話が変わりますが、話を単純にするため、ここからはブラックコーヒーに

英語解答

A 1 (1)　2 (5)　3 (2)　4 (2)
5 (4)　6 (2)　7 (5)　8 (3)
9 (5)　10 (2)　11 (2)　12 (2)
13 (4)　14 (4)

B 15 (4)　16 (5)　17 (5)　18 (5)
19 (2)　20 (4)

C 21 (5)　22 (2)　23 (3)　24 (5)
25 (1)

D 26 (1)　27 (2)　28 (1)　29 (4)
30 (4)

E Ⅰ　31…(1)　32…(1)　33…(4)　34…(2)
Ⅱ　35…(2)　36…(5)　37…(1)　38…(4)

A〔長文読解総合―エッセー〕

≪全訳≫❶何年も前，娘が学校に通い始めた頃，「お前ならきっとうまくやるよ」と私は彼女に言った。何年もの間，私は彼女の成功を何度も願った。しかし心の中ではよく，1彼女が成功しないことを願っていた。言い換えれば，私は彼女に失敗してほしかった。❷私は娘を愛しているからこそ，彼女に失敗してほしかった。なぜなら，それが学ぶための最良の方法だからだ。何かをうまくやるとき，私たちは新しいことを何も学ばない。成功とは，すでにできることをするということだ。成功から学ぶことはほとんどない。❸失敗するとき，学ぶチャンスがある。しかし，なぜ成功しなかったのかを理解しなければならず，そこから学びは始まるのだ。もちろん，失敗しようとするべきではない。成功しようと努めるべきだ。同じことを同じ方法でやれば，私たちは失敗しないだろう。しかし，決して新しいことは学ばない。❹失敗は，危険を冒したり，何か違うことをしたりするときに起こる。私がアフリカに住んでいた頃，「よい料理人はたくさんの鍋を壊してきた」という言葉を聞いた。当時，私にはそれが理解できなかった。しかし後に，それは人がさまざまな方法を試し，新しいことに挑戦する必要があることを意味していると気づいた。うまくやる方法を知っていることばかりしていたら，人生は退屈だ。❺私は大学教授になるまで，失敗の重要性を学んでいなかった。教育と研究において，できるだけ最善を尽くしたかった。仕事があるときは，いつも失敗しないようにしていた。私は，他の教授たちが自分をよい教授ではないと思うだろうという理由で，失敗を恐れた。もし失敗したら，他人が私を失敗者だと思うのではないかと心配した。❻ある日，私はひどい授業をした。その日まで，教室で話しているのは私だけだった。45人の学生は静かに座り，授業の最初から最後まで私の話を聞いているだけだった。以前，ある教授が，学生がグループ学習をとても楽しんだと話してくれた。そこで，私は自分のクラスでもこれを試すことにした。教科書について話した後，学生に4，5人のグループをつくるよう頼んだ。それから，授業で学んだことを話し合うよう頼んだ。私は教室の前方から動いて，グループからグループへと歩き，彼らが理解したか，あるいは何か質問があるかと尋ねた。しかし，結果はひどかった。彼らは何も話さなかったのだ。ただ静かに座って，床を見ていた。❼その授業は失敗だった。本当に気分が悪かった。しかしそれから，私はなぜうまくいかなかったのかを考え始めた。私は，グループ学習のやり方をはっきりと学生に伝える必要があったことに気がついた。これは彼らにとっても私にとっても新しいことだったのだ。私は少しの変更を加え，1週間後にもう一度試してみた。今度の授業は失敗ではなかったが，成功でもなかった。次の授業に向けて，さらにいくつかの変更を加えてみた。学生は日に日にグループ学習が上手になった。❽こういうわけで，私は娘に失敗してほしかったのである。もちろん彼女は失敗したし，私は彼女の気分をよくするために最善を尽くした。彼女がなぜ失敗したか理解

できるように手助けしようとしたし，次はもっとうまくやれると言って彼女を励ました。しかし，私は
11 失敗がいいことだとは言わなかった。これは彼女が自分自身で学ばなければならないことだった。

1＜適文選択＞直後にIn other words「言い換えれば」とあるので，その後の「彼女に失敗してほしかった」と同じ内容が入るとわかる。

2＜適語句選択＞前の文で筆者は，うまくやるとき私たちは新しいことを何も学ばないと述べている。これは「すでにできることをする」から，新しく工夫したり挑戦したりして学ぶことがないためだと考えられる。

3＜英文解釈＞下線部3を含む文とその前の文は，「同じことを同じ方法でやれば，失敗しないが新しいことは学べない」という内容で，同じことの繰り返しでは新しいことは学べないということを伝えている。

4＜英文解釈＞下線部4の2文後から，下線部4の言葉が「さまざまな方法を試し，新しいことに挑戦する必要がある」という意味だとわかる。また，第4段落第1文などで，失敗は何か新しいことを試したときに起こるもので，失敗しないと新しいことが学べないと述べている。「よい料理人はたくさんの鍋を壊してきた」とは，料理人が「さまざまな方法を試し，新しいことに挑戦」してきたこと，つまりたくさん失敗してきたことでよい料理人になったという意味だと考えられるので，(2)「偉大な人は成功する前に多くの間違いを経験してきた」が適切。

5＜英問英答＞「筆者はなぜ失敗を恐れていたか」―(4)「筆者は，他人に自分をいい先生だと思ってほしかったからだ」　直後のbecause以下で，理由が説明されている。　‘want＋人＋to ～’「〈人〉に～してほしい」

6＜英問英答＞「この授業で何が起こったか」―(2)「学生は筆者が初めてしようとしたことを理解しなかった」　授業がひどいものになった理由について，筆者は第7段落第4，5文で，お互いにとって新しいことをしたのに，どうやればいいかを学生に伝えなかったためだと分析している。ここから，学生は新しい授業の進め方を理解できなかったので，第6段落最後の2文にあるように，授業中何も言わず，黙って床を見ていたのだとわかる。

7＜指示語＞下線部7のthisは，その前の文である教授が筆者に語った内容を指している。ここで筆者はグループ学習の話を聞き，自分の授業でも試したのである。したがって，(5)「学生たちが他人と一緒に取り組む」が適切。

8＜英問英答＞「筆者はこれが起こった後，何をしたか」―(3)「彼はなぜ授業が失敗したのかを考えた後，よい方向に物事を変えた」　第7段落第3文以降から，筆者は授業が失敗した後，その理由を考え，授業のやり方を改善したことがわかる。　go well「(事が)うまくいく」　make (a) change(s)「変更を加える」

9＜英問英答＞「『day by day』とはどういう意味か」―(5)「ゆっくりと小さな段階で」　day by dayは「日に日に，日ごとに」。第7段落最後の4文で，筆者が授業のやり方を少しずつ修正していった結果，授業がよくなっていった様子が読み取れる。

10＜英問英答＞「筆者はなぜ自分の娘に失敗してほしいと思っていたか」―(2)「失敗が別の方法について考えるチャンスを彼女に与えるからだ」　This is why ～「こういうわけで～」のThisは，前の段落までで語られた筆者の考えや経験を指している。筆者は，失敗し，その原因を考え，別の方法を試すことで新しい学びが得られることを体験的に学んでおり，娘にも同じような経験をする

ことを望んでいるのだと考えられる。 a chance to ～「～するチャンス(機会)」

11＜適文選択＞直後の文のThisが空所の内容に当たり，筆者はこれを「彼女が自分自身で学ばなければならない」ことだと考えている。筆者は自らの体験を通じて失敗の大切さ，よさを学んでおり，これは誰かに教わるのではなく，娘自身にも体験して気づいてほしいと考えているのである。

12＜表題選択＞筆者は本文で，成功からは何も新しいことを学べず，何か新しいことをやろうとして失敗することで学びを得られると述べている。したがって，⑵「失敗を通した学び」が適切。

13＜内容真偽＞⑴「たくさん失敗した教授たちが筆者を助けた」…×　このような記述はない。　⑵「他の教授たちがあなたをどう思っているか気にすることは重要でない」…×　このような記述はない。　⑶「失敗は重要な教訓を与えてくれるので，最初から失敗するよう努めるべきだ」…×　第３段落第３，４文参照。　⑷「なぜ失敗したかを理解した後，学びは始まる」…○　第３段落第２文に一致する。　⑸「筆者のクラスの学生にとってグループ学習は新しくなかったので，彼らはそれが好きではなかった」…×　第７段落第５文参照。グループ学習は学生にとって新しいものであったし，「好きではなかった」という記述もない。

14＜内容真偽＞⑴「筆者は学生に，グループをつくり彼のことをどう思うかについて話すよう頼んだ」…×　第６段落第６，７文参照。　⑵「筆者は，他人に自分を悪い先生だと思ってほしくなかったので，新しいことに挑戦するのをやめた」…×　「新しいことに挑戦するのをやめた」という記述はない。　⑶「筆者は，自分の娘にとってなぜ失敗しなければならないのかについて考えることは難しいと気づいた」…×　このような記述はない。　⑷「筆者が１週間後にもう一度グループ学習を試したとき，授業は完璧ではなかったが，学生たちはよりよく学ぶようになった」…○　第７段落最後から４，３文目に一致する。　⑸「筆者の娘が困ったときは，いつも筆者がたくさん助けたので，彼女は決して失敗しなかった」…×　第８段落第２，３文参照。

B〔適語(句)選択〕

15. Bは「バスが15分ごとに来る」と答えているので，Aはバスが来る‘頻度(間隔)’をきいたとわかる。 How often「どれくらいの頻度で」 ‘every＋基数＋複数名詞’「～ごとに」 A：バスはどのくらいの間隔で来ますか？／B：15分ごとに来ます。

16. watch out「気をつける，警戒する」 「気をつけて！ 君の前に穴があるよ」

17. hundredやthousandは，前に複数の数詞があっても複数形にならない。studentは‘数えられる名詞’なので，複数の場合はsをつける。 「200人の学生がそのホールに集まった」

18. talk to ～で「(人)と話す」。ここでは，‘名詞＋～ing＋語句’「～している…」(現在分詞の形容詞的用法)の形になっている。なお，sayを「話す」という意味で用いる場合には，‘say＋内容＋to＋人’「〈内容〉を〈人〉に話す」という形にするのが一般的である。また，speak to ～で「～に話しかける」という意味になるが，受け身の意味で前の語句を修飾する過去分詞の形は，ここでは適さない。 「私たちの上司と話している女性は誰ですか」

19. トマトとキュウリが主語なので「好まれていない」という受け身の否定の意味にする。受け身形の否定文は‘be動詞＋not＋過去分詞’の形になる。 「子どもたちは夏野菜が好きではない。例えば，トマトとキュウリは好まれていない」

20. 直前に‘逆接’のbutがあるので，前半のless peopleと対照的なmore peopleが入ると判断できる。なお，一般的にはpeopleはfewerで修飾する。 little－less－least　many－more－most

「店でレジ袋をもらう人は減っているが，ごみを捨てるためにレジ袋を買う人は増えている」

C〔正誤問題〕

21. (1)…×　一般的に，「２年前から」を現在完了を用いて表すときには，for two years「２年間」などとする。　(2)…×　go shopping で「買い物に行く」なので，to が不要。　(3)…×　「なんて～なのだろう」を表す感嘆文で，強調したい部分が‘(a/an)＋形容詞＋名詞’の場合，‘What (a/an)＋形容詞＋名詞＋主語＋動詞…!’の形になる。なお，強調したい部分が形容詞〔副詞〕だけの場合は，‘How＋形容詞〔副詞〕＋主語＋動詞…!’の形になる。　(4)…×　cook という動詞は，形容詞の good ではなく副詞の well で修飾する。　(5)…○　when 以下は know の目的語で，間接疑問(‘疑問詞＋主語＋動詞…’)の形になっている。　「彼が昨日いつ学校を出たか誰も知らない」

22. (1)…×　must に過去形はないので，「～しなければならなかった」は had to ～ で表す。　(2)…○　‘how many＋複数名詞’で「いくつの～」。２つ以上の種類は‘kinds of＋複数形’で表す。「私たちは何種類の動物がいるか知らない」　(3)…×　‘would like to＋動詞の原形’「～したい」　(4)…×　‘Would you＋動詞の原形…?’で「～していただけませんか」。lent は lend「貸す」の過去形。　(5)…×　something は単数として扱われるので，これを修飾する that 以下の動詞が現在形の場合には３人称・単数・現在の s が必要になる。

23. (1)…×　「(時間の)後に」は‘in＋時間’で表す。　(2)…×　enough は「十分～」。この文は否定的な意味を含むので，enough ではなく too を用いて‘too ～ to …’「～すぎて…できない」とするのが適切。　(3)…○　‘it is ～ that …’で「…するのは～だ」を表せる。　「子どもたちがさまざまな経験をすることは重要だ」　(4)…×　「(人が)興奮している，興奮した」は excited。exciting は「(物事が人を)興奮させるような」。　(5)…×　when 以下が過去のことを述べているので，go も過去形の went にする。

24. (1)…×　比較級 taller を強調するのに more は使えず，much などを用いる。　(2)…×　動名詞(～ing)は単数扱い，thing は‘数えられる名詞’なので，an easy thing となる。　(3)…×　「混んでいる」は be crowded。　(4)…×　all over ～ で「～中に(で)」。　(5)…○　‘疑問詞＋受け身形の疑問文’の形。「何と呼ぶ(どう呼ぶ)」は how ではなく what で表す。　「このネコはあなたの家族に何と呼ばれていますか」

25. (1)…○　‘teach＋人＋物事’で「〈人〉に〈物事〉を教える」。how to ～ は「～の仕方，方法」。「彼は私に新しい電話の使い方を教えてくれた」　(2)…×　book と I の間には，目的格の関係代名詞 which または that が省略されている。bought の目的語である the book は先行詞として前に出ているので，it が不要。　(3)…×　The girl という先行詞と eyes「目」を結ぶ関係代名詞として，「(その少女)の」という‘所有’の意味を含む whose を用いる。　(4)…×　‘look＋形容詞’で「～に見える」なので，形容詞 happy が適切。happily は副詞。　(5)…×　主語が You and I という複数なので，be動詞は are となる。

D〔整序結合〕

26. 「～ことが１つある」を「１つのことがある」と読み換え，there is/are ～「～がいる，ある」の形で文を始める。「(私が)あなたに覚えておいて欲しい」が one thing「１つのこと」を修飾する形なので，one thing に続けて I would like you to remember というまとまりを置けばよい(目的格の関係代名詞 which または that は省略)。　‘would like＋人＋to ～’「〈人〉に～してほしい」

If you visit other countries, there is one thing I would like you to remember.

27.「〜ならよいと思っている」という‘希望・願望’は‘I hope (+that) + 主語 + 動詞’の形で表せる。「愛と平和に満ちた世界」は，filled with 〜「〜で満ちた，いっぱいの」という過去分詞のまとまりがa world を後ろから修飾する形で表す(過去分詞の形容詞的用法)。 I hope everyone can live in a world filled with love and peace.

28. Taking care of a pet「ペットを世話すること」が主語で，動詞にはisを用いる。take care of 〜で「〜を世話する」。「〜のようなもの」はsomething like 〜で表せる。「自分の」は「自分自身の」と読み換え，〜's ownとする。 Taking care of a pet is something like raising your own child.

29. 広く人を指すwe「私たち」を主語とし，must not 〜「〜してはいけない」を用いてwe must not leave children in the carとまとめる。「たとえ〜でも」はevenで表し，for a short time「短い時間」の前に置く。 During the summer we must not leave children in the car even for a short time.

30.「生徒がたくさんいる」を「たくさんの生徒がいる」と読み換え，there is/are 〜「〜がいる，ある」で始めてthere are many studentsとまとめる。students「生徒」を「勉強も〜楽しんでいる」というまとまりが後ろから修飾する形にすればよいので，studentsの後に関係代名詞としてwhoを置き，その後にenjoy both studying and playing sportsを続ける。 enjoy 〜ing「〜することを楽しむ」 ‘both *A* and *B*’「*A*も*B*も両方」 There are many students who enjoy both studying and playing sports in my school.

E 〔対話文完成—適文選択〕

Ⅰ≪全訳≫❶リーは台湾からの交換留学生だ。彼女は日本の学校で友達のキョウコと話している。❷リー(L)：わぁ！ あなたのお昼すごいね！ お弁当箱にカラフルな花とちょうちょが入ってる。31どうやってつくったの？❸キョウコ(K)：ゆで卵1つと野菜をいくつか使ったの。こういうお弁当を「キャラ弁」っていうのよ。❹L：ああ，インターネットでキャラ弁の写真をたくさん見たことがあるよ！ 今，日本人だけじゃなくて他の国の人も，すごくきれいでカラフルなお弁当をつくっているよね。❺K：私はその写真を携帯で見るのが好きで，32いつも自分のものをつくりたいと思っていたの。これが私の初めてのキャラ弁なのよ！❻L：いいね！ ところで，台湾にもお弁当の文化があるって知ってる？❼K：本当？ 台湾でもお弁当は人気なの？❽L：うん，でも私たちのお弁当と日本のお弁当には大きな違いがあるんだ。❾K：それは何？❿L：私たちは，冷たい食べ物を食べない方が健康にいいって考えてるから，お昼ご飯をいつも温かくしておくんだ。ここ日本では，私のホストファミリーは日本スタイルのお弁当をつくってくれる。本当にそのお弁当を楽しんでるし，いつもとても感謝してるけど，33ときどき，自分の国のスタイルのお弁当が恋しくなるよ。⓫K：その差はすごく大きいわね，だから気持ちはわかるわ。台湾のお弁当，ぜひ食べてみたいな！⓬L：それなら，台湾の駅でお弁当を食べてみるといいよ。⓭K：え，それって「駅弁」のこと？⓮L：うん，台湾にはたくさんの種類の「駅弁」があるんだ！ きっと気に入ると思うよ。⓯K：いいわね！ 34台湾に行くのが待ちきれないわ！⓰L：いつでも歓迎だよ！

＜解説＞31. 直後でキョウコはキャラ弁の材料を教えているので，つくり方をきいたのだとわかる。

32. キャラ弁の写真を見るのが好きだという前の内容と，初めて自分でつくってみたという後の内容を結ぶ文として，「つくりたいといつも思っていた」という内容が適する。直後の文の one は「キャラ弁」を指している。　33. 日本スタイルのお弁当を楽しんでいて，つくってくれるホストファミリーにも感謝しているという内容に続けて，‘逆接’の but が用いられているので，これと対比して台湾のお弁当も恋しいという内容が適する。　miss ～「～(がないの)を寂しいと思う」 homeland「自国，母国」　34. リーが「いつでも歓迎だよ！」と答えているので，キョウコは台湾に行きたいという気持ちを伝えたのだと考えられる。　can't wait to ～「～するのが待ちきれない，早く～したくてたまらない」

Ⅱ≪全訳≫❶ケンはアメリカのホストファミリーの家に滞在している日本人学生だ。彼はシティタワーへの日帰り旅行について話している。❷ジュディ(Ｊ)：それで，シティタワーからの眺めはどうだった？❸ケン(Ｋ)：すごくよかったです！　市役所や古い街並み，橋など，名所をたくさん見ることができました。それに，街の中心部にたくさん緑がある場所を見ました。ここには美しい公園がとてもたくさんあって驚きました。❹Ｊ：それを聞いてうれしいわ。私たちは今，自分たちの地域社会を美しく保つために，環境保護にたくさんの力を注いでるの。昔，35ほとんどの人はそれに興味がなかったけど。❺Ｋ：本当に？　想像できません！❻Ｊ：30年位前は，路上にいつもたくさんのごみがあったわ。自分の故郷がとても汚くて，あまり好きじゃなかった。❼Ｋ：それはひどいですね！　36どうして街はそんなに変わったんですか？❽Ｊ：一部の若者が，もし街が好きじゃなければここにはもう住まないと気がついたの。それは悲しいことだったし，もちろん街の経済にとっても悪かった。街はその状況を変えたかったから，37街が多くの人に愛されるよう一生懸命努力したの。❾Ｋ：なるほど。それで，彼らは何をしたんですか？❿Ｊ：木を植えて，路上のごみを拾ったの。時間はかかったけれど，最終的に街はずいぶんきれいになって，私たちはとてもうれしく感じているわ。⓫Ｋ：それはいい話ですね！　だから，多くの若者が週末に路上や公園でごみを集めているんですね。⓬Ｊ：そのとおりよ。私も若い頃，そういう活動に参加したわ。⓭Ｋ：まだ僕は挑戦したことがないけど，今週末にその活動の１つに参加するつもりなんです。⓮Ｊ：それはすばらしいわ！　38友達と一緒にやってみたらどう？⓯Ｋ：いい考えですね！　彼らにきいてみます！

＜解説＞35. 前の文では right now「今」の話がされており，直前には In the past「昔」があるので，それぞれが対比されていると判断できる。今は人々が環境保護に取り組んでいるが，昔はそうではなかったという流れになっている。(2)の it は environmental protection「環境保護」を指している。　36. 直後でジュディは，街が汚いことで起こった弊害と，街がその状況を変えることに取り組んだことを説明している。これは，汚かった街がきれいな街へと変化した理由を説明したものだといえるので，ケンはそれを尋ねたのだと判断できる。　37. 直前の so that ～は「～のために，～するように」という‘目的’を表している。２文前に，人々は街を好きでなければそこに住まないとあるので，街が愛されるようにこの状況を変えたかったのだとわかる。　38. 直後にケンが「いい考えですね！」と話しているので，ジュディはケンに何かを‘提案’したのだとわかる。Why don't you ～?「～してはどうですか」は，相手に何かを提案する表現。　take part in ～「～に参加する」

数学解答

1 (1)　3　(2)　$\dfrac{x+y}{6}$　(3)　16
(4)　$x=5,\ y=6$
(5)　$a=\dfrac{1}{2},\ b=9$
(6)　$x=-6\pm4\sqrt{2}$　(7)　65
(8)　1，3　(9)　15°　(10)　4

2 (1)　$\dfrac{1}{12}$　(2)　$\dfrac{5}{6}$

3 (1)　1　(2)　$2+\sqrt{3}$
(3)　$\dfrac{3+2\sqrt{3}}{6}$

4 (1)　(0，3)
(2)　①　1：2　②　$y=\dfrac{1}{2}x+3$

5 (1)　6　(2)　$2\sqrt{3}+3$

1 〔独立小問集合題〕

(1)＜数の計算＞与式$=-\dfrac{9}{4}\times4-\dfrac{27}{2}\div\left(-\dfrac{9}{8}\right)=-9-\dfrac{27}{2}\times\left(-\dfrac{8}{9}\right)=-9-(-12)=-9+12=3$

(2)＜式の計算＞与式$=\dfrac{2(5x-y)-3(x-7y)-6x-18y}{6}=\dfrac{10x-2y-3x+21y-6x-18y}{6}=\dfrac{x+y}{6}$

(3)＜数の計算＞与式$=7\sqrt{7}-7+7-\sqrt{7}+9-6\sqrt{7}+7=16$

(4)＜連立方程式＞$0.7x+0.25y=5$……①，$0.3x+0.2y=2.7$……②とする。①×40 より，$28x+10y=200$……①′　②×10 より，$3x+2y=27$……②′　①′－②′×5 より，$28x-15x=200-135$，$13x=65$　∴$x=5$　これを②′に代入して，$15+2y=27$，$2y=12$　∴$y=6$

(5)＜式の計算―因数分解＞$\dfrac{1}{6}x^2-ax-18=\dfrac{1}{6}(x-12)(x+b)$より，$x^2-6ax-108=(x-12)(x+b)$，$x^2-6ax-108=x^2+(-12+b)x-12b$となる。よって，$-6a=-12+b$……①，$-108=-12b$……②である。②より，$b=9$であり，これを①に代入して，$-6a=-12+9$，$-6a=-3$，$a=\dfrac{1}{2}$となる。

(6)＜特殊・新傾向問題―二次方程式＞$〔x〕=\dfrac{x}{2}+3$より，$【〔x〕】=\left[\dfrac{x}{2}+3\right]=\left(\dfrac{x}{2}+3\right)^2-4$である。よって，$【〔x〕】=4$は，$\left(\dfrac{x}{2}+3\right)^2-4=4$となる。これを解くと，$\left(\dfrac{x}{2}+3\right)^2=8$より，$\dfrac{x}{2}+3=\pm2\sqrt{2}$，$x+6=\pm4\sqrt{2}$　∴$x=-6\pm4\sqrt{2}$

(7)＜データの活用―中央値＞$x：y=1：2$より，$y=2x$だから，6つのデータは75，80，60，x，40，$2x$となり，平均値が60だから，6つのデータの合計について，$75+80+60+x+40+2x=60\times6$が成り立つ。これより，$3x=105$，$x=35$となり，$y=2x=2\times35=70$である。6つのデータを小さい順に並べると，35，40，60，70，75，80となるから，中央値は，小さい方から3番目と4番目の平均であり，$(60+70)\div2=65$である。

(8)＜数の性質＞nが自然数より，$3n+1$は，4以上で，3でわると1余る自然数となる。$\dfrac{60}{3n+1}$が整数となるので，$3n+1$は60の約数である。60の4以上の約数は，4，5，6，10，12，15，20，30，60であり，このうち3でわると1余るのは，4，10である。よって，$3n+1=4$より$n=1$，$3n+1=10$より$n=3$となるので，求める自然数nは$n=1$，3である。

図1

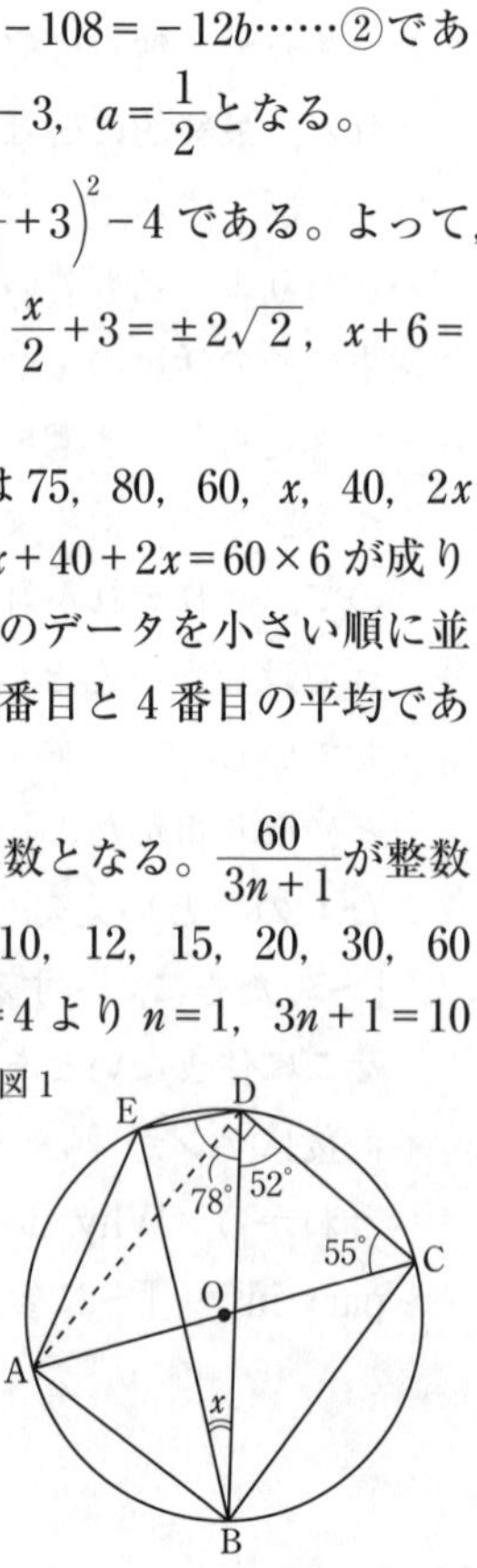

(9)＜平面図形―角度＞右図1のように，5点A～Eを定め，点Aと点Dを結ぶ。$\overset{\frown}{\mathrm{AD}}$に対する円周角より，∠ABD＝∠ACD＝55°である。また，∠CDE＝∠BDC＋∠BDE＝52°＋78°＝130°であり，線分ACが円Oの直径より，∠ADC＝90°だから，∠ADE＝∠CDE－∠ADC＝130°－90°＝40°となる。よって，$\overset{\frown}{\mathrm{AE}}$に対する円周角より，∠ABE＝∠ADE＝40°となり，$\angle x$＝∠ABD－∠ABE＝55°－40°＝15°である。

⑽＜平面図形―長さ＞右図２で，四角形PBQRは正方形だから，BQ$=x$とすると，PR$=$PB$=x$となる。∠APR$=$∠ABC$=90^\circ$，∠PAR$=$∠BACより，△APR∽△ABCだから，AP：AB$=$PR：BCである。よって，$2:(2+x)=x:12$が成り立つ。これを解くと，$x(2+x)=2\times12$より，$x^2+2x-24=0$，$(x-4)(x+6)=0$　∴$x=4$，-6　$0<x<12$だから，$x=4$であり，BQ$=4$である。

図２

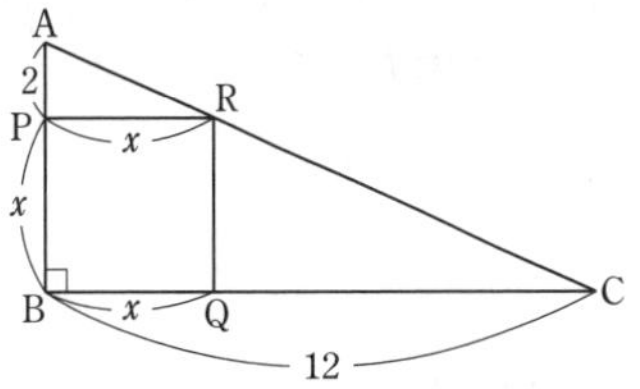

2 〔データの活用―確率―さいころ〕

⑴＜確率＞大小２つのさいころを同時に投げるとき，それぞれ６通りの目の出方があるから，目の出方は全部で$6\times6=36$(通り)あり，a，bの組も36通りある。∠AOP，∠BOQは，最大で∠AOP$=10^\circ\times6=60^\circ$，∠BOQ$=20^\circ\times6=120^\circ$だから，$60^\circ+120^\circ=180^\circ$より，２点P，Qがすれ違った後に∠POQ$=90^\circ$になることはない。よって，∠POQ$=90^\circ$のとき，$180^\circ-$∠AOP$-$∠BOQ$=90^\circ$より，∠AOP$+$∠BOQ$=90^\circ$，$10a^\circ+20b^\circ=90^\circ$，$a+2b=9$である。これを満たす$a$，$b$の組は，$(a,\ b)=(1,\ 4)$，$(3,\ 3)$，$(5,\ 2)$の３通りだから，求める確率は$\dfrac{3}{36}=\dfrac{1}{12}$である。

⑵＜確率＞⑴より，a，bの組は36通りある。２点P，Qが出合う前に∠POQ$=90^\circ$となるとき，⑴と同様に考えて，$180^\circ-$∠AOP$-$∠BOQ$=90^\circ$より，∠AOP$+$∠BOQ$=90^\circ$，$30a^\circ+30b^\circ=90^\circ$，$a+b=3$だから，$a$，$b$の組は，$(a,\ b)=(1,\ 2)$，$(2,\ 1)$の２通りある。右図で，２点P，Qがすれ違った後に∠POQ$=90^\circ$となるとき，∠AOQ$=180^\circ-$∠BOQ$=180^\circ-30b^\circ$より，∠POQ$=$∠AOP$-$∠AOQ$=30a^\circ-(180^\circ-30b^\circ)=30a^\circ+30b^\circ-180^\circ$だから，$30a^\circ+30b^\circ-180^\circ=90^\circ$である。これより，$30a^\circ+30b^\circ=270^\circ$，$a+b=9$となり，$a$，$b$の組は，$(a,\ b)=(3,\ 6)$，$(4,\ 5)$，$(5,\ 4)$，$(6,\ 3)$の４通りある。よって，∠POQ$=90^\circ$とならない場合は，$36-(2+4)=30$(通り)あるから，求める確率は$\dfrac{30}{36}=\dfrac{5}{6}$となる。

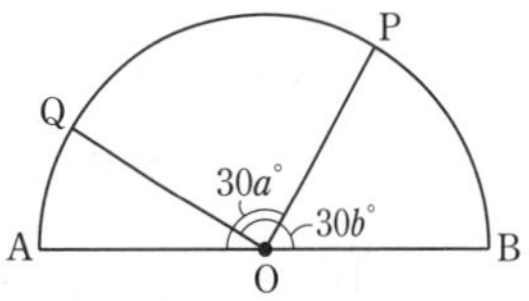

3 〔平面図形―円，二等辺三角形〕

≪基本方針の決定≫⑴　AD⊥BCである。

⑴＜長さ―三平方の定理＞右図で，点Oと点Bを結ぶ。ADは円の中心Oを通る直線であり，AB$=$ACだから，２点B，CはADについて対称である。これより，AD⊥BCとなる。よって，△OBDで三平方の定理より，BD$=\sqrt{\mathrm{OB}^2-\mathrm{OD}^2}=\sqrt{2^2-(\sqrt{3})^2}=\sqrt{1}=1$となる。

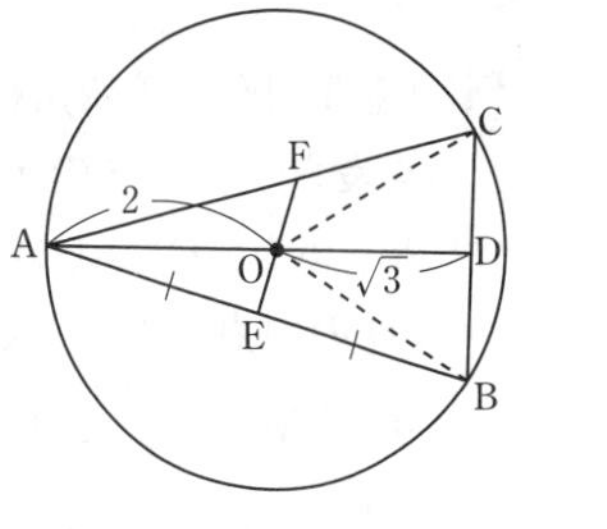

⑵＜長さの２乗＞右図で，AD$=$OA$+$OD$=2+\sqrt{3}$だから，△ABDで三平方の定理より，AB$^2=$AD$^2+$BD$^2=(2+\sqrt{3})^2+1^2=4+4\sqrt{3}+3+1=8+4\sqrt{3}$となる。点EがABの中点より，AE$=\dfrac{1}{2}$ABだから，AE$^2=\left(\dfrac{1}{2}\mathrm{AB}\right)^2=\dfrac{1}{4}\mathrm{AB}^2=\dfrac{1}{4}\times(8+4\sqrt{3})=2+\sqrt{3}$となる。

⑶＜面積＞右上図で，AE$=$BEより，OE⊥ABである。２点O，Cを結ぶと，BC$=2$BD$=2\times1=2$より，OB$=$BC$=$OCとなり，△OBCは正三角形である。∠BOC$=60^\circ$だから，$\overset{\frown}{\mathrm{BC}}$に対する円周角と中心角の関係より，∠EAF$=\dfrac{1}{2}$∠BOC$=\dfrac{1}{2}\times60^\circ=30^\circ$となる。△AEFは３辺の比が$1:2:\sqrt{3}$の直角三角形だから，EF$=\dfrac{1}{\sqrt{3}}$AEとなる。⑵より，AE$^2=2+\sqrt{3}$だから，△AEF$=\dfrac{1}{2}\times$AE$\times$EF$=\dfrac{1}{2}\times\mathrm{AE}\times\dfrac{1}{\sqrt{3}}\mathrm{AE}=\dfrac{1}{2\sqrt{3}}\mathrm{AE}^2=\dfrac{1}{2\sqrt{3}}\times(2+\sqrt{3})=\dfrac{3+2\sqrt{3}}{6}$である。

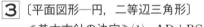

4〔関数―関数 $y=ax^2$ と一次関数のグラフ〕

≪基本方針の決定≫(2)①　△DEC，△DCB の面積がそれぞれ △ACB の面積の何倍かを考える。

(1)＜座標＞右図で，2 点 A，B は放物線 $y=\frac{1}{6}x^2$ 上にあり，x 座標がそれぞれ -6，3 だから，$y=\frac{1}{6}\times(-6)^2=6$，$y=\frac{1}{6}\times3^2=\frac{3}{2}$ より，A$(-6,\ 6)$，B$\left(3,\ \frac{3}{2}\right)$である。2 点 A，B の座標より，直線 l の傾きは$\left(\frac{3}{2}-6\right)\div\{3-(-6)\}=-\frac{9}{2}\div9=-\frac{1}{2}$となり，その式は $y=-\frac{1}{2}x+b$ とおける。点 A を通るので，$6=-\frac{1}{2}\times(-6)+b$，$b=3$ となり，切片が 3 だから，D$(0,\ 3)$である。

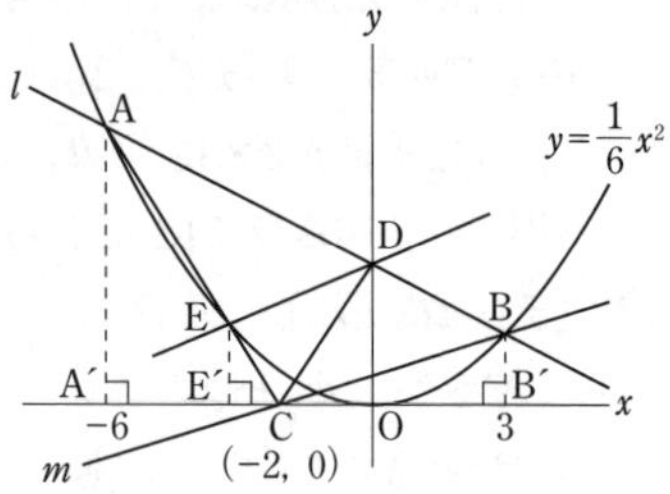

(2)＜面積比，直線の式＞①右上図で，2 点 A，B から x 軸に垂線 AA′，BB′ を引く。直線 DE は △ACB の面積を 2 等分しているので，△AED＝〔四角形 DECB〕$=\frac{1}{2}$△ACB である。また，△ACD，△DCB の底辺をそれぞれ AD，DB と見ると，この 2 つの三角形は高さが等しいので，△ACD：△DCB＝AD：DB である。AA′∥DO∥BB′ より，AD：DB＝A′O：OB′$=\{0-(-6)\}:3=6:3=2:1$ だから，△ACD：△DCB＝2：1 となり，△DCB$=\frac{1}{2+1}$△ACB$=\frac{1}{3}$△ACB となる。よって，△DEC＝〔四角形 DECB〕－△DCB$=\frac{1}{2}$△ACB$-\frac{1}{3}$△ACB$=\frac{1}{6}$△ACB となるから，△DEC：△DCB$=\frac{1}{6}$△ACB：$\frac{1}{3}$△ACB＝1：2 である。　②右上図で，①より，△AED：△DEC$=\frac{1}{2}$△ACB：$\frac{1}{6}$△ACB＝3：1 である。これより，AE：EC＝3：1 となる。そこで，点 E から x 軸に垂線 EE′ を引く。△AA′C∽△EE′C となるから，A′C：E′C＝AA′：EE′＝AC：EC$=(3+1):1=4:1$ である。これより，E′C$=\frac{1}{4}$A′C$=\frac{1}{4}\times\{-2-(-6)\}=1$ だから，点 E の x 座標は $-2-1=-3$ となる。また，EE′$=\frac{1}{4}$AA′$=\frac{1}{4}\times6=\frac{3}{2}$ より，点 E の y 座標は$\frac{3}{2}$となる。よって，E$\left(-3,\ \frac{3}{2}\right)$となる。D$(0,\ 3)$だから，直線 DE は，傾きが$\left(3-\frac{3}{2}\right)\div\{0-(-3)\}=\frac{1}{2}$，切片が 3 であり，直線 DE の式は $y=\frac{1}{2}x+3$ となる。

5〔空間図形―正四角柱，正四面体〕

(1)＜長さ―三平方の定理＞右図で，正四面体 O-PQG の 1 辺の長さを x とすると，OG＝GQ＝x である。△PQG は正三角形だから，点 M が辺 PQ の中点より，△GMQ は 3 辺の比が $1:2:\sqrt{3}$ の直角三角形であり，GM$=\frac{\sqrt{3}}{2}$GQ$=\frac{\sqrt{3}}{2}x$ となる。GR：RM＝2：1 だから，GR$=\frac{2}{2+1}$GM$=\frac{2}{3}\times\frac{\sqrt{3}}{2}x=\frac{\sqrt{3}}{3}x$ となる。よって，△ORG で三平方の定理より，$\text{OR}^2+\text{GR}^2=\text{OG}^2$ だから，$(2\sqrt{6})^2+\left(\frac{\sqrt{3}}{3}x\right)^2=x^2$ が成り立つ。これを解くと，$24+\frac{1}{3}x^2=x^2$，$\frac{2}{3}x^2=24$，$x^2=36$，$x=\pm6$ となり，$x>0$ より，$x=6$ となるから，正四面体 O-PQG の 1 辺の長さは 6 である。

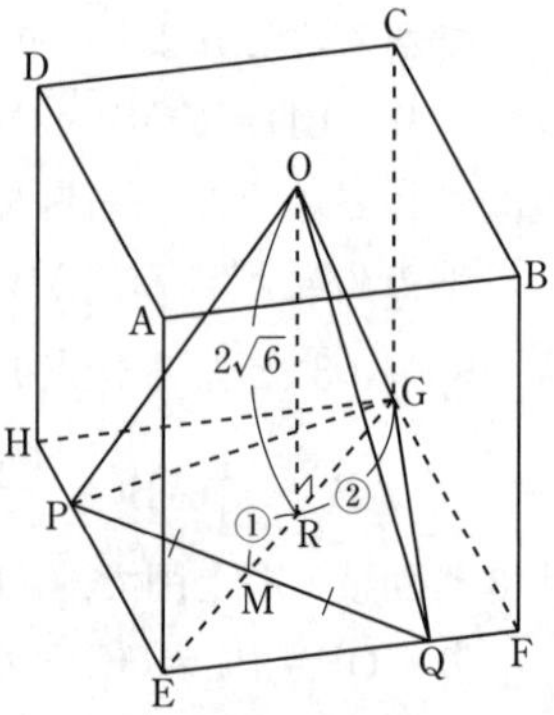

(2)＜体積比＞右上図で，GP＝GQ，GH＝GF，∠GHP＝∠GFQ＝90° より，△GHP≡△GFQ だから，HP＝FQ である。EH＝EF なので，PE＝QE となり，△EQP は直角二等辺三角形である。点 M が辺 PQ の中点より，△MPE，△MQE は合同な直角二等辺三角形となり，(1)より，PQ＝GQ＝6 だから，ME＝MP＝MQ$=\frac{1}{2}$PQ$=\frac{1}{2}\times6=3$ である。また，GM$=\frac{\sqrt{3}}{2}x=\frac{\sqrt{3}}{2}\times6=3\sqrt{3}$ である。GM

$\perp$PQ，EM$\perp$PQだから，3点G，M，Eは一直線上にあり，GE＝GM＋ME＝$3\sqrt{3}+3$となる。△EFGは直角二等辺三角形だから，EF＝FG＝$\frac{1}{\sqrt{2}}$GE＝$\frac{1}{\sqrt{2}}(3\sqrt{3}+3)$となる。よって，〔正方形EFGH〕＝$\left\{\frac{1}{\sqrt{2}}(3\sqrt{3}+3)\right\}^2=18+9\sqrt{3}$である。一方，△PQG＝$\frac{1}{2}$×PQ×GM＝$\frac{1}{2}\times6\times3\sqrt{3}=9\sqrt{3}$である。AE$\perp$GE，OR$\perp$GEより，AE∥ORであり，AE$\perp$〔面EFGH〕だから，OR$\perp$〔面EFGH〕である。これより，直方体ABCD-EFGH，正四面体O-PQGの高さはAE＝OR＝$2\sqrt{6}$となる。したがって，V_1：V_2＝〔正方形EFGH〕×AE：$\frac{1}{3}$×△PQG×OR＝$(18+9\sqrt{3})\times2\sqrt{6}$：$\frac{1}{3}\times9\sqrt{3}\times2\sqrt{6}=(2\sqrt{3}+3)$：1だから，$\frac{V_1}{V_2}=\frac{2\sqrt{3}+3}{1}=2\sqrt{3}+3$である。

═読者へのメッセージ═

放物線は英語でパラボラ（parabola）といいます。パラボラアンテナは放物線の形を利用してつくられています。

2022年度／明治学院高等学校

国語解答

一 問甲 味覚を中心～合的なもの
問１ C　問乙 Ⅰ 鋭敏 Ⅱ 頻度
問２ D　問３ B　問４ C
問５ B　問６ A　問７ C

二 問８ C　問９ A　問10 C
問11 C　問12 B
問丙 日本人の自然観　問13 D

三 問丁 ① ぎょうずい ② すいか
③ ばち ④ かや
問14 B　問15 A　問16 D
問戊 時間の檻の～惑っていた
問17 B　問18 A　問19 C
問20 B　問21 A　問22 C

一〔説明文の読解―自然科学的分野―科学〕出典；旦部幸博『コーヒーの科学』。

問甲＜文章内容＞「『おいしさ』の中心になるのは『味』」であるが，「総合的な『おいしさ』には，味以外の要素も重要」で，「おいしさの三要素」とも呼ばれる「味，香り，テクスチャー」の「３つが合わさった『風味』が，『おいしさ』の中核を担って」いる。他にも，「食品の色や形状などの視覚，咀嚼音などの聴覚情報，また誰とどこで食べるかといった状況も『おいしさ』を左右」する。このように「おいしさ」とは，「味覚を中心に，さまざまな感覚や情報が重なり合った複合的なもの」なのである。

問１＜文章内容＞「ヒトは甘味やうま味を『好ましい味』と認識」するが，「甘味は糖類の，うま味はアミノ酸やタンパク質の味なので，自然界ではこれらの味が濃いものを食べれば，効率よく栄養を摂ることができる」と考えられる。一方，「酸味は腐敗した食べ物や未熟な果物，苦味は有毒な植物に含まれるアルカロイドなどの自然毒に感じる『不快な味』」であり，「これらの不快な味を忌避することで，体に有害な物質を自然に避けられるようになっている」と考えられる。このように「味覚は自然界に存在するさまざまなものの中から，何を食べて何を食べないかを上手く選択できるよう進化してきた感覚」だと考えられる。

問乙＜漢字＞Ⅰ．するどく，敏感なこと。　Ⅱ．同じことが繰り返し起こる度数のこと。

問２＜文章内容＞「『苦い』はおいしそうなイメージから最も遠い語彙」だが，「コーヒーでは『まろやかな』『すっきりした』という『おいしそう』な言葉が付く表現が受け入れられており，多くの人がコーヒーの苦味においしさを感じていること」がうかがえる（A…○）。コーヒーに関しては，「『おいしさの三要素』の一つであるテクスチャー」は，「香りや味ほど重視されない」ようである（C…○）。「味の複雑さから生まれる『コク』や，『マイルド』『芳醇』『まろやか』など全体的な印象を表す表現は非常に豊富」であることから，「コーヒーのおいしさ」とは「さまざまな要素が渾然一体となって生まれる，複雑なおいしさ」であるといえる（B…○）。日本で，「上位に入る『香り』系の味ことば」は，「焙煎した」と「香ばしい」の二つだけで，それ以外は「味」系であり，日本人が「特にコーヒーの香りに魅力を感じている」とはいえない（D…×）。

問３＜文章内容＞「『まろやかな苦味』『すっきりした酸味』など，味質を修飾した表現の多さは日本特有」であり，一方，「欧米では味でも香りと同様に比喩的な表現」が目立つのである。

問４＜表現＞「苦味においしさを見いだす例は，コーヒー以外にもビール，ゴーヤ，グレープフルーツ，ビターチョコなど数多く見られ」るので，特殊なわけではなく，広く行きわたっている現象だといえる。

問５＜接続語＞ⅰ．ヨーロッパでも日本でも，初めてコーヒーを飲んだ人は，否定的な感想を言っているということは，言い換えると，「それぞれの社会で最初に飲んだ人たちにとってコーヒーは

『おいしいもの』」ではなかったということである。　ⅱ．「コーヒーを飲んでいくうちに，最初は飲めなかった苦いコーヒーが平気になり，好みがだんだん深煎りにシフトしていく例はよく見られ」るが，「『激苦好き』の人はあまり見かけ」ない。　ⅲ．苦味が「不快に感じる限度」を「越えないこと」もコーヒーを「おいしく感じる条件の一つのよう」であり，加えて，「コーヒーの苦味が平気な人が，他の苦いものまで平気だとは限らないのも面白いところ」である。

問6＜文章内容＞ヒトは本来，苦味を嫌うものだが，「大人になるまでの食体験の中」で，苦い食品が「安全だと学習することで平気になり，味の変化の一つとして楽しむようになるよう」である。「苦味のおいしさ」が成立するための要素の一つは，それを飲んだり食べたりする人が，苦いものを味わって，おいしいと感じた個人的な経験と学習であるといえる。

問7＜要旨＞「食品の色や形状などの視覚，咀嚼音などの聴覚情報，また誰とどこで食べるかといった状況も『おいしさ』を左右」することから，「おいしさ」は，「さまざまな解覚や情報が重なり合った複合的なもの」だといえる。

二〔論説文の読解―文化人類学的分野―日本文化〕出典；森本哲郎『日本語　表と裏』「いい加減」。

≪本文の概要≫「いい加減」には，「よい程あい。適当」「条理を尽くさぬこと。徹底せぬこと。でたらめ。いいくらい」「相当。だいぶん。かなり」という，三つの意味がある。「いい加減」に悪い意味がある背景には，日本的自然主義があるのではないか。日本の自然は穏やかであり，日本人は，自然を信じて生きてきた。自然への信頼は，いつか自然への甘えとなり，全ては自然が解決してくれるという信仰にまで達する。とはいえ，日本人も，ただ自然に従えばよいと考えたわけではない。人間である以上，人間的な努力はするべきであり，その努力の果てに自然に帰ることができるのである。そのような自然こそが，実は「いい加減」なのである。自然に任せておけば，いずれは「いい加減」の状態に落ち着く。「いい加減」の状態とは，自然の状態である。したがって「いい加減な人間」とは，自然のままの人間のことである。自然は，「程よく調節されて」いるが，「でたらめ」なものでもある。それは，人間と自然の尺度が違うからである。このずれが，「いい加減」の第三の意味を形づくる。「いい加減」という言葉は，日本人の自然観がもたらした心性を表す言葉なのである。

問8＜文章内容＞「いい加減待たされた」は，「相当。だいぶん。かなり」待たされた，という意味なので，「好い加減」の第三の意味の用例としてふさわしい。

問9＜段落関係＞前段落で「時と場合によって」意味が「正反対」になってしまう場合があることが示され，母親が「いい加減にしなさい！」と言って子どもをしかり，そう言われた子どもが「いい加減」なことをすると，やはりしかられてしまうという例が，おもしろみを交えて紹介されている。

問10＜表現＞「人間の手でいくら自然の一部をこわしても，自然は怒らないし，そんなに傷つくこともあるまい」と思い込むほど，日本人は，自然に甘えてきた。平然と自然を破壊できるほど，自然を信頼してきた日本人の安易な姿勢にあきれ，からかう気持ちが，感嘆符に込められている。

問11＜指示語＞「人事を尽くして天命を待つ」は，人としてできるかぎりのことは行ったうえで，後は運を天に任せる，という意味。「自然を信仰する日本人」も，同じように思っているのである。

問12＜文章内容＞「軌を一にする」は，前の車が通った跡を進むように，考え方や行動，方法が同じである，という意味。「軌」は，車輪の通った跡。わだちのこと。「いい加減」も，「どうせ」も，「すべて自然にあるべき状態に任せてしまう態度」という点で共通しているのである。

問丙＜表現＞「『広辞苑』にあげられている『いい加減』の三つの意味」は，「何の関連」もないようだが，実は，「見えざる糸」，つまり，「日本人の自然観」によって結ばれているのである。

問13＜主題＞「いい加減」という言葉には三つの意味があり，「時と場合によって，その意味が異なるどころか，正反対の意味にさえなってしまう」こともある。「いい加減」という言葉には，自然に従い，自然に帰ろうとする日本人の自然観が反映されており，この言葉は，日本人の心性を雄弁に語っているのである。

三〔小説の読解〕出典；井上ひさし『あくる朝の蟬』。

問丁＜漢字＞①「行水」は，湯や水を入れたたらいに体を入れ，汗を流すこと。「烏の行水」は，入浴する時間が短いこと。　②ウリ科の一年生つる草のこと。大きな赤い実をつける。　③他の音読みは「処罰」などの「バツ」。　④蚊を防ぐために，天井からつり下げて寝床を覆うもの。

問14＜文章内容＞「ぼく」と弟が，「きっかり十分間で風呂場から出た」のは，孤児院の他の子どもたちに迷惑をかけることを恐れたからである。しかし，この家には，「ぼく」と弟以外には，祖母と叔父しかいないので，祖母は，少し風呂に入るのが遅れたぐらいでは，「だれも」迷惑だとは思わないと言ったのである。

問15＜文章内容＞孤児院では「食器はみんな金物」なので，「熱いご飯やお汁を盛ると，食器は熱くなって持てなくなる」が，「弟のようにすればなんとか持てる」のである。弟は，孤児院で生活していくために必要な知識として「変な茶碗の持ち方」を覚え，身につけていたのである。

問16＜心情＞「ぼく」と弟が「きっかり十分間で」風呂場から出たり，弟が「変な茶碗の持ち方」をしたりするのを見て，祖母は，不審に思った。「ぼく」が，それらは孤児院で身についた習慣であることを説明すると，祖母は，孤児院で暮らすことは，「ぼく」たちにとっていいことではないのかもしれないと考えたのである。

問戊＜表現＞孤児院では，分刻みで予定が決まっており，自由な時間はほとんどなかった。ところが，祖母の家に来てみると，時間ごとの予定はほとんどなく，突然自由を与えられた「ぼく」は，うろたえてしまい，どうしていいかわからなくなった。そのときの「ぼく」は，「時間の箍が外れたので面喰った」状態にあり，「時間の檻の中から急に外へ連れ出され戸惑っていた」のである。

問17＜心情＞「食事の後に西瓜が出た」とき，弟は，「最も容積のある一切れ」を，「一瞬のうちに見較べ判断し」て，それをつかんだ。それを見て祖母は，孤児院では，西瓜は一切れしか食べられないことに気づき，そこで暮らしてきた「ぼく」たちを気の毒に思ったのである。

問18＜心情＞「ぼく」に「祭まで居ていい？」と尋ねられて，祖母は，一瞬，返事をためらった。孤児院での暮らしがつらいものであることを知った後だけに，祖母には，「ぼく」の願いが心からのものであることがわかっていた。それなのに，孫の願いを受け入れるかどうか迷ってしまったことを恥ずかしく感じて，祖母は，自分のためらいを打ち消すように，「強い口調」で「いいよ」と答えたのである。

問19＜心情＞「ぼく」たちは，祖母の家の経済状態に配慮して，孤児院に帰ることにした。祖母に見つかったら，引きとめられるに違いないので，「ぼく」たちは，見つからないように，早朝，「裏口から外へ出た」のである。

問20＜語句＞「嘆声」は，嘆いたり感心したりしたときに出す声のこと。

問21＜文章内容＞「ぼく」は，弟とともに孤児院で暮らしており，祖母の家に引き取られることを心から望んでいた。しかし，叔父と祖母のいさかいを聞いて，祖母の家では暮らしていけないことを察して，自分から孤児院へ帰ろうと決意した。「ぼく」は，厳しい状況に置かれていても，周りに気を配り，弟を大切にする，しっかりした少年である。

問22＜表現＞本来は「山の松林」にいるエゾ蟬が平地にいることが，孤児院にいる「ぼく」たちが祖母の家にいることに重ねられている。エゾ蟬が平地で暮らせないように，「ぼく」たちも，祖母の家で暮らすことはできないのである。ここでのエゾ蟬は，祖母の家を出て孤児院に帰っていかざるをえない，「ぼく」たちの切なさを強調する役割を果たしている。

2021年度 明治学院高等学校

【英　語】（50分）〈満点：100点〉

（注意）指示のない限り，答えは１つです。

A　次の Margaret が書いた英文を読み、1.～16.の設問に答えなさい。

The Gift Card

1 The year 2014 was difficult for me.　My only job was writing.　During the last six months of the year, several of my writings were not good enough and I had no new ideas.　I had health problems.　My old car needed new parts.　The heater stopped working.　Christmas was coming soon and I didn't have much money.　When I opened one of my Christmas cards, I found a gift card with a note: "Buy something special for yourself."

There was no name on the card so I didn't know who it was from.　I had many ideas about the things I could buy with 2 the money.　I could buy a new pair of winter boots, a camera or some DVDs.　Wow... it would be a great Christmas.　I was (　3-1　) but (　3-2　).　I put down the card.　I wanted to know who gave it to me.

Our church gives out free food to people who need it.　Local stores bring bread, eggs, beans, and cans to us.　People can come in and take things they need.　Everything is free.　When I was giving out food two weeks before Christmas with other people, I saw 4 a sad woman coming to my counter.　She wore a dirty T-shirt, jeans and a jacket.　When she put a bag of dried beans and a small onion into a plastic bag, I asked "Are you shopping for your family?"

"No," she said, "just me."　There was sadness in her voice and I knew she wanted to talk.　"My daughter and her family live in Florida and my husband died a couple of months ago.　I was thinking I should get *tortillas and beans for Christmas dinner.　My husband always liked beans."

"What was his name?" I asked.

"Jack."　She told me about her husband: his smile, the color of his eyes, the years he spent working to help the family and the way he enjoyed going to church on Christmas Eve.　When she spoke, tears came to her eyes.　"This will be my (　5　) Christmas without him.　We never had a lot of money but now there isn't any money to buy Christmas gifts for our grandchildren."

I got a tissue from my pocket, and found the gift card.　I gave it to her and said, "Here.　Maybe 6 this will help.　Merry Christmas."

At the New Years' church meeting, our *pastor read 7 a letter that he got from the *food pantry:

Dear friends at the food pantry,

Two weeks ago, I was really sad. My husband, Jack, drove a big truck for work. On his way home from Colorado three months ago, he had an accident. The car in front of him had trouble driving. He drove off of the road. He did not want to hit the car in front. He tried to save them and he was killed. Later, I learned that the people in the other car, a mom, a dad and a two-month-old baby, were on their way to visit family in Texas. Jack saved them all.

I was so sad. In our life, 8 *Jack didn't want me to work. After his death, I tried to find work but I couldn't. When our money was gone, I started going to the food pantry. Two weeks before Christmas, I came to get the food for my last dinner — beans and tortillas. However, one of the volunteers gave me a gift card. I didn't know how much it was but I hoped I could buy gifts for my grandchildren. I was very surprised when I found out the card was $500. With the money I was able to buy gifts and food for myself. I was happy. I started working for a center to help other people.*

God always helps us. When I walked into the food pantry, I didn't believe that. But, that day, God changed my life. I wouldn't have a full kitchen and I wouldn't be looking forward to starting a job and getting money and my future wouldn't be good. I thank that volunteer, the food pantry and all the people who help others. God bless you all and have a wonderful New Year.

9 *I know I will.*

10 *A thankful friend*

Most times, we don't know what will happen if we are kind, but sometimes, we do. But, you will be happy not from knowing but from (　11　). ~Margaret M. Nava

［注］ *tortillas: トルティーヤ（すりつぶしたトウモロコシから作る薄いパン）
*pastor: 牧師
*food pantry: 食料を貯蔵し配給する場所

1.　下線部 1 について、次の問いの答えとして最もふさわしいものを選びなさい。

What was one of the reasons that the year 2014 was difficult for Margaret?

(1) It was that Jack was killed by the accident.

(2) It was that she didn't have enough time to finish her writings.

(3) It was that she had to write a lot of Christmas cards.

(4) It was that she spent half a year in bed until Christmas.

(5) It was that the heater didn't work anymore.

2.　下線部 2 の内容を表すものとして最もふさわしいものを選びなさい。

(1) the money found on the street

(2) the money from church

(3) the money on the gift card

(4) the money Margaret got from work

(5) the money Margaret saved for a long time

3.　空所(　3-1　)(　3-2　)に入る組み合わせとして最もふさわしいものを選びなさい。

(　3-1　)		(　3-2　)
(1) glad	—	tiring
(2) happy	—	confused
(3) sad	—	bored
(4) surprised	—	angry
(5) tired	—	disappointed

4.　下線部 4 について、次の問いの答えとして最もふさわしいものを選びなさい。

Why was the woman sad?

(1) It was because the woman had no friends to talk with.

(2) It was because the woman had to buy food from Margaret.

(3) It was because the woman lost all her family.

(4) It was because the woman lost her job.

(5) It was because the woman's husband was no longer alive.

5. 空所 5 に入るものとして最もふさわしいものを選びなさい。

(1) fifteenth

(2) first

(3) happy

(4) peaceful

(5) several

6. 下線部 6 の内容を表すものとして最もふさわしいものを選びなさい。

(1) This Christmas gift will help Margaret to forget her sadness.

(2) This gift card will help the sad woman to buy gifts for her grandchildren.

(3) This kindness will help Margaret to go to church with her family again.

(4) This message which Margaret said to the sad woman will help her to live alone.

(5) This tissue which Margaret took out of her pocket will help the sad woman to stop crying.

7. 下線部 7 の内容を表すものとして最もふさわしいものを選びなさい。

(1) The letter said how Jack saved his wife from the car accident.

(2) The letter said how much the sad woman thanked people for their help.

(3) The letter was found before Christmas by the pastor.

(4) The letter was sent to Margaret to tell that God saved her.

(5) The letter was written by many friends who were helped by the church.

8. 下線部 8 について、次の問いの答えとして最もふさわしいものを選びなさい。

Why didn't Jack want his wife to work?

(1) It was because it was too dangerous for her.

(2) It was because she needed to go to church.

(3) It was because she was a sad woman.

(4) It was because she was not good enough to get a job.

(5) The reason is not written in this story.

9. 下線部 9 の内容を表すものとして最もふさわしいものを選びなさい。

(1) I know I will also enjoy New Year.

(2) I know I will change jobs.

(3) I know I will live with Jack again.

(4) I know I will start working for poor people.

(5) I know I will thank all people who helped me.

10. 下線部10について、次の問いの答えとして最もふさわしいものを選びなさい。

Who is the thankful friend?

(1) The thankful friend is one of the grandchildren who went to the food pantry.

(2) The thankful friend is one of the pastor's friends who attended the church meeting.

(3) The thankful friend is the daughter of the man who died in the car accident.

(4) The thankful friend is the volunteer who worked at the food pantry with the sad woman.

(5) The thankful friend is the woman who came to the food pantry to get food before Christmas.

11. 空所11に入るものとして最もふさわしいものを選びなさい。

(1) agreeing

(2) doing

(3) driving

(4) forgetting

(5) losing

12. Jackについて当てはまるものとして最もふさわしいものを選びなさい。

(1) He saved the people coming to church who needed food.

(2) He and Margaret had a wonderful time on Christmas.

(3) He and his wife drove a big truck for work to carry Christmas gifts.

(4) He tried to save the people in the car by driving off of the road.

(5) He was so bad at driving that his car hit the car in front of him.

13. Jackが亡くなった後に起こったこととして最もふさわしいものを選びなさい。

(1) His wife wanted to meet her daughter in Texas, but she couldn't get money to go there.

(2) His wife was so sad that she couldn't start finding a new job to support her own life.

(3) His wife became poor and decided to get food at the food pantry.

(4) His wife visited the food pantry to get a job and help other people in trouble.

(5) His wife went to the food pantry to get some food before she used all her money.

14. 本文の内容と一致するものとして最もふさわしいものを選びなさい。

(1) The sad woman bought a camera and gave it out at the food pantry.

(2) Margaret wrote a note and gave a gift card to the sad woman.

(3) Margaret received a gift card when she went to the food pantry.

(4) The family Jack saved sent the Christmas card with $ 500.

(5) The gift card allowed the sad woman to buy food for herself and some gifts.

15. 本文の内容と一致するものとして最もふさわしいものを選びなさい。

(1) Margaret didn’t know who gave the gift card, but finally knew who it was from.

(2) The sad woman who lived alone went to the local stores to buy food.

(3) Margaret was told to help other people who came to her church, but she didn’t.

(4) The sad woman decided to work at the food pantry to buy Christmas gifts.

(5) Margaret’s kindness gave Jack’s wife a chance to change her way of thinking.

16. 本文の内容と一致しないものとして最もふさわしいものを選びなさい。

(1) When Margaret got the gift card, she had a lot of ideas about the things she could buy with the card.

(2) At the food pantry people didn’t have to pay money for the things they got there.

(3) Margaret wanted to send the sad woman the Christmas card that she found at the church.

(4) When the sad woman got the gift card, she didn’t know how much it was.

(5) The sad woman didn’t know the name of the person who helped her.

B　次の 17.～23.の文の空所に入る最もふさわしいものを選びなさい。ただし、21.～23.は、2 つの空所に共通して入る最もふさわしいものを選びなさい。

17. I’m tired but I cannot (　　　) the afternoon classes.

(1) have　　(2) jump　　(3) miss　　(4) pass　　(5) take

18. (　　　) is a choice you make.

(1) Happier　　(2) Happiest　　(3) Happily　　(4) Happiness　　(5) Happy

19. Do you know the woman (　　　) the red dress?

(1) in　　(2) to　　(3) wear　　(4) wore　　(5) worn

20. (　　　) is your homeroom teacher like?

(1) How　　(2) What　　(3) When　　(4) Where　　(5) Why

21. I'll wait here if you don't (　　　).

OK.　If you don't agree, I'll change my (　　　).

(1) care　　(2) dream　　(3) mind　　(4) notice　　(5) walk

22. Is this the (　　　) train to Osaka?

To get there in time, you should leave (　　　) now.

(1) early　　(2) fast　　(3) just　　(4) right　　(5) soon

23. She was (　　　) work when we got home.

We heard a strange sound (　　　) the same time.

(1) at　　(2) in　　(3) off　　(4) on　　(5) to

C　次の 24.〜28.の選択肢の語（句）を正しい語順に並べかえたとき、(1)及び(2)に入る語（句）の組み合わせとして最もふさわしいものを選びなさい。ただし、文頭の語も小文字になっており、不要な語（句）が 1 つある。

24.　英語を話すとき、間違いを恐れてはいけません。

(　　)(　1　)(　　)(　　)(　　)(　　)(　2　)(　　)(　　) English.

（ア）mistakes　　（イ）of　　（ウ）you　　（エ）afraid
（オ）be　　（カ）when　　（キ）making　　（ク）speak
（ケ）don't　　（コ）mustn't

	1	と	2
(1)	（オ）	と	（ウ）
(2)	（オ）	と	（カ）
(3)	（ケ）	と	（ア）
(4)	（コ）	と	（ア）
(5)	（コ）	と	（カ）

25.　どこで乗り換えたらよいか教えてください。

Please (　1　)(　　)(　　)(　2　)(　　)(　　).

（ア）where　（イ）change　（ウ）trains　（エ）teach
（オ）to　（カ）tell　（キ）me

	1	と	2
(1)	（エ）	と	（ア）
(2)	（エ）	と	（ウ）
(3)	（エ）	と	（オ）
(4)	（カ）	と	（イ）
(5)	（カ）	と	（オ）

26.　何者かに昨年盗まれた絵画が海外で見つかった。

(　　)(　1　)(　　)(　　)(　　)(　　)(　2　)(　　).

（ア）stolen　（イ）found　（ウ）in　（エ）abroad
（オ）last year　（カ）someone　（キ）by　（ク）were
（ケ）the paintings

	1	と	2
(1)	（ア）	と	（イ）
(2)	（ア）	と	（ウ）
(3)	（イ）	と	（オ）
(4)	（ク）	と	（オ）
(5)	（ク）	と	（カ）

27.　世界にはいくつの国がありますか。

(　　)(　　)(1)(　　)(2)(　　)(　　)(　　)?

（ア） world　（イ） there　（ウ） many　（エ） the
（オ） countries　（カ） how　（キ） are　（ク） in
（ケ） is

	1	と	2
(1)	（ア）	と	（ケ）
(2)	（エ）	と	（ケ）
(3)	（オ）	と	（イ）
(4)	（オ）	と	（キ）
(5)	（カ）	と	（オ）

28.　目が合って、私たちは恋に落ちました。

(　　)(　　)(1)(　　)(　　)(　　)(2)(　　).

（ア） eyes　（イ） in　（ウ） our　（エ） with
（オ） and　（カ） fell　（キ） met　（ク） love
（ケ） we

	1	と	2
(1)	（イ）	と	（ア）
(2)	（イ）	と	（キ）
(3)	（ウ）	と	（カ）
(4)	（キ）	と	（イ）
(5)	（キ）	と	（エ）

D 次の 29.～33.の選択肢の中からそれぞれ正しい文を選びなさい。

29.
(1) He is the highest of all the boys.
(2) Her hair is not so long as you.
(3) I have books as many as my brother does.
(4) She looks younger than she really is.
(5) That dress is much expensive than this one.

30.
(1) Are you interesting in learning English?
(2) Each of the rooms has a private bathroom.
(3) I have ever been to Europe many times.
(4) It was hard thing to find a friend between classmates.
(5) What does your father has in his hands?

31.
(1) Do you know how surprised his words are to me?
(2) He hurried to school without have breakfast.
(3) His name is known to many football fans.
(4) I usual eat breakfast very quickly and run for my train.
(5) It takes about two hours to driving from here to the station.

32.
(1) He has two cups coffees for breakfast every day.
(2) I think he is a honest man.
(3) What is the speaking language in this country?
(4) If it is fine tomorrow, we will go cycling.
(5) We had to stay at home because the rain.

33.
(1) There isn't any textbook in this bookstore, isn't here?
(2) There was a dog in your garden, wasn't there?
(3) This must be the worst movie we've ever seen, has this?
(4) Your friend is a famous singer, isn't her?
(5) You've lived in Japan for many years, have you?

E 次の会話文 I.～II.の空所 34.～39.に入る最もふさわしいものを選びなさい。

I.

A student is in the library and is looking for a book.

Student: Excuse me. Could you help me find a book on Korea?

Teacher: Of course. (34)

Student: Oh, no. I'm not planning to go there. I have to talk about the relationship between Japan and Korea in front of my class. Where can I find books on that?

Teacher: I see. You can find them in the history section. I will take you there.

Student: Thank you.

(They get there.)

Student: Oh, there are so many books. Which book do you think is good to read?

Teacher: (35) Here, why don't you read a few pages?

Student: Thanks. By the way, (36)?

Teacher: You can borrow it for two weeks.

Student: OK. My speech is next week so I will be able to return it in time.

Teacher: Good. I wish you good luck with your work.

Student: Thank you for your help.

34.

(1) Here's a book about the history of Korea.

(2) I keep watching Korean dramas, too.

(3) I will show you the travel section.

(4) Let me check if the book is ready for you.

(5) There is a good book I want to read.

35.

(1) I bought this one before I traveled to Korea.

(2) I'm sure you will have a hard time reading this one.

(3) There are no books that are good for your topic.

(4) This is too difficult for a student to read.

(5) This one has a lot of pictures and is easy to read.

36.

(1) how long is the book

(2) how often can I read the book

(3) when can you borrow it

(4) when do I need to return the book by

(5) when do you want to borrow it

II.

Lee meets with Satoru at the station.

Lee: Hi, Satoru. What are you doing here?

Satoru: Hi, Lee. I'm doing my homework now.

Lee: Are you doing your homework in the station?

Satoru: I know you feel this is strange, but listen. I'm going to do a speech called "English Everywhere" in an English class.

Lee: That sounds good. Do you have a plan for how you'll do it?

Satoru: Yes. I like trains so I came to the station and now I'm looking for any English signs or announcements in the station.

Lee: I see. Have you found any English in the station?

Satoru: Look over there. When a train comes close to the station, the sign flashes "A train is approaching." So, I have learned that "approach" and "come close" (37).

Lee: You are smart. Could you give me another example?

Satoru: OK. When a train is leaving, the station staff says, "Please stand clear of the closing doors." I guess "stand clear" means "(38)."

Lee: I think so, too. If you stand near the train doors when they are closing, you might get caught in them. Listen! The station staff is saying something. Umm, could you hear what he said?

Satoru: He said "The local train bound for Hiyoshi is arriving on track 2," but I don't know what "bound for" means.

Lee: The next train will make a final stop at Hiyoshi station, so we can say "bound for" means "(39)."

Satoru: You seem to be correct. Thank you for helping me with my homework.

Lee: Never mind. You taught me about what we can learn in English in our daily lives. I haven't noticed, but English is actually everywhere in Japan.

37.

(1) are called gestures

(2) are easy to understand

(3) are used in different situations

(4) mean the same thing

(5) show they are spoken English

38.

(1) give up

(2) keep in mind

(3) run into

(4) stand near

(5) stay away

39.

(1) belong to

(2) come from

(3) go toward

(4) pass through

(5) speed up

【数　学】（50分）〈満点：100点〉

1 次の各問いに答えよ。

（1）$-\left(-\frac{3}{2}\right)^2+\left(-\frac{5}{4}\right)\div\left(-\frac{5}{3}\right)$ を計算せよ。

（2）$(\sqrt{0.72}+\sqrt{1.08})\left(\frac{10}{\sqrt{2}}-\sqrt{75}\right)$ を計算せよ。

（3）連立方程式 $\begin{cases}\sqrt{2}\,x+y=-1\\ x-\sqrt{2}\,y=4\sqrt{2}\end{cases}$ を解け。

（4）$\sqrt{10}$ の小数部分を p とするとき，p^2+6p+9 の値を求めよ。

（5）2次方程式 $(3x+1)(x-3)=2x^2-7x$ を解け。

（6）関数 $y=ax^2$ において，x の変域が $-3\leqq x\leqq 1$ のとき，y の変域が $0\leqq y\leqq 3$ である。
このとき，定数 a の値を求めよ。

（7）実数 a に対して，a を超えない最大の整数を $[a]$ で表す。例えば，$[3.14]=3$ である。
$[\sqrt{n}]=2$ となる整数 n はいくつあるか。

（8）あるコンサートを2日間にわたり開催して，入場者数を調べたところ次のことが分かった。

・ 2日目は，1日目と比べて男性が10％減って，女性が10％増えた。
・ 2日目は，1日目と比べて男女合わせて1％減り，50人少なくなった。

このとき，1日目の男性の入場者数を求めよ。

（9）△ABCにおいて，BA＝BE，CA＝CDのとき，∠Cの大きさを求めよ。

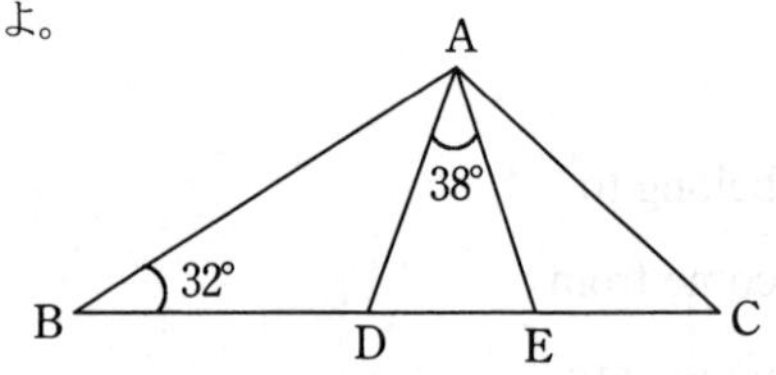

（10）図1のような底面の半径が6 cmの円柱形の容器がある。
この容器は水平に置かれ，x cmの深さまで水が入っている。半径3 cmの鉄球を静かに沈めたところ，図2のように水の深さが14 cmになった。x の値を求めよ。
ただし，円周率は π とする。

図1　　図2

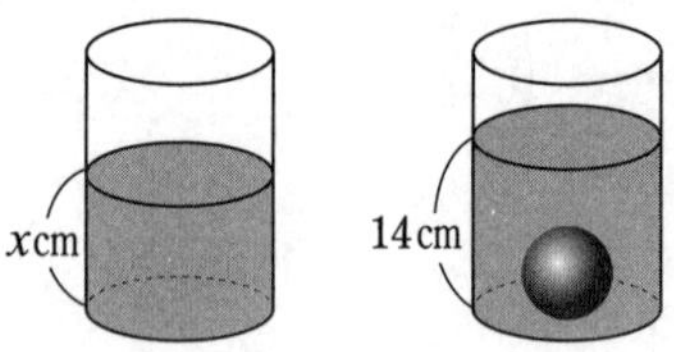

2 座標平面上に2点A(3，0)，B(5，4)がある。大小2つのさいころを投げ，大きいさいころの出た目を a，小さいさいころの出た目を b とし，点P(a, b) をとる。
次の問いに答えよ。

（1）線分ABの垂直二等分線上に点Pがある確率を求めよ。

（2）線分ABを直径とする円の周上に点Pがある確率を求めよ。

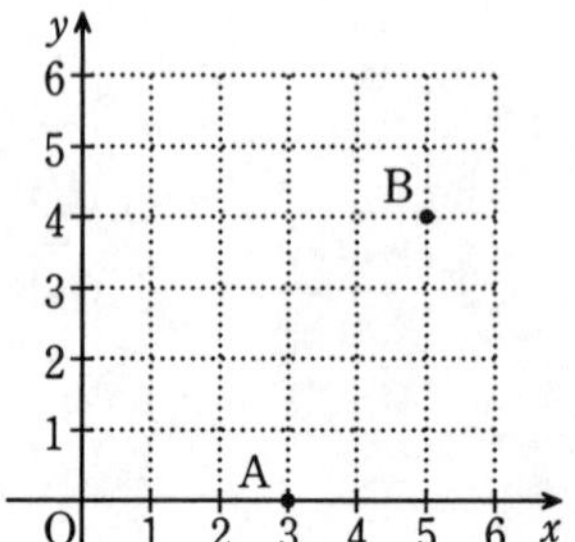

3 図のように, x 軸上の正の部分にある点Pを通り, y 軸と平行な直線 m を引く。

2つの放物線 $y=ax^2\,(a>0)$, $y=\dfrac{1}{6}x^2$ と直線 m の交点をそれぞれA, Bとするとき, AB : BP = 2 : 1 である。

次の問いに答えよ。ただし, 原点をOとする。

(1) a の値を求めよ。

(2) BO=BA となるとき, 点Bの座標を求めよ。

(3) (2)のとき, 3点A, O, Bを通る円の面積を求めよ。
　ただし, 円周率は π とする。

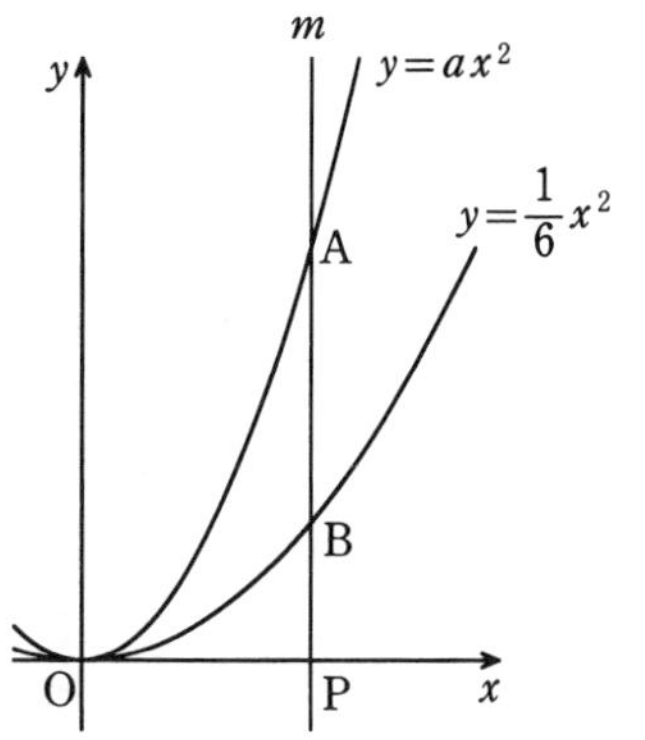

4 次の表は, あるクラスの生徒を対象に, 10点満点のテストを行った結果をまとめたものである。
テストの得点に応じて3段階の評価をつけ, 評価 A, B を合格, 評価 C を不合格とした。

評価	A	A	A	B	B	B	B	C	C	C	C
得点(点)	10	9	8	7	6	5	4	3	2	1	0
人数(人)	1	4	5	x	2	2	y	z	5	2	4

また, 次のことが分かっている。

・ 評価 A の生徒の平均点は, 評価 C の生徒の平均点よりも7点高い。

・ 合格者の平均点は6.6点であるが, 得点が3点の生徒も合格者に含めると, 合格者の平均点は6点になる。

このとき, 次の問いに答えよ。

(1) 表における z の値を求めよ。

(2) 生徒の総数を求めよ。

5 平行四辺形ABCDにおいて, 点Eは辺ADを 1 : 1, 点Fは辺BCを 5 : 3, 点Gは辺CDを3 : 2に分ける点である。
次の比をもっとも簡単な整数の比で表せ。

(1) ED : FC

(2) 直線ADと直線BGの交点をHとするとき, BF : EH

(3) 線分BGと線分EFの交点をIとするとき, BI : IG

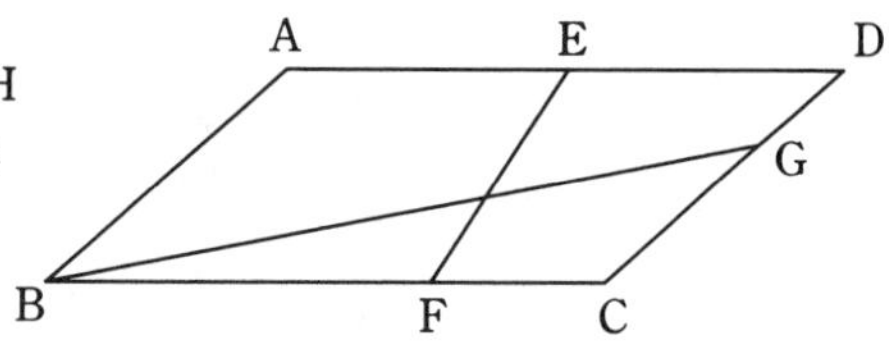

問21 傍線部⑤とあるが、清治の人物像として読み取れないものを次から選べ。

A 家で見せる表情と外で見せる表情が違う人物。

B 家では寡黙で何を考えているかわからない人物。

C 喜久子と腹を割って交流しようとしない人物。

D 気性が激しく喜久子に対してつらくあたる人物。

問丁 二重傍線Ⅰ、Ⅱの漢字の読みをひらがなで記せ。

問22 傍線部⑥とあるが、清治はどのような心情であったと考えられるか。もっとも適切なものを次から選べ。

A 清治自身、死期が近いことを悟っており、慣れ親しんだ自宅で喜久子と過ごす日常に改めて居心地の良さを感じている。

B 単調な日々の繰り返しに虚無感を覚え家を出たものの、思い直して戻ってきてからは新たな充実感を覚えている。

C 自宅に帰ってきて喜久子と改めて一緒に過ごしているうちに自分の身勝手さに気づき、喜久子に対して罪悪感を抱いている。

D 自分に死が訪れることをうすうす予期しており、これまでの充実した人生を振り返り感慨にふけっている。

問23 傍線部⑦とあるが、ここから読み取れる喜久子の心情としてもっとも適切なものを次から選べ。

A これまでほとんど何の連絡もよこさなかった上、突如として帰って来ても失踪した理由を説明せず、つかみ所がないままともに生活を送り、たった数カ月で死んでしまった清治を憎み、未亡人となった自分の身の上を嘆いている。

B もう二度と清治は自分のもとに戻ってくることはないと諦めていたが、予想外にも帰って来てくれ、かつてと同じような日々をともに過ごした末に最期を見届けることができたことを満足に思っており、清々《すがすが》しい気分になっている。

C ほぼ何の音沙汰もなかったにもかかわらず、まるで死に場所を求めるかのように自宅へと戻ってきて、残された時間をともに過ごし、自分に看取《みと》られながら最期を迎えた清治をいとおしく思いつつ、一抹のやるせなさも抱いている。

D 清治は、自身に死が近づいていることがわかっていたからこそ自分のもとにやっとの思いで帰って来たにもかかわらず、それに気づけずただ安穏と過ごしてしまったことをなさけなく思い、自らのおろかさをかみしめている。

問17 傍線部②の理由としてもっとも適切なものを次から選べ。

A 責めるような言葉を喜久子から浴びせかけられると思ったが、何事もなかったかのように接してくれたから。

B ひどく疲れて家に帰り着いたため、まずは喜久子が食事の心配をしてくれたことが、ありがたかったから。

C 突然の訪問であるため喜久子に追い払われると思ったが、いやいやながらも迎え入れてくれたから。

D 喜久子に対して不義理をはたらいたために家に入るのがためらわれたが、温かく出迎えてくれたから。

問18 傍線部③とあるが、このときの喜久子の心情としてもっとも適切なものを次から選べ。

A 何の連絡もなく帰って来た清治に対して怒りを覚えている。

B 清治とともにいるという久しぶりの状況に緊張している。

C 清治が帰って来たことには何か魂胆があるのではないかと怖れている。

D 突然の清治の帰宅という思いもよらぬ展開にうろたえている。

問19 傍線部④の理由としてもっとも適切なものを次から選べ。

A これといった危ない目に遭うことなく暮らせており、ひとりで家に住み続けることに特に不安感を持っていなかったから。

B たしかに多少の収入は見込まれるかもしれないが、家をまったくの見ず知らずの人に貸すことにつよい抵抗があったから。

C 清治がいなくなったことに対して心の整理がついておらず、部屋を貸して生活を一変させてしまうことにためらいがあったから。

D 部屋を空けてさえおけば、いつ清治が戻ってきても以前と同じ生活をふたたび送ることができるとつよく信じていたから。

問20 空欄Xに入る適切なものを次から選べ。

A 名　　B 明　　C 迷　　D 命

問丙 空欄Yに入る身体の部位を漢字一字で記せ。

「忘れちゃった」

清治はしばらく天井を睨《にら》んでいた。

息苦しそうだった。

しばらくして、こういった。

「そこへ行ってごらん。それをいって置きたかったんだ」

そして、目を閉じた。

〔……そんなあれこれがあって、ご返事を今まで持ち越してしまいました。さぞや筆不精を嗤《わら》っていらっしゃることと、申しわけなく思って居《お》ります。過ぎてしまうと、なにごとも、あまりにあっけなく感じられます。日ましに暖かくなって来る陽気も、花のたよりも、なんだか夢のようです。貴女《あなた》のいらっしゃる仙台は、如何《いかが》……〕
喜久子は、忘れていた手紙の返事を、やっと書き始めた。
夫と死別した前後の様子を書く段になって、やはり筆はⅡ滞った。
しばらく考えた末に、喜久子は、こう書いた。
〔……四年も留守にしたあげく、ひょっこり帰って来て、そのまま死んでしまうなんて、⑦……まるで鮭《さけ》みたいに、一生懸命に帰ってきたのね……〕
それから先はもう書けなかった。

（神吉拓郎「鮭」より）

＊大儀…面倒でおっくうな様子。
＊床を取る…布団を敷く。

問16 傍線部①とあるが、「懐が暖かい」とはどういう意味か。もっとも適切なものを次から選べ。
A　やる気に満ちあふれている。
B　気分が穏やかである。
C　所持金が充分にある。
D　全身がぽかぽかしている。

「可笑しいな、一つだけ嗅《か》いでも、それほど匂わない」

「そうかしら」

清治は、そっと、その花を摘まんだまま、縁側の喜久子のところへ持って来た。

「そうだよ」

「そんなに匂わないわね」

「な……」

清治は、その花を摘まみ直すと、手を伸ばして、喜久子のスウェターの胸に、それを挿した。うまく留った。

帰宅から三月もしないで、清治は、あっけなく死んだ。

五十歳までに、まだ数カ月あった。

入院してから、息をひきとる迄《まで》、喜久子はずっと付き添っていた。

清治は、喜久子に、家を出ていた間のことを、なにも話さなかった。

喜久子の方も、それについて訊《き》きただそうとはしなかった。

話を聞いて、あらためて傷つきたくはなかったのである。

どこで、どう暮していたのか、清治以外には誰も知らない。

ただ、小康を保っていたときに、清治は、ふっと、こんなことを口にした。

「水戸のずっと先にね」

「ええ」

「いい海岸がある」

喜久子は、清治がなにを言い出すのかといぶかった。

「いい海岸なんだよ」

「どんな海岸なの」

「崖があって、松があって」

「そんなにいいの」

「そこに坐って、海を見てると、気持が休まる。なんといったかなあ」

「忘れちゃったんですか」

「俺にも、よく解らない」

と、いったそうだ。

「急に、虚《むな》しいな、という気がしたんだ。なにが理由なのか解らないが、虚しいなと思い始めると、それが頭から離れなくなってね」

清治は、それ以上は説明をしなかったそうである。

水戸へ探しに行ったらどうかという人もあり、その役を買って出ようかという親類もいたが、喜久子は、多分もう清治は水戸を離れたに違いないとおもった。

そして一切の申し出を辞退した。

帰って来てからの清治は、相変らず言葉すくなで、喜久子と、ほとんどだんまりで日を過した。気持は落ち着いているようだったが、顔色がひどく悪く、大儀そうな様子が目についた。

「どこか悪いんじゃない」

と、喜久子が聞くと、

「いや、大したことはない」

と、首を振るだけである。

見かねた喜久子が、付き添って病院へ連れて行くと、医者は精密検査をするように命じた。

それっきり、清治は、病院へ行かなかった。


清治と喜久子は、縁側に腰掛けて、庭を眺めていた。

なんの取柄もない小さな庭だけれど、沈丁花《じんちょうげ》が開きかけていて、かすかな香《かおり》が空気のなかを漂っていた。

珍しいほど暖かな陽差《ひざ》しであった。

身じろぎもせずに、庭を眺めていた清治が、坐り直して、喜久子をまじまじと見詰めた。

(なんですか)

と喜久子は、問い返そうとして、清治の顔を見た。

声が出なかった。

清治の目に、⑥<u>今まで見たことのないほど穏やかな色</u>を見て取ったような気がして、胸がつまったからである。

今まで、つもりに積った言葉が、喜久子の口からほとばしろうとしたときに、清治は顔をそむけて、立ち上った。

下駄《げた》を突っ掛けて、庭先へ出ると、清治は沈丁花のひとむらの前に立った。

そして、小さな花の一つを摘むと、鼻の先へ持って行って、ふかぶかと匂いを吸い込んだ。

清治が家を出てから、四年になっていた。

ある朝、いつものように出て行って、ふいと消息が絶えた。

その日は、会社に顔を見せて、午後、どこかへ出掛けて、そのまま、会社へも連絡がなかったそうである。

その後捜索願いも出され、喜久子はいろいろ事情を聞かれたが、思い当る理由はなにもなく、彼が立ち寄りそうな先も、まるで見当がつかなかった。

清治の身辺に就《つい》て、会社や警察で一応の調べの結果が出たけれど、［Y］の廻らないような借金とか、事件につながりそうなものは、なにも出なかった。

これといった女性関係もなかったようである。

「単なる蒸発、というと、可笑《おか》しな言いかただが、どうも、そういうより他にないようですなあ」

というのが、警察の見解であった。

「仕事もよくやっていましたし、対人関係で悩む人じゃありませんしね。動機を探すのに苦しむんですよ」

会社の上司はそういう。清治は、会社では、ごく人あたりの良い人間で通っていたらしい。⑤それを聞いた喜久子は、ちょっと意外な気がした。

「もちろん、帰って来たら、すぐ復職して貰いますよ。なにしろ仕事にはＩ精進しておられるし……」

上司は、愛想よく、そう付け加えた。

半年ほどして、ある晩、電話が鳴った。

喜久子が出てみると、受話器の向うはしんとして、相手はなにもいわなかった。

直観的に、喜久子は、清治だと思った。

何度呼んでも、相手は黙ったままである。

やがて、溜息《ためいき》のような風のような音が聞えたと思うと、電話は切れた。喜久子は、しばらく茫然《ぼうぜん》としていたが、清治が健在でいることを確信した。

その後、熱海で清治を見かけたという話や、水戸で清治に会ったという話が伝えられた。

たまたま、出張で出掛けた水戸の市内で、清治にばったり会った同僚が、喫茶店でしばらく話したらしい。その時の話の内容を電話で喜久子に報《しら》せて来た。

清治は、あちこちを転々としているようである。

その時、同僚の男が聞いた話では、清治は水戸のどこかの会社に勤めているということだった。

喜久子に、なにか伝えることはないのかと聞くと、清治は、

「探すなといってくれ。ただ、元気でいるとだけ伝えてくれればいい。そっちも元気でいてくれるように」

それだけ伝えてくれれば、と、清治は頼んだという。

喜久子は、清治が家を出た理由が知りたかった。同僚の男も、清治から、それを聞きたかったらしい。

ところが、清治は、その質問に答えて、

うっかり口をきけば、たちまち果てしのない口争いになりかねない。それは喜久子にも清治にもよく解っていた。言いつのり、罵り合ってみたところで、なんの足しにもなりはしない。

喜久子は、台所に酒があったのを思いだして、燗《かん》をつけた。

清治は、酒の顔を見て、不思議そうにしていたが、なにもいわずに飲んだ。喜久子がたまに飲んだ飲み残しで、いくらもなかったが、清治はたちまち赤くなった。随分と弱くなったようだった。以前の清治は、かなりの酒豪であった。

酔うと、清治は坐っているのが*大儀のようにみえた。

さほど大きくない身体が、ゆらゆらとしている。見馴《みな》れた清治より、ひと廻り痩せて、小さくなったと喜久子は思う。

*床《とこ》を取ると、清治は、

「有難《ありがと》う」

と小さくいって、すぐ立って行った。

喜久子は、食事のあとを片付けて、ずっと起きていた。手紙を書く積りだったが、とても書けそうになかった。それで、長いことテレビを見ていた。

深夜映画が終り、遂《つい》に画面が空白になってしまうと、喜久子はやっと立ち上った。

壁に、清治の背広が吊《つる》してあり、その下にボストン・バッグが置いてある。何年か前なら、さっさと片付けてしまうところだが、背広もボストン・バッグも、見馴れない感じのもので、夫のものという思いがしない。

ワイシャツは、洗濯屋から返って来たばかりのもののようだった。ここ数年間、清治がどこでどんな生活をして来たのか、それを語ってくれるのは、それだけである。

喜久子は、じっと、その背広とバッグを眺めていた。ポケットや、バッグのなかみを確かめてみたい気はしたが、他人の持物を探る疚《やま》しさの方をつよく感じて、思いとどまった。

寝室に入ると、清治は寝息を立てていた。

そっと自分の布団にすべり込み、身体を横たえると、突然、涙が湧いて来た。嗚咽《おえつ》というのではない。ただ、とめどなく涙が湧いて来て枕を濡らした。

明けがた頃、喜久子はふと目覚めた。

誰かが叫ぶ声を聞いたように思ったからである。

ひとり寝の習慣がついてから、喜久子は耳ざとくなっていた。

しばらく半醒《はんせい》のまま耳を澄ましていると、隣の清治が、なにか呟《つぶや》いた。

なにをいっているのか、聞き取れないが、はるか遠くから伝わって来る声のように聞える。なにか得体の知れない動物の遠吠《とおぼ》えのようにも思える。

喜久子は闇のなかでじっとその声を聞いていた。

といった。

喜久子には、言いたいことが山ほどあった。眠れない夜などに、夫ともし顔を合せたら、ああもいってやろう、こうもいってやりたいと、繰り返し考えていたことで、胸のうちははち切れそうになっていた。

それなのに、いざ、清治と向い合ってみると、その瞬間に喜久子の頭に浮んだのは、

（この人、ひどく疲れているようだ）

という、ごく客観的な印象だけであった。

そして、その次に、喜久子の口をついて出たのは、

「ご飯、すんだんですか」

という言葉だった。何年間か使わなかったけれど、以前は口にした言葉である。それが突然自分の口から出たとき、喜久子は自分ながら意外だった。不意をつかれて、思わず口走ったという感もあった。

あとで考えれば、喜久子のそのときの言葉次第では、清治も諦めてまた出て行ったかもしれないのである。ただでさえ、敷居が高かった筈《はず》だ。

②清治の顔に、安心の色が浮んだ。

そして、照れたように目をぱちぱちさせながら、彼は、

「いや、まだだ」

と答えた。

喜久子は風呂を沸かし、食事の用意を調えた。落ちついている積りだったが、やはり気持は宙に浮いていて、③台所で庖丁《ほうちょう》を使っていると慄《ふる》えが来た。何度か指を切りそうになった。

清治も、ぎこちなく坐《すわ》って、煙草《たばこ》ばかり吸って、家のなかを見廻しているようだった。立ち上《あが》って、どこかへ行ったと思うと、縁側の硝子戸《がらすど》を開けて、暗い庭をじっと眺めていた。

（ひとり住《ずま》いは不用心だから、誰かに空いた部屋を貸しなさったら……。いくらかにもなりますし……）

そう勧めてくれる人もあったが、④喜久子はその気になれなかった。これも、知人の計らいで勤めに出るようになったが、会社の事務の仕事にも、やはり馴染《なじ》めなくて、辞めたばかりである。

さきのことは考えまい、と、喜久子は心に決めていた。今のところは、なんとか暮している。いよいよとなったら、また考えればいい、と思う。家を彼女の名義にしておいてくれた親の判断は、今になってみれば、先見の X があったといえる。清治は、そのことで気持を傷つけられたらしいが、おもて立って口にすることはなかった。

風呂から上って、食事をすませる間も、二人は、ほとんど話らしい話をしなかった。

D　普段は関わることのないような他人とふとしたときに交流し、人間らしさを感じたり、連帯感をおぼえたりするのはとても温かく心地よい体験だが、それを求め過ぎて他者にも自己と同じような感じ方を強制したり、みなと同じ行動を強要したりするような状況は息苦しいので、ゆるやかなつながりを形作っていくのがよい。

三

次の文章を読んで、あとの問いに答えよ。

予感というものが、もし実際にあるものならば、その日の喜久子には、確かにそれらしいものがあった。

夕方、買物に出るのは、喜久子の日課である。駅前の商店街まで歩いて行って、ささやかに晩の買物をしたり、蕎麦《そば》屋や、レストランで一人だけの食事を済ませる。そのあと、珈琲《コーヒー》店に入って、長いこと本を読むこともあった。遅く帰っても、文句をいう家族は誰もいないし、時間を気にする必要はなかった。

その日、いつもの買物に出かけた喜久子は、商店街のなかで、誰かに見られているような気がした。漠とした感じでしかないが、背中に視線を受けているように思って、彼女は二三度、振り返ってみた。

誰も、それらしい相手は見当らない。

丁度、喜久子のような買物客で、商店の混み合う時間である。八百屋、魚屋、惣菜《そうざい》を売る店、どの店先にも人垣が出来ている。この私鉄沿線の町も、目立って人が増えているのが解《わか》る。急行が着いたとみえて、またひとしきり、駅の出口から人波が流れ出、それぞれ思い思いの方向へ散っていく。

鱈《たら》ひと切れ、豆腐、春菊、卵は朝の為、ボールペン、それだけが喜久子の買物である。仙台にいる女学校時代の旧友から便りを貰《もら》って、返事を書こうとしたら、使い古したボールペンのインクが切れていた。今夜は書くつもりである。晩は、鱈の鍋でいい。豆腐は一丁あると二度の役に立つ。失業保険が入ったばかりだから、①懐はいくらか暖かだったが、無用の出費は許されない。

流しで春菊を洗っていると、目の前の窓の外を、すっと人の影が過ぎたような気がした。

表の門は閉じたままになっているので、裏木戸しか使えない。来客は勝手口を廻《まわ》って玄関へ行くことになる。

今頃誰だろうといぶかりながら、玄関へ出て行く。

ブザーが鳴った。

明りをつけると、格子戸の向うに誰かの立っている影が見えた。

戸をあけると、夫の清治だった。

喜久子が立ちすくんでいると、清治も、しばらく押し黙っていたが、やがて、ひとつ頷《うなず》いて、

「ああ」

問13 傍線部⑥「上気した顔」の意味としてもっとも適当なものを次から選べ。

A 考え事に夢中で上の空になった顔
B うれしさで輝いた顔
C 興奮して赤らんだ顔
D 満たされてうっとりした顔

問14 傍線部⑦とあるが、この部分の説明としてもっとも適当なものを次から選べ。

A 電車や駅の構内のような、不慮の事故が多い場所では、人は自分の世界に入って他者と関わらずに行動しているが、実際にことが起こったときにはそうはいかず、その際の交渉の仕方に、その人の真のコミュニケーション能力が表れるということ。
B 電車や駅の構内のような、物質的な流れが盛んな場所では、人は周りのスピードに乗り遅れまいと気を張って行動しているが、何らかの出来事でその流れが中断されたときの反応によって、その人の普段の生きるリズムが浮き彫りになるということ。
C 電車や駅の構内のような、単に通過するだけの場所では、人は不用意に心を開かず、その場を無事にやり過ごすためだけの行動を取っているが、思いがけない出来事に不意を突かれたときの振る舞いに、その人本来の人間性が垣《かい》間《ま》見《み》えるということ。
D 電車や駅の構内のような、不特定多数の見知らぬ人々が行きかう場所では、人は意識的に、周囲に埋没するような画一的な行動を取っているが、不慮の出来事が起こったときに取る無意識の行動によって、その人の本当の性格が分かるということ。

問15 【Ⅰ】・【Ⅱ】の文章をあわせて読んだとき、そこから読み取れる筆者の考えとして、もっとも適当なものを次から選べ。

A 他者とのつながりというのは人間にとって本来的に快いものであり、同一の価値観を持って団結することも集団で生きる者にとっては必要なことであるが、世の中には孤高をよしとする人間もおり、そのような人間にとっては群れることは苦痛であるので、相手の性質を考慮しながら接し方を変えていく気遣いをするべきだ。
B 現代は不特定多数の見知らぬ人々と日常的に接せざるを得ず、その分、他者に対する警戒心も高まってつながりも希薄になりがちだが、思いがけず心を高揚させてくれるような他者との連帯を体験するためには、戦時中のようにやみくもに一体感を求めるあり方は望ましくないものの、ある程度の積極性が求められるだろう。
C 人間も社会で生きる以上はある程度の道徳や倫理は必要になってくるので、プラスチック膜のカプセルのような手段で自分を律し、規範にのっとった振る舞いをすることも求められるが、一方で、他者に対して心を開き、互いの個性を受け容れ合うような温かいつながりを育んでいくことも、同じくらい重要なのではないか。

C　庭の提供に同意すれば共同生活を免れるという町会からの忠告には、他人と協調することができない「彼女」への気遣いという側面もあったが、一方で「彼女」には孤高を保ち続けてほしいという願望も背景としてあったということ。

D　個人の庭に貯水池を掘るという町会からの奇妙な提案には、愛国的な振る舞いをしようとしない「彼女」に対する警告という側面もあったが、一方で周囲の意地悪から「彼女」を救おうという企図も動機としてあったということ。

問乙　傍線部②「そう」が指す内容を四十五字以上五十字以内で抜き出し、始めと終わりの五字を書け。

問10　傍線部③とあるが、「戦場」とはこの場のどのような様子を形容していると考えられるか。もっとも適当なものを次から選べ。

A　張り詰めた雰囲気の中、たくさんの人々が休息を一切取らずに殺気立って作業をする様子。

B　不安に満ちた雰囲気の中、たくさんの人々が安全な場所を求めて続々と集まってくる様子。

C　浮足立った雰囲気の中、たくさんの人々が入れ代わり立ち代わり来ては帰るという様子。

D　熱気のある雰囲気の中、たくさんの人々が共通の目的のためにあわただしく立ち働く様子。

問11　空欄④に入る語を次から選べ。

A　波　　B　渦　　C　海　　D　泡

問12　傍線部⑤とあるが、「公然と許された独り言」という表現が示していることとして、もっとも適当なものを次から選べ。

A　周囲の人も同じことについて疑問に思っていることが想定されるために、この場合は自然な行為だという認識で、むしろ人に聞こえるように発せられている独り言だということ。

B　周りの人々がみな笑っているという開放的な雰囲気の中で、自己を律する心がゆるんでしまったがゆえの、はめを外した大胆な気分によって発せられている独り言だということ。

C　駅員の身に何かあったのではないかと不安に思い、周囲と危機感を共有した上で万が一の場合は協力して助けようという、真剣な気持ちから発せられている独り言だということ。

D　不可思議な出来事に接して、公共の場で起こっている以上は自分にも市民の一人として疑問を表明する権利がある、という意識の下で堂々と発せられている独り言だということ。

ている。人や物の、物質的な流れは盛んでも、個人の周りはカプセルのように閉ざされている。そのカプセルはまるで透明なプラスチックででも出来ているかのように、ちょっとしたことでは破れない。

⑦だからこそ、電車内や駅の構内で、行きずりの、何の利害関係もない相手への対応に、その人の「本当」が出てくる。ぶつかって、あ、ごめんなさい、という言葉を、こちらを気遣う表情とともに言われ、思わず、いえいえこちらこそ、と返すとき、互いの間に流れる空気のすがすがしさ。プラスチック膜が破れて、空気の通りがよくなったのだ。

では、そもそもプラスチック膜でカプセルなんかつくらないようにすればいいのだ、とも思えるが、プラスチック膜カプセルはプラスチック膜カプセルでそれなりの効用がある。それは「不特定多数」の放つすさまじい情報量から自分を守る、という効用だ。それぞれが発している「何か」をいちいちキャッチして読み込んでいったらそれだけで大変な消耗だ。よく、人混みに出たら疲れた、とか人酔いした、などという人は、プラスチック膜強化術に慣れておらず、気づかずにこの情報量の波にやられているのだろう。

それにしても前述の駅員の「ああ!」には本当に驚いた。普段、駅構内アナウンスでは、まず聞かれない声である(週末の夜、という若干開放的なシチュエーションが関係していただろうか)。

言ってみれば、これは彼の、マニュアル通りにアナウンスする、という「プラスチック膜」が破れた瞬間だったのだろう。それで聞いていた人たちは、その「破れ」に敏感に反応して大笑いしたのだ。決して嘲笑《ちょうしょう》ではなく、ほのぼのとした、好意的な笑いだ。嬉《うれ》しくなって笑った、と言ってもいいだろう。

なぜ嬉しくなったのか。

それはきっと、思いもかけぬ「破れ」で、彼の人間らしさが見えたからだと思う。駅構内全体の空気の通りがよくなって、気分が高揚したのだろう。そしてこういう小さな出来事が、疲れたときに飴玉《あめだま》を口に入れたような作用を人に及ぼす。

(Ⅰ・Ⅱともに梨木香歩『不思議な羅針盤』より)

問甲 二重傍線X「ホウカイ」を漢字に直し、Y「口上」は読み方を書け。

問9 傍線部①とあるが、この部分の説明としてもっとも適当なものを選べ。

A 貯水池を掘る奉仕活動に加わってほしいと町会の人が持ちかけたのは、地域になじめていない「彼女」に対する思いやりという側面もあったが、一方で多くの男性が戦争に行くことによる深刻な人手不足も背景としてあったということ。

B 町会の人が庭の提供を依頼したのは、国家に十分貢献できていない「彼女」に対する配慮という側面もあったが、一方で戦争や世の中と距離を置いているように見える「彼女」に対する快からぬ気持ちも動機としてあったということ。

【Ⅱ】

週末の土曜日の夜、十時頃、東京郊外のある駅での出来事だ。

特別快速電車を降りて、そこから普通電車に乗り換えようとする人々で、プラットホームは（ラッシュのときほどではないにしろ）比較的混雑していた。週末だというのに勤め帰りと思《おぼ》しき人々、遊びに行く途中、遊んできた帰り、という若い男女。一番端のプラットホームなので、線路の向こう側には夜がそこまで迫っている。プラットホームの照明も、都心のただ中のそれより、なんとなく郷愁が漂っている。

やがて電車が入ってきて、それからアナウンスが流れた。若い男性職員の声で、

「到着しました電車は……」

と一応のY口上を述べた後、突然、

「ああ！」

と言ってアナウンスは途切れた。途端にホーム上、至る所で笑いの［④］。うつむき加減だった勤め帰りのおじさんたちも、思わず噴き出しながら顔を上にあげて、叫び声の出所を探ろうとしている。

「なんだ、どうしたんだ」

「何が起こったんだ」

口々に⑤公然と許された独り言のように呟《つぶや》く。

「笑い」というものは、こんなにも人の顔を希望に満ちた、明るいものに変えるのか、と私は目をみはる思いだった。入ってきた電車に乗り込みつつ、若い女の子たちは笑いながら（そのとき電車に乗り込んだ人々はほとんど全員がにこにこ笑っていた。何も知らない先客たちは、その駅で乗り込んできたのはみんなずいぶん陽気な人たちだと思ったことだろう）、

「知りたい！あの『ああ！』のわけを」

「いったい何が起こったんだろう」

と⑥上気した顔で言い合っていた。

もしそれが明らかに暴漢に襲われた類《たぐい》の悲鳴だったら構内は緊張感に満ちて、みな不安な表情になったに違いない。それがそうならなかったのは、その短い「ああ！」が、はた目にはきっと何でもないだろうことに発せられた、当人だけの切実感、というようなものに満ちていたからだ。そしてそれは期せずして、バラバラだった人々の心をそのとき一つにした。みながなかなか笑い顔をやめなかったのは、その「一つになった」ことの心地よさもあったからだろう。

不特定多数の見知らぬ人々が行きかう場所では、みなそこをただの通過点として足早に文字通り通過するだけなので、連れがあるならともかく、そうでないときは表情も硬い。大げさに言えば、不慮の事故に巻き込まれぬよう、変な人とかかわり合いにならぬように、多少緊張気味で表情に乏しく自分の世界に入っ

二　次の【Ⅰ】・【Ⅱ】の文章を読んで、あとの問いに答えよ。
なお、本文中の引用については、一部読み方を補った部分がある。

【Ⅰ】

松村みね子の筆名を持ち、アイルランド文学の翻訳家でもあった歌人の片山廣子《ひろこ》（※）の随筆集、『燈火節《とうかせつ》』（月曜社）を久しぶりに読み返していたら、彼女が戦時中、町会から自宅の広い庭をいざというときの貯水池に提供してくれと迫られるところがあった。中流階級の良妻賢母として名高い才女、一時華やかな文学サロンの女王のように見なされていた彼女は、当時身の回りのことをするお手伝いさんと二人で、表向きのことからはすっかり退いて広い家にひっそり暮らしていた。彼女の本質は、写真を撮られることも人前で目立つことも嫌いな「孤高の人」、本人の言葉を借りれば、「むづかしい」人間なのだ。いずれにしろ、群れることが一番苦手なタイプなのである。だが時代は「一億一心火の玉だ」「贅沢《ぜいたく》は敵だ」等をスローガンに、否《いや》が応《おう》でも国家に対する忠義を求めてくる。
つまり、同じ価値観で群れることを求めてくるのだ。個人の庭に町会の貯水池を掘るなどという異様なことが提案された背景として彼女は、「……町会の人みんながひどくのぼせて愛国の気持になつてゐ《(イ)》たから、何の働きもできない私のや《(ヨ)》うな女までも、何か好《よ》い仕事をさせてやら《(ロ)》うといふ《(ウ)》真面目な気持も交つてゐたらしく」、と書いているが、もちろん、①町会が彼女にそれを強いたのはそれだけが動機ではないことは行間から見え隠れしてくる。「か《(コ)》ういふ話を私ひとりでがんばつて受けつけないでゐれば、一億一心といふマトー（筆者註・モットーの意）にはづれるのだから、町会から少しぐらゐ意地わるの事をされても仕方がなかつた」。この話を受けてくれるよう懇願に来た町会長は、この先焼け出される人々が増えてくれば、お手伝いさんと二人静かに暮らしてきたこの家に、二十人三十人の人が押しかけて共同生活を強いられることになるかも知れない、庭の方を提供していれば、そういうことも免除して貰《もら》えるだろう、とも言い出し、②そうなれば「私にとつては怖いほどの一大事」と、彼女は貯水池の方を引き受けてしまうのだった。ついに隣組の各家庭から一人ずつ（男子は昼間の勤めがあるから）、全《すべ》て主婦か若い娘さんが穴掘りの奉仕の仕事にかり出されて彼女の庭にやってくる。最初の日だけで三百八十名ほどの人数がやってきた。午前九時から午後五時まで、勇ましい黒の防空服の彼女たちが大きなシャベルで土を掘ったり運んだり、庭のあちこちの木の下で七輪を据え、お茶を沸かしたりしている様を、彼女は家の中に隠れるようにしてそっと障子の中から眺める。静かで平和だった庭は、③すでに戦場のようである。

非常時の名のもとに一律に同じ価値観を要求され、その人がその人らしくあることが許されない社会はすでに末期症状を呈しており、いずれXホウカイの日も間近という事実を、私たちは歴史で学んでいるはずなのに、最近なぜかまたそういうことが繰り返されそうな、いやな空気が漂っている気がする。

人もまた、群れの中で生きる動物なのだから、ある程度の倫理や道徳は必要だが、それは同時にその人自身の魂を生かすものであって欲しいと思う。できるならより風通しの良い、おおらかな群れをつくるための努力をしたい。個性的であることを、柔らかく受け容《い》れられるゆるやかな絆《きずな》で結ばれた群れを。傷ついたものがいればただそっとしておいてやり、異端であるものにも何となく居場所が与えられ生きていけるような群れを。ちょっとぐらい自分たちと違うところがあるからといって、目くじらたてて「みんなこうしているのだから」と詰め寄り排斥にかかることがないような群れを。

※佐々木信綱に師事した歌人。「心の花」に歌文を発表。大正五年第一歌集『翡翠《かわせみ》』を刊行。旧派歌人的残滓《ざんし》を脱した理知的な歌風を樹立。一方、アイルランド文学に親しみ、松村みね子の筆名で翻訳も。また、芥川龍之介の詩「相聞《そうもん》」の対象として知られ、堀辰雄の『聖家族』のモデルとされた。

C　余った作物で飼育した家畜が新たな食料となり、飢えをしのぐ手立てになったということ。

D　人間が耕すには限界のある土地も、家畜によって耕作が容易になるなど、耕作面積が拡大していったということ。

問6　Ⅱの中に記されている「イースター島」のエピソードは、この文章においてどのような役割を担っているか。ふさわしいものを次の中から選べ。

A　文明の発展に伴う大気汚染や、人間の定住生活によって生じた非衛生的な環境が野生動物の減少を招き、食料不足が深刻化していったということを証明する役割。

B　大型野生動物の絶滅によって、人間は動物を意のままに支配することが可能となり、動物の家畜化や食生活の激変へとつながっていったということを示唆する役割。

C　乱獲による天然資源の枯渇に見舞われたことが、人間の食料源としての野生動物の家畜化を推し進める契機になっていったという説の妥当性を補強する役割。

D　温暖で安定した時代の到来により、椰子の実やニワトリ、野鳥や小型鯨などを食す、豊かな食文化が生み出されていったということを具体的に提示する役割。

問7　Ⅲにタイトル（小見出し）を付ける場合、ふさわしいものは次のどれか。

A　文明の誕生

B　感染症の出現

C　人類にもたらされた試練

D　寄生虫疾患の増加

問8　傍線部④「農耕定住社会への本格的移行」が、人間社会に感染症を根づかせる結果となった理由としてふさわしくないものを次の中から選べ。

A　食糧の増産と定住が人口増加をもたらし、一定規模の人口が集まって暮らす居住環境が感染症の流行にとって格好の土壌となっていったから。

B　糞便の集積や再利用による寄生虫疾患の増加、余剰食料による小動物の繁殖などにより、感染症の温床が生み出されてしまったから。

C　狩猟生活から農耕生活へと移行したことによって、野生動物との接触機会も減少し、人間の病原体への耐性が次第に薄れていったから。

D　野生動物の家畜化によって、それまで野生動物に寄生していた病原体が、人間を媒介として広く人間社会に拡散するようになっていったから。

A　個々人が所有する土地の面積が広がり、人々はより豊かな暮らしを営めるようになったということ。
B　ある一定の広さの土地で、よりたくさんの人たちが生きて行くことが可能になったということ。
C　人間の寿命が延び、一つの土地に何世代にもわたって生活できるようになったということ。
D　人間が住むことのできる土地が次から次へと広がり、新たな共同体が生まれていったということ。

問2　文中の空欄［　イ　］～［　ハ　］に入れるのにふさわしい組み合わせを次の中から選べ。

A　イ　さらに　　ロ　あるいは　　ハ　しかし
B　イ　さらに　　ロ　けれども　　ハ　したがって
C　イ　あるいは　ロ　さらに　　　ハ　しかし
D　イ　あるいは　ロ　そして　　　ハ　したがって

問3　「農耕の開始」が人間社会にもたらしたものをⅠの中から読み取り、該当するものを次の中から選べ。

A　安定した食料供給と栄養状態の向上
B　人口規模の拡大と定住という生活様式
C　狩猟採集生活の終焉《しゅうえん》と新たな文明の誕生
D　出生率の上昇と健康的で文化的な生活

問4　傍線部②「オオ」と同じ漢字を用いる熟語を次の中から選べ。

A　薬をフクヨウする。
B　フクシンの部下を持つ。
C　敵がセンプクしている。
D　船がテンプクする。

問5　傍線部③「そうした影響」にこの場合あてはまらないものを次の中から選べ。

A　家畜の糞がよい肥料となり、作物の収穫量の増大に結びついていったということ。
B　必要以上に生み出された農作物は加工され、飢饉の際の食料として貯蔵されるなど有効に活用されていったということ。

農耕や野生動物の家畜化が始まった要因として、地球気温の上昇を挙げる研究者もいる。約一万年前、最後の氷河期が終わった。以降地球は間氷期を迎え、温暖で安定な時代が続く。現在を含めてこの時代は「奇跡の一万年」と呼ばれる。この温暖な気候が、農耕に適した土地と、野生植物の生息域の拡大に寄与し、さらには農耕に適した家畜を選択する余地を与えたというのである。

Ⅲ

④農耕定住社会への本格的移行は、文明を育む一方で、私たち人類に多くの試練をもたらすことになった。その一つに感染症がある。

定住は、鉤虫《かぎむし》症や回虫症といった寄生虫疾患を増加させた。鉤虫症は、糞便から排泄《はいせつ》された虫卵が土の中で孵化《ふか》、成長し、皮膚から感染することによって起こる。回虫症は、便から排泄された虫卵を経口摂取することによって起こる。定住地において、人々が排泄する糞便は、居住地の周囲に集積される。それによって寄生虫の感染環が確立する。糞便が肥料として再利用されることによって、それはより強固なものとなった。

農耕によって生み出され、貯蔵された余剰食物は、ネズミなど小動物の格好の餌となった。ネズミは、ノミやダニを通して、ある種の感染症をヒト社会に持ち込んだ。ノミやダニによって媒介される感染症として、小児関節炎を起こすライム病、発熱や悪寒に潰瘍《かいよう》をともなう野兎《やと》病、リケッチアが原因となるコクシエラ症（Q熱）やツツガムシ病、そしてペストなどが知られている。

Ⅳ

野生動物の家畜化は、動物に起源をもつウイルス感染症をヒト社会に持ち込んだ。天然痘《とう》はウシ、麻疹《はしか》はイヌ、インフルエンザは水禽、百日咳《ひゃくにちぜき》はブタあるいはイヌに起源をもつ。いうまでもないことだが、これらの動物は、群居性の動物で、ヒトが家畜化する以前からユーラシア大陸の広大な草原で群れをなして暮らしていた。

ヒトから家畜に感染した病原体もある。例えば、ウシ型結核菌は、ヒト型結核菌にその起源をもつ。遺伝子解析から、ウシ型結核菌は、三万数千年前にヒト型結核菌から分岐したことが示唆されている。

家畜に起源をもつ病原体は、増加した人口という格好の土壌を得て、ヒト社会へ定着していった。

（山本太郎『感染症と文明』より）

＊家禽《かきん》――肉や卵を利用する目的で飼う鳥類のこと。

問1　傍線部①「土地の人口支持力を高めた」とはどういうことか。傍線部を分かりやすく言い換えたものとして適切なものを次の中から選べ。

だろう。［　イ　］イナゴの大群が来襲するかもしれない。

農耕は、狩猟採集と比較して、特にその初期において決して期待収益性の高い技術ではなかった。［　ロ　］、農耕は狩猟採集より長時間の労働を必要とする。農耕は、狩猟採集の傍らで細々と開始されたに違いない。農耕が開始された後でさえ、人々は狩猟や採集を続けた。その頃の人類が農耕の潜在的可能性を完全に理解していたとは考えにくい。［　ハ　］結果としてみれば、その農耕が以降の人類史を大きく変えていくことになったのである。

II

農耕・定住の開始とほぼ同じ頃、同じ場所で起こった出来事に、野生動物の家畜化がある。いまから一万一〇〇〇年ほど前、ティグリス川とユーフラテス川に挟まれたメソポタミアの地で起こった。現在のイラクにあたる。

家畜は、いくつかの点で人間社会を変えた。第一に、家畜の糞《ふん》は質のよい肥料となった。第二に、牛や馬は耕作可能面積を広げた。例えば、ロッキー山脈の東側の北アメリカ大平原に暮らす先住民は、長く川沿いの谷間でのみ農業を行ってきた。それは、谷の土地が柔らかく、人力で耕せたからにほかならない。硬土に②オオわれた台地での耕作が可能になったのは、一九世紀にヨーロッパから家畜と鋤《すき》技術が到来してからのことであった。第三に、家畜は余剰作物の貯蔵庫として機能した。余った作物を餌《えさ》とすることによって、家畜は、飢饉《ききん》の際の食料となりえた。決定的な解決策ではなかったかもしれないが、ぎりぎりのところでは、家畜の存在が生存の成否を決めることがあったに違いない。野生動物の家畜化は、③そうした影響を通して、人口増加に寄与した。

農耕開始以降、あるいはそれ以前から、狩猟採集は報酬の少ない労働となってきていた。乱獲が自然資源を減少させ、それが人類をして、農耕や家畜化へと向かわせたという説がある。そのような例として、イースター島の例が知られている。

ポリネシア三角の東端に位置するイースター島は、チリの首都サンティアゴから西へ三七〇〇キロ、タヒチから東へ四〇〇〇キロに位置する。全周六〇キロ、面積一六〇平方キロ余、現地語で「ラパ・ヌイ＝広い土地」と呼ばれる。周囲に島らしい島はない、太平洋上の孤島である。最も近い島からでも四一五キロ、人の住む直近の島からは二〇〇〇キロもの距離がある。

西暦五〇〇年頃、人類はこの島へ到達した。＊家禽《かきん》であるニワトリとともに。太平洋の横断には木彫りの舟が使用された。イースター島は当時、巨大椰子《やし》が茂る緑豊かな島だった。西暦七、八世紀頃には祭壇が作られるようになり、遅くとも一〇世紀には石造りのモアイ像が製作され始めた。それは一七世紀頃まで続いた。しかし、モアイ作りは突然終わりを告げる。過度の森林伐採による環境破壊が原因だった。森を失った島からは、大量の表土が流れ出した。土地は痩《や》せ、海は汚れた。食料不足は深刻なものとなっていった。

住民がニワトリを主要な食料源とし始めたのはその頃からだったという。野鳥や小型鯨《くじら》が食料として確保できていた間、ニワトリが住民の主要な食料源となることはなかった。遺跡から発掘される動物たちの骨が、その事実を物語る。

二〇二一年度 明治学院高等学校

【国 語】（五〇分）〈満点：一〇〇点〉

☆問1～問23はマークシートに、問甲・乙・丙・丁については別紙の解答用紙に書くこと。
☆読解の一助とするため、表記を変えた箇所があります。

一 次の文章を読んで、あとの問いに答えよ。

I

農耕の開始は、それまでの社会のあり方を根本から変えた。

第一に農耕は、単位面積あたりの収穫量増大を通して、①土地の人口支持力を高めた。第二に、定住という新たな生活様式を生み出した。定住は、出産間隔の短縮を通して、さらなる人口増加に寄与した。狩猟採集社会における出産間隔が、平均四–五年であったのに対し、農耕定住社会における出産間隔は、平均二年と半減した。移動の必要がなくなり、育児に労働力を割けるようになったことが大きい。ちなみに、樹上を主たる生活場所とする他の霊長類を見てみれば、チンパンジーの平均出産間隔は約五年、オランウータンのそれは約七年となっている。オランウータンの出産間隔は霊長類のなかで最も長い。

もちろん一直線に人口が増加したわけではなかろう。農耕が初期において、人々の栄養状態を悪化させたこともあったろう。短期的には、停滞も起きたに違いない。しかし長期的傾向として、人口は増加を続けた。

有史以前の人口は、土地の人口支持力から逆算することによって推定される。ある計算によれば、前期旧石器時代（約一五〇万年前）の狩猟採集民一人の生存に必要な土地の面積は、およそ二六平方キロメートルだったという。単純に計算すると、一平方キロメートルあたりの人口支持力は、〇・〇三八人だったことになる。後期旧石器時代（約五万年前）に入る頃には、それが〇・一人にまで上昇し、新人類が出アフリカを果たした当時（五–七万年程前）の人口は、数十万から一〇〇万人程度となっていた。そのうちの数百人、多くても二〇〇〇人程度がアフリカを後にして世界へ広がっていった。

農耕が開始された一万一〇〇〇年前頃には、人口は五〇〇万人となり、紀元前五〇〇年頃に一億人を突破し、紀元前後に約三億人となった。五万年かけて二〇倍になった地球人口は、農耕開始後、一万年で二〇倍に、その後二〇〇〇年でさらに二〇倍に増加した。

ところで、農耕を発見したとき、人類は、狩猟採集より高い食物収量を保証する革新的技術として、それに飛びついたのだろうか。実際の状況はそれほど単純ではなかったかもしれない。春に植えた種は秋に収穫される。しかし、春から秋にかけて起こることを正確に予測することはできない。農耕がそれまでに経験したことのない試みであったとすれば、なおさらである。洪水が起こることもあるだろう。旱魃《かんばつ》が襲うこともあるだろう。作物が病気にやられることもある

2021年度／明治学院高等学校

英語解答

A
1 (5)　2 (3)　3 (2)　4 (5)
5 (2)　6 (2)　7 (2)　8 (5)
9 (1)　10 (5)　11 (2)　12 (4)
13 (3)　14 (5)　15 (5)　16 (3)

B
17 (3)　18 (4)　19 (1)　20 (2)
21 (3)　22 (4)　23 (1)

C
24 (2)　25 (5)　26 (1)　27 (3)
28 (4)

D
29 (4)　30 (2)　31 (3)　32 (4)
33 (2)

E
Ⅰ　34…(3)　35…(5)　36…(4)
Ⅱ　37…(4)　38…(5)　39…(3)

A〔長文読解総合─物語〕

≪全訳≫ギフトカード❶2014年は私にとってつらいものだった。私の唯一の仕事は執筆することだった。その年の後半の半年は，いくつかの執筆が十分な出来ばえでなく，新しいアイデアもなかった。健康上の問題もあった。古い車には新しい部品が必要だった。暖房も動かなくなった。もうすぐクリスマスだったが，お金もあまりなかった。クリスマスカードの１枚を開くと，私はメモつきのギフトカードを見つけた。「ご自身のために何か特別な物を買ってください」❷カードには名前がなかったので，誰からのものかわからなかった。私はそのお金で買える物についてたくさんの考えがあった。新しい冬用のブーツか，カメラかDVDが買える。わあ…すてきなクリスマスになるだろう。私はうれしかったが，困惑した。カードを置いた。誰がそれをくれたのか知りたかった。❸私たちの教会は，食料を必要とする人々に無料で配給している。地元の店が，パンや卵，豆，それに缶詰めを持ってくる。人々は必要な物をもらいに来ることができる。全て無料だ。クリスマスの２週間前，私が他の人たちと食料を配っていると，悲しげな女性が私のカウンターにやってくるのが見えた。彼女は汚れたＴシャツに，ジーンズ，ジャケットを着ていた。彼女がビニール袋に乾燥豆１袋と小さな玉ねぎを１つ入れたとき，私は「家族のためにいらしたのですか？」ときいた。❹「いいえ」と彼女は言った。「自分のためだけよ」　彼女の声には悲しみがあり，私は彼女が話したいのだとわかった。「娘とその家族はフロリダに住んでいて，夫は２か月前に亡くなったの。クリスマスの夕食にトルティーヤと豆をいただこうと思って。夫はいつも豆が好きだったの」❺「彼のお名前は何でしたか？」と私はきいた。❻「ジャックよ」　彼女は私に，彼女の夫について話してくれた。彼の笑顔，目の色，家族を支えるために働いてくれた年月，そして彼がクリスマスイブに教会に行くのをどんな様子で楽しんだか。彼女は話すと，目に涙を浮かべた。「今年は，彼のいない初めてのクリスマスになるわ。私たちは多くのお金を持っていたことはないけど，今は孫たちにクリスマスプレゼントを買うお金もないの」❼私はポケットからティッシュを取り出すと，ギフトカードを見つけた。私はそれを彼女に渡して言った。「どうぞ。これが役立つでしょう。メリークリスマス」❽新年の教会の集会で，牧師が食料配給所から受け取った１通の手紙を読んだ。❾食料配給所の皆さん❿２週間前，私はとても悲しんでいました。夫であるジャックは，仕事で大きなトラックを運転していました。３か月前，彼はコロラドから家に戻る途中で事故に遭いました。彼の前を走っていた車にトラブルがあったのです。彼は道から外れました。前の車にぶつかりたくなかったのです。夫は，彼らを救おうとして亡くなりました。後になって，その車に乗っていた母親，父親，そして生後２か月の赤ちゃんは，テキサス州の家族を訪ねる途中であったことを知りました。ジャックは彼ら全員を救ったのです。⓫私はとても悲しみました。私たちの人生の中で，ジャックは私が働くことを望みませんでした。彼の死後，私は仕事を見つけようとしましたができませんでした。自分たちのお金がなくなると，私は食料配給所に通い始めました。クリスマスの２週間前，最後の夕食にと，私は豆とトルティーヤをもらいにやってきました。ところが，ボランティアの１人の方がギフトカードをくれたのです。

それがいくらなのかわかりませんでしたが，孫たちへプレゼントを買ってあげられればと思いました。そのカードが500ドルだと知ったときにはとても驚きました。そのお金でプレゼントと自分の食べ物を買うことができました。私はうれしかった。私は他の人を助ける施設で働き始めました。⓬神はいつも私たちを助けてくれます。食料配給所に来たときは，それを信じていませんでした。でもその日，神は私の人生を変えたのです。もしそうでなかったら，キッチンが食料でいっぱいになったり，働き始めてお金を得るのを楽しみにしたりすることはなかったでしょうし，将来もよいものではなかったでしょう。私は，そのボランティアの方や，食料配給所，そして他の人たちを助けている全ての人に感謝しています。皆さんに神のご加護がありますように，そしてよい年をお過ごしください。⓭私もそうします。⓮感謝している友より⓯多くの場合，私たちは親切にしたとしても何が起こるか知らないが，ときには知ることもある。しかし，それを知ることによってではなく，することによって人は幸せになるのだろう。

1＜**英問英答**＞「2014年がマーガレットにとってつらかった理由の1つは何だったか」―(5)「暖房がもう動かなくなったことだった」　第1段落第3～7文につらかった理由が挙げられており，(5)は第6文に合致する。　anymore「もはや(～ない)」

2＜**語句解釈**＞第1段落最終文参照。ギフトカードについていたメモには「何か特別な物を買ってください」と書いてあったのだから，(3)「ギフトカードのお金」が適切。

3＜**適語選択**＞2つの空所は but で結ばれているので，相反する内容を表す語が入る。空所の前では買いたい物を想像して心を躍らせているが，空所の後ではカードをくれた人物がわからず困惑している様子が読み取れる。　confused「困惑した」　disappointed「がっかりした」

4＜**英問英答**＞「なぜその女性は悲しかったか」―(5)「女性の夫がもう生きていなかったから」　第4段落参照。数か月前に夫を亡くしており，夫の好物をもらいに配給所に来ている。　no longer「もはや～ない」　alive「生きている」

5＜**適語選択**＞空所後の without him は「彼のいない」という意味。him は「女性の夫」を指す。女性の夫は2か月前に亡くなったのだから，今年は夫のいない「初めての」クリスマスとなる。

6＜**英文解釈**＞下線部は，お金がなくなって孫にプレゼントを買えないと話す女性に対し，筆者がギフトカードを差し出しながら言った言葉。主語の This は，筆者が女性に渡した「ギフトカード」のこと。help は「役立つ」という意味。よって，(2)「このギフトカードは，悲しい女性が孫たちのためにプレゼントを買うのを助けるだろう」が適切。　‘help＋人＋(to) ～’「〈人〉が～するのを助ける，手伝う」

7＜**語句解釈**＞a letter とはこの直後から始まる手紙のこと。この手紙は，クリスマスに助けてもらった女性が，その後感謝を伝えるために食料配給所に送ったものである。この内容に一致するのは，(2)「その手紙には，悲しい女性が助けてくれた人々に対してどれほど感謝しているかが書かれていた」　‘thank＋人＋for ～’「〈人〉に～のことで感謝する」

8＜**英問英答**＞「なぜジャックは妻に働いてほしくなかったか」―(5)「その理由はこの話には書かれていない」　‘want＋人＋to ～’「〈人〉に～してほしい」

9＜**英文解釈**＞I will の後には下線部の直前にある have a wonderful New Year が省略されている。この内容に一致するのは，(1)「私も新年を楽しみます」。このように，英語では次にくる内容が直前の内容から明らかにわかる場合，繰り返しを避けるために省略される。

10＜**英問英答**＞「感謝している友とは誰か」―(5)「感謝している友とは，クリスマスの前に食べ物をもらいに食料配給所に来た女性である」　A thankful friend は，手紙の最後にあることから，この手紙の送り主，つまり助けてもらった女性のことだとわかる。　thankful「感謝している」

11＜**適語選択**＞‘not ～ but …’は「～でなく…」という意味。前文の but sometimes, we do は，

but sometimes, we know「ときには知ることもある」の意味で，女性にあげたギフトカードがとても役立ったことを後から筆者が手紙で知ったように，親切にした行為の結果がわかることもあるということ。しかし，幸せになるのは，knowing「(その結果を)知ること」によってではなく，「誰か」が筆者にギフトカードをくれたように，または筆者が女性にギフトカードをあげたように，親切な行為を doing「すること」によってだと筆者は考えているのである。

12＜要旨把握＞女性が夫について詳しく記述しているのは第10段落。(4)「彼は道から外れて運転することで，車の中の人々を救おうとした」が，この段落の第４～７文に合致する。

13＜要旨把握＞ジャックが亡くなった後については第11段落に記述がある。(3)「彼の妻は貧しくなり，食料配給所で食料をもらうことにした」が，第11段落第４文に合致する。

14＜内容真偽＞(1)「その悲しい女性はカメラを買って，食料配給所で配給した」…×　(2)「マーガレットはメモを書いて，その悲しい女性にギフトカードをあげた」…×　第７段落参照。メモは書いていない。　(3)「マーガレットは食料配給所に行ったとき，ギフトカードを受け取った」…×　第１段落参照。食料配給所で受け取ったという記述はない。　(4)「ジャックが救った家族は，500ドルとともにクリスマスカードを送った」…×　(5)「その悲しい女性は，ギフトカードのおかげで自分のための食料といくつかのプレゼントを買うことができた」…○　第11段落終わりから３文目に一致する。　‘allow＋人＋to ～’「〈人〉が～することを可能にする」

15＜内容真偽＞(1)「マーガレットは誰がギフトカードをくれたかわからなかったが，ついに誰からのものかわかった」…×　マーガレットにギフトカードをあげた人物に関する記述はない。　(2)「１人で住んでいたその悲しい女性は食料を買いに地元の店に行った」…×　第３段落参照。女性は食料をもらいに配給所に来た。　(3)「マーガレットは教会に来る他の人々を助けるように言われたが助けなかった」…×　(4)「その悲しい女性はクリスマスプレゼントを買うために食料配給所で働くことにした」…×　(5)「マーガレットの親切のおかげで，ジャックの妻の考え方が変わるきっかけになった」…○　第12段落に一致する。

16＜内容真偽＞(1)「マーガレットはギフトカードをもらったとき，そのカードで買える物についてたくさん考えがあった」…○　第２段落第２文に一致する。　(2)「食料配給所では，人々はそこでもらう物にお金を払う必要はなかった」…○　第３段落第３，４文に一致する。　(3)「マーガレットは教会で見つけたクリスマスカードを悲しい女性に送りたかった」…×　マーガレットが女性にあげたのはギフトカード。また，教会で見つけたという記述はない。　(4)「その悲しい女性がギフトカードを受け取ったとき，彼女はそれがいくらなのかわからなかった」…○　第11段落第６，７文に一致する。　(5)「その悲しい女性は，自分を助けてくれた人の名前がわからなかった」…○　第11段落第６文に one of the volunteers gave me「ボランティアの１人の方がくれた」とあるように，女性はマーガレットの名前を知らない。

B〔適語選択〕

17．前後の文が，‘逆接’を表す but でつながれていることに注目。miss には「(授業など)を欠席する」の意味がある。　「私は疲れているが，午後の授業を欠席することはできない」

18．単独で主語になることができるのは名詞の Happiness「幸せ」。副詞 Happily「幸せに」や形容詞 Happy「幸せな」は単独で主語になれない。　「幸せはあなたがする選択だ」

19．(　) the red dress が前の the woman を修飾して「赤いドレスを着ている女性」となればよい。前置詞 in には「～を着て，身につけて」という意味がある。なお，wear を用いて「着ている」を表す場合は，現在分詞 wearing の形になる。　「赤いドレスを着ている女性を知っていますか」

20．‘What＋be動詞＋主語＋like ?’で「～はどのようなもの〔人〕か」という意味。この like は「～

のような」の意味の前置詞。「あなたの担任の先生はどんな人ですか」

21. 上：if you don't mind で「もしよければ，差し支えなければ」。この mind は動詞で「～を嫌に思う」の意味。「君がよければここで待っているよ」 下：change ～'s mind で「考えを変える，気が変わる」。「わかった。君が同意しないなら，私は考えを変えるよ」

22. 上：「適切な」を表す形容詞 right。「大阪に行くのはこの電車でいいですか？」 下：right now で「今すぐ，ちょうど今」。in time「間に合って」「そこに間に合うように着くには，今すぐ出発した方がいい」

23. 上：at work「仕事中」「私たちが帰宅したとき，彼女は仕事中だった」 下：at the same time「同時に」「私たちは同時に奇妙な音を聞いた」

C〔整序結合〕

24. 「～するとき」は接続詞 when を用いて 'when＋主語＋動詞...' で表せる。主語は you。「～してはいけない」は You mustn't ～ でも表せるが，主語の you が語群に1つしかないためここでは使えない。よって 'Don't＋動詞の原形...'「～するな」の否定命令文で表す。「～を恐れる」は be afraid of ～，「間違い」は「間違える」と読み換えて make mistakes で表せる。この make は前置詞 of の後にくるので動名詞 making となる。不要語は mustn't。 Don't be afraid of making mistakes when you speak English.

25. 'tell＋人＋物事'「〈人〉に〈物事〉を教える」の形にする。teach は「(学問・技能)を教える」という意味なのでここでは不可。「どこで～したらいいか」は 'where＋to不定詞' の形で表せる。「(電車を)乗り換える」は change trains。不要語は teach。 Please tell me where to change trains.

26. 文の骨組みは「絵画が海外で見つかった」。「見つかった」を「見つけられた」と読み換え，受け身形('be動詞＋過去分詞')を用いて The paintings were found abroad とまとめる。abroad は1語で「海外で」という意味を持つので，in abroad とはならないことに注意。「何者かに昨年盗まれた」は「～された」を表す過去分詞の stolen を用いて stolen by someone last year とまとめ，The paintings を後ろから修飾する(過去分詞の形容詞的用法)。不要語は in。 The paintings stolen by someone last year were found abroad.

27. 「いくつの～？」は 'How many＋複数名詞' で表し，これを文頭に置く。「～がある」は there is/are ～ で表せるが，複数名詞 countries の後に続くので be動詞は are となる。疑問詞の後は，疑問形の語順になるので are there とする。「世界に」は in the world。不要語は is。 How many countries are there in the world？

28. 「目が合う」は eyes meet。「私たちの目が合った」ということだから，our eyes met とまとめる。「恋に落ちる」は fall in love で表せるので，「私たちは恋に落ちました」は we fell in love となる。この2つのまとまりを and でつなぐ。「～と恋に落ちる」というように相手に言及する場合は fall in love with ～ となるが，ここでは相手が特定されていないため with が不要。 Our eyes met and we fell in love.

D〔正誤問題〕

29. (1)…× 「背が高い」は high ではなく tall で表す。 (2)…× 比べる対象は「彼女の髪」と「あなたの髪」なので，最後の you は yours(＝your hair)で表す。 (3)…× 'as＋many＋複数名詞＋as ～' で「～と同じくらいの数の…」となるので，I have as many books as ～ が正しい形。 (4)…○ than she really is で「実際の彼女よりも」の意味。「彼女は実際よりも若く見える」 (5)…× expensive の比較級は more expensive。much は比較級を強める副詞で「ずっと」の意味を表している。

30. (1)…× 主語が you であることに注目。「(人が)～に興味がある」は be interested in ～ で表す。interesting は「(物事が)興味深い，おもしろい」。 (2)…○ each は単数扱い。 「各部屋には個人用の浴室がある」 (3)…× 現在完了の‘経験’用法において，ever「これまでに」は肯定文では使われず，疑問文や否定文で使われる。現在完了の肯定文で「今までに」を表すときは before などを使う。 (4)…× It was hard to ～ とするか，It was a hard thing to ～ とする。また between は原則「(２つのもの)の間で」を表すので，ここは「(３つ以上のもの)の間」を表す among が正しい。 (5)…× 一般動詞の疑問文は‘do/does/did＋主語＋動詞の原形...?’の形。よって has ではなく have が正しい。

31. (1)…× 「彼の言葉が驚くべき」ということなので，「(物事が)驚くべき，驚かせるような」を表す surprising が正しい。surprised は「(人が)驚いた」。 (2)…× without は前置詞。前置詞の後ろにくる動詞は，動名詞(～ing)の形になる。without ～ing で「～しないで」。 (3)…○ be known to ～ で「～に知られている」。 「彼の名前は多くのサッカーファンに知られている」 (4)…× 文全体を修飾する副詞 usually「たいてい，いつもは」が正しい。usual は「いつもの」という意味の形容詞。 (5)…× ‘It takes(＋人)＋時間＋to＋動詞の原形’で「(〈人〉が)～するのに〈時間〉がかかる」。

32. (1)…× 「２杯の～」は two cups of ～ で表し，‘数えられない名詞’の数量を表すときに使われる。coffee は‘数えられない名詞’なので s はつかない。 (2)…× honest の h は発音せず，[ɑ́:nəst]と母音で始まるため，honest の前には a ではなく an を使う。 (3)…× 言語は「話される」ものなので，「～される」を表す過去分詞 spoken で表す。また，spoken は後ろの in this country につながるので the language spoken in this country という語順が正しい(分詞で始まる２語以上の語句が名詞を修飾するときは，名詞の後ろに置かれる)。 (4)…○ when や if など‘時’や‘条件’を表す副詞節では，未来のことでも現在形で表す。 「明日晴れたら私たちはサイクリングに行くつもりだ」 (5)…× because を使って‘理由’を表す場合は，‘because of＋名詞’または‘because＋主語＋動詞...’となる。

33. (1)…× 否定文の付加疑問は，文末に‘肯定の短縮形＋主語を受ける代名詞＋?’がつく。よって isn't ではなく is が正しい。また there is/are ～「～がいる，ある」の構文では，‘主語を受ける代名詞’としてそのまま there を使う。よって here ではなく there が正しい。 (2)…○ 肯定文の付加疑問は，文末に‘否定の短縮形＋主語を受ける代名詞＋?’がつく。 「あなたの庭にイヌがいましたよね？」 (3)…× この must は「～に違いない」という意味の助動詞。助動詞の文の付加疑問は，その助動詞を使ってつくることができる。肯定文なので，否定の短縮形の mustn't とする。また，その後は，主語を受ける代名詞となるので this ではなく it が正しい。 (4)…× 主語の Your friend を受ける代名詞は，所有格 her ではなく主格 she が正しい。 (5)…× You've(You have の略) lived ... は肯定文だから，後ろは否定の短縮形 haven't とする。

E 〔対話文完成―適文・適語句選択〕

Ⅰ≪全訳≫❶生徒が図書館にいて，本を探している。❷生徒(S)：すみません。韓国に関する本を探すのを手伝っていただけますか？❸先生(T)：もちろん。34旅行コーナーを案内しよう。❹S：あっ，違います。韓国に行く予定はありません。クラスの前で日本と韓国の関係について話さなければいけないんです。それについての本はどこで見つかりますか？❺T：なるほど。歴史コーナーにあるよ。案内しよう。❻S：ありがとうございます。❼(彼らはそこに着く)❽S：わあ，たくさん本がありますね。どの本を読んだらいいと思いますか？❾T：35この本は写真がたくさんあって読みやすいよ。

はい，何ページか読んでみたら？❿S：ありがとうございます。ところで，36いつまでに本を返せばいいですか？⓫T：２週間借りられるよ。⓬S：わかりました。私のスピーチは来週なので，間に合うように返せます。⓭T：いいね。うまくいくよう願ってるよ。⓮S：手伝っていただきありがとうございました。

＜解説＞34．空所の後，そこに行くつもりはないと生徒が否定している。先生は，生徒が韓国に旅行に行くと思い travel「旅行」のコーナーを紹介しようとしたのである。'show＋人＋場所'「〈人〉を〈場所〉に案内する」　35．空所の前後の内容から，空所では，先生が生徒によさそうな本を紹介したと考えられる。easy to read で「読みやすい」。Why don't you ～？は「～してみてはどうですか」と相手に勧める表現。　36．空所の後，先生は「２週間借りられる」と答えているので，生徒は本の貸出期間についてきいたと考えられる。When ～ by？で「いつまでに～？」。この by は「～までに」という'期限'を表す。return は「～を返す」。

Ⅱ≪全訳≫❶リーが駅でサトルと会う。❷リー（L）：やあ，サトル。ここで何してるの？❸サトル（S）：やあ，リー。今宿題をしてるのさ。❹L：駅で宿題をしているの？❺S：変だと思うだろうけど，聞いてよ。英語の授業で「English Everywhere（どこにでもある英語）」というスピーチをする予定なんだ。❻L：それはいいね。どうやるか計画はあるの？❼S：うん。僕は電車が好きだから，駅に来て，駅にある英語の案内板やアナウンスを今探してるのさ。❽L：なるほどね。駅で英語は何か見つかった？❾S：あそこを見て。電車が駅に近づくと，「A train is approaching」という表示が点滅するんだ。それで，「approach」と「近づく」は同じ意味だということがわかったよ。❿L：君は頭がいいね。他の例を教えてくれる？⓫S：いいよ。発車のとき，駅員さんが「Please stand clear of the closing doors」と言うんだ。「stand clear」は「離れている」という意味なんじゃないかな。⓬L：僕もそう思うよ。電車のドアが閉まるとき近くに立っていたら巻き込まれるかもしれないものね。聞いて！　駅員さんが何か言ってるよ。うーん，何て言ったか聞こえたかい？⓭S：「The local train bound for Hiyoshi is arriving on track 2」って言ったけど，「bound for」の意味がわからないな。⓮L：次の電車は日吉駅が終点だから，「bound for」は「～に行く」という意味のようだね。⓯S：それで合ってそうだね。宿題を手伝ってくれてありがとう。⓰L：大丈夫だよ。君のおかげで，日常生活でも英語で学べるものがわかったよ。気づいてなかったけど，実は日本ではいろんなところに英語があるんだね。

＜解説＞37．電車が come close「近づく」ときに「approaching」という表示が出るのだから，両者は似た意味だとわかる。　approach「～に近づく」　38．発車のアナウンスで言われる stand clear（of the closing doors）の意味についてサトルが予想している場面。リーもサトルの予想に賛成し，閉まるドアの近くにいたら危ないと話しているので，２人が考えた stand clear の意味は stay away「離れている」に近いと判断できる。　39．空所の前でリーが話している make a final stop at ～ は「～で終点になる」の意味。よって the train bound for Hiyoshi は，「日吉行きの電車」ということだとわかる。これと似た意味になるのは，go toward ～「～の方に行く」。

2021年度／明治学院高等学校

数学解答

1 (1)　$-\frac{3}{2}$　(2)　-3

(3)　$x=\sqrt{2}$，$y=-3$　(4)　10

(5)　$x=\frac{1\pm\sqrt{13}}{2}$　(6)　$\frac{1}{3}$　(7)　5個

(8)　2750人　(9)　44°　(10)　13

2 (1)　$\frac{1}{12}$　(2)　$\frac{1}{6}$

3 (1)　$\frac{1}{2}$　(2)　$(2\sqrt{3},\ 2)$

(3)　16π

4 (1)　4　(2)　35人

5 (1)　4：3　(2)　15：28

(3)　25：18

1〔独立小問集合題〕

(1)＜数の計算＞与式$=-\frac{9}{4}+\left(-\frac{5}{4}\right)\times\left(-\frac{3}{5}\right)=-\frac{9}{4}+\frac{3}{4}=-\frac{6}{4}=-\frac{3}{2}$

(2)＜平方根の計算＞与式$=\left(\sqrt{\frac{72}{100}}+\sqrt{\frac{108}{100}}\right)\left(\frac{10\times\sqrt{2}}{\sqrt{2}\times\sqrt{2}}-5\sqrt{3}\right)=\left(\sqrt{\frac{18}{25}}+\sqrt{\frac{27}{25}}\right)\left(\frac{10\sqrt{2}}{2}-5\sqrt{3}\right)=\left(\frac{3\sqrt{2}}{5}+\frac{3\sqrt{3}}{5}\right)(5\sqrt{2}-5\sqrt{3})=\frac{3}{5}(\sqrt{2}+\sqrt{3})\times5(\sqrt{2}-\sqrt{3})=3\times(2-3)=3\times(-1)=-3$

(3)＜連立方程式＞$\sqrt{2}x+y=-1$……①，$x-\sqrt{2}y=4\sqrt{2}$……②とする。①×$\sqrt{2}$ より，$2x+\sqrt{2}y=-\sqrt{2}$……①′　①′+②より，$2x+x=-\sqrt{2}+4\sqrt{2}$，$3x=3\sqrt{2}$　$\therefore x=\sqrt{2}$　これを①に代入して，$\sqrt{2}\times\sqrt{2}+y=-1$，$2+y=-1$　$\therefore y=-3$

(4)＜式の値＞$\sqrt{9}<\sqrt{10}<\sqrt{16}$ より，$3<\sqrt{10}<4$ だから，$\sqrt{10}$ の整数部分は3となり，$\sqrt{10}$の小数部分pは，$p=\sqrt{10}-3$である。よって，与式$=(p+3)^2=\{(\sqrt{10}-3)+3\}^2=(\sqrt{10})^2=10$となる。

(5)＜二次方程式＞$3x^2-9x+x-3=2x^2-7x$，$x^2-x-3=0$として，二次方程式の解の公式を用いると，$x=\frac{-(-1)\pm\sqrt{(-1)^2-4\times1\times(-3)}}{2\times1}=\frac{1\pm\sqrt{13}}{2}$である。

(6)＜関数―比例定数＞関数$y=ax^2$において，yの変域が$0\leqq y\leqq 3$より，$a>0$である。よって，xの変域が$-3\leqq x\leqq 1$より，xの絶対値が最大の$x=-3$のとき，yは最大で$y=3$となるから，$3=a\times(-3)^2$が成り立ち，$a=\frac{1}{3}$である。

(7)＜数の性質＞$[\sqrt{n}]=2$より，$\sqrt{n}$を超えない最大の整数が2であるから，$2\leqq\sqrt{n}<3$である。これより，$\sqrt{4}\leqq\sqrt{n}<\sqrt{9}$，$4\leqq n<9$となるから，整数$n$は，$n=4$，5，6，7，8の5個ある。

(8)＜連立方程式の応用＞1日目の男女合わせた入場者数をa人とすると，2日目は，1日目と比べて1％減り，50人少なくなったので，$a\times\frac{1}{100}=50$が成り立つ。これより，$a=5000$となるから，1日目の男女合わせた入場者数は5000人である。よって，1日目の男性の入場者数をx人，女性の入場者数をy人とすると，$x+y=5000$……①が成り立つ。また，2日目は，1日目と比べて男性が10％減り，女性が10％増えたので，2日目の男性の入場者数は$x\times\left(1-\frac{10}{100}\right)=\frac{9}{10}x$(人)，女性の入場者数は$y\times\left(1+\frac{10}{100}\right)=\frac{11}{10}y$(人)と表せる。2日目の男女合わせた入場者数は$5000-50=4950$(人)だから，$\frac{9}{10}x+\frac{11}{10}y=4950$が成り立ち，$9x+11y=49500$……②となる。①×11－②で$y$を消去すると，$11x-9x=55000-49500$，$2x=5500$，$x=2750$となるから，1日目の男性の入場者数は2750人である。

(9)＜図形—角度＞右図で，△BAE は BA＝BE の二等辺三角形だから，∠DEA＝∠BAE＝(180°−32°)÷2＝74° である。△ADE の内角の和より，∠ADE＝180°−(38°＋74°)＝68° である。△CAD は CA＝CD の二等辺三角形だから，∠CAD＝∠ADE＝68° となり，∠C＝180°−(68°＋68°)＝44° となる。

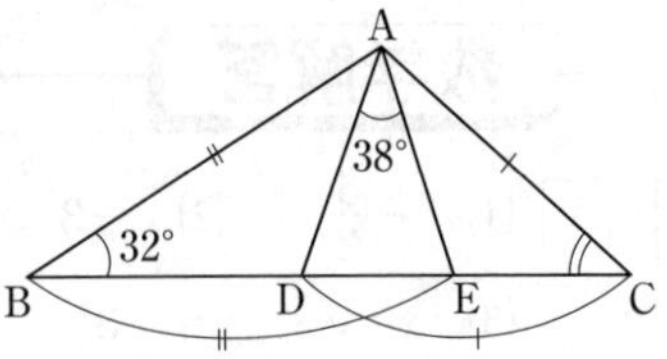

(10)＜図形—高さ＞円柱形の容器の底面の半径が 6 cm で，鉄球を入れていないときの水の深さは x cm だから，水の体積は，$(\pi\times6^2)\times x=36\pi x$ と表せる。また，鉄球は，半径が 3 cm だから，体積は $\frac{4}{3}\pi\times3^3=36\pi$ である。容器に鉄球を入れると水の深さが14cm になったので，水と鉄球の体積の合計は $(\pi\times6^2)\times14=504\pi$ である。よって，水の体積は $504\pi-36\pi=468\pi$ となる。したがって，$36\pi x=468\pi$ が成り立つので，$x=13$(cm)である。

2 〔確率—さいころ〕

(1)＜確率＞大小 2 つのさいころの目の出方は全部で 6×6＝36(通り)あるから，P(a, b)も36通りある。右図で，線分 AB の中点を M とすると，M(4, 2)となる。C(6, 1)，H(4, 0)，I(6, 2)とすると，△AMH≡△CMI より，∠AMH＝∠CMI だから，∠AMC＝∠AMH＋∠HMC＝∠CMI＋∠HMC＝∠HMI＝90° となり，CM⊥AB である。よって，線分 AB の垂直二等分線は直線 MC である。直線 MC は，2 点 M，C 以外に点(2, 3)も通るので，点 P が線分 AB の垂直二等分線上の点となるのは，点(2, 3)，M(4, 2)，C(6, 1)の 3 通りあり，求める確率は $\frac{3}{36}=\frac{1}{12}$ となる。

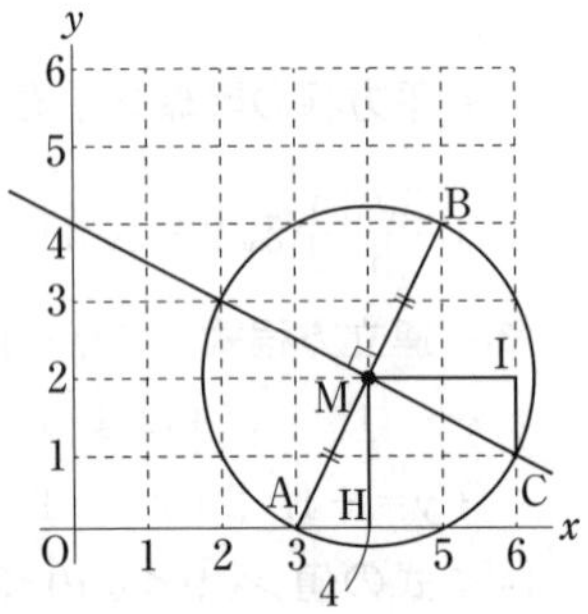

(2)＜確率＞右上図で，点 M は線分 AB の中点だから，線分 AB を直径とする円の中心は点 M であり，半径は線分 MA となる。線分 MA は，隣り合う 2 辺の長さが 1，2 の長方形の対角線だから，点 M を 1 つの頂点とし，隣り合う 2 辺が 1，2 の長方形を考えると，MP＝MA となる点 P は(2, 1)，(2, 3)，(3, 4)，B(5, 4)，C(6, 1)，(6, 3)の 6 通りある。よって，求める確率は $\frac{6}{36}=\frac{1}{6}$ である。

3 〔関数—関数 $y=ax^2$ と直線〕

(1)＜比例定数＞右図で，点 P の x 座標を t とする。2 点 A，B はそれぞれ放物線 $y=ax^2$，$y=\frac{1}{6}x^2$ 上の点で，x 座標はともに t だから，点 A の y 座標は $y=at^2$，点 B の y 座標は $y=\frac{1}{6}t^2$ となり，$AP=at^2$，$BP=\frac{1}{6}t^2$ である。これより，$AB=at^2-\frac{1}{6}t^2=\left(a-\frac{1}{6}\right)t^2$ だから，AB：BP＝2：1 より，$\left(a-\frac{1}{6}\right)t^2:\frac{1}{6}t^2=2:1$ が成り立つ。よって，$\left(a-\frac{1}{6}\right)t^2\times1=\frac{1}{6}t^2\times2$ として，両辺を t^2 でわると，$a-\frac{1}{6}=\frac{1}{3}$ より，$a=\frac{1}{2}$ となる。

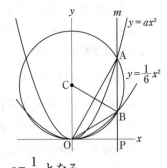

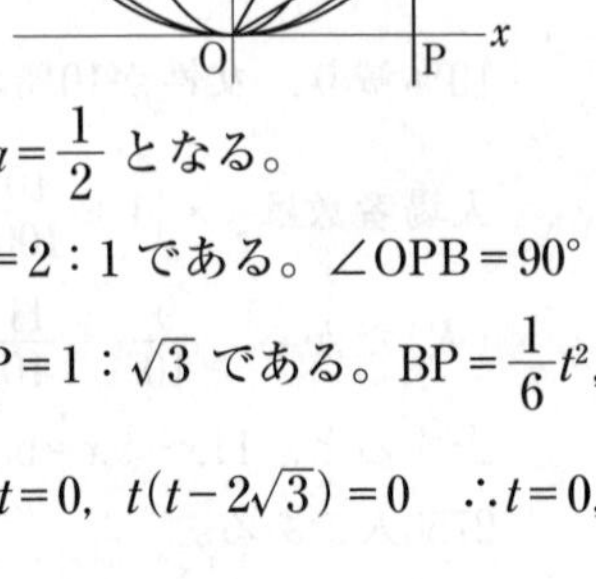

(2)＜座標＞右上図で，BO＝BA のとき，AB：BP＝2：1 より，BO：BP＝2：1 である。∠OPB＝90° だから，△OBP は 3 辺の比が $1:2:\sqrt{3}$ の直角三角形となり，$BP:OP=1:\sqrt{3}$ である。$BP=\frac{1}{6}t^2$，OP＝t だから，$\frac{1}{6}t^2:t=1:\sqrt{3}$ が成り立ち，$\frac{1}{6}t^2\times\sqrt{3}=t\times1$，$t^2-2\sqrt{3}t=0$，$t(t-2\sqrt{3})=0$　∴$t=0$，

$2\sqrt{3}$　$t>0$ だから，$t=2\sqrt{3}$ となり，$\frac{1}{6}t^2=\frac{1}{6}\times(2\sqrt{3})^2=2$ より，B($2\sqrt{3}$，2)である。

(3)＜**面積**＞前ページの図で，3点A，O，Bを通る円の中心を点Cとし，点Oと点A，点Cと2点O，Bを結ぶ。$\mathrm{AP}=at^2=\frac{1}{2}\times(2\sqrt{3})^2=6$ となるから，OP：AP＝$2\sqrt{3}$：6＝1：$\sqrt{3}$ となり，△OAPは3辺の比が1：2：$\sqrt{3}$ の直角三角形である。よって，∠OAB＝30°である。$\overset{\frown}{\mathrm{OB}}$ に対する円周角と中心角の関係より，∠OCB＝2∠OAB＝2×30°＝60°となり，CO＝CBだから，△COBは正三角形である。したがって，CO＝BO＝2BP＝2×2＝4だから，求める円の面積は $\pi\times4^2=16\pi$ である。

4〔**方程式—連立方程式の応用**〕

(1)＜**人数**＞評価Aの生徒の得点の合計は10×1＋9×4＋8×5＝86(点)，人数の合計は1＋4＋5＝10(人)だから，評価Aの生徒の平均点は，86÷10＝8.6(点)である。評価Aの生徒の平均点は評価Cの生徒の平均点よりも7点高いから，評価Cの生徒の平均点は，8.6－7＝1.6(点)である。評価Cの生徒の人数は $z+5+2+4=z+11$(人)だから，評価Cの生徒の得点の合計は，$1.6(z+11)$点と表せる。また，評価Cの生徒の得点の合計は，$3z+2\times5+1\times2+0\times4=3z+12$(点)とも表せる。よって，$1.6(z+11)=3z+12$ が成り立つ。これを解くと，$16(z+11)=30z+120$ より，$z=4$(人)となる。

(2)＜**人数**＞(1)より，評価Aの生徒の得点の合計は86点，人数の合計は10人である。評価Bの生徒の得点の合計は $7x+6\times2+5\times2+4y=7x+4y+22$(点)，人数の合計は $x+2+2+y=x+y+4$(人)である。よって，評価A，Bを合格とするとき，合格者の平均点が6.6点であるから，合格者の得点の合計について，$6.6(10+x+y+4)=86+7x+4y+22$ が成り立つ。これより，$-2x+13y=78$……①となる。また，(1)より，得点が3点の生徒は4人だから，3点の生徒も合格者に含めると，平均点が6点より，得点の合計について，$6(x+y+14+4)=7x+4y+108+3\times4$ が成り立ち，$-x+2y=12$……②となる。①，②を連立方程式として解くと，$x=0$，$y=6$ となるから，生徒の総数は，10＋(0＋6＋4)＋(4＋11)＝35(人)である。

5〔**平面図形—平行四辺形**〕

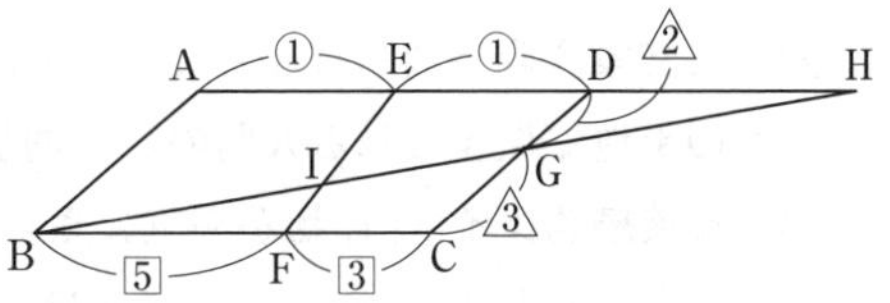

(1)＜**長さの比**＞右図で，四角形ABCDが平行四辺形より，AD＝BC＝a とおける。AE：ED＝1：1より，$\mathrm{ED}=\frac{1}{1+1}\mathrm{AD}=\frac{1}{2}a$ となり，BF：FC＝5：3より，$\mathrm{FC}=\frac{3}{5+3}\mathrm{BC}=\frac{3}{8}a$ となる。よって，$\mathrm{ED}:\mathrm{FC}=\frac{1}{2}a:\frac{3}{8}a=4:3$ である。

(2)＜**長さの比—相似**＞右上図で，(1)より，$\mathrm{FC}=\frac{3}{8}a$ だから，$\mathrm{BF}=\mathrm{BC}-\mathrm{FC}=a-\frac{3}{8}a=\frac{5}{8}a$ である。また，∠BGC＝∠HGDであり，BC∥AHより∠GBC＝∠GHDだから，△GBC∽△GHDとなる。これより，BC：HD＝CG：DG＝3：2だから，$\mathrm{HD}=\frac{2}{3}\mathrm{BC}=\frac{2}{3}a$ である。よって，$\mathrm{EH}=\mathrm{ED}+\mathrm{HD}=\frac{1}{2}a+\frac{2}{3}a=\frac{7}{6}a$ となるから，$\mathrm{BF}:\mathrm{EH}=\frac{5}{8}a:\frac{7}{6}a=15:28$ である。

(3)＜**長さの比—相似**＞右上図で，∠BIF＝∠HIE，∠IBF＝∠IHEより，△IBF∽△IHEだから，BI：HI＝BF：HE＝15：28となる。よって，$\mathrm{BI}=\frac{15}{15+28}\mathrm{BH}=\frac{15}{43}\mathrm{BH}$ である。また，△GBC∽△GHDだから，BG：HG＝CG：DG＝3：2であり，$\mathrm{BG}=\frac{3}{3+2}\mathrm{BH}=\frac{3}{5}\mathrm{BH}$ となる。したがって，$\mathrm{IG}=\mathrm{BG}-\mathrm{BI}=\frac{3}{5}\mathrm{BH}-\frac{15}{43}\mathrm{BH}=\frac{54}{215}\mathrm{BH}$ となるから，$\mathrm{BI}:\mathrm{IG}=\frac{15}{43}\mathrm{BH}:\frac{54}{215}\mathrm{BH}=25:18$ である。

国語解答

一 問1 B　問2 C　問3 B
問4 D　問5 B　問6 C
問7 B　問8 C

二 問甲 X 崩壊　Y こうじょう
問9 B
問乙 お手伝いさ～強いられる〔られること〕
問10 D　問11 B　問12 A
問13 C　問14 C　問15 D

三 問16 C　問17 A　問18 D
問19 C　問20 B　問丙 首
問21 D
問丁 Ⅰ しょうじん　Ⅱ とどこお
問22 A　問23 C

一〔**説明文の読解―社会学的分野―現代文明**〕出典；山本太郎『感染症と文明――共生への道』「文明は感染症の『ゆりかご』であった」。

≪本文の概要≫農耕の開始は，それまでの社会のあり方を根本から変えた。人口は増え，定住という新たな生活様式を生み出した。ただし，初期の農耕は，狩猟採集と比較して，決して期待収益性の高い技術ではなかった。農耕は，狩猟採集の傍らで，細々と開始されたに違いない。農耕・定住の開始とほぼ同じ頃，野生動物の家畜化が始まった。家畜は，人間社会に影響を与え，人口の増加に寄与した。農耕開始以降，あるいは，それ以前から，狩猟採集は，報酬の少ない労働となってきていた。乱獲が自然資源を減少させたからである。農耕定住社会への本格的移行は，文明を育む一方で，我々人類に多くの試練をもたらすことになった。その一つに感染症がある。人々が排泄する糞便は，居住地の周囲に集積され，寄生虫疾患が増加する原因となった。蓄積された余剰食物は，ネズミの格好の餌となり，ネズミは，ある種の感染症をヒト社会に持ち込んだ。また，家畜化された野生動物は，動物に起源を持つウイルス感染症をもたらした。このようにして，感染症は，ヒト社会に定着したのである。

問1＜文章内容＞農耕によって，「単位面積あたりの収穫量」が増大した。それによって，一定の広さの土地で生きられる人間の数は増加し，定住という生活様式が，出現したのである。

問2＜接続語＞イ.「作物が病気にやられることもあるだろう」し，または，「イナゴの大群が来襲するかも」しれない。　ロ.「農耕は，狩猟採集と比較して，特にその初期において決して期待収益性の高い技術ではなかった」し，そのうえ，「農耕は狩猟採集より長時間の労働を必要」とする。　ハ.「農耕が開始された後でさえ，人々は狩猟や採集を」続けており，「その頃の人類が農耕の潜在的可能性を完全に理解していたとは考えにくい」が，「結果としてみれば，その農耕が以降の人類史を大きく変えていくことになった」のである。

問3＜文章内容＞農耕が，「土地の人口支持力を高め」て，出産間隔の短縮をもたらす「定住という新たな生活様式を生み出した」結果，人口は，急速に「増加」したのである。

問4＜漢字＞「覆われた」と書く。Aは「服用」，Bは「腹心」，Cは「潜伏」，Dは「転覆」。

問5＜指示語＞「家畜の糞は質のよい肥料」となり，作物の収穫量は増えた(A…○)。また，人力では耕せないような土地でも，家畜の力を使えば耕せたので，「牛や馬は耕作可能面積を広げた」のである(D…○)。さらに，「余った作物を餌とすることによって，家畜は，飢饉の際の食料となりえた」のである(B…×，C…○)。これらの点によって，家畜は，人間社会に影響をもたらし，「人口増加に寄与」した。

問６＜文章内容＞イースター島では，「過度の森林伐採」によって環境が破壊され，「森を失った島からは，大量の表土が流れ出し」て，「土地は痩せ，海は汚れた」結果，「食料不足は深刻なもの」となり，住民は，「ニワトリを主要な食料源とし始めた」のである。イースター島の例は，「乱獲が自然資源を減少させ，それが人類をして，農耕や家畜化へと向かわせたという説」の正しさを示すために挙げられている。

問７＜主題＞「農耕定住社会への本格的移行」によって，人類には多くの試練がもたらされたことが指摘され，その中の一つに「感染症」があることが取り上げられている。

問８＜文章内容＞人類が定住するようになると，「人々が排泄する糞便は，居住地の周囲に集積される」ようになり，「寄生虫の感染環が確立」し，「糞便が肥料として再利用されることによって，それはより強固なもの」となった。また，「貯蔵された余剰食物は，ネズミなど小動物の格好の餌」となり，ネズミは，「ある種の感染症をヒト社会に持ち込んだ」のである（B…○）。さらに，「野生動物の家畜化は，動物に起源をもつウイルス感染症をヒト社会に持ち込んだ」のである（D…○）。「農耕定住社会への本格的移行」によって人口が増加し，多数の人間が定住する土地は，病原体にとって「格好の土壌」なのである（A…○）。「野生動物との接触」によって，人間が，「病原体への耐性」を獲得していたかどうかはわからない（C…×）。

二〔**随筆の読解―哲学的分野―人生**〕出典；梨木香歩『不思議な羅針盤』。

問甲＜漢字＞Ｘ．「崩壊」は，くずれこわれること。　Ｙ．「口上」は，口で言う，形式が決まった言葉のこと。

問９＜文章内容＞町会の人たちが，片山廣子の庭を「いざというときの貯水池に提供してくれ」と依頼してきたのは，国のために「何の働きもできない」彼女にも，「何か好い仕事をさせてやらう」と思ったからである。しかし，それだけではなく，この依頼の動機の根底には，「群れることが一番苦手」で，戦時中の「一億一心といふマトー」を重んじていないように見える彼女に対する反感もはたらいていたと思われる。

問乙＜指示語＞この先焼け出される人々が増えて，町会長の言葉どおりに，「お手伝いさんと二人静かに暮らしてきたこの家に，二十人三十人の人が押しかけて共同生活を強いられる」ことになれば，「私にとつては怖いほどの一大事」と思った片山廣子は，「貯水池の方を引き受けて」しまった。

問10＜表現＞「奉仕の仕事に」かり出されて，庭へやってきた女性たちは，「最初の日だけで三百八十名ほどの人数」だった。貯水池を掘るために，「午前九時から午後五時」まで，勇ましい黒の防空服の彼女たちは，「土を掘ったり運んだり，庭のあちこちの木の下で七輪を据え，お茶を沸かしたりして」いた。大勢の人たちが，同じ目的のために熱心に働いている様子が，「戦場」にたとえられているのである。

問11＜表現＞「笑いの渦」は，その場にいる人々の間で大きな笑いが起こる様子を，「渦」にたとえた表現。

問12＜表現＞アナウンスが突然途切れたために，ホームにいた人々は，笑いながらも，なぜ途切れたのだろうという疑問を抱いた。誰もが同じように疑問に思っているはずだから，この場合は，独り言を言っても許されるだろうと感じて，人々は，周りの人に聞こえるぐらいの大きさで，独り言をつぶやいたのである。

問13＜語句＞「上気」は，のぼせて，顔が赤らむこと。

問14＜文章内容＞「不特定多数の見知らぬ人々が行きかう場所」で，人々は，「不慮の事故に巻き込まれぬよう，変な人とかかわり合いにならぬように，多少緊張気味で表情に乏しく自分の世界に入って」いる。だからこそ，偶然，見知らぬ人とちょっとした接触をすると，一瞬とはいえ，「思わず」その人の本質が現れるのである。

問15＜主題＞駅のアナウンスが突然途切れ，ホームが好意的な笑いに包まれたときのように，見知らぬ他者と，ふとしたことでふれ合い，一体感を感じるのは，心地よいことである。だからといって，片山廣子が庭に貯水池をつくることを許可せざるをえなかったときのように，常に，誰もが同じように感じ，振る舞うように求める社会で生きていくのはつらい。そこで筆者は，「ゆるやかな絆で結ばれた群れ」をつくるべきだと考えている。

三〔**小説の読解**〕出典；神吉拓郎『鮭』。

問16＜慣用句＞「懐が暖かい」は，所持金がたくさんあって，経済的に余裕がある様子。

問17＜心情＞清治は，四年前に，家を出ていったきり，喜久子と連絡を取っていなかった。もし，喜久子が厳しい態度を取っていれば，清治は，そのまま，また出ていかざるをえなかっただろう。しかし，喜久子が清治に対して，以前と少しも変わらない態度で接してくれたので，清治は，安心したのである。

問18＜心情＞四年前に突然家を出ていった夫が，何の前ぶれもなく戻ってきたので，喜久子は，意外ななりゆきに驚き，「落ちついている積り」でも「気持は宙に」浮いた状態で，動揺していたのである。

問19＜心情＞夫が突然いなくなるという予想外の事実を，喜久子は，なかなか受け入れることができずにいた。そのため，部屋を他人に貸して，これまでとは全く違う生活を送る気にはなれなかったのである。

問20＜語句＞「先見の明」は，将来のことを，前もって見通す能力のこと。

問丙＜慣用句＞「首が〔の〕回〔廻〕らない」は，借金などが返せず，やりくりができない様子。

問21＜文章内容＞清治が「会社では，ごく人あたりの良い人間で通っていたらしい」ことを聞いて，喜久子が「ちょっと意外な気」がしたのは，喜久子にとっての清治が，口数が少なくて，自分の気持ちを明かさず，何を考えているのか，よくわからない男だったからだと考えられる（B・C…○）。つまり，清治は，家の中と外とでは，全く別人のように振る舞っていたのである（A…○）。清治は，会社では人当たりがよく，家庭では物静かな人物であり，気性の激しさや，喜久子につらく当たるような性質は，本文からは読み取れない（D…×）。

問丁＜漢字＞Ⅰ．「精進」は，そのことに集中して，努力すること。　Ⅱ．音読みは「停滞」などの「タイ」。

問22＜心情＞清治は，自分が重い病気にかかっていることにうすうす気づいていたが，病院で，医者に精密検査をするように命じられて，間もなく自分が死ぬことを確信した。そして，残り少ない最後の日々を，自宅で，妻とともに過ごすことを心地よく感じて，これまでにないほど「穏やかな」安心した気持ちになったのである。

問23＜心情＞清治は，家を出てから四年もの間，何の連絡もよこさなかったが，死を間近にして，自宅に戻り，わずかな時間を喜久子とともに過ごした。喜久子は，まるで死ぬだけのために，自分のもとに帰ってきたかのような清治を，けな気にも，気の毒にも思うと同時に，どうしようもない切なさをも感じたのである。

Memo

Memo

2020年度 明治学院高等学校

【英　語】（50分）〈満点：100点〉

（注意）指示のない限り，答えは１つです。

A 次の英文を読み、1.～15.の設問に答えなさい。

This is a story about a girl named Cara.

I was already on my way home from school when I remembered that my mother asked me to pick up a cake mix and some eggs to make a cake for my little sister's birthday. I have to take two different city buses to and from school, and it often takes me almost an hour each way. I go to a special school in the city for kids with vision problems. I have *retinitis pigmentosa and, though I can see, my vision is limited and I cannot see well at night.

So I was nervous to get off the first bus in a strange neighborhood and go to a supermarket. But 1 I had to do it because my sister would be very disappointed and my mother would get angry at me. When I saw a supermarket, I got off at the corner. 2 It wasn't too late. I hoped it wouldn't take me too long to do my shopping and then get back to the bus stop.

3 After I found the things I needed, I was standing in line behind a lady wearing a nice dress. She was trying to find something in her wallet. Then she paid and walked toward the door. When I moved forward, I stepped on あ something. I looked down and found a beautiful gold-and-diamond watch under my shoe. Maybe it fell off the lady in front of me! I saw that she was just opening the door to leave, and I ran after her. "Excuse me! You dropped い this!" She turned around, and when she saw her watch in my hand, she said "Oh, my Goodness! I knew that *catch was broken! Thank you so much! You don't know 4 how much this means to me! May I give you a little gift to thank you?"

I told her no. う It was a beautiful watch and I was sure that the lady could give me a nice gift, but I didn't feel right taking え anything. I told her I was just glad I found お it and wished her to have a nice day. She asked me my name. I told her and she shook my hand and thanked me again.

I had a great story to tell my mother and sister as we ate our cake after dinner. 5 And that was the end of it. Or I thought so.

Two years later, I was graduating from high school. My eyesight did not get worse but it was still limited. It was always my dream to become a teacher, and I wanted to go to Teachers College in the city. Maybe I would be able to help kids like me, with low vision. My mom worked hard to support my sister and me, but there wasn't any money for college. 6 I didn't even have to ask.

I was a good student, but not the best at school. I knew I wasn't going to get any *scholarships. At my school, there were many kids who also had vision problems and who got much better grades than I did even though I was a hard worker.

So I was not just surprised, I was shocked when my *advisor called me into her office one day toward the end of the school year to tell me (7). It wasn't a scholarship from the school. 8 Someone personally wanted to pay for everything so that I could attend Teachers College!

"Cara, I'd like you to meet the person who will pay for your college," my advisor said. She introduced me to a nice-looking young man. My advisor explained that he was an owner of some buildings in the city, and as she spoke, I realized that I saw this man's picture in the newspapers. He sent lots of money to charities every year.

Then he said, "Two years ago, in a supermarket you returned a watch that my mother dropped. I gave that watch to her on her birthday and she loved it. When she asked me to repair it, she told me how this nice young lady named Cara returned it to her after it fell off in a supermarket. She said you had vision problems and we asked around to find you. We wanted to help you for these last two years, and now we can (9) for your kindness and honesty."

I couldn't believe it! I had to stop at the supermarket that day. I had to get off the bus in a strange neighborhood, and I was able to return that lady's watch. And now, I was going to college for doing 10 a simple good thing.

I guess it's true — (11-1) good act will bring (11-2), but sometimes God works to put you in the place you can do that good act. All that happened and God made sure I got home before dark and my sister had a birthday cake!

注) *retinitis pigmentosa: 網膜色素変性症（目の病気の一種） *catch: 留め金
*scholarship: 奨学金 *advisor: アドバイザー（進路指導担当の先生）

1. 下線部 1 が表す内容として最もふさわしいものを選びなさい。

(1) I had to be careful not to get off at a wrong bus stop

(2) I had to buy a birthday present for my mother

(3) I had to buy a piece of cake in a strange neighborhood

(4) I had to get off the bus and go to a supermarket

(5) I had to take a city bus to go to a special school

2. 下線部 2 について次の問いに答えなさい。

Why did she want to go to the store early?

(1) It was because her mother was angry at her.

(2) It was because her mother would be late for the party.

(3) It was because her sister was disappointed at her.

(4) It was because she would be in trouble if it got dark.

(5) It was because the store was full of people.

3. 下線部 3 が表す内容として最もふさわしいものを選びなさい。

(1) after I bought a birthday present with my sister and mother

(2) after I finished choosing the food that my mother asked me to buy

(3) after I found a lady who was standing in line at a supermarket

(4) after I saw the bus stop near a supermarket in a strange town

(5) after I tried to find a watch for my sister's birthday

4. 下線部 4 の意味として最も近いものを選びなさい。

(1) this watch is too expensive for me to buy

(2) this watch is too heavy for me to wear

(3) this watch is very helpful to me

(4) this watch is very important to me

(5) this watch is very similar to mine

5. 下線部 5 が表す内容として最もふさわしいものを選びなさい。

(1) Cara couldn't see at all, but she was able to find a lady's watch in a supermarket.

(2) Cara got everything that she needed and finally her family had a birthday cake for a lady.

(3) Cara helped a lady in a supermarket and shared the story with her mother and her sister.

(4) Cara looked for a lady's watch in a supermarket and found it, but she didn't receive any gifts.

(5) Cara thought that she finished telling a wonderful story to her mother and her sister.

6. 下線部 6 が表す内容として最もふさわしいものを選びなさい。

(1) I couldn't ask my mother why my eyesight was getting worse.

(2) I couldn't tell my mother about my dream because we did not have enough money.

(3) I didn't ask to work for my family after graduating from high school.

(4) I didn't have a chance to ask about the money that I can get from school.

(5) I didn't have a chance to tell my mother that I was a good student.

7. 空所(　7　)に入る語句として最もふさわしいものを選びなさい。

(1) that I had to stop going to school

(2) that I was going to college

(3) that I was the best student at school

(4) to get a job at a special school

(5) to work hard for my family

8. 下線部 8 の人物の内容としてふさわしくないものを選びなさい。

(1) a person who gave the watch to his mother

(2) a person who was rich enough to send much money to charities

(3) a person who was trying to find Cara for two years

(4) a person whom Cara met before at a supermarket

(5) a person whose picture Cara saw in the newspapers before

9. 空所(　9　)に入る語句として最もふさわしいものを選びなさい。

(1) agree with you

(2) bring you back

(3) call you back

(4) get along with you

(5) pay you back

10. 下線部 10 が表す内容として最もふさわしいものを選びなさい。

(1) It was that Cara got off the bus in a strange neighborhood to find the lady's watch.

(2) It was that Cara picked up the watch and returned it to the lady, without taking any gifts.

(3) It was that Cara refused to get any gifts from the lady who had some buildings in the city.

(4) It was that Cara was a very hard worker even though she wasn't the best student in her school.

(5) It was that Cara went to a supermarket in a strange neighborhood for her little sister's birthday.

11. 空所(　11-1　)(　11-2　)に入る適切な語句の組み合わせを選びなさい。

(1) a　—　other

(2) a　—　the good act

(3) one　—　another

(4) one　—　others

(5) one　—　two

12. 下線部あ〜おが示しているものの中で、<u>異なるもの</u>を選びなさい。

(1) あ

(2) い

(3) う

(4) え

(5) お

13. 本文の内容と一致するものとして最もふさわしいものを選びなさい。

(1) Cara took two different buses and it often took her almost an hour to go to school.

(2) Cara saw that the watch was falling off the lady in front of her.

(3) Cara got off at the corner near a supermarket after she returned the watch to the lady.

(4) Cara had vision problems and her eyesight became worse little by little.

(5) Cara was the only student that had vision problems in her school.

14. 本文の内容と一致するものとして最もふさわしいものを選びなさい。

(1) Cara realized that the lady lost her watch when the lady got out of the supermarket.

(2) When Cara came home, she remembered that she had to pick up the things for a birthday cake.

(3) The man could support Cara because he was rich enough to have some buildings in the city.

(4) Cara's sister was so young that Cara always had to take care of her after school.

(5) Cara and her mother finally understood that God always decides who does the good act.

15. 本文の内容と<u>一致しないもの</u>として最もふさわしいものを選びなさい。

(1) Cara wanted to be a teacher to support kids who had vision problems like her.

(2) Cara needed to help her mother so she decided to work at her special school.

(3) Cara didn't expect that she would get scholarships because some students got better grades.

(4) Cara was shocked when her advisor told her that she would be able to go to college.

(5) Cara was able to go to college because she had a chance to do a good act.

B 次の 16.〜20.の文の空所に入る最もふさわしいものを選びなさい。

16. This story ( ) five years ago.

(1) has been written (2) has written (3) is written (4) was writing (5) was written

17. “Which do you like ( ), baseball or basketball?” “Basketball.”

(1) better (2) best (3) much (4) sports (5) the most

18. ( ) studying abroad.

(1) One of my friends are (2) One of my friend is (3) One of my friends is

(4) One of my friend are (5) One of my friend be

19. We must hurry. There is ( ) time.

(1) little (2) few (3) a little (4) a few (5) much

20. There ( ) several earthquakes around here since yesterday.

(1) have been (2) were (3) are (4) will be (5) has been

C　次の 21.～25.の選択肢の語（句）を正しい語順に並べかえたとき、(1)及び(2)に入る語（句）の組み合わせとして最もふさわしいものを選びなさい。ただし、文頭の語も小文字になっており、不要な語（句）が 1 つある。なお、25.には日本語は付記していない。

21. 一時間ほどで雨は止むと思いますよ。

(　　)(　　)(　1　)(　　)(　　)(　　)(　2　)(　　)(　　)(　　).

(ア) should　(イ) hour　(ウ) rain　(エ) stop　(オ) in
(カ) an　(キ) think　(ク) about　(ケ) raining　(コ) I　(サ) it

(1)（ウ）と（イ）
(2)（ウ）と（カ）
(3)（エ）と（イ）
(4)（オ）と（ウ）
(5)（サ）と（オ）

22. 五人のうち三人の少女が最終的に試験に合格した。

(　　)(　1　)(　　)(　　)(　　)(　2　)(　　) the exam.

(ア) of　(イ) finally　(ウ) three　(エ) passed　(オ) girls
(カ) without　(キ) out　(ク) five

(1)（ウ）と（イ）
(2)（カ）と（イ）
(3)（カ）と（キ）
(4)（キ）と（イ）
(5)（キ）と（エ）

23. 品川駅に行くにはどのバスに乗ればよいのかを教えていただけますか。

(　　)(　　)(　1　)(　　)(　　)(　2　)(　　)(　　)(　　) Shinagawa Station?

(ア) bus　(イ) me　(ウ) to take　(エ) to get　(オ) could
(カ) tell　(キ) you　(ク) which　(ケ) to　(コ) say

(1)（カ）と（ア）
(2)（カ）と（ウ）
(3)（カ）と（ク）
(4)（コ）と（エ）
(5)（コ）と（ク）

24. 人間がコンピュータに依存するのは危険でしょうか。

(　　)(　　)(　　)(　1　)(　　)(　　)(　　)(　2　)(　　)?

(ア) on　(イ) dangerous　(ウ) it　(エ) depend　(オ) by

(カ) is　(キ) humans　(ク) computers　(ケ) for　(コ) to

(1) (オ) と (カ)

(2) (オ) と (キ)

(3) (ケ) と (ア)

(4) (ケ) と (ク)

(5) (コ) と (ク)

25. At Meijigakuin High School, students read many English books. Today I read a book about a famous scientist. I (　　)(　　)(　1　)(　　)(　2　)(　　) worked hard for many years to make a new medicine. It has saved a lot of people.

(ア) he　(イ) learn　(ウ) surprised　(エ) at　(オ) that

(カ) to　(キ) was

(1) (エ) と (ア)

(2) (エ) と (イ)

(3) (オ) と (イ)

(4) (カ) と (ア)

(5) (カ) と (オ)

D 次の26.～30.の２つの空所に共通して入る最もふさわしいものを選びなさい。

26. The Tone River is the (　　　) longest river in Japan.

Could you wait a (　　　)?

(1) first　(2) last　(3) one　(4) second　(5) two

27. Please (　　　) the baby on the sofa.

He (　　　) on the sofa after I went back home.

(1) laid　(2) lain　(3) lay　(4) lie　(5) lied

28. Never put (　　　) till tomorrow what you can do today.

Take (　　　) your hat when you are in this room.

(1) back　(2) behind　(3) in　(4) of　(5) off

29. I think he was right (　　　) all.

My sister was looking (　　　) our brother.

(1) after　(2) for　(3) into　(4) of　(5) to

30. The bread was sold (　　　) when I got to the store.

Look (　　　) of the window so that you can see the snow.

(1) around　(2) at　(3) on　(4) out　(5) to

E 次の会話文 I. II.の空所 31.～35.に入るものとして最もふさわしいものを選びなさい。

I.

Taro is talking to his friend Jiro.

Taro: I got an email from Mary, my friend in Canada, yesterday. It says that she's coming to Japan this summer with her sister!

Jiro: Wow! I want to see them and show them many places around Tokyo.

Taro: Do you have any good ideas so that both of them can enjoy their stay?

Jiro: Let's see… Why don't we go to an amusement park together?

Taro: Umm, it sounds good, but she says that (31) because they are still students and their parents will pay for their stay.

Jiro: Well, then, what about going to see fireworks? Japanese fireworks are very famous in the world, and more and more tourists from abroad are visiting Japan to see them.

Taro: Sounds great! They can save money and I think they'll like Japanese fireworks. They are so beautiful.

Jiro: Also, my sister has several *yukatas*, so Mary and her sister can try wearing them.

Taro: Nice! I'll write about our plans to Mary tonight. (32)

Jiro: I'm sure about that! I can't wait for this summer vacation!

31.

(1) they cannot make money at amusement parks in Japan

(2) they cannot play catch in a park together

(3) they'd like to get much more money to visit Japan

(4) they'd like to spend as little money as they can

(5) they'd like to visit the biggest amusement park

32.

(1) I don't think she'll agree to our plan.

(2) I hope she'll like it.

(3) I'm thinking of changing my mind.

(4) I want you to get a nice *yukata* for your sister.

(5) I wish you good luck.

II.

Ken is a student from Japan. He's talking to his friend John at school in the US.

Ken: It's so hot today and I'm very thirsty! I want to have an orange soda.

John: Me too, but don't you know that we can't buy any drinks with sugar in our school?

Ken: Really!? Why?

John: Well, in the US, many schools stopped selling drinks with sugar for health reasons.

Maybe our school sold such drinks before, but when I came to this school, I couldn't find any.

Ken: For health reasons? (33) I think it's not a problem!

John: Actually, many people don't think so. You know, so many people in the US have health problems and one of the reasons for it is eating too much sugar. Many doctors also say that (34).

Ken: Well, I see. Then, I should give up buying soda at school, right?

John: Yes, but I have an idea. (35) If you use soda, fresh oranges and don't add any sugar, that would be very good for your health!

Ken: No sugar? Well, can I add just a little bit …?

33.

(1) I understand the situation of many schools.

(2) Making drinks with sugar costs too much money.

(3) Then, I'll stop drinking any soda.

(4) We're still young and do exercise a lot at school.

(5) Why didn't you find any drinks with sugar?

34.

(1) having no drinks with sugar will make students angry at school

(2) it's almost impossible to stop selling drinks with sugar at school

(3) schools shouldn't sell drinks without sugar any more

(4) we should have enough sugar for our body and mind to be healthy

(5) young people need to reduce the sugar that they eat

35.

(1) Do you want me to buy an orange soda?

(2) I'll bring you an orange soda every day.

(3) Let's drink an orange soda right now!

(4) Why don't you make an orange soda at home?

(5) You can buy an orange soda at a supermarket.

【数　学】 (50分) 〈満点：100点〉

1 次の各問いに答えよ。

(1) $-4^2-\square\div(3-5)\times(-3)^2-5^2=4$ が成り立つとき，□にあてはまる数を求めよ。

(2) $\dfrac{2x+3y}{2}-\dfrac{x+2y}{3}-x+y$ を計算せよ。

(3) 次の数の中で整数はいくつあるか答えよ。

$(0.5)^2,\ \sqrt{2^2},\ \pi,\ 0,\ -3,\ \sqrt{144},\ -\sqrt{215},\ \dfrac{5}{2},\ \sqrt{0.25}$

(4) $2(x-2)^2-32$ を因数分解せよ。

(5) $\dfrac{5}{7}$ を小数で表すとき，小数第2020位の数を求めよ。

(6) $N,\ x$ を自然数とする。$N\leqq\sqrt{x}\leqq N+1$ を満たす x が14個あるとき，N の値を求めよ。

(7) 2桁の自然数がある。一の位の数は十の位の数の2倍より1大きく，一の位の数と十の位の数を入れかえた数は，もとの数の2倍より4小さい。もとの2桁の自然数を求めよ。

(8) ひし形ABCDの辺AB上に点Pをとると，∠A，∠B，∠CPDの大きさの比が11：4：5になった。

① ∠CPDの大きさを求めよ。

② ∠ACP＋∠BDPの大きさを求めよ。

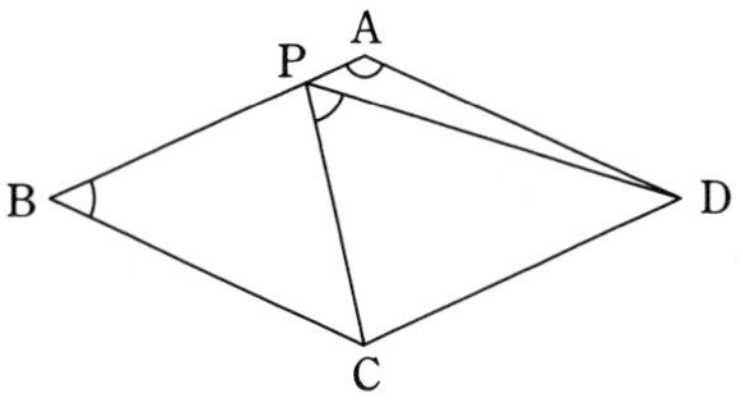

(9) △ABCにおいて，DE∥BC，AD:DB＝2:1である。

△ABCと△DEFの面積比を求めよ。

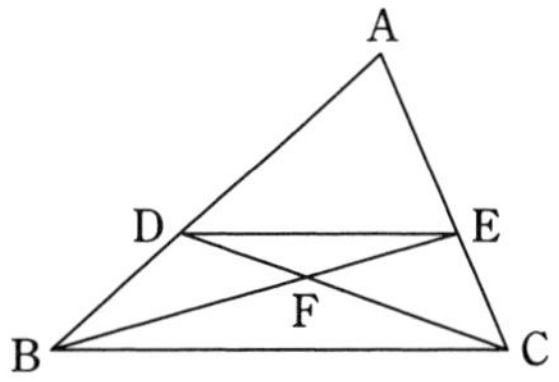

2 大小2つのさいころを投げ，大きいさいころの出た目を a，小さいさいころの出た目を b とするとき，次の問いに答えよ。

(1) 2直線 $y=\dfrac{b}{a}x+3$ と $y=2x+1$ が交わらない確率を求めよ。

(2) $\sqrt{3ab}$ が自然数となる確率を求めよ。

3 図1は, AB∥DCの台形ABCDである。点Pは, 点Aを出発して毎秒2cmの速さで, 台形の辺上を反時計回りに点Dまで動く。図2は, 点Pが点Aを出発してからx秒後の△APDの面積をy cm^2としたときのxとyの関係を表したグラフである。

次の問いに答えよ。

図1

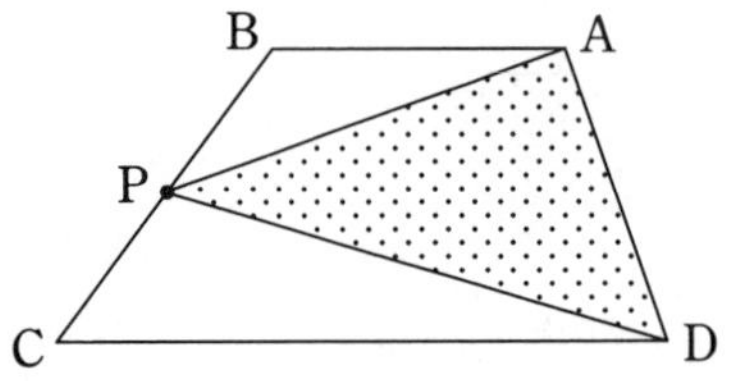

図2

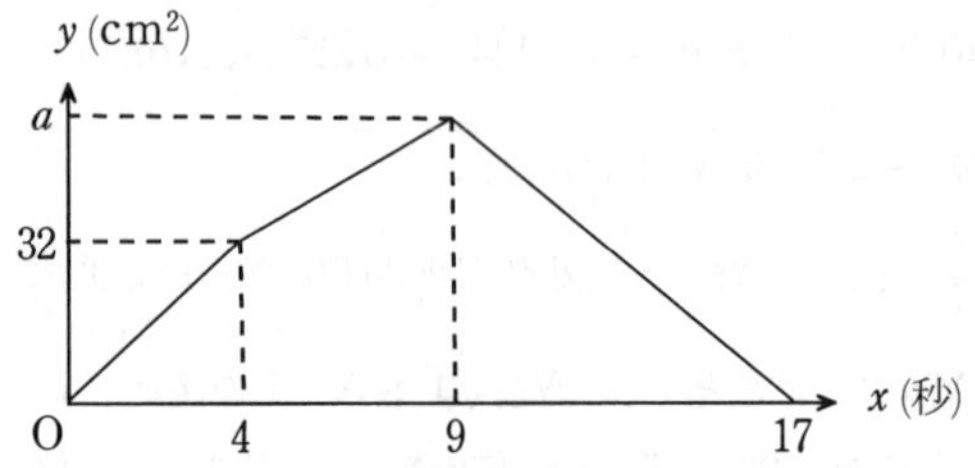

(1) 図2におけるaの値を求めよ。

(2) 辺ADの長さを求めよ。

4 図のように, 1辺の長さがaの立方体ABCD−EFGHがあり, 各面の対角線の交点を頂点とする正八面体を作る。

次の問いに答えよ。

(1) 正八面体の1辺の長さを求めよ。

(2) 正八面体の体積を求めよ。

(3) 正八面体の表面積を求めよ。

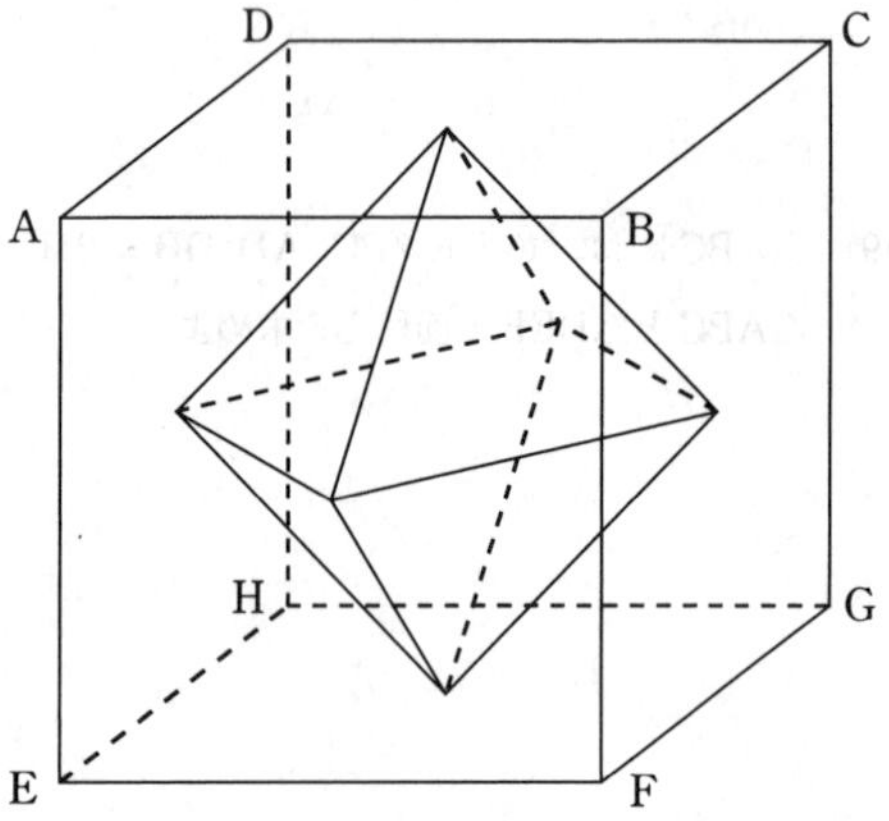

5 図のように, 放物線$y=-\frac{1}{18}x^2$上に点A, 放物線$y=ax^2$ $(a>0)$上に点Bと点Cがある。

点Aと点Bのx座標が-6, 点Cのx座標が2, AB=20である。

次の問いに答えよ。

(1) aの値を求めよ。

(2) 直線BCの式を求めよ。

(3) 放物線$y=ax^2$上にx座標がpである点Pをとる。
△ABCと△PBCの面積比が4:1となるような, pの値をすべて求めよ。ただし, $-6<p<2$とする。

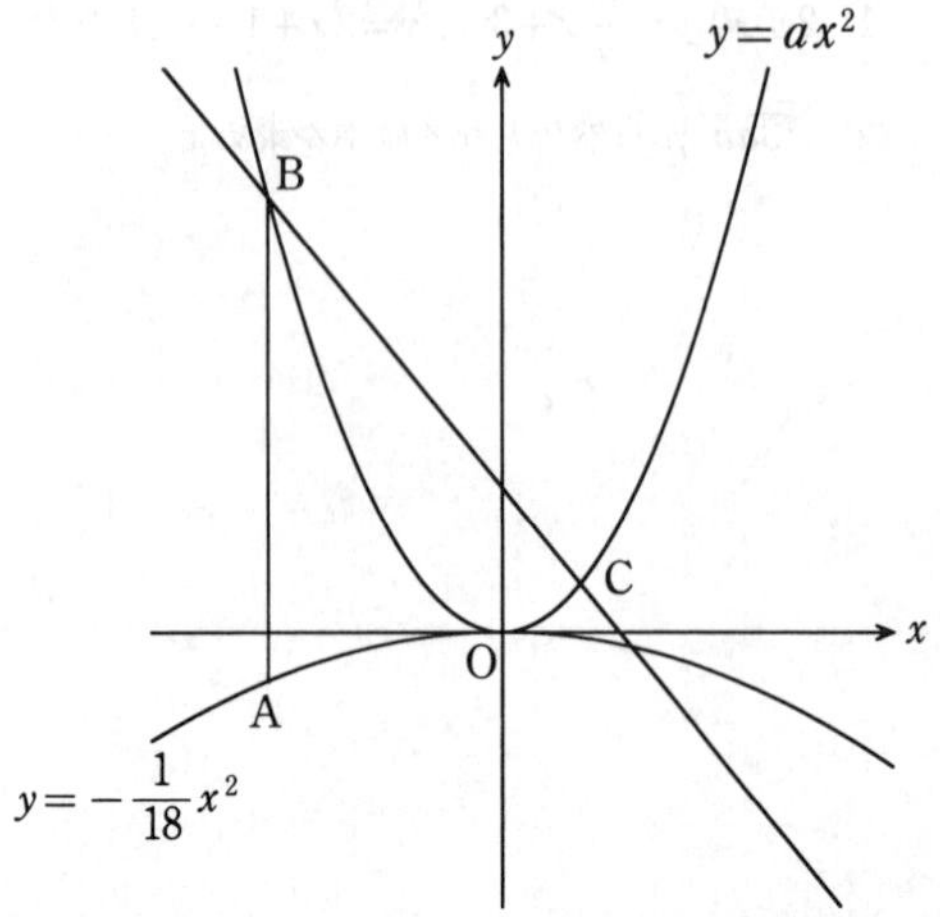

問23 傍線部(5)のように感じた理由としてもっとも適当なものを、次のなかから選べ。

A 「ぼく」を少しでも元気づけようとする思いやりが伝わってきたから。

B ひょっとしたら本当に使えるかもしれないと一縷《いちる》の望みを抱いたから。

C 感情を抑えていたがゆえ、「若者」の言動は威圧感がなかったから。

D ありえないことですら慰みに感じられるほど、無機的な口調だったから。

問24 傍線部(6)はどういうことか。次のなかからもっとも適当なものを選べ。

A 「ぼく」を引き止めてやまなかったロクタル管の魅力も、身の危険を感じ逃げだしたい衝動には及ばなかったということ。

B 「若者」の一言によって、売買を解消し全額返してもらうことへの執着に見切りがついたということ。

C 「ぼく」の粘り強い談判をもってしても無表情で埒《らち》があかない相手に、ほとほと愛想が尽きたということ。

D 「若者」の一言を機に、怖《お》じ気《け》づいて身動きもままならなかった状況から解放されたということ。

問25 この文章を説明したものとしてもっとも適当なものを、次のなかから選べ。

A 戦後の混乱が続く街のようすを少年の目を通してつぶさに描いている。

B ラジオマニアの少年の苦い経験と心の動きをありありと語っている。

C 少年に対しても容赦のない裏社会の実態をあぶり出している。

D 世間知らずの少年の軽率な行動と後悔の念に焦点を当てている。

問18　空欄1に入れるのにもっとも適当な語は次のうちどれか。

A　はずませた　B　ひそめた　C　のんだ　D　きらした

問19　空欄2に入れるのにもっとも適当な語句を、次のなかから選べ。

A　虎の威を借りた狐《きつね》　B　鳶《とんび》が生んだ鷹《たか》

C　ヘビに見すくめられたカエル　D　羊の皮をかぶった狼《おおかみ》

問20　傍線部(3)「『形式的に』～うなず」いた理由としてもっとも適当なものを、次のなかから選べ。

A　自分にはとうてい手が届かない値段だと思い込んでいたから。

B　せっぱつまって、何か買わなければと反射的に答えてしまったから。

C　あこがれのロクタル管を手にし、興奮でうわの空だったから。

D　手持ちのお金で買えるかどうかとっさに目算を立てていたから。

問21　傍線部(4)はどういうことを譬《たと》えているのか。次のなかからもっとも適当なものを選べ。

A　自分の主張が聞き入れられる自信がない重苦しい気分。

B　足を踏み入れるのが憚《はばか》られるほどの怪しげな気配。

C　よく確かめもせず衝動買いした物を返品することへの強いためらい。

D　関係者以外は場違いだと思わせるよそよそしいふんいき。

問丙　二重傍線部のカタカナを漢字に改めよ。

問22　空欄3に入れるのにもっとも適当なものを、次のなかから選べ。

A　すごすごと　B　おめおめと　C　うかうかと　D　ぬけぬけと

問丁　空欄4に入れるのに適当な漢字一字を記せ。

任はぼくになく、そのことは〔4〕を見るより明らかであり、したがって全額返却するのが至当なのだと、なおも論じつづけた。若者はふりむいて、肩越しにちょっと店の奥を見やったが、べつに何を言うでもなく、またこちらを向くと無表情に言った。

「だから、球もやるって言ってるんだ。ちょっとぐれえ割れ目がはいったって使えるかもしれねえ。」

感情のまったくないそのことばの後半は、(5)ほとんどやさしくさえひびいた。だが一度亀裂のはいった真空管が使えるわけがあろうか。と、ぼくはなおも食いさがろうとした。が、ひょっと見あげたとき見えた若者の目。その目には遠くからみたとき感じた鋭さはまったくなく、反対にそこにあるのはまわりの白目との境がどんよりととけだした、生気のない、くさったような茶色の虹彩、それを包んでいる、充血し、にごった白目、目のまわりの黒ずんだ皮膚、それらすべてがもつ、生の欠如を思わせるあの異様なふんいき、この路地の異様さそのもの、であった。ぼくはいいようもない恐怖にとらわれ、言いかけたことばも口にねばりついてしまった。ぼくは、ようようからだをガラスケースから少し引き離したが、それ以上は動きもならず立ちすくんだ。若者はもう一度、まったく無表情にくり返した。

(6)「いいから、それで帰んな。」

そのことばで、今までねばっこくぼくのまわりにまつわりふさがっていた異様な空気が一瞬さけた。ぼくはそのとたんにケースの上の百円札と7N7をつかむと、あとも見ずに路地から駆けのがれた。

（柴田翔「ロクタル管の話」より）

＊一間…約一・八メートル。
＊メタル管やGT管…いずれも真空管の種類。
＊7N7…ロクタル管の性能を示した型式名。

問16・問17 傍線部(1)・(2)の語句の意味としてもっとも適当なものを、次のなかから選べ。
(1)の解答は問16を、(2)の解答は問17をマークすること。

(1)「申しわけばかりの」
A かろうじて体裁を繕える程度の
B 客の要望には応えられないような
C できる限りの誠意を見せようとした
D 取るに足らないほどわずかな

(2)「うさんくさげに」
A 何となく疑わしそうに
B いかにも面倒くさそうに
C それとなく用心深そうに
D さも気の毒そうに

「えっ。」

とぼくはこわさも忘れて聞き返した。

「二百円？」

「ああ。」

と若者は無表情に答えた。とたんにぼくはこわさもぶきみさもふっとばして、勢いこんで言った。

「買うよ。」


念願のロクタル管を手に入れた「ぼく」は、幸福感で胸がいっぱいだったが、都電の停留所でロクタル管に見とれているうちに、かすかな亀裂があることに気づく。「ぼく」は絶望のあまりやけを起こしかけたが、ふと、もしかしたら返金してもらえるかもしれないと思い直す。


どこをどう通ったのか、気がついてみれば、ぼくはふたたびあの狭い暗い店の前にあった。

あの、ぼくをそもそもこの路地にさそいこんだ異様なふんいきはすでにぼくのまわりにあり、身にねばりこくまつわりつき、ぼくは首をまわすにも自由でなかった。わずかに店の奥をうかがえば、暗さに定かとはわからぬが、先ほどとは事変わり、椅子に腰かけた、三十がらみのひとりの男が、立った、背の高い、日本人離れして肩幅のがっしりした男と、低い声でささやき合い、いまひとりの先刻の変に鋭い目つきの若い男は、椅子に横ずわりのまま、じっと外をうかがうようすと見えた。そして、ぼくが(4)重い粘液の抵抗を押しわけるようにガラスケースの前へ進むと、若者は自分のからだでぼくの視野をさえぎらんとするごとく、ぼくの前に立ちふさがるではないか。だが、それがなんであろう。この店の奥で起こることは、ぼくにはなんのかかわりもないことだ。ぼくの願うのは、ただぼくのロクタル管に関する言い分が正当に理解され、受け入れられ、二百円返してもらう、ただそれだけのことなのだ。ぼくはその若者の前で、たどたどしくも論理正しく、いかにして貴店で買い求めたロクタル管に亀裂を発見するにいたったか、貴店から発見の地点までのあいだでは新たに亀裂を生ずべき理由がいかにありえないか、したがってそれらの事実から推論の結果、亀裂は貴店の手から買い手の手にわたる以前にすでにできていたとみなすことがいかに正当かを述べ、売買を解消して、トウガイ真空管とひきかえに二百円を返還されんことを希望するむねを表明したのであった。ぼくの前の陰気な若者は、ぼくの話しているあいだじゅう、だまって自分の手に受け取ったロクタル管の頭部の曲面を見つめていたが、ぼくが話し終わると、はじめて球をさかさにし、亀裂のはいっている足の部分を無表情にながめた。が、すぐ、むっつりとおしだまりつづけたまま、少し猫背の背をぼくに向けて奥の椅子の腰かけた男の前へ行き、ぼそぼそとなにごとかを話すようすであった。腰かけた男は若者の脇から鋭い一瞥《いちべつ》をこちらに向けたが、すぐまた若者に向かい、ひとことふたこと、命令するように言った。若者はひとくちも口をきかずにそれを聞き終わると、またむっつりとしたまま、のろのろとこちらへやってきて、かたわらの箱から百円札を一枚取り出し、ロクタル管といっしょにほこりっぽいガラスケースの上にぬっと置いた。そして、それから、はじめて口をひらいて、言うのだ。

「これだけ返してやるから、帰んな。」

帰んな、と言われなくたって、逃げだしたいのはやまやまだ。だが、ここまで引き返しておいて、そう〔　3　〕戻れよか。ぼくは必死の思いで、亀裂の責

二　次の文章を読んで、あとの問いに答えよ。

ラジオマニアの「ぼく」は以前から、真空管の一種で、電気回路の純粋性を具現化したかのように美しいロクタル管が欲しくてたまらなかった。朝鮮戦争が始まり、出征前の米兵たちが遊興費稼ぎに真空管を横流ししているといううわさを耳にした「ぼく」は、掘り出し物目当てに、神田の露店街から、米兵と露天商との仲介所があるという神田駅近くまで足をのばした。

ぼくは路地の片隅の小さなラジオ屋の前に立ちどまっていた。その店の間口は*一間《いっけん》ばかり、しかし奥行は三間ほどもあった。入り口は客を奥のほうへは入れないために、ようやくひとりがからだを横にしてはいれるすきまを残して、古ぼけた、ぼくの胸ぐらいの高さのガラスケースでさえぎられ、そこには、(1)申しわけばかりのとぼしい部品がわびしげに並んでいた。が、見よ！　そのケースの上にはむぞうさに二十本あまりの*メタル管やGT管が並んでいるのだが、はっとぼくが息を〔　1　〕ことには、それらにまじって、ただ一本、ロクタル管がきらきらと輝いているではないか。ぼくは思わずガラスケースに近づき、それを手に取った。もしかしたら、ここが例の仲介所で、このロクタル管もあるいはすごく安いのかもしれない。そう胸をときめかしながら、あらためてその球《たま》を見なおしたぼくの期待は、それが*7N7であることを知って、失望と変わってしまった。なにしろ7N7はひどく高価な球なのだ。新品なら九百円することだってある。普通で七百五十円、ここがいくら安いにしたって、五百円以下ということはあるわけがない。ところがぼくの金はポケットの底を全部はたいたところで二百五十円ばかり、それがあとにも先にも中学生のぼくの全財産だ。ぼくはしぶしぶあきらめ、7N7を手から下に置こうと思って、ふと奥を見ると、たてに奇妙に細長い店のうすぐらい奥では三人ばかりの若者が何かいわくありげに集まって、カードでもてあそんでいるようすと見てとれたが、そのなかのひとりが変に鋭いまなざしで、(2)うさんくさげにこちらを見ているのだ。はっと気がつき、ぞっと背筋が寒くなったぼくは、とっさにロクタル管を置いて逃げだそうと思いはしたのだが、その目で見られてはもう動くにも動けず、ロクタル管を手に持ったまま〔　2　〕ように立ちすくんでしまった。すると、その男はやおら腰を上げ、こちらへやって来て、きくのだ。

「なんの用だい。」

ぼくは今となってはなおさら逃げだしもならず、ただ相手のことばに何か答えねばならぬと必死の思いで、自分が何を言っているのかも知らずに言ってしまった。

「この7N7、いくら。」

「二百円。」

むりにドスをきかせたような太い声で若者がそう答え終わると、ぼくはただ(3)形式的に、「そう。」とうなずき、「じゃ、やめだ。」というように、手に持ったロクタル管をもとへ戻し、早々にその店先から離れようとした。が、ぼくはロクタル管をはなさなかった。はなそうとした瞬間、たった今うわの空で聞き過ごした若者の低い声が、とつぜん意識のなかへ戻った。「二百円。」

問12　空欄④に入るものとして適当なものを次の中から選べ。

A　「交渉を断ち切りたい」
B　「交渉を引き延ばしたい」
C　「交渉を繰り返したい」
D　「交渉を考え直したい」

問13　傍線部⑤の三字熟語と同じ成り立ちのものを、次の中から選べ。

A　未解決　　B　共通語　　C　衣食住　　D　新世界

問14　傍線部⑥とあるが、その商品のどのようなところを指して「魔術性」と言っているのか。適当なものを次の中から選べ。

A　価格設定の根拠がはっきりしていない商品はその商品価値も不確かであるのに、なぜか設定された価格を消費者に安いと勘違いさせるところ。
B　常識的には理解できない価格設定がかえって人々を惹《ひ》きつけ、不思議とその商品を手に入れたいという気持ちをかき立てるところ。
C　明確な基準がなく常識はずれな価格設定でも、その商品を求めている人にとっては不思議と納得できる価格に見えるところ。
D　根拠のない価格設定がかえって人々の目に魅力的にうつり、きっと良質な商品であるに違いないと思い込ませて、売れ行きが伸びるところ。

問15　本文の内容と合致しないものを次の中から選べ。

A　「沈黙交易」とは、価値観を異にする集団と顔を合わせることなく、何に使うかわからないものをやりとりすることを指し、これが交換の起源的な形であると考えられる。
B　消費者による商品の購入が繰り返されるためには、適正価格に則《のっと》った価格設定ではなく、消費者の購買意欲を刺激するための価格設定にかかわる「謎」が必要である。
C　交換で入手した何かわからないものをめぐってあれこれ知恵を絞ることも含めて、交換という行為そのものが面白かったことから、交換が頻繁に行われるようになった。
D　言語も文化も全く異なる他の部族の人間と等価なものを交換し、互いに満足し合うやりとりができたことによって生まれた達成感こそが、交易を促した「最初の一撃」である。

しくて、五万年前のクロマニヨン人たちは交換を始めたのです。だって、想像すると、いかにも愉しそうでしょ？

交換をするのは、交換によって有用な財が手に入るからではなく、交換することそれ自体が愉しいからである。これが私の考えです。

（内田樹『先生はえらい』より）

＊度量衡…長さと容積と重さのこと。また、これらをはかるための道具。

＊クライアント…顧客のこと。

問9　傍線部①とあるが、この場合の「特産品」とはどのような意味で使われているか。適当なものを次の中から選べ。

A　その価値がよく知られていて、皆が欲しがるもの。

B　他の土地では生産することができないもの。

C　産地の外の人間には使用価値がよくわからないもの。

D　他で生産されたものと比較して、品質が高いもの。

問10　傍線部②とあるがどういうことか。適当なものを次の中から選べ。

A　それぞれが海産物と山菜を求めたという事実はあるが、交換されたものの栄養価が対等だったかまでは分からないということ。

B　ものごとの起こりまでさかのぼって考えることをせず、後に発展した学問や知識で都合の良い解釈をしてしまっているということ。

C　当時の人々の実態を想像することに加え、現在の学問の成果も踏まえなければ、不完全な説明しかできないということ。

D　当時の人々はなぜ海産物と山菜を交換するのか理解していなかったが、現在では栄養学的に解明されたということ。

問乙　二重傍線部Iのカタカナを漢字に直せ。

問11　傍線部③とあるがなぜか。適当なものを次の中から選べ。

A　価値のわからないものを交換することで、互いの異なる価値観が混ざり合い、文化が発展するから。

B　価値のわからないものを交換することで、価値がわかっているものを交換するよりも互いに利益が生じるから。

C　価値のわからないものを交換することで、互いに警戒心が生じ、より慎重な交易をするようになるから。

D　価値のわからないものを交換することで、互いが相手の価値の判断基準に興味を持ち、交易が続いていくから。

だって「高くない」んだから。

みなさんがロレックスを買うのは「どうしてこんなに高いのかわかんない」ものを所有することによって、周りの人々が「おお、めちゃ高いロレックスじゃん。すげえ」と言ってくれることを期待してのことです。「おお、お値段リーズナブルなロレックスじゃん。賢い買い物したね」と言われたって、うれしくも何ともないです。

何年か前にユニクロのフリースが二〇〇〇万着売れたことがありましたね。どうしてだと思います？

どうしてこういう価格設定だか理解できなかったからですね、安すぎて。

どう考えても、この値段で買えるはずのない商品が買える。

「どうしてこんなものが……？」と消費者は考えます。そうなると、あとは沈黙交易と同じです。「さらに交易を続けて、あちらが持ち込んでくる商品の価値がどういう基準で設定されているのか、とにかくそれを解明する他ない」という結論に達するわけです。そして、魅入られたように、近場のユニクロに毎日通い、何かを購入するようになる。

交易というのは、そういうものなんですよ。みなさん。

みなさんは、まだお若いからビジネスというものの経験がないでしょうけれど、この機会によく覚えておいて下さいね（私は実はむかし友人たちと会社を経営していたことがあるのです。学者になるために引退しちゃいましたけれど）。

その経験から申し上げますが、ビジネスというのは、良質の商品を、積算根拠の明快な、適正な価格設定で市場に送り出したら必ず「売れる」というものではありません。

いや、一回目は売れるかも知れませんが、繰り返し同系列の商品が売れ続けるということは起こりません。

交易が継続するためには、この代価でこの商品を購入したことに対する割り切れなさが残る必要があるのです。*クライアントを「リピーター」にするためには、「よい品をどんどん安く」だけではダメなんです。「もう一度あの場所に行き、もう一度交換をしてみたい」という消費者の欲望に点火する、価格設定にかかわる「謎」が必須なんです。

ふつうに考えると、相手の姿が見え、相手のことばが理解できて、相手と価値観が共有できる人間と、その意味や価値が熟知されている財を交換することが「交易」であるということになります。

しかし、おそらく話は逆なのです。ここでも人間は原因と結果を取り違えています。

姿が見えず、ことばがわからず、価値観が違う人間（だかなんだかわからないもの）とも、何かをやりとりすることができたということの達成感が、交易を促した「最初の一撃」です。それによって得られた快感を求めて、もうなんでもいいからじゃんじゃん交換しようということで、その「結果」として、財としての使用価値のわかっているものも交換されるようになったというのが、ことの順序ではないかと私は思います。

知らない部族から贈られてきた、その意味も価値も「わからないもの」を取り囲んで、ああでもないこうでもないとわいわい騒ぐことそれ自体がなんだか愉《たの》当然そうなります。

私たちは相手が贈ってきたものがどういう価値のものかまるまる全部わかってしまう場合には、それ以上その人と取引する意欲が減退してしまうからです。

たとえば、私たちがいちばんその価値や意味がわかっているものというと「自分が今しゃべったことば」ですね。

よく子どもたちが相手を怒らせようとして相手のことばをそのまま繰り返しますね。

「うるせんだよ。」

「うるせんだよ。」

「オレのことば、繰り返すなよ。」

「オレのことば、繰り返すなよ。」

「おい、ふざけるとぶん殴るぞ、ンナロ。」

「おい、ふざけるとぶん殴るぞ、ンナロ。」（このへんで、だいたい手が出ますね。）

つまり、価値のわかりきったものを交換するというのは、［④］という意思表示なわけです。完全な等価交換というのは、交換の無意味性、あるいは交換の拒絶を意味します。

ということは、「なんだか等価みたいな気もするんだけれど、なんだか⑤不等価であるような気もするし……ああ、よくわかんない」という状態が交換を継続するためのベストな条件だということになりますね。

実は、市場における商品の価値というのは、この「商品価値がよくわからない」という条件にかなりの程度まで依存しているんです。ですから、「どうしてこんな値段なの？」という商品というのは、ある種の⑥「魔術性」を帯びてくるのです。

三〇〇万円のロレックスの時計って、「どうして？」と思うような価格設定ですよね。計時機能だけに限って言えば、一万円のスウォッチでも「時間を計る」ということについてはまったくオッケーなわけです。

じゃあ、あとの二九九万円は「何の値段」でしょう？

それが「わからない」んですね。

ロレックス社もその価格設定に至った積算根拠というものを絶対に公開しません。

だって、このような高価な材料を使い、このように熟練した職人を雇用し、このような高度なスペックを達成し、このような充実したアフターサービスが完備しております……というようなことを顧客に明らかにしたら……お客さん、どう思うでしょう？

「なるほど、これだけ手をかけているのか。さすがロレックスだな。これなら三〇〇万円でも少しも高くない。」

そう思いますよね。

そうなると、もう誰もロレックス買わないですよ。

ものごとを根源的に考えるときは、ここのところがかんじんです。その制度の「起源」に立ち返るということです。最初の最初はどうだったのかを考えることです。

沈黙交易の最初のとき、人間たちはそれにいかなる価値があるのかわからないものを交換し合った。

ここが話のかんどころです。

社会科の教科書には、ときどき「山の人は海産物を求め、海辺の人は山菜を求めて、特産物を交換しました。これが交易の始まりです」というような記述がありますけれど、こういうことを簡単に信じてはダメですよ。②「山の方の人はタンパク質が足りず、海の方の人は繊維質が足りなかったので、特産物を交換しあった」なんていう栄養学的説明は後世の人間の「あと知恵」です。魚を食べたことがない人が「魚で不足がちのタンパク質をIホキュウしなきゃね」なんて思うはずがありません。

いかなる価値があるのかわからないものを交換しあうというのが沈黙交易の（言い換えると、起源的形態における交換の）本質です。私はそうじゃないかと思います。

クロマニヨン人たち（沈黙交易を始めたのは、彼らです。今からざっと五万年ほど前の話です）は、おそらく交換がしたかっただけなんです。だから、交換するものはなんでもよかった。

というよりむしろ、③交換相手にとってできるだけ「なんだかわからないもの」を選択的に交換の場に残してきたんじゃないかと私は思いますよ。

だって、交換相手がその価値をよく知っているものや、すでに所有しているものだと、「なんだ、あれか……」ということで、それっきり沈黙交易が終わってしまう可能性がありますからね。

私が五万年前の史上最初の沈黙交易の当事者であったとしたら、ぜったいに、「それがなんだか相手に簡単には見破られないもの」を交換のために選びますね。

それに対して、相手も負けずに「なんだかわからないもの」を置いてゆく。

それを囲んで、私たちはみんなで考える。「なんだろう、これは?」

当然、向こうでも、こちらの置いていった特産品を囲んで、こちらと同じことをやっています。

「どうして『あいつら』はこんなものに価値があると思って財貨として扱っているんだろう?　どうもよくわからない」ということになると、「じゃ、ま、次行ってみようか」ということになりますね。

つまり、沈黙交易においては、価値のあるものを贈られたので、それにちゃんとお応えしようとして、等価物を選んで贈り返すわけではないんです。

価値がよくわからないものを贈られたので、困ってしまったんですね、これが。

困ってしまった。しかし、この窮状を打開するためには、さらに交易を続けて、あちらが持ち込んでくる「商品」の価値がどういう基準で設定されているのか、とにかくそれを解明する他ない……ということになります。

問8 本文の内容として適切なものを選べ。

A 雑草の種子と野菜や花の種子を比べてみると、雑草の種子のほうが発芽してから出芽するまで時間がかかり、育てるのに手間がかかる。

B 雑草の種子がいつ発芽するのか予測しにくい原因は複雑な休眠の仕組みにあったが、近年雑草の種子についての研究が進み、解明されつつある。

C 二次休眠と環境休眠は、発芽に適した環境が整っているか否かという点で異なり、どちらの休眠でも種子は目を覚ましている状態である。

D 野菜や花の発芽のタイミングはほぼ同じであるが、雑草の発芽のタイミングは種子ごとにさまざまであり、その多様性によって雑草は生き残ることができている。

二 次の文章を読んで、あとの問いに答えよ。

「沈黙交易」ってご存じですか？

「沈黙交易」というのは、言語も通じないし、文化や社会組織も違う異部族間で、それぞれの特産品を無言のうちに交換する風習のことです。

例えば、双方の部族のどちらにも属さない中間地帯のようなところに、岩とか木の切り株とか、そういう目立つ場所があるとしますね。そこに一方の部族の人が何か彼らのところの特産品を置いてきます。そして、彼が立ち去った後に、交易相手の部族の人がやってきて、それを持ち帰り、代わりに彼の方の特産品をそこに残してゆく。そういうふうにして、顔を合わせることなしに行う交易のことを「沈黙交易」と言うのです。

これがたぶん交換というものの起源的な形態ではないかと私は思います。

どこが「起源的」かと言いますと、「言語も通じないし、文化や社会組織も違う」もの同士のあいだで「特産品」をやりとりする、という点です。

言語も社会組織も違う集団というのは、言い換えると価値観が違う集団ということですよね。あるいは、ものの価値を計るときに使う*度量衡を共有していない集団と言い換えてもいいです。

そのような集団がそれぞれの「特産品」を取り替える。

①「特産品」というのも、たいせつな条件ですね。

両方の部族がどちらも所有していて、その使用価値がわかっている品物を交換するわけではないんです。「特産品」というのは、みなさんも旅行先でお土産店なんかで見たことがあるでしょうけれど、しばしば何に使うのかわからないものですね。「すりこぎ」だと思ったら、ゆでて食べるものであったり、食べものだと思ったら、入浴剤だったり。そういうことがありますね。

「特産品」というのは、本来はその集団外の人間には、その使用価値がわからないもののことです。何度も同じものを受け取っているうちに、「ああ、これはこうやって使うのか」と誰かが気づいたでしょうけれど、少なくとも、いちばんはじめに沈黙交易が行われた、一回目の交換のときには、その価値の知られないものだった。

問甲 波線部①「トクサク」を漢字で記せ。

問3 傍線部3「春に芽が出る種子は、『春』という季節を感じて芽を出す」とあるが、その仕組みを説明したものとして適切なものを選べ。

A 春に芽が出る種子の多くは低温に弱く、冬の厳しい寒さをのりこえられるたくましい種子だけが芽を出す。
B 春に芽が出る種子は、たんに気温の変化によって芽を出しているのではなく、長期間にわたって寒さにさらされたうえで暖かくなったときに芽を出す。
C 春に芽が出る種子は固い種皮に覆われていて、翌年の春にちょうど芽が出るよう時間をかけて皮がやわらかくなっていく。
D 他の季節に芽を出す種子とくらべると、春に芽を出す種子は冬の厳しい寒さに耐えるための成分を多く含んでいる。

問4 傍線部4「ぬか喜び」とは、どのような喜びを指す言葉か。適切なものを選べ。

A 半信半疑のまま、周囲の状況に合わせて表面的に見せるうわべだけの喜び
B これ以上はあるまいというほどの大きな喜び
C あてがはずれて、のちにがっかりするようなつかの間の喜び
D 希望がかなえられ、満たされた気持ちからわきあがってくる喜び

問5 傍線部5「何だか」がかかる文節を次の中から選べ。

A 人生にも　B 示唆的な　C 種子の　D 戦略である

問6 空欄 6 にはいる語として適切なものを選べ。

A とうとうと　B きちんと　C もたもたと　D だらだらと

問7 傍線部7について、「発芽勢」という言葉を使った説明として適切なものを選べ。

A 野菜や花の種子の発芽勢は高く、雑草の種子の発芽勢も高い。
B 野菜や花の種子の発芽勢は低く、雑草の種子の発芽勢は高い。
C 野菜や花の種子の発芽勢は高く、雑草の種子の発芽勢は低い。
D 野菜や花の種子の発芽勢は低く、雑草の種子の発芽勢も低い。

雑草の仕組みは極めて複雑であると言われている。

雑草は季節に従って規則正しく芽を出せば良いというものではない。雑草の生える環境には予測不能な変化が起こる。春になったからといって発芽のチャンスだとは限らないし、いつ劇的なチャンスが訪れるかもわからない。そのため、雑草は一般的な野生の植物よりも、より複雑な休眠の仕組みを持っているのである。

雑草を育てることの難しさは、芽が出ないことだけではない。たとえ、結果的に芽が出たとしても、芽が出るタイミングがバラバラなのだ。

休眠は、雑草にとっては重要な性質である。しかし、雑草のやっかいなところは、同じ種であっても一粒一粒の休眠に差があることである。休眠したり、覚醒したりというタイミングがまちまちで、ある種子が覚醒していても、別の種子は休眠していたりするのだ。

ちなみに、種子から根や芽が出ることを「発芽」と言い、地面の上に芽が出ることを「出芽」と言う。発芽のタイミングがバラバラだから、地面の上に出芽してくるのも一斉ではない。次から次へと［6］出芽してくるのである。

野菜や花の種子は、種を播けば一斉に芽が出てくる。どれだけの種子が発芽したかは「発芽率」で表されるのに対して、どれくらいそろって発芽したかは「発芽勢《はつがぜい》」という言葉で表現される。野菜や花の種子の発芽のタイミングがそろわないと、その後の成長もそろわなくなってしまう。そのため、栽培する植物にとっては、「そろう」ということがとても大切なのである。

しかし、雑草の種子は、できるだけ「そろわない」ことを大切にしている。

もし、野菜や花の種子のように一斉に出芽してきたとしたら、どうだろう。人間に草取りをされてしまえば、それで全滅してしまう。そのため、わざとそろわないようにして、出芽のタイミングをずらし、次から次へと「不斉一発生《ふせいいつはっせい》」するようになっているのである。

バラバラであるという性質は、人間の世界では「個性」と呼ばれるものかも知れない。雑草の世界では個性がとても重要なのだ。

（稲垣栄洋『雑草はなぜそこに生えているのか』より）

問1 傍線部1「酔狂な人」とは、ここではどのような人を指すのか。適切なものを選べ。

A　酒に酔ってとりみだす人

B　人目にふれるような派手な行動をする人

C　洗練された趣味をもち、することもしゃれている人

D　好奇心から人とは異なる行動をとる人

問2 空欄［2］にはいる語として適切なものを選べ。

A　栄養素　B　湿度　C　温度　D　光

しかし、雑草の種子は発芽のタイミングを自分で決める必要がある。

雑草の種子が熟して地面に落ちたとしても、それが発芽に適しているタイミングとは限らない。たとえば、秋に落ちた種子が、そのまま芽を出してしまうと、やがてやってくる厳しい冬の寒さで枯れてしまう。また、まわりの植物がうっそうと茂っていれば、芽を出しても光が当たらずに枯れてしまう。いつ芽を出すかという発芽の時期は、雑草にとっては死活問題なのである。

もっとも、種子が落ちた時期と発芽に適した時期が異なるということは、雑草以外の野生植物にとっても重要な問題である。そのため、雑草を含む野生の植物は、種子が熟してもすぐには芽を出さない仕組みを持っている。この仕組みは「一次休眠（内生休眠《ないせいきゅうみん》）」と呼ばれている。

一次休眠は発芽に適する時期を待つための休眠である。たとえば、種皮が固くて水分や酸素を通さないようになっており、時間が経つと皮がやわらかくなって酸素が通って芽を出すような「硬実種子《こうじつしゅし》」と呼ばれる種子もある。アサガオの種子に、やすりやナイフで傷をつけると芽が出やすくなるのは、アサガオが硬実種子だからである。

また、[3]春に芽が出る種子は、「春」という季節を感じて芽を出す。

種子が熟した秋も春と気温はよく似ている。小春日和という言葉があるように冬になっても、春のように暖かな日はある。種子はどのようにして、春であることを知るのだろう。

植物の種子が春を感じる条件は、「冬の寒さ」である。冬の低温を経験した種子のみが、春の暖かさを感じて芽を出すのである。

見せかけの暖かさは、やがて訪れる冬の寒さの前触れに過ぎない。長く寒い冬の後にだけ本当の春がやってくる。だから種子は見せかけの暖かさに[4]ぬか喜びすることなく、じっと冬の寒さを待っているのである。冬の寒さ、すなわち低温を経験しないと発芽しない性質は「低温要求性」と呼ばれている。低温に耐えるのでなく、低温を必要とし要求しているのである。

「冬が来なければ本当の春は来ない」

[5]何だか人生にも示唆的な、種子の戦略である。

このように、時間が経った種子は休眠から覚めて芽を出そうとする。

しかし、雑草の種子は春だからといって芽を出せばよいという単純なものでもない。弱く小さな雑草の芽生えにとっては、いつ芽を出すかが生死を分ける。そのため、環境を複雑に読み取って、発芽のタイミングを計るのである。芽を出そうとしても、発芽には適さないかも知れない。そんなとき、雑草の種子は再び休眠状態になる。これは「二次休眠（誘導休眠）」と呼ばれている。

人間でいえば、一度、目を覚ましたものの時計を見るとまだ早かったので二度寝してしまうような感じだろうか。その後、私たちがふとんの中で寝たり目が覚めたりを繰り返すように、雑草種子は、覚醒と二次休眠を繰り返しながら、発芽のチャンスを窺《うかが》っていくのである。

一方、覚醒して発芽できる状態になっても、発芽に必要な、水や酸素や[2]がなければ種子は発芽しない。この状態を「環境休眠（強制休眠）」と言う場合がある。ただし、これは目を覚ましている状態であるため、本来の休眠ではない。

二〇二〇年度　明治学院高等学校

【国　語】〈五〇分〉〈満点：一〇〇点〉

☆問1～問25はマークシートに、問甲・乙・丙・丁については別紙の解答用紙に書くこと。
☆読解の一助とするため、表記を変えた箇所があります。

一　次の文章を読んで、あとの問いに答えよ。

皆さんは雑草を育てたことがあるだろうか。

雑草とは、勝手に生えてくるものであって、わざわざ雑草の種を播《ま》いて育てる[1]酔狂な人は少ないだろう。

私は雑草の研究をしているので、雑草を育てる。ところが、雑草というのは、いざ育てようと思うと、なかなか簡単ではない。

まず、種子を播いても芽が出ないのだ。

野菜や花の種子であれば、土に播いて水をかけてやれば、数日のうちには芽が出てくる。ところが、雑草の場合は土に播いて水を掛けてもなかなか芽が出てこない。そうこうしているうちに、播いてもいない雑草の方が芽を出してきてしまったりするから、難しい。

植物の発芽に必要な三つの要素は何だろうか？

教科書には、「水、酸素、[2]」と書いてある。

そのため、暖かい時期に、土を耕して空気が入りやすいようにしてから種子を播き、水を掛けてやれば、水と酸素と[2]の三つが揃《そろ》って芽が出てくるのである。

ところが、雑草はこの三つの要素が揃っても芽を出さない。

それは、雑草が「休眠」という性質を持つからなのである。

「休眠」というと休眠会社や、休眠口座など、働いていないという良くないイメージがある。何しろ、「休眠」は「休む」「眠る」と書くのだ。たくましい雑草の戦略が、「休む」「眠る」というのは、情けないような気もするが、そうではない。「休眠」は雑草にとって、もっとも重要な戦略の一つなのである。

休眠は、すぐには芽を出さないという戦略である。

野菜や花の種子は、播けばすぐに芽が出てくる。野菜や花の種子は人間が適期《てっき》を見定めて播いてくれる。そのため、すぐに芽を出すことが[①]トクサクなのである。芽を出す時期は、人間が決めているのだ。

2020年度／明治学院高等学校

英語解答

A 1 (4)　2 (4)　3 (2)　4 (4)
5 (3)　6 (2)　7 (2)　8 (4)
9 (5)　10 (2)　11 (3)　12 (4)
13 (1)　14 (3)　15 (2)

B 16 (5)　17 (1)　18 (3)　19 (1)
20 (1)

C 21 (5)　22 (4)　23 (1)　24 (3)
25 (5)

D 26 (4)　27 (3)　28 (5)　29 (1)
30 (4)

E Ⅰ 31…(4)　32…(2)
Ⅱ 33…(4)　34…(5)　35…(4)

A 〔長文読解総合―物語〕

≪全訳≫❶これはカーラという名の少女についての物語だ。❷母が私に，妹のバースデーケーキをつくるためにケーキミックスと卵をいくつか買ってくるよう頼んでいたことを思い出したとき，私はすでに学校から帰宅する途中だった。登下校には２つの市バスに乗らなくてはならず，片道１時間近くかかることもよくある。私は市内にある，視覚障害のある子どものための特別な学校に通っている。私は網膜色素変性症で，見えはするが視力は弱く，夜はよく見えない。❸そういうわけで，知らないかいわいで最初のバスを降り，スーパーマーケットへ行くのは緊張した。でも，私はしないといけなかった。妹はとてもがっかりするだろうし，母は私に腹を立てるだろうからだ。スーパーマーケットが見えたとき，私は角で下車した。遅すぎはしなかった。買い物をしてからバス停に戻るまでにあまり時間がかからなければいいなと思った。❹必要な物を見つけた後，私はすてきな服を着た女の人の後ろで列に並んでいた。彼女は財布の中の何かを見つけようとしていた。それから，支払いをしてドアの方へ歩いていった。前へ進んだとき，私は何かを踏んだ。見下ろすと，私の靴の下にきれいな金とダイヤモンドの腕時計があるのに気づいた。私の前にいた女の人から落ちたのかもしれない！　彼女がまさにドアを開けて出ていこうとしているのが見え，彼女を走って追いかけた。「すみません！　これを落としましたよ！」　彼女は振り向き，私の持っている腕時計を見るとこう言った。「まあ，大変！　とめ金が壊れているとわかっていたのに！　本当にありがとう！　これが私にとってどれほど大切な物かわからないでしょうね！　お礼に何かちょっとした物をプレゼントさせてくれないかしら？」❺私は彼女にいいえと言った。きれいな腕時計だったし，その女の人はきっと私にすてきなプレゼントをくれるだろうと思ったが，何かをもらうのがいいとは思えなかった。私は彼女に，それを見つけられてただうれしいです，よい１日を，と言った。彼女は私の名前を尋ねた。私は彼女に教え，彼女は私の手を握って振り，またお礼を言ってくれた。❻私には，夕食後ケーキを食べながら，母と妹に話すべきすばらしい話があった。そしてそれで終わりだった。少なくとも私はそう思った。❼２年後，私は高校を卒業することになった。視力は悪化しなかったが，依然として弱かった。先生になるのがずっと私の夢で，市内の教育大学に行きたいと思っていた。私は，私のような子どもたち，視力の弱い子どもたちの力になれるかもしれない。母は妹と私を養うために懸命に働いていたが，大学へ行くお金はなかった。頼んでみる必要さえなかった。❽私は成績のいい生徒ではあったが，学校で一番ではなかった。どんな奨学金も受けられないだろうとわかっていた。私はがんばって勉強していたが，学校には，同じように視覚障害があって私よりずっといい成績を取っている生徒が大勢いた。❾だから，学期末近くのある日，進路指導担当の先生が私を部屋に呼んで7あなたは大学へ行くのよと言ったとき，私は単に驚いただけでなく衝撃を受けた。それは学校からの奨学金ではなかった。私が教育大学へ通えるように，誰かが個人的に全ての支払いをしたいと思っているのだった！❿「カーラ，あなたの大学の費用を出してくれる人に会ってほしいの」と先生は言った。彼女は私をかっこいい若い男性に紹介した。先生は，彼は市内のいくつかのビルのオーナーだと説明し，先生が話している間，私はこの男性の写真を新聞各紙で見たことに気づいた。彼は毎年，大金を慈善団体に送っていた。11すると彼はこう言った。「２年前，君はスーパーマーケットで僕の母が落とした腕時計を返してくれた。僕はあの腕時計を母の誕生日にあげて，母はそれをとても気に入っていた。僕に修理を頼んできたとき，母はスーパーマーケットでそれが落ちた後，このカーラという名前のすてきな若いお嬢さんがどういうふうにそれを返してくれたのかを僕に話した。彼女は君には視覚障害があると言ったので，僕たちは君を捜して尋ね回ったんだ。この２年間，君の力になりたいと思ってきて，やっと今，君の親切さと正直さにお返しができるよ」12信じられなかった！　あの日はスーパーマーケットに寄るしかなかった。知らないかいわいでバスを降りなくてはならず，それでその女の人の腕時計を返すことができたのだ。そして今，ちょっとしたいいことを１つしたために大学に行けるのだ。13１つの善行がもう１つをもたらす――というのは本当だと思うが，神様はときに，人がその善行ができるような場所にあえて人を置いてくださる。そうした全てのことが起こり，神様は暗くなる前に私が家に着いて，妹がバースデーケーキを食べられるように，確かに計らってくださったのだ！

１＜語句解釈＞下線部１の to do it は，前文の to不定詞のまとまりである to get off 以下を受けているので，(4)「私はバスを降りてスーパーマーケットに行かなくてはいけなかった」が適切。

２＜英問英答＞「彼女はなぜ早く店に行きたかったのか」―(4)「なぜなら，もし暗くなると彼女は困ったことになるからだ」　第２段落最終文から，カーラは視覚障害のため，夜暗くなると見えにくくなることがわかる。また，本文の最終文には，神様が暗くなる前にカーラを家に帰してくれたという内容がある。ここから，カーラは暗くなると困るので，その前に買い物を済ませて帰りたかったのだとわかる。

３＜英文解釈＞the things I needed「私が必要としていた物」の内容は第２段落第１文に書かれている。よって，(2)「母親に買ってくるように頼まれていた食品を選び終えた後」が適切。

４＜英文解釈＞下線部４は「これが私にとってどれほどの意味を持つか」といった内容で，これ，つまり落とした腕時計が女性にとって非常に重要であることを意味している。よって，(4)「この腕時計は私にとってとても重要だ」が適する。

５＜英文解釈＞下線部５の that は第６段落第１文の，スーパーマーケットでの出来事を家で母親と妹に話したことを指す。it は第２段落から第６段落第１文までの内容を指す。つまり，下線部５は「スーパーマーケットでの出来事を母と妹に話したことで，スーパーマーケットの件は終わった」という意味なので，(3)「カーラはスーパーマーケットで女性の役に立ち，その話を母と妹に話した」がふさわしい。

６＜英文解釈＞直前の文から，カーラの母にはカーラを大学に行かせるためのお金がないことがわかる。これに続けて「頼む必要さえなかった」とあるのは，お金がないのがわかっているので，大学に行かせてくれと母に頼む必要さえなかったということである。よって，(2)「私たちには十分なお金がなかったので，私は自分の夢について母に語ることができなかった」が適切。

７＜適語句選択＞続く２文から，カーラのために誰かが個人的にお金を出して大学に行かせてくれるとわかる。この内容に合うのは，(2)「私は大学へ行く」である。

８＜語句解釈＞この Someone はカーラの大学の学費を個人的に出してくれる人であり，第10，11段落でさらに詳しく説明されている。(1)「母に時計をあげた人物」は第11段落第２文，(2)「慈善団体にたくさんのお金を送れるほど裕福な人物」は第10段落最終文，(3)「２年間カーラを見つけようとした人物」は第11段落最終文，⑸「カーラが前に新聞各紙で写真を見た人物」は第10段落終わりから２文目から読み取れるが，⑷「カーラが前にスーパーマーケットで会った人物」はこの人物の母親であって，この人物ではない。

９＜適語句選択＞「君の親切さと正直さに(　　)ができる」という文脈。pay ～ back で「～に報いる，お返しをする」。

10＜語句解釈＞カーラが大学へ行けるようになったきっかけとなる善行を表す内容として，⑵「それはカーラが腕時計を拾って女性に返し，何のお礼も受け取らなかったことである」が適切。

11＜適語(句)選択＞カーラが行った善行に対して，男性がこれとは別のもう１つの善行で返してくれた。したがって，11-2に「別のもう１つ」を表す another が入っている⑶が適切。

12＜指示語＞あ.，い.，う.，お. は全て腕時計を指しているが，え. はカーラが腕時計を拾ったお礼としてもらえそうな何かを指している。

13＜内容真偽＞⑴「カーラは２つのバスを利用しており，登校するのに１時間近くかかることがよくあった」…○　第２段落第２文に一致する。　⑵「カーラは前にいる女性から腕時計が落ちかけているのに気づいた」…×　第４段落第４～６文参照。女性が落とした腕時計を踏んだときに気づいた。　⑶「カーラは女性に時計を返した後，スーパーマーケットの近くの角で下車した」…×　第３段落第３文および第４段落参照。順番が逆である。　⑷「カーラには視覚障害があり，視力は少しずつ低下した」…×　第７段落第２文参照。悪化はしなかった。　⑸「カーラは学校で視覚障害を持つ唯一の生徒だった」…×　第２段落第３文および第８段落第３文参照。カーラは視覚障害のある子どもたちの学校に通っていた。

14＜内容真偽＞⑴「女性がスーパーマーケットを出ていったとき，カーラは彼女が腕時計をなくしたと気づいた」…×　第４段落第７文参照。女性はこれから出ていこうとしてドアを開けているところだった。　⑵「帰宅したとき，カーラはバースデーケーキのための物を買わなくてはならなかったことを思い出した」…×　第２段落第１文参照。帰宅途中に思い出した。　⑶「男性は市内にいくつかのビルを所有するほど裕福だったので，カーラを支援することができた」…○　第10段落第１，３文に一致する。　⑷「カーラの妹はとても小さかったので，カーラは放課後いつも彼女の面倒をみなくてはならなかった」…×　このような記述はない。　⑸「カーラと母親は最終的に，誰が善行をするのかは神様が決めると理解した」…×　このような記述はない。

15＜内容真偽＞⑴「カーラは自分のように視覚障害のある子どもたちを支える教師になりたかった」…○　第７段落第３，４文に一致する。　⑵「カーラは母親を助ける必要があったので，特別学校で働くことにした」…×　このような記述はない。　⑶「自分より成績のいい生徒たちがいたので，カーラは奨学金をもらえると思っていなかった」…○　第８段落第２，３文に一致する。　⑷「進路指導担当の先生に大学へ行けると言われたとき，カーラは衝撃を受けた」…○　第９段落第１文に一致する。　⑸「カーラには善行をする機会があったため，大学へ行くことができた」…○　第12段落第４文～第13段落第１文に一致する。

B 〔適語(句)選択〕

16. five years ago という‘過去’を表す語句があり，This story が主語なので，‘be動詞＋過去分詞’の受け身形の過去形で「書かれた」とする。　「この話は５年前に書かれた」

17. ‘Which do you like better, *A* or *B* ?’で「*A* と *B* のどちらが好きですか」を表せる。　「野球とバスケットボールのどちらがより好きですか」「バスケットボールです」

18. 「～のうちの１人，１つ」は‘one of＋複数名詞’で表せる。これが主語になる場合，be動詞は

oneに合わせてis(過去形ならwas)になる。　「私の友人の１人は海外留学をしている」

19. timeは‘数えられない名詞’なので，fewではなくlittleやmuchで修飾する。ここでは，「急がなければならない」とあるので，little「ほとんどない」が適する。　a little「少しある」　「僕たちは急がなければならない。時間がほとんどないんだ」

20. since yesterdayがあるので，‘継続’を表す現在完了(‘have/has＋過去分詞’)が適する。主語にあたる語はseveral earthquakesという複数名詞なので，haveを使う。　「昨日から，この辺りではたびたび地震が起こっている」

C〔整序結合〕

21. 「思いますよ」にあたるI thinkで始め，この後に思った内容を続ける(「～ということ」を表す接続詞thatが省略されている)。itを‘天候・時間’を表す主語とし，これに助動詞のshouldを続ける。このshouldは「たぶん～」という‘推量’を表す。この後にstop ～ing「～するのをやめる」を使ってstop rainingと続け，最後にin about an hour「一時間ほどで」を置く。不要語はrain。　I think it should stop raining in about an hour.

22. ‘数字～＋out of＋数字…’で「…のうちの～」を表せる。これを使って主語をThree out of five girlsとまとめる。副詞のfinally「最終的に」は，動詞passed「合格した」の直前に置く。不要語はwithout。　Three out of five girls finally passed the exam.

23. Could you tell me「教えていただけますか」で始める。「どのバスに乗ればよいのか」は‘疑問詞＋to不定詞’「〈疑問詞〉～すればよいか，するべきか」の形でwhich bus to takeとする。「～に行くには」は，‘目的’を表す副詞的用法のto不定詞を用いてto get toとし，Shinagawa Stationに続くようにすればよい。不要語はsay。　Could you tell me which bus to take to get to Shinagawa Station?

24. 語群から，‘it is ～ for … to —’「…にとって〔…が〕—するのは～だ」を疑問文で用いればよいと判断できる。‘～’にはdangerous「危険な」，‘…’にはhumans「人間」，‘—’にはdepend on computers「コンピュータに依存する」が当てはまる。疑問文なので，Is itと始める。不要語はby。　depend on ～「～に依存する」　Is it dangerous for humans to depend on computers?

25. ‘be surprised＋to不定詞’で「～して驚く」を表せる(‘感情の原因’を表すto不定詞の副詞的用法)。‘to不定詞’としてto learnを置き，learnの目的語を接続詞のthat「～ということ」に続けてhe worked …とすればよい。不要語はat。　I was surprised to learn that he worked hard …「明治学院高校で，生徒たちは英語の本をたくさん読む。今日，私は有名な科学者についての本を読んだ。私は彼が新しい薬をつくるために何年も懸命に働いたとわかって驚いた。それは多くの人を救ってきた」

D〔適語補充―共通語〕

26. 上の文→‘the second＋最上級＋名詞’で「２番目に…な—」。　「利根川は日本で２番目に長い川だ」

下の文→a second「少しの間，１秒」　「ちょっと待っていただけませんか」

27. 上の文→lay「～を横たえる，横にする」　lay－laid－laid　「赤ちゃんをソファーに寝かせてください」

下の文→lie「横たわる」の過去形。　lie－lay－lain　「私が帰宅した後，彼はソファーに横たわった」

28. 上の文→put off「延ばす，延期する」　「今日できることを明日に延ばすな」

下の文→take off「脱ぐ」　「この部屋にいるときは帽子を脱ぎなさい」

29. 上の文→after all「結局」　「私は結局彼が正しかったんだと思う」

下の文→look after「～の世話をする」　「姉〔妹〕は私たちの弟〔兄〕の世話をしていた」

30. 上の文→be sold out「売り切れて」　「私が店に着いたとき，パンは売り切れていた」

下の文→look out of ～「～から外を見る」　「窓から外を見てみなさい，雪が見えますよ」

E〔適文選択―対話文〕

Ⅰ≪全訳≫❶タロウは友人のジロウと話している。❷タロウ(Ｔ)：昨日カナダの友達のメアリーからメールをもらったんだ。今年の夏，お姉〔妹〕さんと一緒に日本に来るんだって！❸ジロウ(Ｊ)：へえ！彼女たちに会って，東京のいろんな場所を案内してあげたいな。❹Ｔ：２人が滞在を楽しめるようないいアイデアはあるかい？❺Ｊ：そうだな…。一緒に遊園地に行くのはどう？❻Ｔ：うーん，いいんだけど，彼女たちはまだ学生で滞在には両親がお金を出すから，31お金はできるだけ使いたくないと言っているんだ。❼Ｊ：うーん，じゃあ花火を見に行くのはどう？　日本の花火は世界でも有名だし，それを見に日本を訪れる外国人観光客はどんどん増えてるよ。❽Ｔ：いいね！　２人はお金を節約できるし，日本の花火が気に入ると思うよ。すごくきれいだし。❾Ｊ：それに，僕の姉さん〔妹〕が浴衣を何枚か持ってるから，メアリーとお姉〔妹〕さんも着てみることができるね。❿Ｔ：いいね！　今夜，メアリーに僕たちの計画について書くよ。32気に入るといいな。⓫Ｊ：それは間違いないよ。この夏休みが待ちきれないね！

31. 空所の後に，まだ学生で滞在費用は両親が出すとある。また，第８段落から，お金が節約できるような計画を立てていることが読み取れるので，彼女たちはできるだけお金を使いたくないと考えていることがわかる。　32. 空所の直後でジロウが「それは間違いないよ」と保証した「それ」とは，２人のアイデアをメアリーが気に入ることである。

Ⅱ≪全訳≫❶ケンは日本から来た学生だ。彼はアメリカの学校で友人のジョンと話している。❷ケン(Ｋ)：今日はすごく暑くて，とても喉が渇いたな！　オレンジソーダが飲みたい。❸ジョン(Ｊ)：僕もだけど，うちの学校では砂糖入りの飲み物はいっさい買えないって知らなかった？❹Ｋ：本当？　どうして？❺Ｊ：えっと，アメリカでは，多くの学校が健康上の理由で砂糖入りの飲み物を売るのをやめたんだ。たぶんうちの学校も前はそういう飲み物を売っていたんだろうけど，僕がこの学校に来たときには１つも見つからなかったな。❻Ｋ：健康上の理由で？　33僕たちはまだ若くて，学校でたくさん運動をするじゃないか。そんなの問題じゃないさ！❼Ｊ：実際には，多くの人がそうは思ってないんだ。知ってのとおり，とても多くのアメリカ人が健康上の問題を抱えてるし，その原因の１つは砂糖のとりすぎなんだ。34若者は摂取する砂糖を減らす必要があると言う医者も多いよ。❽Ｋ：ふーん，そうなんだ。じゃあ，学校でソーダを買うのは諦めるべきなんだね？❾Ｊ：うん，でも僕に考えがある。35家でオレンジソーダをつくるのはどう？　ソーダと生のオレンジを使って，砂糖を全く加えなければ，健康にすごくいいよ！❿Ｋ：砂糖抜き？　えー，ほんのちょっとだけ入れてもいいかな…？

33. 健康上の理由から学校で砂糖入りの飲み物を買えないと聞かされたケンは，自分たちはまだ若いし運動もするから，そんなことは問題にならないと言ったのである。　34. 医師たちの言葉として，若者に砂糖の摂取量を控えるよう伝える(5)が適切。学校ではすでに砂糖入りの飲み物が買えないので，「これ以上売るべきではない」という(3)は不適切。　35. 次の文でオレンジソーダのつくり方を説明しているので，オレンジソーダの手づくりを勧める(4)が適切。 Why don't you ～?「～してはどうですか」

数学解答

1 (1) 10　(2) $\dfrac{-2x+11y}{6}$　(3) 4個
(4) $2(x+2)(x-6)$　(5) 2
(6) 6　(7) 49
(8) ① 60°　② 30°　(9) 45：4

2 (1) $\dfrac{1}{12}$　(2) $\dfrac{1}{6}$

3 (1) 64　(2) $2\sqrt{17}$ cm

4 (1) $\dfrac{\sqrt{2}}{2}a$　(2) $\dfrac{1}{6}a^3$　(3) $\sqrt{3}a^2$

5 (1) $\dfrac{1}{2}$　(2) $y=-2x+6$
(3) $-2\pm\sqrt{6}$

1〔独立小問集合題〕

(1)＜数の計算＞$-16-\square\div(-2)\times9-25=4$，$-\square\times\left(-\dfrac{1}{2}\right)\times9=45$，$\square\times\dfrac{9}{2}=45$ より，$\square=10$ である。

(2)＜式の計算＞与式$=\dfrac{3(2x+3y)-2(x+2y)-6x+6y}{6}=\dfrac{6x+9y-2x-4y-6x+6y}{6}=\dfrac{-2x+11y}{6}$

(3)＜数の性質＞$(0.5)^2=0.25$，$\sqrt{2^2}=2$，$\sqrt{144}=\sqrt{12^2}=12$，$\sqrt{0.25}=\sqrt{0.5^2}=0.5$ だから，$(0.5)^2$，$\sqrt{2^2}$，π，0，-3，$\sqrt{144}$，$-\sqrt{215}$，$\dfrac{5}{2}$，$\sqrt{0.25}$ の中で，整数は，$\sqrt{2^2}$，0，-3，$\sqrt{144}$ の4個ある。

(4)＜因数分解＞$x-2=M$ とおくと，与式$=2M^2-32=2(M^2-16)=2(M+4)(M-4)$ となる。M をもとに戻して，与式$=2(x-2+4)(x-2-4)=2(x+2)(x-6)$ である。

(5)＜数の性質＞$\dfrac{5}{7}=5\div7=0.714285714285\cdots$ より，$\dfrac{5}{7}$ の小数点以下の数は，7，1，4，2，8，5の6つの数の繰り返しとなる。$2020\div6=336$ あまり4より，小数第2020位の数はこの6つのうちの4番目の数だから，2である。

(6)＜数の性質＞$N\leqq\sqrt{x}\leqq N+1$ より，$\sqrt{N^2}\leqq\sqrt{x}\leqq\sqrt{(N+1)^2}$，$N^2\leqq x\leqq(N+1)^2$ だから，自然数 x は，N^2 から $(N+1)^2$ までの自然数である。よって，自然数 x の個数は，$(N+1)^2-(N^2-1)=N^2+2N+1-N^2+1=2N+2$（個）と表せる。これが14個なので，$2N+2=14$ より，$N=6$ である。

(7)＜連立方程式の応用＞もとの2けたの自然数の十の位の数を x，一の位の数を y とすると，一の位の数は十の位の数の2倍より1大きいから，$y=2x+1$……①である。また，一の位の数と十の位の数を入れかえた数は $10y+x$，もとの数は $10x+y$ と表せ，一の位の数と十の位の数を入れかえた数はもとの数の2倍より4小さいから，$10y+x=2(10x+y)-4$ が成り立ち，$19x-8y=4$……②である。①を②に代入して，$19x-8(2x+1)=4$，$19x-16x-8=4$，$3x=12$，$x=4$ となり，これを①に代入して，$y=2\times4+1$，$y=9$ となる。よって，もとの2けたの自然数は49である。

(8)＜図形―角度＞①右図1で，四角形ABCDがひし形より，$\angle\mathrm{BAD}=\angle\mathrm{BCD}$，$\angle\mathrm{ABC}=\angle\mathrm{ADC}$ だから，$\angle\mathrm{BAD}+\angle\mathrm{ABC}=\dfrac{1}{2}\times360^\circ=180^\circ$ である。よって，$\angle\mathrm{BAD}:\angle\mathrm{ABC}=11:4$ より，$\angle\mathrm{BAD}=\dfrac{11}{11+4}\times180^\circ=132^\circ$ となる。$\angle\mathrm{BAD}:\angle\mathrm{CPD}=11:5$ だから，$\angle\mathrm{CPD}=\dfrac{5}{11}\angle\mathrm{BAD}=\dfrac{5}{11}\times132^\circ=60^\circ$ となる。

図1

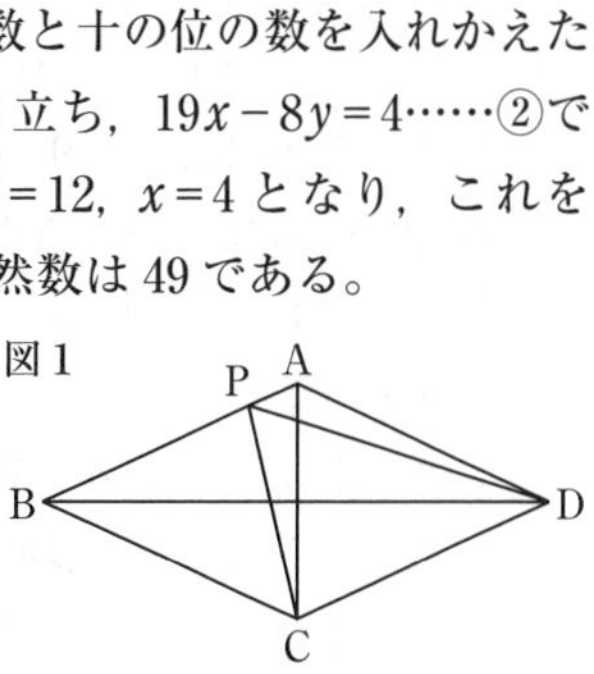

②図1で，$\angle\mathrm{ACP}=a$，$\angle\mathrm{BDP}=b$ とする。①より，$\angle\mathrm{BAD}=132^\circ$，$\angle\mathrm{ABC}=\dfrac{4}{15}\times180^\circ=48^\circ$ だから，$\angle\mathrm{ACD}=\dfrac{1}{2}\angle\mathrm{BCD}=\dfrac{1}{2}\angle\mathrm{BAD}=\dfrac{1}{2}\times132^\circ=66^\circ$，$\angle\mathrm{BDC}=\dfrac{1}{2}\angle\mathrm{ADC}=\dfrac{1}{2}\angle\mathrm{ABC}=\dfrac{1}{2}\times48^\circ=24^\circ$ となり，$\angle\mathrm{PCD}=\angle\mathrm{ACP}+\angle\mathrm{ACD}=a+66^\circ$，$\angle\mathrm{PDC}=\angle\mathrm{BDP}+\angle\mathrm{BDC}$

$=b+24°$となる。△PCDで，∠CPD＋∠PCD＋∠PDC＝180°だから，$60°+(a+66°)+(b+24°)=180°$が成り立ち，$a+b=30°$である。

(9)＜図形―面積比＞右図2で，DE∥BCより△ADE∽△ABCだから，AD：DB＝2：1より，DE：BC＝AD：AB＝2：(2＋1)＝2：3である。また，△DEF∽△CBFだから，EF：BF＝DE：CB＝2：3となる。これより，△DEF：△DBF＝2：3だから，△DEF$=\dfrac{2}{2+3}$△DBE$=\dfrac{2}{5}$△DBEである。AD：DB＝2：1より，△ADE：△DBE＝2：1だから，△DBE$=\dfrac{1}{2+1}$△ABE$=\dfrac{1}{3}$△ABEであり，AE：EC＝AD：DB＝2：1より，△ABE：△EBC＝2：1だから，△ABE$=\dfrac{2}{2+1}$△ABC$=\dfrac{2}{3}$△ABCである。よって，△DEF$=\dfrac{2}{5}\times\dfrac{1}{3}$△ABE$=\dfrac{2}{5}\times\dfrac{1}{3}\times\dfrac{2}{3}$△ABC$=\dfrac{4}{45}$△ABCとなるから，△ABC：△DEF＝△ABC：$\dfrac{4}{45}$△ABC＝45：4である。

図2

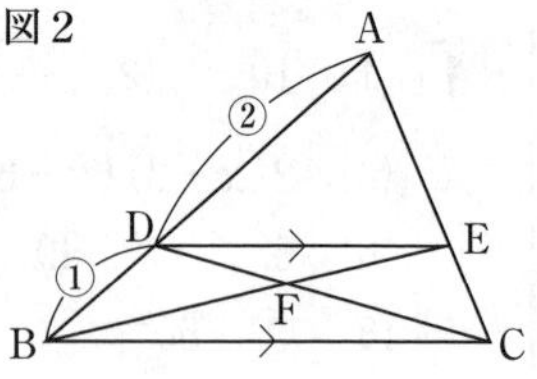

2 〔確率―さいころ〕

(1)＜確率＞大小2つのさいころを投げるとき，目の出方は全部で6×6＝36(通り)あるから，a，bの組は36通りある。このうち，2直線$y=\dfrac{b}{a}x+3$，$y=2x+1$が交わらないのは，2直線が平行のときである。このとき，傾きが等しいので，$\dfrac{b}{a}=2$である。これを満たすa，bの組は，$(a,\ b)=(1,\ 2)$，$(2,\ 4)$，$(3,\ 6)$の3通りあるから，求める確率は$\dfrac{3}{36}=\dfrac{1}{12}$である。

(2)＜確率＞$\sqrt{3ab}$が自然数となるのは，$ab=3$，3×2^2，3×3^2，3×4^2，……となるときである。$ab=3$のとき，$(a,\ b)=(1,\ 3)$，$(3,\ 1)$の2通りある。$ab=3\times2^2$のとき，$ab=12$だから，$(a,\ b)=(2,\ 6)$，$(3,\ 4)$，$(4,\ 3)$，$(6,\ 2)$の4通りある。$ab=3\times3^2$，3×4^2，……となることはない。よって，$\sqrt{3ab}$が自然数となるa，bの組は2＋4＝6(通り)だから，求める確率は$\dfrac{6}{36}=\dfrac{1}{6}$である。

3 〔関数―関数と図形・運動〕

(1)＜面積＞右図1で，点Pは点Aを出発してから4秒後に点B，9秒後に点C，17秒後に点Dに着くことがわかる。点Pは毎秒2cmの速さで動くから，右下図2で，AB＝2×4＝8，BC＝2×(9－4)＝10，CD＝2×(17－9)＝16である。また，図1のグラフで，$x=4$のとき$y=32$，$x=9$のとき$y=a$だから，図2で，△ABC＝32，△ACD$=a$である。AB∥CDより，△ABC，△ACDの底辺をそれぞれAB，CDと見ると，高さは等しいので，△ABC：△ACD＝AB：CD＝8：16＝1：2である。よって，△ACD＝2△ABC＝2×32＝64だから，$a=64$である。

図1

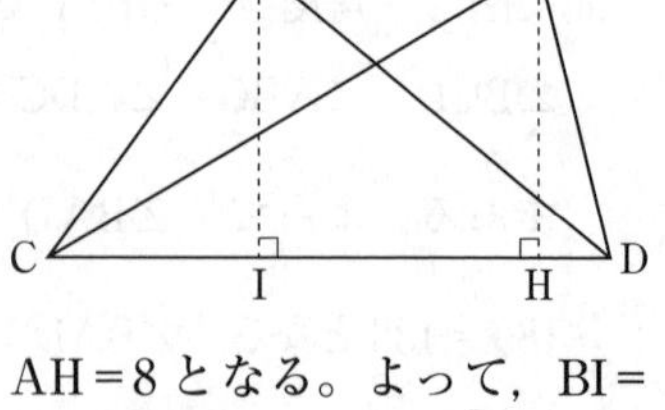

図2

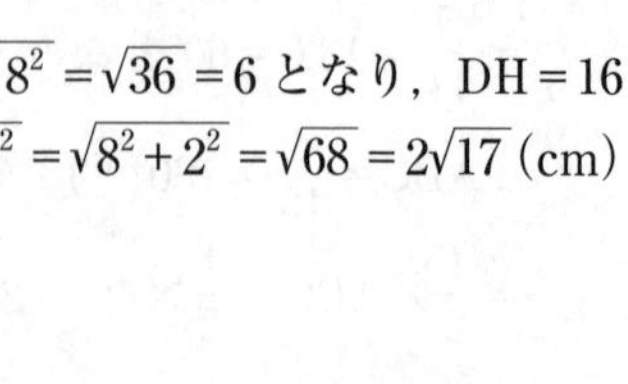

(2)＜長さ―三平方の定理＞右図2で，2点A，Bから辺CDに垂線AH，BIを引くと，四角形ABIHは長方形となるから，HI＝AB＝8である。(1)より，△ACD＝64だから，$\dfrac{1}{2}\times16\times\mathrm{AH}=64$より，AH＝8となる。よって，BI＝AH＝8だから，△BCIで三平方の定理より，$\mathrm{CI}=\sqrt{\mathrm{BC}^2-\mathrm{BI}^2}=\sqrt{10^2-8^2}=\sqrt{36}=6$となり，DH＝16－(6＋8)＝2である。△ADHで三平方の定理より，$\mathrm{AD}=\sqrt{\mathrm{AH}^2+\mathrm{DH}^2}=\sqrt{8^2+2^2}=\sqrt{68}=2\sqrt{17}$ (cm)となる。

4 〔空間図形―立方体と正八面体〕

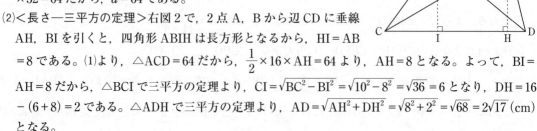

(1)＜長さ—特別な直角三角形＞右図で，立方体 ABCD-EFGH の各面の対角線の交点を P，Q，R，S，T，U とする。立体 PQRSTU は正八面体だから，四角形 QRST は正方形で，QS＝AB＝a である。△QRS は直角二等辺三角形だから，QR＝$\frac{1}{\sqrt{2}}$QS＝$\frac{1}{\sqrt{2}}a=\frac{\sqrt{2}}{2}a$ である。

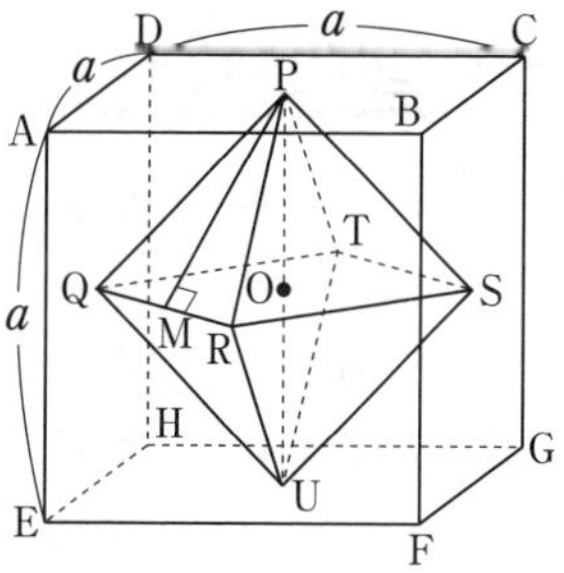

(2)＜体積＞右図で，線分 PU と面 QRST の交点を点 O とすると，PO＝UO となる。PU＝AE＝a だから，PO＝$\frac{1}{2}$PU＝$\frac{1}{2}a$ である。また，PU⊥〔面 QRST〕となる。よって，正八面体 PQRSTU の体積は，2〔正四角錐 P-QRST〕＝$2\times\left(\frac{1}{3}\times\right.$〔正方形 QRST〕$\left.\times \text{PO}\right)=2\times\left\{\frac{1}{3}\times\left(\frac{\sqrt{2}}{2}a\right)^2\times\frac{1}{2}a\right\}=\frac{1}{6}a^3$ である。

(3)＜面積—特別な直角三角形＞右上図で，(1)より，△PQR は 1 辺の長さが $\frac{\sqrt{2}}{2}a$ の正三角形である。点 P から辺 QR に垂線 PM を引くと，△PQM は 3 辺の比が $1:2:\sqrt{3}$ の直角三角形だから，PM＝$\frac{\sqrt{3}}{2}$PQ＝$\frac{\sqrt{3}}{2}\times\frac{\sqrt{2}}{2}a=\frac{\sqrt{6}}{4}a$ となる。よって，△PQR＝$\frac{1}{2}\times\frac{\sqrt{2}}{2}a\times\frac{\sqrt{6}}{4}a=\frac{\sqrt{3}}{8}a^2$ となるから，正八面体 PQRSTU の表面積は，8△PQR＝$8\times\frac{\sqrt{3}}{8}a^2=\sqrt{3}a^2$ である。

5 〔関数—関数 $y=ax^2$ と直線〕

(1)＜比例定数＞右図で，点 A は放物線 $y=-\frac{1}{18}x^2$ 上にあり，x 座標は -6 だから，$y=-\frac{1}{18}\times(-6)^2=-2$ より，A$(-6,\ -2)$ である。AB は y 軸に平行だから，AB＝20 より，点 B の y 座標は $-2+20=18$ となり，B$(-6,\ 18)$ である。放物線 $y=ax^2$ は点 B を通るから，$18=a\times(-6)^2$ より，$a=\frac{1}{2}$ となる。

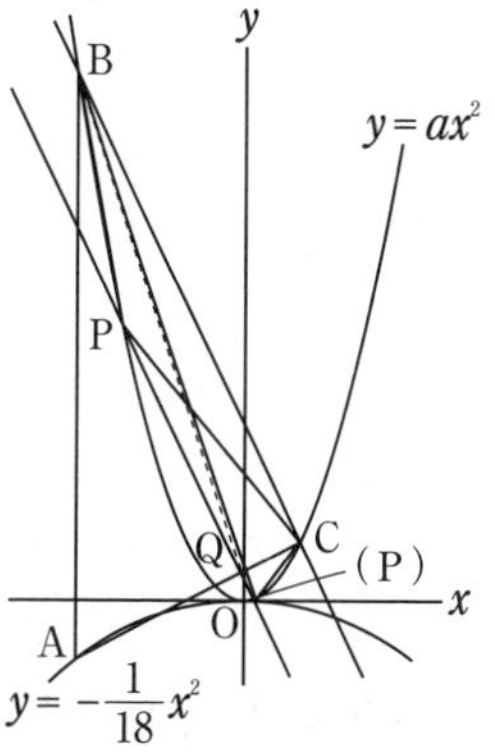

(2)＜直線の式＞右図で，(1)より，点 C は放物線 $y=\frac{1}{2}x^2$ 上の点だから，x 座標が 2 より，$y=\frac{1}{2}\times2^2=2$ となり，C$(2,\ 2)$ である。B$(-6,\ 18)$ だから，直線 BC の傾きは $\frac{2-18}{2-(-6)}=-2$ であり，その式は $y=-2x+b$ と表せる。この直線が点 C を通るので，$2=-2\times2+b$，$b=6$ となり，直線 BC の式は $y=-2x+6$ である。

(3)＜x 座標＞右上図で，辺 AC と y 軸の交点を Q とすると，2 点 A，C の x 座標 -6，2 より，AQ：QC＝6：2＝3：1 だから，AC：QC＝4：1 となり，△ABC：△QBC＝4：1 である。よって，△ABC：△PBC＝4：1 より，△PBC＝△QBC となるから，BC∥PQ となる。直線 BC の傾きは -2 だから，直線 PQ の傾きは -2 である。また，A$(-6,\ -2)$，C$(2,\ 2)$ より，直線 AC の傾きは $\frac{2-(-2)}{2-(-6)}=\frac{1}{2}$ だから，その式は $y=\frac{1}{2}x+q$ とおけ，$2=\frac{1}{2}\times2+q$，$q=1$ となり，Q$(0,\ 1)$ である。したがって，直線 PQ の式は $y=-2x+1$ である。点 P は放物線 $y=\frac{1}{2}x^2$ と直線 $y=-2x+1$ の交点だから，$\frac{1}{2}x^2=-2x+1$，$x^2+4x-2=0$ より，$x=\frac{-4\pm\sqrt{4^2-4\times1\times(-2)}}{2\times1}=\frac{-4\pm\sqrt{24}}{2}=\frac{-4\pm2\sqrt{6}}{2}=-2\pm\sqrt{6}$ となる。$-6<p<2$ だから，$p=-2\pm\sqrt{6}$ である。

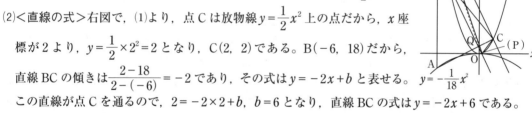

国語解答

一　問1　D　　問2　C　　問甲　得策
　　問3　B　　問4　C　　問5　B
　　問6　D　　問7　C　　問8　D
二　問9　C　　問10　B　　問乙　補給
　　問11　D　　問12　A　　問13　A
　　問14　B　　問15　D
三　問16　A　　問17　A　　問18　C
　　問19　C　　問20　A　　問21　B
　　問丙　当該　　問22　B　　問丁　火
　　問23　D　　問24　D　　問25　B

一〔説明文の読解―自然科学的分野―自然〕出典；稲垣栄洋『雑草はなぜそこに生えているのか―弱さからの戦略』「播いても芽が出ない(雑草の戦略)」。

問1＜語句＞「酔狂」は，好奇心から，変わった物事を好むこと。

問2＜文章内容＞植物は，「暖かい時期に，土を耕して空気が入りやすいようにしてから種子を播き，水を掛けてやれば」発芽する。「暖かい」ということは，発芽に必要な「温度」があるということである。

問甲＜漢字＞「得策」は，うまいやり方，利益をもたらす策のこと。

問3＜文章内容＞秋でも春でも「気温はよく似ている」が，種子が春に芽を出すのは，春の前に「冬の寒さ」があるからである。「冬の低温を経験した種子のみが，春の暖かさを感じて芽を出す」のであり，「長く寒い冬の後」に暖かくなることが「春を感じる条件」なのである。

問4＜語句＞喜んだのに，すぐに当てがはずれてがっかりする。そんな一時の喜びのことを，「ぬか喜び」という。

問5＜文の組み立て＞人生にも「何だか」「示唆的な」という語順でも，意味が通る。

問6＜表現＞野菜や花の種子は「種を播けば一斉に芽が出てくる」が，雑草の場合は，「発芽のタイミングがバラバラ」なので，「地面の上に出芽してくるのも一斉ではない」のである。雑草は，「出芽のタイミングをずらし，次から次へと『不斉一発生』する」のである。

問7＜文章内容＞「発芽勢」とは，「どれくらいそろって発芽したか」を表現する言葉である。野菜や花の種子は，「種を播けば一斉に芽が出てくる」ので，「発芽勢」は高い。一方，雑草は，「発芽のタイミングがバラバラ」な「不斉一発生」をするので，「発芽勢」は低い。

問8＜要旨＞「野菜や花の種子は，播けばすぐに芽が出てくる」が，雑草は，「種子が熟してもすぐには芽を出さない仕組み」を持っていて，発芽のタイミングは「バラバラ」である。そのことが，雑草を育てることを難しくさせていると同時に，雑草が全滅することがないようにしている(D…○)。

二〔論説文の読解―文化人類学的分野―文化〕出典；内田樹『先生はえらい』「沈黙交易」。

≪本文の概要≫「沈黙交易」とは，言語も通じないし，文化や社会組織も違う異部族間で，それぞれの特産品を，無言のうちに交換する風習のことである。価値観が違う集団が，それぞれの特産品，つまり，その集団外の人間には使用価値がわからないものを交換する。沈黙交易では，贈られた物の等価物を選んで贈り返すのではない。贈られた物の価値がわからないから，さらに交易を続けて相手の価値基準を解明するほかないということになって，交易が続くのである。市場における商品の価値も「商品価値がよくわからない」という条件にかなり依存しており，価格設定の根拠が不明だからこそ，人はそれを買おうと思う。交易とは，価値基準の不可解さに魅入られて行われるものなのである。姿が見えず，言葉がわからず，価値観が違う人間とも，何かをやりとりすることができたということの達成感が，交易を促した「最初の一撃」であり，それによって得られた快感を求めて，交換が続く。交換をするのは，交換によって有用な財が手に入るからではなく，交換することそれ自体が楽しいからなのである。

問９＜文章内容＞「特産品」とは，「本来はその集団外の人間には，その使用価値がわからないもの」のことである。沈黙交易の最初のとき，人間たちは「それにいかなる価値があるのかわからないもの」である「特産品」を，ただ「交換がしたかった」から交換し合った。

問10＜文章内容＞人間たちは，沈黙交易の最初のとき，「それにいかなる価値があるのかわからないもの」を交換し合った。「山の方の人はタンパク質が足りず，海の方の人は繊維質が足りなかったので，特産物を交換しあった」という説明は，今の学問的知識に基づいた「栄養学的説明」でしかなく，交換の当事者自身は，交換している物の価値は知らなかったのである。

問乙＜漢字＞「補給」は，足りないものや欠けているものを，補って与えること。

問11＜文章内容＞交換の場に置いてあるものが「価値をよく知っているものや，すでに所有しているもの」であれば，交換に意義を見出せず，「それっきり沈黙交易が終わってしまう可能性」がある。しかし，「価値がよくわからないものを贈られた」場合，贈られた側は，その物の価値も，相手の価値基準もわからないため，「交易を続けて，あちらが持ち込んでくる『商品』の価値がどういう基準で設定されているのか，とにかくそれを解明する他ない」と考え，交易が続くのである。

問12＜文章内容＞「相手が贈ってきたものがどういう価値のものかまるまる全部わかってしまう場合」は，言葉をそのまま繰り返されたときの会話と同じように「それ以上その人と取引する意欲が減退して」しまう。そのことは，もう「取引」はしないという「拒絶」につながる。

問13＜熟語の構成＞「不等価」は，「等価」という語を「不」が，「未解決」は，「解決」という語を「未」が打ち消している。「共通語」は，「共通」と「語」が修飾・被修飾の関係になっている。「衣食住」は，「衣」「食」「住」の三つのものを並列している。「新世界」は，「新」と「世界」が修飾・被修飾の関係になっている。

問14＜文章内容＞「商品価値がよくわからない」と，人は，なぜそのような価格設定になるのか理解できないからこそ，「とにかくそれを解明する他ない」と思ってその商品を買う。「『どうしてこんな値段なの？』という商品」は，それを買いたいという気持ちを引き起こすのである。

問15＜要旨＞「沈黙交易」とは，「価値観が違う集団」の間で，「顔を合わせることなしに」行う交易で，最初は「それにいかなる価値があるのかわからないもの」を交換し合った（A…○）。交換を始めた人たちは，おそらく「交換がしたかっただけ」で，お互いに「なんだかわからないもの」を交換場所に置いていき，受け取った側は，その価値基準を知りたくて，「さらに交易を続けて」いくことになった（C…○）。「価値のわかりきったものを交換する」のでは，「それ以上その人と取引する意欲が減退して」しまうのと同じように，商品を買う場合も，「どうしてこういう価格設定だか」理解できないからこそ，その商品を購入するようになる（B…○）。姿が見えず，言葉がわからず，価値観が違う人間とも，「何かをやりとりすることができたということの達成感」が「交易を促した『最初の一撃』」なのであり，「それによって得られた快感を求めて」，交換が，繰り返されることになったのである（D…×）。

三 〔小説の読解〕出典；柴田翔『ロクタル管の話』。

問16＜語句＞「申しわけ」は，実質がなくて体裁だけあること。

問17＜語句＞「うさんくさい」は，何となく疑わしい，という意味。「～げ」は，～の様子である，という意味を添える接尾辞。

問18＜慣用句＞店には「申しわけばかりのとぼしい部品がわびしげに並んでいた」が，「それらにまじって，ただ一本，ロクタル管がきらきらと輝いている」のを見て，「ぼく」は，「はっと」して息を止めた。はっと驚き，思わず息を止めることを，「息をのむ」という。

問19＜ことわざ＞「ぼく」は，若者の一人が「変に鋭いまなざしで，うさんくさげにこちらを見ている」ことに気づき，「ぞっと背筋が寒く」なって「逃げだそうと思いはした」が，「その目で見られてはもう動くにも動けず」に立ちすくんだ。恐ろしいと感じて身がすくんで動けない状態のことを，「蛇《へび》に見すくめられた蛙《かえる》(蛇に見込まれた蛙)」という。

問20＜文章内容＞「ぼく」は，ロクタル管が「7N7」であることを知った瞬間から，「ここがいくら安いにしたって，五百円以下ということはあるわけがない」ので，自分にはとうてい買えないと思い込んでいた。「若者」に声をかけられたときも，「ぼく」は，「ただ相手のことばに何か答えねばならぬと必死の思いで，自分が何を言っているのかも知らずに」ロクタル管の値段を尋ねただけであり，値段を聞いてもうわの空で返答してしまったのである。

問21＜表現＞店は，「ぼく」にとっては全く日常的ではない，「異様なふんいき」のある場所にあり，店自体も暗くて内部の様子がよくわからない。「ぼく」は，「身にねばりこく」まつわりつき，「首をまわす」ことさえできなくさせるほどの「異様なふんいき」のせいで，店に入ろうとしても，どうにも前に進めないような強い抵抗を感じた。

問丙＜漢字＞「当該」は，そのもの，今話題にしているもののこと。

問22＜表現＞二百円で買ったロクタル管が不良品なので返しに行くと，百円札一枚を渡されて「これだけ返してやるから，帰んな」と言われてしまったが，「ぼく」は，それで引き下がるわけにはいかなかった。自分の不利益になることを意気地なく受け入れるさまを，「おめおめ」という。

問丁＜慣用句＞「ぼく」は，ロクタル管の「亀裂の責任」が自分にないことは，全く疑う余地なく明らかであると主張した。きわめて明白であることを，「火を見るより(も)明らか」という。

問23＜文章内容＞「若者」は，ずっと「無表情」で，「ぼく」の返品のことで店の奥の男の話を聞いているときも「ひとくちも」口をきかず，「むっつりとしたまま，のろのろと」戻ってくると「これだけ返してやるから，帰んな」とだけ言った。「ぼく」がさらに自分の正当性を主張すると，「若者」は「ふりむいて，肩越しにちょっと店の奥を見やった」が，「べつに何を言うでもなく」またこちらを向くと「無表情」に「ちょっとぐれえ割れ目がはいったって使えるかもしれねえ」と言った。この「若者」は，店の男の言うことを機械的に伝えているだけなのである。そこまで無機的であることで，「ぼく」には，「ちょっとぐれえ割れ目がはいったって使えるかもしれねえ」などという馬鹿げたことも，この「異様なふんいき」をむしろ和らげるようなものに聞こえた。

問24＜文章内容＞何とか全額返してもらうことにこだわっていた「ぼく」は，「若者」の「生の欠如を思わせるあの異様なふんいき，この路地の異様さそのもの」の目に気づき，「いいようもない恐怖」にとらわれて立ちすくんだ。そのとき，再び「若者」が「いいから，それで帰んな」と繰り返したことで，「ぼく」はこだわりを捨て，「異様なふんいき」の店から逃れることができた。

問25＜文章内容＞朝鮮戦争が始まった頃の，米兵と露天商の仲介所があるというような，いわば裏社会に，中学生でラジオマニアの「ぼく」は迷い込む。そこで「ぼく」は，「異様なふんいき」に言いようのない恐ろしさを肌で感じ，欲しかった真空管を手に入れられそうになったものの，その真空管は不良品で，お金を失って逃げ帰ってくる。そんな少年の身に起こったこととそのときの心の変化が，詳細に描き出されている。

2019年度 明治学院高等学校

【英　語】（50分）〈満点：100点〉

（注意）指示のない限り，答えは１つです。

A 次の英文を読み、1.〜15.の設問に答えなさい。

The Mermaid Balloon

"Grandma!" little Desiree looked (　1　). "It's my daddy's birthday. How can I give him a birthday card?"

Desiree's grandmother looked at Desiree and sighed. 2 She couldn't say anything to Desiree. Desiree's father died nine months earlier. Desiree didn't understand. She was only four years old.

"I have an idea," her grandmother said. "Let's write your daddy a letter. We can tie the letter to a balloon and send it up to heaven. What should we write?"

(　3　), "Happy Birthday, Daddy. I love you and miss you. Please write me on my birthday in January."

Desiree's grandmother wrote Desiree's message and their address on a small piece of paper. Then Desiree, her mother, and her grandmother went to a store (　4　). Desiree looked quickly at the interesting balloons and said, "That one! The one with the mermaid!"

They bought the mermaid balloon and tied Desiree's letter to it. Then Desiree opened her hands and the balloon went away. 【 1 】 It went higher and higher. Finally, it disappeared. "Did you see that?" Desiree shouted with joy. "Daddy (　5　) down and took my balloon! Now he's going to write me back!" 【 2 】

Desiree sent her balloon up in California. 【 3 】 The wind caught the balloon and carried it east. Four days later, it came down 3,000 miles away, near a lake in eastern Canada. The name of the lake was Mermaid Lake. It was in a town called Mermaid.

Wade MacKinnon, a Canadian man, was hunting ducks at Mermaid Lake when he found Desiree's balloon and letter. 【 4 】 He took them home to his wife. She decided to send Desiree a birthday present. She also wrote her a letter. The letter said:

Dear Desiree,

Happy Birthday from your daddy. Who are we? We are the MacKinnons. My husband, Wade, went duck hunting, and saw a balloon! A mermaid balloon that you sent your daddy. There are no stores in heaven, so your daddy wanted someone to (　　6　　). I think he picked us because (　　7　　). I know your daddy loves you very much and will always watch over you.

Lots of love,

The MacKinnons

When the package from the MacKinnons arrived, 8Desiree was not at all surprised. "Daddy remembered my birthday!" she shouted. She was very happy.

Desiree's mother wrote the MacKinnons to thank them for the present and the letter. During the next few weeks, she and the MacKinnons often telephoned each other. Then Desiree, her mother, and her grandmother flew to Canada to meet the MacKinnons. The MacKinnons took them to Mermaid Lake and showed them the place that they found the balloon. 【 5 】

Desiree calls the MacKinnons when she wants to talk about her father. After she talks to them, she feels better.

People often say, "It's lucky the mermaid balloon came to Mermaid Lake!" Desiree's mother is not sure it was just a luck. She says, "9I think that my husband picked the MacKinnons. It was his 10way to send his love to Desiree. 9She understands now that (　　11　　)."

1. 空所1に入る語として最もふさわしいものを選びなさい。

(1) interesting　(2) funny　(3) strange　(4) surprising　(5) excited

2. 下線部2について、次の問いの答えとして最もふさわしいものを選びなさい。

Why couldn't she say anything to Desiree?

(1) It was because it was hard for her to explain to Desiree about her father's death.

(2) It was because it was too early to send a card to Desiree's father for his birthday.

(3) It was because Desiree was shocked to know that her father died on her birthday.

(4) It was because she was surprised to see that Desiree already wrote a birthday card.

(5) It was because she thought Desiree already prepared a birthday card for her father.

3. 空所3に入る語句として最もふさわしいものを選びなさい。

(1) Her grandmother said

(2) Desiree told her grandmother to write

(3) Her grandmother asked Desiree to say

(4) Her grandmother asked Desiree to write

(5) Desiree asked her mother to tell

4. 空所 4 に入る語句として最もふさわしいものを選びなさい。

(1) to send the message card

(2) to buy a balloon

(3) to buy a birthday card

(4) to get a birthday present

(5) to get the paper mermaid

5. 空所 5 に入る語として最もふさわしいものを選びなさい。

(1) fell (2) reached (3) touched (4) wrote

6. 空所 6 に入る語句として最もふさわしいものを選びなさい。

(1) send him enough money

(2) start a toy shop there

(3) do his shopping for him

(4) take him to Canada some day

(5) tell you that you can't get any birthday card

7. 空所 7 に入る語句として最もふさわしいものを選びなさい。

(1) we love duck hunting as our hobby

(2) we were friends for a long time

(3) we are good neighbors

(4) we like you very much

(5) we live in a town called Mermaid

8. 下線部 8 について、次の問いの答えとして最もふさわしいものを選びなさい。

Why wasn't Desiree surprised at all?

(1) It was because she believed she could receive a letter from her father for her birthday.

(2) It was because she talked with the MacKinnons before and knew that they would send the package to her.

(3) It was because she knew that her father in heaven bought a present for her before his death.

(4) It was because her grandmother told her secretly that she was going to receive a present.

(5) It was because she heard that her mother talked with the MacKinnons about her present.

9. 下線部 9 の I と She は誰を指しますか、最もふさわしい組み合わせを選びなさい。

(1) Ms. MacKinnon と Desiree

(2) Ms. MacKinnon と Desiree's mother

(3) Desiree's mother と Desiree's grandmother

(4) Desiree's grandmother と Desiree

(5) Desiree's mother と Desiree

10. 下線部 10 の本文中の意味とほぼ同じ意味で使われているものを選びなさい。

(1) I took the wrong road and lost my way.

(2) I must buy a paper on the way home.

(3) Which way is your house from here?

(4) I'll do it my way.

(5) By the way, which school are you in?

11. 空所 11 に入る語句として最もふさわしいものを選びなさい。

(1) her father is always with her

(2) her father always buys the thing she wants

(3) her father has known the MacKinnons for a long time

(4) her mother thinks that it was just a luck

(5) her mother asked the MacKinnons to send her the card

12. 次の英文の入る位置として最もふさわしいものを選びなさい。

For an hour, they watched the balloon.

(1) 【1】 (2) 【2】 (3) 【3】 (4) 【4】 (5) 【5】

13. 本文の内容と一致しないものを選びなさい。

(1) Desiree went to a store with her mother and her grandmother, and decided which balloon she would buy.

(2) The mermaid balloon flew from California all the way to eastern Canada.

(3) Wade MacKinnon was hunting ducks when he found the mermaid balloon.

(4) Wade MacKinnon found Desiree's letter and wrote back to Desiree by himself.

(5) Desiree's mother believes that her husband chose the MacKinnons to be his messenger.

14. 本文の内容と一致するものを選びなさい。

(1) Desiree's grandmother didn't give any advice when Desiree wanted to send her father a birthday card.

(2) Desiree got a letter from the MacKinnons and also received a birthday present.

(3) The MacKinnons telephoned Desiree's mother before they sent Desiree her present.

(4) When Desiree feels better, she calls the MacKinnons to talk about her father.

(5) Desiree's father called the MacKinnons to send Desiree a present on her birthday.

15. 本文の内容と一致するものを選びなさい。

(1) Desiree's grandmother wrote Desiree's message and their phone number.

(2) Desiree thought her father would find the balloon and write her back.

(3) Desiree, her mother, and her grandmother flew to Canada for four days.

(4) Desiree's mother believed that the mermaid balloon would arrive at Mermaid Lake.

(5) Desiree's father met the MacKinnons and asked to write a letter to his daughter.

B 次の 16.〜21.の文の空所に入る最もふさわしいものを選びなさい。

16. We (　　　) call 119 when our house was on fire last week.

(1) may　　(2) had to　　(3) must

(4) need to　　(5) should

17. His car is new, but it (　　　).　It looks like an old one.

(1) doesn't wash　　(2) hasn't washed　　(3) isn't washed

(4) isn't washing　　(5) wasn't washing

18. I have two toys.　One is new and (　　　) is old.

(1) another　　(2) other　　(3) the others

(4) the other　　(5) the another

19. Ken can run (　　　) all.

(1) fastest than　　(2) the faster of　　(3) the fastest

(4) as faster as　　(5) the fastest of

20. I didn't sleep well last night (　　　) I felt sleepy during class today.

(1) so　　(2) because　　(3) that

(4) but　　(5) until

21. I must finish this homework (　　　).

(1) in Monday　　(2) from Sunday　　(3) till Saturday

(4) by Wednesday　　(5) next Thursday

C 次の 22.～27.の日本語の意味に合うように語(句)を並べた時、不要な語(句)が 1 つある。その語(句)を選びなさい。

22. 彼女はパーティーに来られないだろうと思います。

I ＿＿＿＿＿＿＿＿＿＿＿＿＿＿＿＿＿＿＿＿＿＿＿＿.

(1) the party　　(2) am　　(3) think　　(4) won't　　(5) afraid

(6) she　　(7) to　　(8) be　　(9) able　　(10) come to

23. その激しい雨のせいでその川の水はとても汚いままだった。

The ＿＿＿＿＿＿＿＿＿＿＿＿＿＿＿＿＿＿＿＿＿＿＿＿.

(1) kept　　(2) rained　　(3) rain　　(4) dirty　　(5) the water

(6) heavy　　(7) in　　(8) very　　(9) the river

24. お茶を一杯入れましょうか。

____?

(1) tea (2) cup (3) will (4) I (5) you
(6) shall (7) of (8) a (9) make

25. ラジオでその事故のことは聞きあきた。

____.

(1) hearing (2) am (3) the radio (4) I (5) tired of
(6) the accident (7) on (8) about (9) heard

26. 父は私を医者にしたいと思っている。

____.

(1) make (2) wants (3) my father (4) thinks (5) to
(6) a doctor (7) me

27. こんな暑い日に走るのは健康に良くないと思う。

I don't think ____.

(1) your health (2) a hot day (3) to (4) it's (5) for
(6) so (7) on (8) good (9) run (10) such

D 次の会話文 I.～II.の空所 28.～35.に入る最もふさわしいものを選びなさい。また、36.の設問に答えなさい。

I.

Eric belongs to the drama club and he is talking with Kate about his performance.

Kate: I heard you're going to play the main character in your performance. Is that right?

Eric: Yeah, I've never played the main character, so I'm a little nervous.

Kate: I'm sure you'll be all right! (28), and they were very good!

Eric: Thanks. Can you come to see my play?

Kate: Yes, of course! What time will the performance start?

Eric: Six p.m., but (29). The hall will be open from five thirty and I think you should come at that time so that you'll be able to get a good seat.

Kate: All right. And, what time will the performance end?

Eric: About nine o'clock. It's not safe around here at night. I think it'll be better for you to come with your friends or family, so (30).

Kate: OK. I'll ask my friend to come with me. Well, I can't wait to see your performance!

Eric: Thanks!

28.
(1) I've always done my best on the stage
(2) I've been very worried about your drama club
(3) I've seen your performances many times
(4) You've never played on the stage in front of many people
(5) You've played the main character every time I see your performance

29.
(1) you shouldn't arrive before six
(2) you should buy the ticket at that time
(3) you should come earlier
(4) you shouldn't go into the hall alone
(5) you should pay a higher price

30.

(1) you can share the food you'll eat

(2) you don't have to pay for the ticket

(3) you must not stay here until nine

(4) you should leave the theater before the drama ends

(5) you won't be alone when you go home

II.

Two students are talking during their lunch time.

Ella: Are you (31) after school today?

Tonia: Not today, maybe tomorrow. (32)

Ella: Well, I always wait until the last minute to study for the exams. This year, I want to (33) early. Would you be my study partner?

Tonia: Oh, of course! I like to study with other people. (34)

Ella: No, tomorrow I have a tennis lesson after school. How about Saturday?

Tonia: Sure! I'm free all day, so we can meet (35).

Ella: Great! Let me talk to my parents about what time is best.

31.

(1) going for a run

(2) going to practice

(3) free

(4) going home

(5) outside

32.

(1) How do you care?

(2) When are you leaving?

(3) How's it going?

(4) Who are you?

(5) Why do you ask?

33.

(1) start studying

(2) get up

(3) go to school

(4) go home

(5) start worrying

34.

(1) Can I invite other friends?

(2) Is tomorrow okay for you?

(3) Is it hard to do?

(4) Don’t you have a tennis lesson tomorrow?

(5) What day is better for you?

35.

(1) at 1 p.m.

(2) every Monday

(3) for lunch

(4) at any time you want to

(5) when I call you

36. Which is true?

(1) Ella is asking Tonia a personal question.

(2) Ella is not sure about the results of the test.

(3) Tonia has no time for Ella.

(4) Ella wants to have better studying habits.

(5) Tonia and Ella are going to meet after school today.

【数　学】 （50分）〈満点：100点〉

1 次の問いに答えよ。

（1） $-\dfrac{1}{3}\div\left(-\dfrac{3}{2}\right)^3\times(-3^2)$ を計算せよ。

（2） 方程式 $\dfrac{2x-3}{4}=\dfrac{x+2}{3}$ を解け。

（3） y は x に反比例し，$x=4$ のとき，$y=6$ である。$x=\dfrac{1}{3}$ のとき，y の値を求めよ。

（4） 連立方程式 $\begin{cases}5x-8y=14\\ \dfrac{3}{x}=\dfrac{1}{y}\end{cases}$ を解け。

（5） $ax+b-a-bx$ を因数分解せよ。

（6） m，n を1桁の自然数とする。$(m+3)(n-2)$ が素数となる（m，n）の組はいくつあるか。

（7） 大小2つのさいころを投げて，出た目をそれぞれ a，b とする。$\sqrt{a^b}$ が整数となる確率を求めよ。

（8） $a+b=\sqrt{3}$，$a-b=\sqrt{2}$ のとき，$a^2-a+b-b^2$ の値を求めよ。

（9） 図において，△AFGの面積を求めよ。ただし，DE∥BCとする。

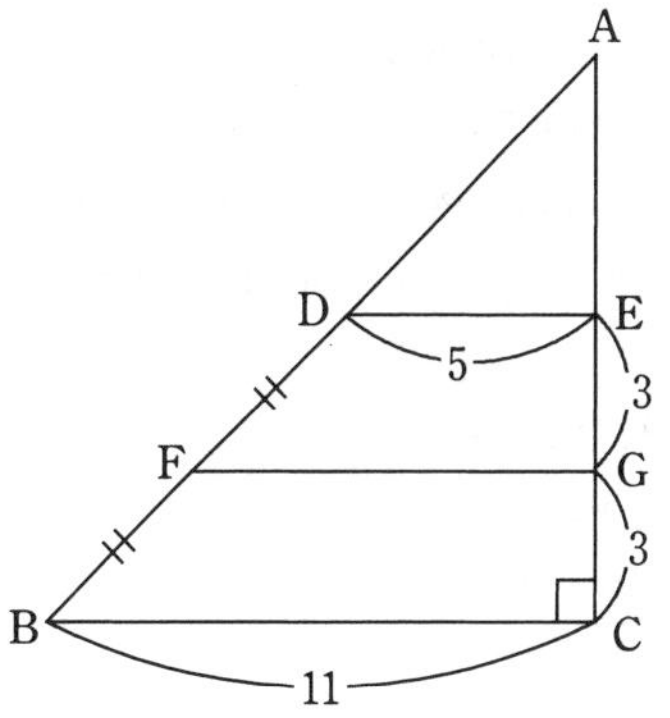

2 あるクラスの生徒40人のうち，欠席者5人を除く35人の通学時間について調査し，右の度数分布表を作った。
次の問いに答えよ。

（1） a の値を求めよ。

（2） 35人の通学時間の平均値を求めよ。

（3） 後日，欠席者5人の通学時間を調べたところ，
5人とも30分以上50分未満であった。

この5人を含めた40人の通学時間を度数分布表にまとめなおしたところ，平均値がちょうど23分になった。

この5人のうち，通学時間が40分以上50分未満の生徒の人数を答えよ。

階級(分)	度数(人)	階級値×度数
0 以上 10 未満	9	45
10 ～ 20	a	135
20 ～ 30	□	□
30 ～ 40	5	175
40 ～ 50	4	180
計	35	□

3 図のように,1辺の長さが30の正三角形ABCに,縦と横の辺の長さの比が$1:\sqrt{3}$の長方形DEFGが内側で接している。
次の問いに答えよ。
(1) 線分DEの長さを求めよ。
(2) BGとDEの交点をHとする。△ABHの面積を求めよ。

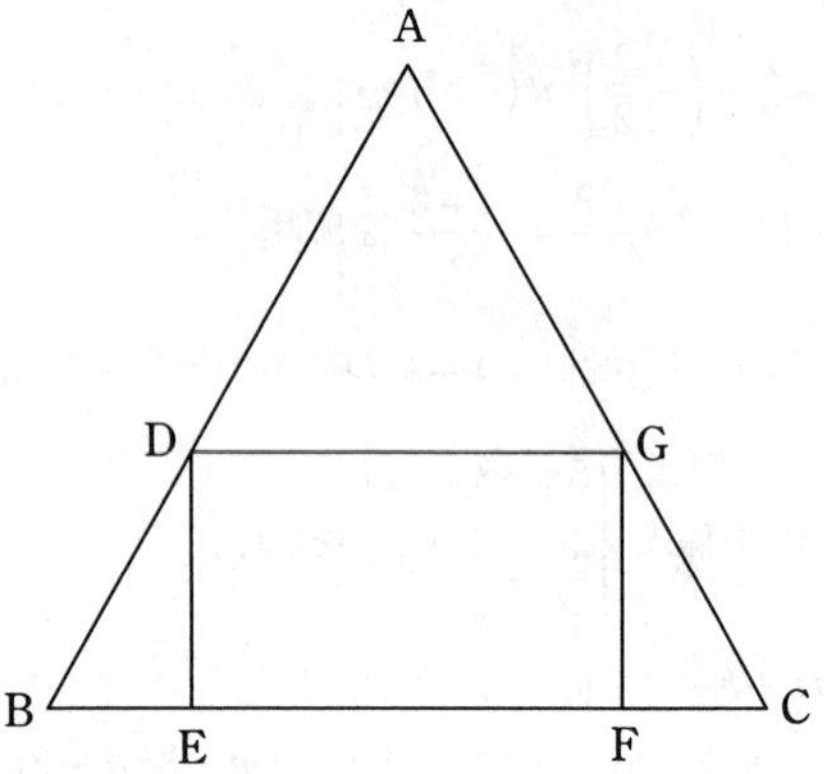

4 図のように,正四角柱と正四角すいを合わせた立体がある。
正四角柱ABCD−EFGHは,底面となる正方形の1辺の長さが4で,高さが2であり,
正四角すいO−ABCDの高さは4である。
また,線分OE,OGと平面ABCDとの交点をそれぞれ点P,Qとする。
次の問いに答えよ。
(1) OP:PEを求めよ。
(2) 線分PQの長さを求めよ。
(3) 三角すいBFPQの体積を求めよ。

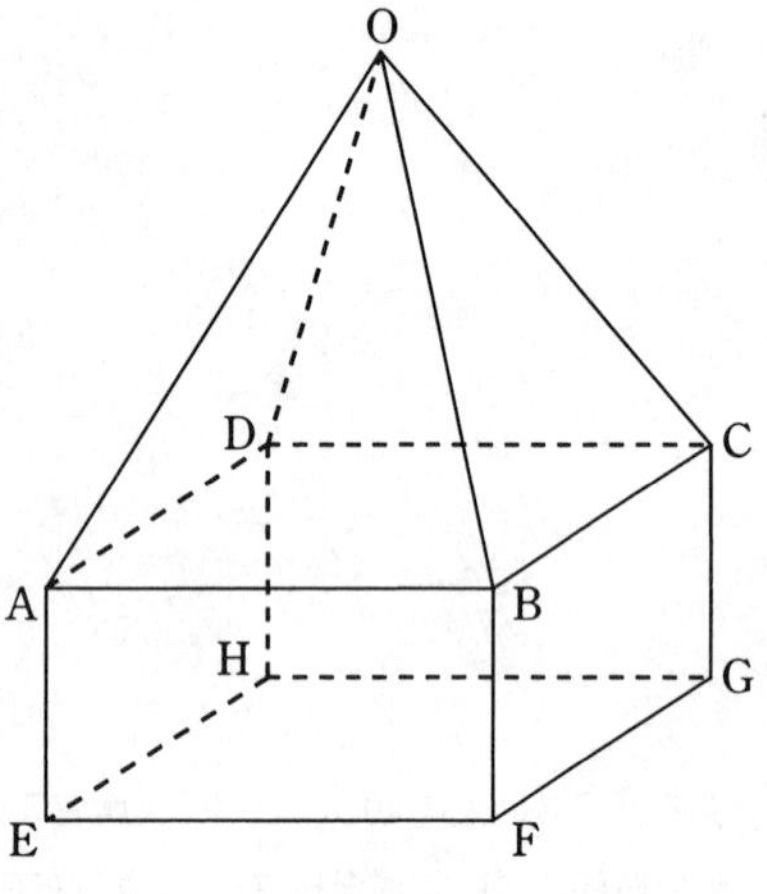

5 図のように,放物線$y=x^2$上に点A$(-3,9)$,点B$(2,4)$がある。
次の問いに答えよ。ただし,原点をOとする。
(1) 直線ABとy軸の交点の座標を求めよ。
(2) 放物線上にx座標がそれぞれ$p\,(p<-3)$,$q\,(q>2)$である点P,点Qがあり,△AOB,△ABP,△ABQの3つの面積がすべて等しい。
① 点Pの座標を求めよ。
② 五角形OBQPAの面積を求めよ。

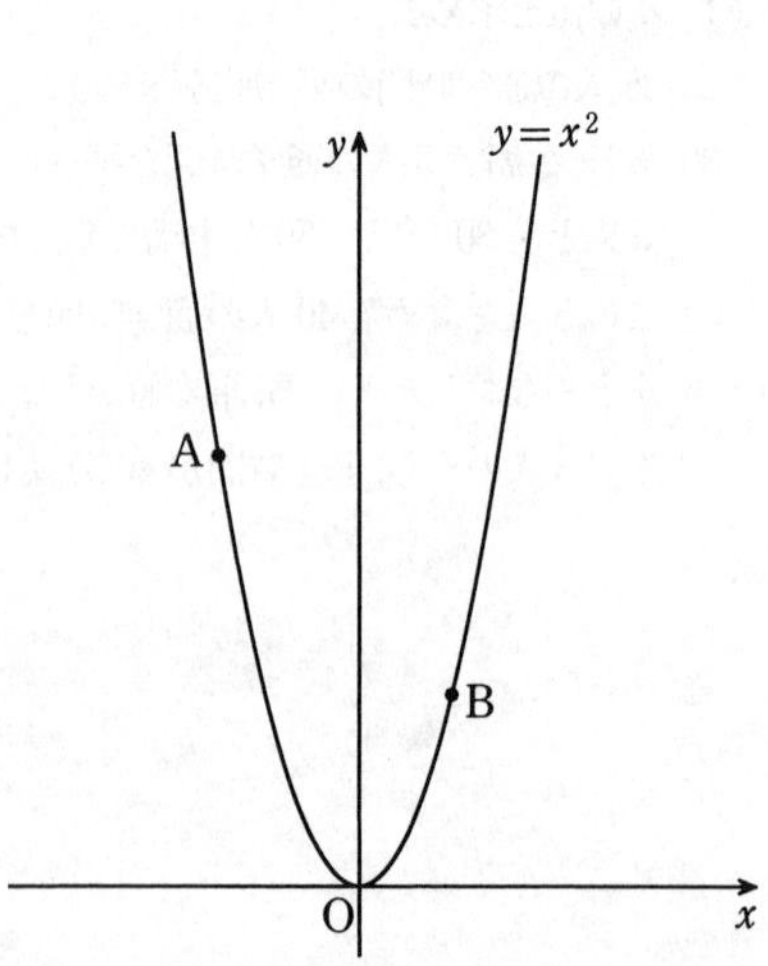

C　冗談であっても妻の愛情を軽んじるようなことを言う夫に対して悔しさと悲しみを感じている。

D　悩んでいる夫の気持ちを理解したいのにできない自分に対して嘲《あざけ》りと情けなさを感じている。

問26　傍線部⑧とあるが、ここから読み取れる杉の考えとしてもっとも適当なものを次から選べ。

A　叔母や祖父の死はあまり美しい思い出とは言えないものの、死とは自分の思い通りにいかないものだという教訓を示す、ある意味では示唆に富むものだったのかもしれない。

B　叔母や祖父の死は潔さや偉大さとは程遠いものだったが、それがかえって故人を懐かしく思うことにつながっているので、決して悪い側面だけではなかったのかもしれない。

C　叔母や祖父の死は不快な印象も残したものの、人間である以上生理的なことや通俗的なことが付随するのはむしろ当然であり、忌避するようなことではないのかもしれない。

D　叔母や祖父の死は神聖さの欠けた低俗なものだったが、そもそも死は生の延長としての当たり前の現象であり、その点で人並みの死をまっとうしたと言えるのかもしれない。

問27　傍線部⑨とあるが、このことの理由としてもっとも適当なものを次から選べ。

A　向日葵の黄色い炎のような鮮やかさを、人間の死を冒涜《ぼうとく》する非人間的なものに感じ、発作的に切ってやろうと思ったが、実際に切ってみれば単なる花がそのような大げさなものであるはずもなく、物事をつい誇張して考えてしまう自分の性格にばかばかしさを感じたから。

B　向日葵の黄色い炎のような鮮やかさを、一人の人間の死の重大さを無化してしまう冷酷なものに感じ、発作的に切ってやろうと思ったが、いざ切ってしまうと怒りのやり場もなくなってしまい、さらに向日葵の不在によりその存在がよけいに意識される状況になったから。

C　向日葵の黄色い炎のような鮮やかさを、田淵の死という厳粛な事実とかけはなれた軽薄なものに感じ、発作的に切ってやろうと思ったが、花が視界から消えたことで秋空の澄んだ青さやテニスコートで響く歓声がかえって際立ってしまい、切った意味がなくなったから。

D　向日葵の黄色い炎のような鮮やかさを、個人の消滅という重大事と矛盾する場違いなものに感じ、発作的に切ってやろうと思ったが、向日葵の残酷な美しさは杉の創作にとって実は重要な意味を持つものであり、そのことに気づいたのは花を切ってしまった後だったから。

問28　本文からもっとも強く読み取れるものを次から選べ。

A　世界の不条理さに対するやるせない憤り

B　人間の無力さに対するしみじみとした悲しみ

C　健康的な美に対する嫉妬混じりの羨望

D　死という現象に対する哲学的な興味

問20 傍線部②「田淵氏」について、ここまでのところから読み取れる人物像としてもっとも適当なものを次から選べ。

A　やや傲慢《ごうまん》だが誠実な人物　　B　邪気のない快活な人物　　C　豪快な親分肌の人物　　D　狡猾《こうかつ》で世渡り上手な人物

問21 傍線部③とあるが、ここでの杉の状態の説明としてもっとも適当なものを次から選べ。

A　健康な人が病であっけなく死んでしまうことの恐怖で震えを抑えられずにいる。
B　会ったばかりの人が突然亡くなったという驚きによって落ち着きを失っている。
C　親交のあった人が急死してしまったことの悲しみに襲われて立ちすくんでいる。
D　人の命が突然奪われるという運命の理不尽さへの怒りによって我を忘れている。

問22 傍線部④のような表現技法を何というか、次から選べ。

A　直喩　　B　隠喩　　C　擬人法　　D　省略法

問23 傍線部⑤とあるが、このことの理由としてもっとも適当なものを次から選べ。

A　妻は若くて健康であり、死を身近に感じている病弱な自分よりもおそらく寿命が長そうだから。
B　田淵氏の急死に衝撃を受けている様子も見られず、いつもと変わらない落ち着いた態度だから。
C　病に深く悩まされている夫の気持ちを理解しようともせずに、一人でのんきに眠っているから。
D　深夜に死の観念に押さえつけられている自分に比べ、若い妻はいかにも心安らかな様子だから。

問24 傍線部⑥とあるが、吉川がこのようにすることの理由としてもっとも適当なものを次から選べ。

A　自分の描きたいものはこの漢字によってしか表現できないと考えているから。
B　世の中の流れに迎合して古い伝統を手放すのはもったいないと考えているから。
C　人の意見によって自分のやり方を変えることはしたくないと考えているから。
D　珍しい漢字を作品内で使うことが自分の作家としての個性だと考えているから。

問25 傍線部⑦とあるが、このときの妻の心情の説明としてもっとも適当なものを次から選べ。

A　趣味の悪い冗談を言ってでも妻の気を引こうとする夫に対して苛立ちと愛おしさを感じている。
B　夫からの残酷な言葉にうまく反論できなかった自分に対して怒りとふがいなさを感じている。

（自分も死ぬ時はあのような臭いを発散するのだろう）

この想像は杉に嫌悪感を催㋑させたので彼はそれを追い払うためにも妻に無神経な冗談さえ言わねばならなかった。

「俺が死んだら、君、再婚しろよ。再婚しても時々は僕の墓に線香ぐらいあげてくれるだろうな」

⑦もちろん妻は自尊心を傷つけられたように黙ってうつむいた。そのうつむいたことがまた杉の神経を傷つけた。

祖父の臨終はこれとは少し違った光景だった。実業家だった杉の祖父は仕事をやめてから伊豆に隠居をしていたのだが、自分の死期をちゃんと予感していたらしい。身の周りの整理もきちんと片付け、友人や身内にも死後のあれこれについて手配した手紙まで書いていたからである。

脳溢血《のういっけつ》で倒れた祖父の臨終に東京にいた杉の家族は間に合わなかった。そのころ中学生だった杉は母と共に電話を受けると大急ぎで伊豆に駆けつけたのだが、既に遺骸をおいた十畳の座敷には黒い*モーニングをきた人々が膝に両手をおいて坐《すわ》っており、祖父の顔にも白い布がかぶせられていた。杉がこの時おぼえているのは十畳のむこうにみえる松の樹立に西陽《にしび》が暑くるしく当っていたのと、滝のように鳴いているカナカナの声だった。それは中学生の杉にさえも月並みな芝居の一場面を思い起させた。

叔母の死体の臭いや祖父の幾分、俗っぽい死の風景は現在の杉にある程度の嫌悪感を催させるが⑧それは人間の死らしい自然さをもっているような気がする。今の彼に耐えられないのはこうした死の姿勢ではなく、田淵氏の場合のように、その人が消滅したあとも、秋ちかい高原の空が青く静かに澄みわたり、すすきの穂が白く光り、テニスコートからはボールを打つ音や歓声がまるで何事もなかったように続いているという残酷な事実だった。⑨向日葵の花は妻の手で杉の命令通り切りとられてしまったが、花がなくなるとかえってそれが彼の心をいらいらとさせた。

（遠藤周作『あまりに碧い空』より）

* 鎧戸…日光の当たり具合や通風を加減することのできる、幅の狭い薄い板を何枚も斜めにすえて並べた構造の戸のこと。

* 効験あらたか…効果が際立ってあること。

* 昵懇…親しく付き合って遠慮がない様子。

* モーニング…男子が着る礼服のこと。

問丙 傍線部㋐・㋑について、㋐は漢字に直し、㋑は読み方を書け。

問19 傍線部①とあるが、ここでの杉の心情の説明としてもっとも適当なものを次から選べ。

A ゴルフなど退屈だと見下してしまう自分と対照的な、屈託なく物事を楽しめる田淵氏の度量を羨んでいる。

B 仕事が捗らずに悶々《もんもん》とする自分に対して、娯楽のためにここに来ている田淵氏の気楽な立場を羨んでいる。

C 胃腸病をわずらっている自分とは違う、麦酒を豪快に飲みほす田淵氏の健康的なたくましさを羨んでいる。

D 家に閉じこもって執筆する自分と異なり、文壇の作家たちと盛んに交流する田淵氏の社交性を羨んでいる。

中、④朽木のように倒れた。倒れてからは一昼夜息を引きとるまで昏睡《こんすい》状態だったそうだ。

その日から杉は仕事をしながら時々、庭をみた。秋ちかい高原の空はあくまでも澄みわたり、銀色の羽を光らせながら赤トンボが右左に飛びまわっていた。向日葵は相変らず、黄色い炎のような花をこちらにむけて咲いていた。透明な空やもう眩《まぶ》しくはない空気をみていると田淵氏の死んだという事実がふいに胸を突き上げてくる。杉と田淵氏は特に*昵懇《じっこん》な間柄ではなかったから彼の心には故人を偲《しの》ぶという感慨よりは、五日前この陽のあたる羊歯の庭で、健康そうな真白な歯をみせていた人がもう死んでいるという衝撃と、その死にかかわらず秋の空が残酷にも澄みわたっていることにたいする苛立ちの方が強かった。

「おおい」杉は妻を大声でよんだ。「あの向日葵を切ってくれよ」

「どうしたの」花模様のついたエプロンで手をふきながら杉の若い妻は驚いたように顔をあげた。「勿体《もったい》ないわ。こんなに綺麗《きれい》に咲いているのに」

「いや、目ざわりだよ」

本当は残酷だと言いかけて彼はその言葉を咽喉《のど》にのみこんだ。今日もテニスコートからラケットに球のぶつかる音がきこえてきた。杉があの若い男女に嫌悪感を感じる気持は、どうやら一人の人間の死にもかかわらず空が美しく澄み、向日葵が炎のように咲きつづけているという冷酷な事実につながりがあるようだった。

別に田淵氏の死によって刺激されたわけではない。彼もこの一年前ぐらいから深夜、眼をさましてふと死ぬ日のことやその瞬間の姿勢をぼんやり想像するようになっていた。いつかは自分が死なねばならぬことを彼は真暗な闇の中で鳥のように眼を大きく見ひらきながら考えることがあった。そんな時、⑤杉は隣のベッドでかるい寝息をたてて眠っている妻にかすかな憎しみを感じるのである。二十代の妻はまだ死ぬことを考えもしないと彼に言っていた。そう言われて杉自身もふりかえってみると十年前、二十代の頃は自分の死ぬことや死ぬ時の姿を心に想像するようなことはなかった。こんなことを考えるようになったのはやはり三十を幾年かすぎてからである。

杉はこの頃、よく原稿用紙の端に「軀《からだ》」という字を書いてそれをじっと眺めることがあった。杉の友人の吉川はこの「軀」という文字を「体」や「躰《からだ》」のかわりに⑥かたくななまでにその作品の中で使っている。実際、吉川の小説を読んでいると男女の軀のさまざまな機能、つまり「軀」を形づくっている三つの口の字と万華鏡のように複雑な心理の翳《かげ》や情熱の陰影との関係が心憎いほど描かれているのである。だが三十数歳をすぎた杉はこの「軀」の文字をみると、死の黒い口がそこに三つ、洞穴のようにぽっかりと開いているような気がしてくるのだった。

自分が死ぬ時、どういう息の引きとりかたをするのか勿論、杉には想像もつかない。彼にはただ思い出の中から自分の祖父や叔母の臨終の光景を引き伸ばしたり重ねあわせるより仕方がない。叔母が死んだのは夏の暑い日だったが、ひろい樹木の多い庭に面した病室には彼女が死ぬ五、六時間前から一種、生臭い匂いがまだ子供だった杉の胸に息ぐるしいほどこもっていた。この匂いは病室の窓ちかくにならべられている花瓶にさした百合《ゆり》の香りにちがいなかった。病人が百合の好きなことを知人や親類はひろく知っていたから、次々と訪れてきては廊下でそっと辞去していく見舞客までがみなこの匂いのつよい花をたずさえてくる。その匂いに包まれてベッドに仰むけになった叔母の胸はさきほどから小きざみに縮んだり膨らんだりしている。祖母が夏布団からはみ出た彼女の腕を握っていたが、その手を離すと、病人の白い腕の肉に指の痕《あと》の凹《へこ》みがそのまま残ったのである。杉はこの時はじめて人間が死ぬ時は軀がむくむことを知った。そして今まで山百合の香りだとばかり思っていた部屋の生臭い臭気が、叔母の体から発散する死臭の前ぶれであるとやっと気がついたのだった。

仕事はなかなか捗《はかど》らなかった。そんなある日、彼の家に、ある出版社の出版部長の田淵《たぶち》氏がひょっこり遊びにきた。

「別に用事じゃないんですよ」羊歯《しだ》のはびこった庭をポロシャツの田淵氏は陽《ひ》にやけた童顔をほころばせながらドサドサと歩いてきた。「明後日、恒例のゴルフ大会があるでしょう。だから昨日、こちらに来ましてね」

そういえばこの別荘地に住む文壇の先輩たちがちかいうちにゴルフの試合をすることを杉も耳にしている。

「へえ、田淵さん、ゴルフやられるんですか。どちらにお泊りです」

「社の寮がちかくにありましてね。……ああ、奥さん、わざわざお構いなさらんでください」

田淵氏は庭に面した廊下ともベランダともつかぬ場所に麦酒《ビール》を運んできた杉の妻にも愛想よく挨拶をして、

「杉さん、あんたもゴルフやったらどうです。その体も随分良くなりますぜ。胃腸病なんか、すぐ治る」

杉は笑いながらゴルフマニアは新興宗教の布教員に似ていると思った。その*効験あらたかな所を病気の治癒に結びつけて宣伝するところまでそっくりである。

それにしても田淵氏はゴルフをやっているためか、ひどく健康そうだった。まぶしい陽のあたる庭に白い歯を見せて笑っている。その背後には向日葵《ひまわり》が炎のような黄色い大きな花をこちらにむけて咲いていた。

「田淵さんは木の根のような腕をしているなあ」杉は客の陽にやけた腕を指さしながら訊《たず》ねた。「やはりゴルフのおかげですか」

「いや、ぼくあ学生時代、ボートの選手だったからね」

麦酒を一息にうまそうに飲みほしながら田淵氏は嬉しそうに自慢した。麦酒を飲む時、太い彼の咽喉《のど》がごくごくと動くのを杉が①羨《うらや》ましそうに眺めていると、

「ジャーナリストはまず体力ですからね」

「でもこの間こんな話をききましたよ。勿論《もちろん》、冗談でしょうが、焼場の死体のなかで……」

焼場に運ばれた死体のなかでジャーナリストや新聞記者の頭蓋骨《ずがいこつ》はすぐわかるという。他の人の頭の骨とちがって、これらの職業の人の頭骸骨は少し叩くとポロリと崩れるのだそうだ。脳みそは勿論のこと骨まで削りとるほど頭を使い尽した半生のため、彼等の頭蓋骨はひどくもろく薄くなっているのだと杉はきいた。

「陰惨な話だな」②田淵氏は童顔を少し曇らせながら肯《うなず》いた。「でも実感がこもっていますよ」

「でしょう……」

杉はふたたび庭の炎のように黄色く赫《かがや》いている向日葵の花に眼をむけた。テニスコートからは相変らず、球を打つ音や歓声がきこえてきた。

それから五日のちに、杉は東京からの電話で田淵氏が急死したことを知らされた。

「冗談でしょう。この間、元気そのものでぼくの所に寄られたんだ」

③受話器をもった彼の声は上ずっていた。だがこの知らせは本当だった。前日まで田淵氏の同僚も部下も、氏自身さえも明日、彼が倒れるということを夢にも想像していなかったのである。

当日めずらしく早目に帰宅した田淵氏は家族と共にテレビをみているうち、眼が突然みえなくなったという。頭痛を我慢しながら壁をつたって寝室に戻る途

問16 傍線⑧とあるが、「気色ばむ」とはどのような様子を指すか。次から選べ。

A 怒った様子　B 戸惑った様子　C 慌てた様子　D 落ち着いた様子

問17 傍線⑨の説明としてもっとも適切なものを次から選べ。

A 筆者の友人の話と、「イクメン」という言葉の背景にある価値観とは、男性が女性に理解を示し、家事や育児を分担することで女性と対等な立場に立とうとしている点で同じであるということ。

B 筆者の友人の話と、「イクメン」という言葉の背景にある価値観とは、男性が女性を気遣うことで、かえって男性が負担を強いられていることを示している点で同じであるということ。

C 筆者の友人の話と、「イクメン」という言葉の背景にある価値観とは、男性が特別なことをしていると周囲から認められるべきだ、という認識が根底にあるという点で同じであるということ。

D 筆者の友人の話と、「イクメン」という言葉の背景にある価値観とは、男性が取り組みやすい家事や育児などを分担することで、性別分業のバランスをとろうとしている点で同じであるということ。

問18 筆者の主張に合致するものを次から選べ。

A 男女の実質的な平等を実現するためには、男性支配的な現在の社会を考え直し、つくりかえるという方向を目指していくことが重要である。

B 多様な男女協働の社会を作りあげるために、積極的に家事や育児を行っている男性を評価し、他の男性の意識も変えていかなければならない。

C 女性が今以上に社会で活躍できるように、伝統的で因習的な慣習をなくしていき、女性支配的な社会を築きあげる必要がある。

D 形式的な分担を推し進めることで男女が互いに配慮できるようにし、最終的に性別分業のバランスがとれるようにすべきである。

三

次の文章を読んで、あとの問いに答えよ。

杉が今年の夏かりた小さな家はテニスコートのすぐ近くにあった。別荘地の中心部からあまり遠からぬそのテニスコートでは夕方、暗くなるまで白いスポーツ服をきた青年や娘がラケットをふりまわしている。㋐イセイよく叩きつける球の音やわきあがる歓声などが杉の部屋にきこえ、彼の仕事をさまたげた。このコートは昨年、皇太子のロマンスなどで有名になったためか今年はひときわ集まる者も多いという話だった。

「いい気なもんだぜ」

*鎧戸《よろいど》をしめて杉は書きためた原稿用紙の枚数を数えながら苛立《いらだ》たしそうに舌打ちをした。真実のところ彼は自分より十歳も年下のこれら若い青年や娘をひそかに嫌っていた。この嫌悪は自らの仕事があの連中に妨げられているからではなくもっと別の理由からきているようだった。

問12　傍線③の説明としてもっとも適切なものを次から選べ。

A　「イクメン」という言葉が今以上に多用される日常。

B　「イクメン」という言葉の意味がわからなくなる日常。

C　「イクメン」という言葉が別の言葉に取って代わられる日常。

D　「イクメン」という言葉をわざわざ用いなくてもよい日常。

問13　傍線④の理由としてもっとも適切なものを次から選べ。

A　女性が育児をすることは当然という認識が世間にあり、男性のように特別扱いする言葉を作る必要がないから。

B　育児をする男性を指す言葉は語呂合わせでできたが、女性を指す言葉は語呂合わせでは作れないから。

C　育児をする女性を指す言葉を作ると、男性が特別扱いされなくなり、男性が育児をしなくなってしまうから。

D　女性が育児をすることにも特別な呼び名を与えると、男性が育児をすることの価値が薄れるから。

問14　傍線⑤「空ソ」の「ソ」と同じ字を含む熟語を次から選べ。

A　ソアクな製品を買ってしまう。

B　友人とソエンになる。

C　音楽家のソシツがある。

D　新政権のソカクが行われた。

問乙　次の空欄ア・イに漢字一字を入れ、傍線⑥の一例となる四字熟語を完成させよ。

良［ア］賢［イ］

問15　傍線⑦の説明としてもっとも適切なものを次から選べ。

A　女性を取り巻く問題の根底には男性支配的な社会状況があり、女性が率先して声をあげることで男性が社会の問題点に気づかされるということ。

B　女性を取り巻く問題の根底には男女ともに負担の大きい性分業のありかたがあるため、男性も女性同様に苦しめられているということ。

C　女性を取り巻く問題の根底には男性支配的な社会状況があり、そのことはむしろ男性が考えていくべき問題であるということ。

D　女性を取り巻く問題の根底には女性にとって負担の大きい性分業のありかたがあるため、男性がもっと女性のことを手助けする必要があるということ。

なぜからかってみたくなったのでしょうか。友人の言葉には家事分担をめぐる「形式的平等」と家事分担という「いいこと」をしている自分を評価してほしいという、いわば自分の姿への承認欲求がにじみ出ていたからです。考えてみれば、これも先にお話しした「イクメン」と⑨根っこは同じなのです。

家事や育児、教育、介護など「ひと」をつくり「ひと」を世話する重要な労働をパートナーと分担することは必須です。でも「私はこれをするから、あなたはこれをして」という分担や「それぞれの生活時間のうち同じ時間だけ家事にあてよう」という形式的な分担だけでは、お互いがどのように一人の人間として働き、生きていきたいのかを考え、互いに配慮し、共に模索し、協働していくという「実質的な平等」、「対等な関係」をめざす暮らしは実現できないからです。

（好井裕明『「今、ここ」から考える社会学』より）

＊バギー…ベビーカーのこと。

＊誘蛾灯…夜間、蛾やその他の害虫をおびき寄せ、水におぼれさせる装置のあかり。

＊扶養家族…主に収入における生活面で助けてもらう必要のある家族のこと。

問9 傍線①が指す内容としてもっとも適切なものを次から選べ。

A 「イクメン」のような言葉がさらに作り出されること。
B 育児に関わる男性のことを軽やかに評価していくこと。
C 「イクメン」という言葉がメディアで広められていくこと。
D これまでの性別分業のありかたが改まっていくこと。

問10 空欄Xに入る動詞の終止形としてもっとも適切なものを次から選べ。

A 描く　B 画す　C 越える　D 退く

問11 傍線②の理由としてもっとも適切なものを次から選べ。

A 「イケメン」の語呂合わせで、育児をする男性のことを「イクメン」と呼ぶのはあまりにも安直だから。
B 「イクメン」という言葉がもつ軽やかさによって、育児の大変さや奥深さが見えなくなってしまうから。
C 「イクメン」と呼ぶことによって、育児をする男性のことを特別視しているように感じられるから。
D 「イクメン」という言葉によって、雑誌で紹介されるような男性が増えてしまう可能性があるから。

では、性別をめぐり、豊かなわたし「らしさ」が生きる日常を創造するにはどうしたらいいでしょうか。その方向性は、はっきりとしています。いまの男性支配的な性別分業のあり方を根底から考え直し、つくりかえるという方向です。性差別や性支配の社会や日常を批判し女性の解放をめざしたフェミニズム運動や諸々《もろもろ》の理論の影響を受けた社会学や家族問題研究など、すでに数多くの研究成果がこの方向性を何度も確認しているし、この方向で社会を変えていく意義を主張し続けてきています。

まず世の中を具体的に変えていくためには、世の中のかたちを規制し、統御するための装置である法律を変える必要があるでしょう。たとえば一定額の年収を超えれば、パートナーの*扶養家族に入れないという法律が存在しています。そのため妻が夫の扶養からはずれて働くとしても、被扶養者としての税金をめぐる優遇措置はなくなり、新たな社会保険料の負担など経済的な負担が増大するため、家計は一気に苦しくなります。そうした事態を避けるには、結果として妻は、制限内の年収で収まるようなパート労働を選択せざるをえないのです。女性はパートナーや子どもとともに暮らしながら、自分が思うように働きたいと願っても、簡単には実現できないように、まださまざまな形で法律が縛りをかけているのです。

「女性が輝く社会」、「一億総活躍社会」など、いまの政権（二〇一六年当時）は、心地よく響くが中身のない⑤空ソなスローガンばかり語っています。しかし本当に女性が「輝き」、誰もが自分が暮らしたいという場で「活躍」できる社会を実現したいと思うのであれば、たとえば女性が自由に働けない「縛り」となっている法律を一つずつ洗い出し、その是非を論じ、不要な法律はなくし、必要な新たな法律をつくっていくべきでしょう。そうした政治を積極的に進めようともしないいまの政権が大事にしたいのは、やはり⑥伝統的で因習的な「らしさ」が息づいている社会ではないだろうかと思います。（中略）法律に限らず、周到で抗《あらが》いがたいさまざまな日常的な性別をめぐる「縛り」がかかったままで、真に女性は輝くことができるのでしょうか。

さらに法律という「縛り」を変えるためには、より日常的で私たちが広汎に捉えられている性別をめぐる「あたりまえ」つまり女らしさ・男らしさをめぐる「常識」を変えていく必要があります。この「常識」の見直し、変革という営みは、実は私たち一人一人が自らの暮らしを点検するなかで進めていける重要なものなのです。そうは言いつつも私は、こう考えています。

男性支配的な性別のあり方を考え直すのは、他でもない男性自身がやるべき作業であり、男性が進めるからこそ価値がある作業だと。女性の生き方や家族のあり方を研究する社会学の世界では「常識」となっているのですが、⑦女性問題とは男性問題なのです。男性が変わらないかぎり、女性も変われないし、私たちの日常も、より豊かな「らしさ」を創造し、実践できるようには、変わっていかないのです。

では、男性支配的な性別分業のあり方を日常の暮らしの次元から考え直そうとするとき、よく言われるように「男女平等に」でいいのでしょうか。

若い頃、私は同じ社会学研究者の友人からよくこうした言葉を聞きました。「私は女性問題も理解しているし、妻の苦労もよくわかる。だからこそ私は妻ときちんと平等に家事を分担しているんだ」と。こう語る友だちは、自分のしていることをどこか誇らしげに語っているようにも見えました。

実は私は、眉に唾をつけながら、友人の話を聞いていたのです。ふーん、平等に家事を分担ねぇ、今の世の中、男女が平等に暮らせるようにできていないのだから、家事だけを平等に分担すれば、それであなたと奥さんの関係は対等なのかねぇ、と。でもそのことを言えば、相手は⑧気色ばんで反論してきそうな感じなので、「そうですか、家事分担は男女関係を考える重要なきっかけだし、それはいいですね。でも家事分担だけ平等にしても、仕方ないしね」と、相手の努力は認めながら、ちょっとばかりからかっていたのです。

二　次の文章を読んで、あとの問いに答えよ。

　「イクメン」という言葉があります。育児を積極的に分担する男性のことをあらわす言葉として、新聞雑誌などメディアでよく見かけます。実は、私は、この言葉に違和感を覚えています。パートナーに全部まかせっきりにせず、できるだけ自分も育児にかかわる男性は、最近増えてきているし、そうした男性を評価しつつ、軽やかに、かっこよく呼ぶ言葉として「イクメン」が考え出されたのでしょう。

　かっこよくイケてる男性のことを「イケメン」と呼び、その語呂合わせで「育児をする男たち」＝「イクメン」となったのでしょう。もちろん、私はこうした呼称がどんどん増殖し、結果的に、伝統的で因習的な性別分業イメージが壊れ、より多様で多彩な男女協働のありかたが実現していけば、①それにこしたことはないだろうと思います。

　しかし他方で男性が育児に参加すること、積極的に育児作業を分担することは、そんなに軽やかでかっこいいことなのだろうか、とも思うのです。赤ちゃんがうんちをすれば、場所など気にしないで、できるだけ迅速におむつを換えないといけません。尿がたまったゴワゴワの紙おむつも放置などできず、気づけばすぐに新しいものに換えなければなりません。母乳で育てていれば、父親は、冷蔵庫に一回分に小分けし冷凍された母乳を取り出し、時間になれば解凍して乳をあげなければならないし、夜中、数時間ごとに起きて泣く赤ちゃんに自分も起きて対応しなければなりません。「イクメン」を紹介する雑誌グラビアのように、*バギーに赤ちゃんを乗せて公園をかっこよく散歩しているだけでは、男性が子育てに参加していることになど決してならないのです。

　もちろん、実際に育児を実践している男性のほとんどは、それまで女性しか実感しえなかった育児の大変さや育児の奥深さを体験することになるし、だからこそ子育てをパートナーと共にしていく重要さを実感できていると思うのです。さらに言えば、そうした男性であれば、自分のことを「イクメン」だとことさら呼ぶ必要もないし、そうした世の中からの評価とは一線を［X］たところで、いかに上手に効率よく、かつ丁寧に子育てを実践していけばいいかを常に自分で考え工夫しているでしょう。

　つまり、育児に本気でかかわっている男性にとっては、育児は「特別なできごと」などではなく、まさに自分が会社での仕事やほかの出来事とかかわっていくのと同じくらい「あたりまえ」な日常のワンシーンだと言えるのです。

　②「イクメン」という言葉から覚える違和感。それは、この「あたりまえ」のこととしての育児と「イクメン」という言葉が発するニュアンスの落差から来ているのです。この言葉からは、育児に参加する男性は、それだけで何か特別ですばらしいことをしているのだ、だからこそ多くの男性は、特別な評価を得るためにも、育児に参加すべきではないか、といったニュアンスが感じ取れるからなのです。

　もちろん、現在においてもまだまだ、育児や子育て、子どもの教育に対する男性の参加、協働は不十分だと言えます。だからこそ、「イクメン」という言葉はうまく使えば、一人でも多くの男性を「育児という深い世界」に誘い込む*誘蛾灯《ゆうがとう》の役割を果たせるかもしれません。でも本当は、男性の育児参加、育児分担は、ことさら特別に呼ぶ必要もなく、「あたりまえ」のことになり、③こうした言葉が意味をもたなくなる日常になってこそ、性別分業がもつ両性にとってバランスが取れた本来の意味が、男性にも腑《ふ》に落ちていくのではないでしょうか。残念ながら、まだ性別分業のバランスは達成されていません。その証拠に、④育児をする女性を誰もことさら「イクジョ」とは呼ばないのですから。

問5　傍線部④から読み取れる筆者の心情の説明として、最も適切なものを次から選べ。

Ａ　美しいさえずりを伝承してきた鳴禽に対し、数千万年前の霊長類は二足歩行にすら至っていないことへの落胆。

Ｂ　まったく違う生き物であるはずの鳴禽と霊長類が「さえずり」と「歩行」という点で比較されることへの違和感。

Ｃ　霊長類が四足歩行から二足歩行への進化を遂げるはるか前から、さえずりを継承し続ける鳴禽への驚き。

Ｄ　数千万年の間に二足歩行を成し遂げただけでなく、様々な文化的伝統を作り出し進化を続ける霊長類への賞賛。

問6　空欄Ｙに当てはまる言葉として最も適切なものを次から選べ。

Ａ　断片的　　Ｂ　空間的　　Ｃ　相対的　　Ｄ　対照的

問7　傍線部⑤「示唆する」の意味として最も適切なものを次から選べ。

Ａ　はっきりと示す

Ｂ　それとなく示す

Ｃ　段階的に示す

Ｄ　具体的に示す

問8　本文の内容に合致しているものを次から選べ。

Ａ　鳥は昔から愚かな生き物と考えられてきたが、近年の研究では人間に匹敵する思考力を有する種がいることが分かり、ユークリッド幾何学や物理の法則については霊長類を超える理解力を持つと言われるようになった。

Ｂ　鳥は重力に逆らい空を飛び、言語ではなくさえずりを習得するといったヒトとは異なる生活の中で、ニューロンやシナプスが発達せず必然的に脳が小さくなり、本能のままに生きるようになっていった。

Ｃ　鳥の脳内回路や配線、遺伝子や化学物質などはヒトと似ている部分も多くあるため、鳥について理解を深めることは人間がどのように学習や記憶、自己の位置づけを行っているかを明らかにすることにつながる。

Ｄ　鳥がさえずりを学ぶときの脳内の働きを研究し、同じ脳活動パターンを持つ人間の言語習得の謎を追求していくことは、将来的に様々な生き物の睡眠のメカニズムを解き明かすきっかけになると考えられている。

＊大脳皮質…大脳半球を覆う灰白質の層。神経細胞が集まり、言語・随意運動・感覚・記憶など、脳の高次機能をつかさどる。
＊ニューロン…生物の脳を構成する神経細胞。
＊マキャベリ的…自分の利益を優先し、強引に目的を完遂するさま。
＊鳴禽《めいきん》…小型でよくさえずる鳥。
＊ユークリッド幾何学…ユークリッドによって集大成された図形や空間の性質を研究する数学の一部門。

問1 傍線部①「やたら」と同じ品詞のものを本文中の傍線部A～Dの中から選べ。

問2 空欄Xに当てはまる言葉として、最も適切なものを次の中から選べ。

A 恐れて　B 忍んで　C 避けて　D 拒んで

問3 傍線部②「過去の話」とされていることの内容として最も適切なものを次から選べ。

A 鳥の中には、不覚にも絶滅に追い込まれた種がいたこと。
B 鳥に対する偏見が、人間の使う言い回しに表れていたこと。
C 鳥の性質から落ち着きのない人を指す言葉が生まれたこと。
D 鳥は脳が小さく思考しない愚かな生き物と考えられていたこと。

問甲 傍線部Ⅰ「ナグサ」は漢字に直し、Ⅱ「悼」はその読みを答えよ。

問4 傍線部③「鳥の脳」についての説明として最も適切なものを次から選べ。

A 空を飛ぶために軽く小さくなった分、認知能力は低い。
B ヒトと同じように、「賢さ」をつかさどる大脳皮質を持っている。
C 古い細胞と新しい細胞を入れ替える機能を備えている。
D 体に対する脳の比率が小さい分、ニューロンの数が多い。

二〇一九年度
明治学院高等学校

【国　語】（五〇分）〈満点：一〇〇点〉

☆問1～問28はマークシートに、問甲・乙・丙については別紙の解答用紙に書くこと。
☆読解の一助とするため、表記を変えた箇所があります。

一　次の文章を読んで、あとの問いに答えよ。

〈編集部注…課題文は著作権上の問題により掲載しておりません。作品の該当箇所につきましては次の書籍を参考にしてください〉

・ジェニファー・アッカーマン著　鍛原多恵子訳『鳥！　驚異の知能』〈講談社ブルーバックス　二〇一八年三月二〇日発行〉
七頁二行目「鳥は昔から～八頁一二行目（中略）一〇頁五行目～一二頁七行目（中略）二三頁後ろから二行目～二四頁八行目

※問4　傍線部③「鳥の脳」の箇所は原典一〇頁六行目
問5　傍線部④の箇所は原典一一頁後ろから三行目「数千万年前と言えば、私たちの祖先の霊長類はまだ四足歩行していた」

英語解答

A　1 (5)　2 (1)　3 (2)　4 (2)
5 (2)　6 (3)　7 (5)　8 (1)
9 (5)　10 (4)　11 (1)　12 (1)
13 (4)　14 (2)　15 (2)

B　16 (2)　17 (3)　18 (4)　19 (5)
20 (1)　21 (4)

C　22 (3)　23 (2)　24 (3)　25 (9)
26 (4)　27 (6)

D　Ⅰ　28…(3)　29…(3)　30…(5)
Ⅱ　31…(3)　32…(5)　33…(1)　34…(2)
35…(4)　36…(4)

A〔長文読解総合―物語〕

≪全訳≫❶人魚の風船／「おばあちゃん！」　幼いデジレは興奮しているようだった。「今日はパパの誕生日だよ。どうやってバースデーカードを送ったらいい？」❷デジレの祖母はデジレの顔を見てため息をついた。彼女はデジレに何も言えなかった。デジレの父親は9か月前に亡くなっていた。デジレは理解していなかった。彼女はわずか4歳だった。❸「いい考えがあるよ」と祖母は言った。「パパに手紙を書こう。風船にその手紙をつけて天国に送れるよ。何て書こうか？」❹デジレは祖母にこう書くように言った。「お誕生日おめでとう，パパ。大好きよ，パパがいなくてさびしい。1月の私の誕生日に手紙をちょうだい」❺デジレの祖母はデジレのメッセージと自分たちの住所を小さな紙に書いた。それからデジレと母親と祖母は風船を買いに店に行った。デジレはすぐにおもしろい風船に目を止めて言った。「あれがいい！　あの人魚のついたの！」❻彼女たちはその人魚の風船を買い，デジレの手紙をそれに結びつけた。そしてデジレは手を開き，風船は飛んでいった。$_{12}$彼女たちは1時間，風船を見守っていた。風船は高く，さらに高く上がっていった。とうとう，それは見えなくなった。「あれを見た？」　デジレは喜んで叫んだ。「パパが手を伸ばして私の風船を取ったよ！　これで返事を書いてくれる！」❼デジレはその風船をカリフォルニアで放した。風が風船をとらえて東に運んだ。4日後，それは3000マイル離れたカナダ東部の湖の近くに降りてきた。その湖の名はマーメイド湖といった。それはマーメイドという名の町にあった。❽ウェイド・マッキノンというカナダ人男性がデジレの風船と手紙を見つけたのは，マーメイド湖でカモ猟をしているときだった。彼はそれらを家の妻のもとに持ち帰った。彼女はデジレに誕生日プレゼントを送ることにした。彼女は手紙も書いた。その手紙にはこう書かれていた。❾デジレへ／パパより，お誕生日おめでとう。私たちは誰でしょう？　私たち夫婦はマッキノンといいます。夫のウェイドがカモ猟に行って風船を見つけました！　あなたがパパに送った人魚の風船です。天国にはお店がないので，あなたのパパは誰かに自分の代わりに買い物をしてほしかったのです。私たちがマーメイドという町に住んでいるので，パパは私たちを選んだのだと思います。私は知っています，あなたのパパがあなたをとても愛していて，あなたのことをずっと見ていることを。／愛をこめて／マッキノン❿マッキノン夫妻から小包が届いたとき，デジレは全く驚かなかった。「パパは私の誕生日を覚えてた！」と彼女は叫んだ。彼女はとてもうれしかった。⓫デジレの母親はマッキノン夫妻に，プレゼントと手紙に感謝する手紙を書いた。その後数週間，彼女とマッキノン夫妻は何度も電話し合った。そして，デジレと母親と祖母はマッキノン夫妻に会いにカナダに飛んだ。マッキノン夫妻は彼女たちをマーメイド湖に連れていき，彼らが風船を見つけた場所を見せた。⓬父親のことを話したくなるとデジレはマッキノン夫妻に電話する。彼らと話すと，彼女は気分が良くなる。⓭人々はよく言う。「人魚の風船がマーメイド湖に来たなんて幸運だよ！」　デジレの母親は，それはただの幸運なのかしらと思う。彼女は言う。「夫がマッキノン夫妻を選んだのだと思います。それがデジレに愛を送る彼のやり方だったのです。今ではデジレは父親がいつも自分と一緒にいるとわかっています」

1 ＜適語選択＞'look＋形容詞'で「～(な様子)に見える」。父親の誕生日なのでバースデーカードを書こうという幼いデジレの気持ちを読み取ればよい。

2 ＜英問英答＞「なぜ彼女はデジレに何も言えなかったのか」―⑴「デジレに父親の死を説明するのが難しかったから」　下線部に続く2文に，デジレの父親がすでに亡くなっていること，幼いデジレにはそれが理解できていないことが書かれている。earlier は「(ある過去〔未来〕の時点より)前に」。

3 ＜適語句選択＞空所に続くのは，祖母の「何て書こうか」という質問に答えて，父親へのバースデーカードの内容を話すデジレの言葉。よって，デジレが祖母にそれを書いてくれるように言ったという⑵が適切。　'tell＋人＋to＋動詞の原形'「〈人〉に～するように言う」

4 ＜適語句選択＞空所に続く内容から，デジレたちはその店で風船を買ったとわかる。

5 ＜適語選択＞風船が空高く上がって行き，見えなくなった場面。デジレは，天国の父親がその風船を取ったのだと考えた。reach には「(何かに届こうと)手を伸ばす」という意味があり，ここでは天国の父親が reached down「下の方に手を伸ばし」て風船を取った，という文脈が自然である。

6 ＜適語句選択＞空所を含む部分は「あなたのパパは誰かに(　　)してほしかった」という意味。同じ文の前半に「天国に店がない」とあることも合わせて考えると，⑶「自分の代わりに(プレゼントの)買い物をしてほしかった」が適切。

7 ＜適語句選択＞マッキノン夫妻がそれまでデジレや家族と無関係だったことを考えると，⑵，⑶，⑷は不適切。また，⑴のカモ猟も，天国の父親がマッキノン夫妻を選んだ理由として不適切。風船に描かれた人魚と町の名を結びつけた⑸が適切。

8 ＜英問英答＞「なぜデジレは全く驚かなかったのか」―⑴「彼女は誕生日に父親から手紙をもらえると信じていたから」　父親へのバースデーカードをつけた風船が空に消えたときのデジレの言葉「これで返事を書いてくれる！」から，彼女が父親からの誕生日の返信を信じていたことがわかる。

9 ＜指示語＞2つの下線部はどちらもデジレの母親の言葉に含まれている。よって，'I'はデジレの母親を，'She'は直前の Desiree を指す。

10＜語句解釈＞下線部の way は「道」ではなく「やり方，方法」という意味で用いられている。これと同じ意味で使われているのは，⑷「私は自分のやり方でそれをします」。

11＜適語句選択＞第12段落に，デジレは父親のことを話したくなったらマッキノン夫妻に電話するとある。こうすることでデジレはいつも父親を身近に感じられると考えられるので，⑴「父親がいつも自分と一緒にいる」が適切。

12＜適所選択＞戻す文は「彼女たちは1時間，風船を見守っていた」という意味。デジレたちは風船を空に放した後1時間それを見守り，そして風船は見えなくなった，という流れである。

13＜内容真偽＞⑴「デジレは母親と祖母と一緒に店に行き，どの風船を買うか決めた」…○　第5段落第2，3文参照。　⑵「人魚の風船はカリフォルニアからはるばるカナダ東部まで飛んでいった」…○　第7段落第1，3文参照。　⑶「ウェイド・マッキノンは人魚の風船を見つけたときカモ猟をしていた」…○　第8段落第1文参照。　⑷「ウェイド・マッキノンはデジレの手紙を見つけ，自分でデジレに返事を書いた」…×　第8段落第2～4文参照。手紙を書いたのはウェイドの妻。　⑸「デジレの母親は，夫がマッキノン夫妻をメッセンジャーとして選んだのだと信じている」…○　最終段落第3文参照。

14＜内容真偽＞⑴「デジレの祖母はデジレが父親にバースデーカードを送りたがったとき，何も助言をしなかった」…×　第３段落参照。　⑵「デジレはマッキノン夫妻から手紙をもらい，プレゼントも受け取った」…○　第８段落第３，４文および第11段落第１文参照。　⑶「マッキノン夫妻はデジレにプレゼントを送る前にデジレの母親に電話した」…×　このような記述はない。⑷「気分がいいときにデジレはマッキノン夫妻に電話して父親の話をする」…×　第12段落参照。⑸「デジレの父親はデジレの誕生日にプレゼントを送るため，マッキノン夫妻に電話した」…×　このような記述はない。

15＜内容真偽＞⑴「デジレの祖母はデジレのメッセージと家の電話番号を書いた」…×　第５段落第１文参照。電話番号は書いていない。　⑵「デジレは，父親が風船を見つけて返事をくれると考えた」…○　第６段落最終文のデジレの言葉と一致する。　⑶「デジレとその母親と祖母は４日間かかってカナダに飛行機で行った」…×　第７段落第３文参照。four days は，風船が届くのに要した時間。　⑷「デジレの母親は人魚の風船がマーメイド湖に着くと信じていた」…×　このような記述はない。　⑸「デジレの父親はマッキノン夫妻と会って，娘に手紙を書いてくれるように頼んだ」…×　このような記述はない。

B〔適語(句)選択〕

16. when 以下が過去の文なので，空所に入る語(句)も過去形が適する。　「先週うちが火事になったとき，私たちは119番に電話しなければならなかった」

17. 空所に対応する主語の it は His car を指しており，全体が現在の文なので，「洗われていない」となる現在の受け身形が適する。　「彼の車は新しいが，洗車されていない。古い車みたいに見える」

18. ２つのものがあるとき，「１つは～，(残りの)もう１つは…」は‘One ～, the other …’で表せる。　「私はおもちゃを２つ持っている。１つは新しくてもう１つは古い」

19. ‘the＋最上級＋of all’で「全部〔全員〕の中で最も～」。　「ケンは皆の中で一番速く走れる」

20. 空所の前が後ろの‘理由’になっているので，so「だから」が適切。　「私は昨夜よく眠れなかった，だから今日は授業中眠かった」

21. 「～までに」という‘期限’は by で表す。till は「～までずっと」と，動作・状態がそれまで続いていることを表す。　「私は水曜日までにこの宿題を終えなければならない」

C〔整序結合―不要語選択〕

22. 好ましくない内容を述べる場合，「私は～と思う」は I am afraid (that) ～で表せる。「来られないだろう」は be able to come「来られる」の前に won't を置いて表す。不要語は think。　I am afraid she won't be able to come to the party.

23. 動詞 kept があることから，「その激しい雨は川の水をとても汚いままにした」と読み換え，‘keep＋目的語＋形容詞’「～を…(の状態)のままにする」の形を用いてまとめる。不要語は rained。　The heavy rain kept the water in the river very dirty.

24. 「(私が)～しましょうか」という‘申し出’は Shall I ～？で表せる。「入れる」には‘make＋人＋物’「〈人〉に〈物〉をつくってあげる」を用いる。不要語は will。　Shall I make you a cup of tea?

25. 「～にあきる」は be tired of ～で表せる。of の目的語の‘～’に動詞がくるときは，動名詞(～ing)になる。「～のことを聞く」は hear(ing) about ～，「ラジオで」は on the radio とする。不要語は heard。　I am tired of hearing about the accident on the radio.

26. 「〜したいと思う」は want to 〜, 「〈人〉を〜にする」は'make＋人＋〜'で表せる。不要語は thinks。　My father wants to make me a doctor.

27. 「良くないと思う」は，英語では think を否定して「良いとは思わない」と表すのが一般的。think の後ろに「こんな暑い日に走るのは健康に良い」という内容を続ける。「…するのは〜」は 'It is 〜 to …' の形式主語構文で表せる。「こんな暑い日」は 'such a/an＋形容詞＋名詞' 「こんなに〔そんなに〕〜な…」を用いる。不要語は so。　I don't think it's good for your health to run on such a hot day.

D 〔長文読解総合―対話文〕

Ⅰ≪全訳≫❶エリックは演劇部に入っていて，自分の公演についてケイトと話している。❷ケイト(K)：あなたが公演で主役をやると聞いたわ。本当？❸エリック(E)：うん，主役をやったことがないから，ちょっと緊張してるんだ。❹K：きっと大丈夫よ！ 28私は何度もあなたの演技を見たことがあるけど，とっても良かったわ！❺E：ありがとう。僕の芝居を見に来る？❻K：ええ，もちろん！　何時に上演が始まるの？❼E：午後6時，だけど29それより早く来た方がいいと思う。会場は5時半から開くから，いい席がとれるようにその時間に来るのがいいよ。❽K：わかったわ。それで，上演は何時に終わるの？❾E：9時頃。この辺りは夜は安全じゃない。30家に帰るときに1人きりにならないよう，友達か家族と一緒に来た方がいいと思うよ。❿K：了解。友達に一緒に来てくれるように頼むわ。うーん，あなたのお芝居を見るのが待ちきれないわ！⓫E：ありがとう！

＜適文選択＞28. ケイトが，初めて主役を務めるエリックに対して「大丈夫」と言える根拠が入る。空所の後ろの they は(3)の your performances を受けている。　29. 空所に続くエリックの発言内容から，開演時間より早く来るべきだという(3)が適切。　30. この前に「この辺りは夜は安全じゃない」とあることから，「1人きりにならないよう」となる(5)が適切。空所の直前の so は，ここでは'目的'を表す。

Ⅱ≪全訳≫❶2人の生徒が昼食時に話している。❷エラ(E)：今日の放課後は31暇？❸トーニャ(T)：今日はだめ，たぶん明日なら。32どうしてきくの？❹E：実はね，私はいつもぎりぎり最後まで試験勉強をしないの。今年は早く33勉強を始めたいと思って。私の勉強のパートナーになってくれない？❺T：ええ，もちろん！　私は他の人たちと一緒に勉強するのが好きよ。34明日は大丈夫？❻E：ううん，明日は放課後にテニスのレッスンがあるの。土曜日はどう？❼T：いいわよ！　一日中空いてるから，35あなたがいいときにいつでも会えるわ。❽E：やった！　両親に何時が一番いいかきいてみるね。

31＜適語(句)選択＞対話全体の内容より，時間があるかどうかを尋ねていると考えられる。

32＜適文選択＞第4段落は第2段落で尋ねたことの理由を説明しているので，理由を尋ねる(5)が適切。

33＜適語句選択＞前後の内容から，より早く勉強に取りかかりたいのだとわかる。

34＜適文選択＞次のエラの言葉から，明日の都合をきいたと判断できる。

35＜適語句選択＞自分は一日中空いているという発言の後なので，相手のいいときにいつでも，という(4)が適切。

36＜英問英答＞「どれが正しいか」―(4)「エラは良い勉強習慣をつけたいと思っている」　第4段落から，エラはいつもぎりぎりで試験勉強を始めるが，今年は早く始めたいと考えていることがわかる。

2019年度／明治学院高等学校

数学解答

1 (1) $-\dfrac{8}{9}$　(2) $x=\dfrac{17}{2}$　(3) 72
(4) $x=6$, $y=2$　(5) $(a-b)(x-1)$
(6) 3組　(7) $\dfrac{2}{3}$　(8) $\sqrt{6}-\sqrt{2}$
(9) 32

2 (1) 9　(2) 21分　(3) 1人

3 (1) $6\sqrt{3}$　(2) $\dfrac{135\sqrt{3}}{4}$

4 (1) 2：1　(2) $\dfrac{8\sqrt{2}}{3}$　(3) $\dfrac{32}{9}$

5 (1) (0, 6)
(2) ① (−4, 16)　② 51

1 〔独立小問集合題〕

(1)＜数の計算＞与式 $=-\dfrac{1}{3}\div\left(-\dfrac{27}{8}\right)\times(-9)=-\dfrac{1}{3}\times\left(-\dfrac{8}{27}\right)\times(-9)=-\dfrac{1\times8\times9}{3\times27}=-\dfrac{8}{9}$

(2)＜一次方程式＞両辺を12倍して，$3(2x-3)=4(x+2)$，$6x-9=4x+8$，$6x-4x=8+9$，$2x=17$　$\therefore x=\dfrac{17}{2}$

(3)＜関数―yの値＞yがxに反比例するから，aを比例定数として，$y=\dfrac{a}{x}$と表せる。$x=4$のとき$y=6$であるから，$6=\dfrac{a}{4}$より，$a=24$となり，反比例の式は$y=\dfrac{24}{x}$となる。よって，$x=\dfrac{1}{3}$のとき，$y=24\div x=24\div\dfrac{1}{3}=24\times3=72$となる。

(4)＜連立方程式＞$5x-8y=14$……①，$\dfrac{3}{x}=\dfrac{1}{y}$……②とする。②$\times xy$より，$3y=x$，$x=3y$……②′ ②′を①に代入して，$5\times3y-8y=14$，$7y=14$　$\therefore y=2$　これを②′に代入して，$x=3\times2$　$\therefore x=6$

(5)＜因数分解＞与式 $=ax-bx-a+b=x(a-b)-(a-b)$として，$a-b=X$とおくと，与式 $=xX-X=X(x-1)$となる。Xをもとに戻すと，与式 $=(a-b)(x-1)$である。

(6)＜数の性質＞m，nが1けたの自然数より，$m+3$は4以上の自然数，$n-2$は-1以上の整数である。また，$(m+3)(n-2)$が素数だから，このとき，$m+3$が素数，$n-2=1$である。$m+3$は最大で$9+3=12$だから，$m+3$が素数になるとき，$m+3=5$，7，11より，$m=2$，4，8である。$n-2=1$より，$n=3$だから，求める(m, n)の組は，(2, 3)，(4, 3)，(8, 3)の3組ある。

(7)＜確率―さいころ＞大小2つのさいころを投げるとき，目の出方は全部で$6\times6=36$(通り)あるから，a，bの組も36通りある。このうち，$\sqrt{a^b}$が整数になるのは，aが自然数の2乗，または，bが偶数のときだから，aが1か4，または，bが2か4か6のときである。$a=1$のとき，$b=1$，2，3，4，5，6の6通りある。$a=2$のとき，$b=2$，4，6の3通りある。以下同様にして，$a=3$のとき3通り，$a=4$のとき6通り，$a=5$のとき3通り，$a=6$のとき3通りある。以上より，$\sqrt{a^b}$が整数となるのは，$6+3+3+6+3+3=24$(通り)あるから，求める確率は$\dfrac{24}{36}=\dfrac{2}{3}$である。

(8)＜式の値＞$a^2-a+b-b^2=a^2-b^2-a+b=(a+b)(a-b)-(a-b)$として，$a+b=\sqrt{3}$，$a-b=\sqrt{2}$を代入すると，$a^2-a+b-b^2=\sqrt{3}\times\sqrt{2}-\sqrt{2}=\sqrt{6}-\sqrt{2}$である。

(9)＜図形―面積＞次ページの図で，$\angle\mathrm{DAE}=\angle\mathrm{BAC}$であり，DE∥BCより$\angle\mathrm{ADE}=\angle\mathrm{ABC}$だから，$\triangle\mathrm{ADE}\backsim\triangle\mathrm{ABC}$である。これより，AE：AC＝DE：BCとなる。$\mathrm{AE}=x$とすると，$\mathrm{AC}=\mathrm{AE}+\mathrm{EG}+\mathrm{GC}=x+3+3=x+6$となるから，$x:(x+6)=5:11$が成り立ち，$11x=5(x+6)$，$6x=30$，$x=5$である。よって，$\mathrm{AE}=\mathrm{DE}=5$，$\angle\mathrm{AED}=\angle\mathrm{ACB}=90^\circ$より，△ADEは直角二等辺三角形だか

ら，$\angle \mathrm{DAE}=45^\circ$である。また，$\mathrm{DE}/\!/\mathrm{BC}$であり，$\mathrm{DF}=\mathrm{FB}$，$\mathrm{EG}=\mathrm{GC}$だから，$\mathrm{DE}/\!/\mathrm{FG}/\!/\mathrm{BC}$となる。したがって，$\angle \mathrm{AGF}=\angle \mathrm{AED}=90^\circ$となるので，$\triangle \mathrm{AFG}$も直角二等辺三角形となる。$\mathrm{FG}=\mathrm{AG}=5+3=8$より，$\triangle \mathrm{AFG}=\dfrac{1}{2}\times \mathrm{FG}\times \mathrm{AG}=\dfrac{1}{2}\times 8\times 8=32$である。

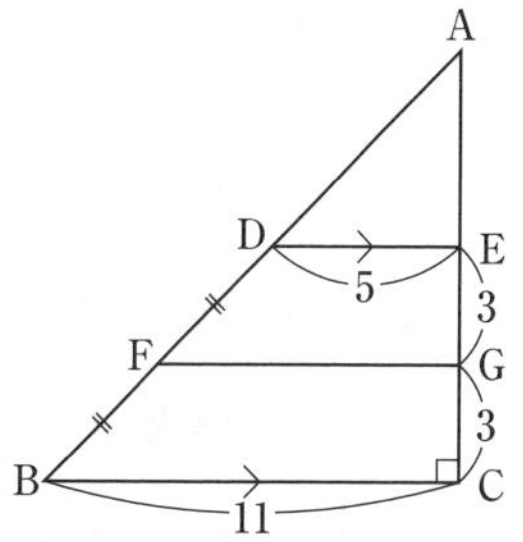

2〔資料の活用―度数分布表〕

(1)＜aの値＞aは10分以上20分未満の階級の度数である。この階級の階級値が$\dfrac{10+20}{2}=15$(分)，〔階級値〕×〔度数〕$=135$だから，$15\times a=135$より，$a=9$である。

(2)＜平均値＞(1)より，10分以上20分未満の階級の度数が9人だから，20分以上30分未満の階級の度数は$35-(9+9+5+4)=8$(人)である。20分以上30分未満の階級の階級値は$\dfrac{20+30}{2}=25$(分)だから，この階級の〔階級値〕×〔度数〕の値は$25\times 8=200$である。よって，〔階級値〕×〔度数〕の値の合計は$45+135+200+175+180=735$となるから，35人の平均値は，$735\div 35=21$(分)となる。

(3)＜人数＞欠席者5人の通学時間は30分以上50分未満だから，この5人のうち，40分以上50分未満をx人とすると，30分以上40分未満は$5-x$人と表せる。このとき，30分以上40分未満の階級の度数は$5+(5-x)=10-x$(人)，40分以上50分未満の階級の度数は$4+x$人であり，30分以上40分未満の階級の階級値は35分，40分以上50分未満の階級の階級値は45分だから，〔階級値〕×〔度数〕の値は，それぞれ，$35(10-x)$，$45(4+x)$と表される。よって，40人の平均値が23分であることから，合計について，$45+135+200+35(10-x)+45(4+x)=23\times 40$が成り立つ。これを解くと，$10x+910=920$，$10x=10$，$x=1$となるので，欠席者5人のうち，40分以上50分未満の生徒は1人である。

3〔平面図形―正三角形，長方形〕

≪基本方針の決定≫(1)　DEの長さを文字でおき，正三角形の1辺の長さをその文字を用いて表す。

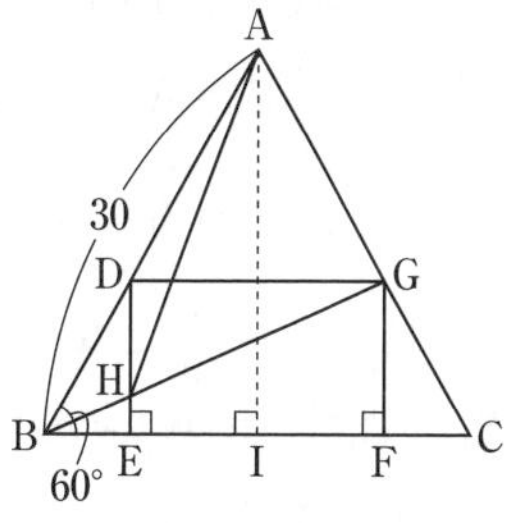

(1)＜長さ―特別な直角三角形＞右図で，$\mathrm{DE}=\mathrm{GF}=x$とする。長方形DEFGの縦と横の長さの比が$1:\sqrt{3}$だから，$\mathrm{DE}:\mathrm{EF}=1:\sqrt{3}$より，$\mathrm{EF}=\sqrt{3}\mathrm{DE}=\sqrt{3}x$と表される。また，$\triangle \mathrm{ABC}$が正三角形より，$\angle \mathrm{DBE}=60^\circ$であり，$\angle \mathrm{DEB}=90^\circ$だから，$\triangle \mathrm{DBE}$は3辺の比が$1:2:\sqrt{3}$の直角三角形である。これより，$\mathrm{BE}=\dfrac{1}{\sqrt{3}}\mathrm{DE}=\dfrac{1}{\sqrt{3}}\times x=\dfrac{\sqrt{3}}{3}x$となる。同様にして，$\mathrm{CF}=\dfrac{\sqrt{3}}{3}x$である。よって，$\mathrm{BE}+\mathrm{EF}+\mathrm{CF}=\mathrm{BC}$より，$\dfrac{\sqrt{3}}{3}x+\sqrt{3}x+\dfrac{\sqrt{3}}{3}x=30$が成り立ち，$\dfrac{5\sqrt{3}}{3}x=30$，$x=6\sqrt{3}$となるから，$\mathrm{DE}=6\sqrt{3}$である。

(2)＜面積―相似＞右上図で，$\angle \mathrm{DHG}=\angle \mathrm{EHB}$，$\angle \mathrm{HDG}=\angle \mathrm{HEB}=90^\circ$より，$\triangle \mathrm{DHG}\backsim\triangle \mathrm{EHB}$となるから，$\mathrm{DH}:\mathrm{EH}=\mathrm{DG}:\mathrm{EB}$である。(1)より，$\mathrm{DG}=\mathrm{EF}=\sqrt{3}x=\sqrt{3}\times 6\sqrt{3}=18$，$\mathrm{EB}=\dfrac{\sqrt{3}}{3}x=\dfrac{\sqrt{3}}{3}\times 6\sqrt{3}=6$だから，$\mathrm{DH}:\mathrm{EH}=18:6=3:1$となり，$\mathrm{DH}=\dfrac{3}{3+1}\mathrm{DE}=\dfrac{3}{4}\times 6\sqrt{3}=\dfrac{9\sqrt{3}}{2}$である。次に，点Aから辺BCに垂線AIを引く。このとき，$\mathrm{DE}\perp \mathrm{BC}$，$\mathrm{AI}\perp \mathrm{BC}$だから，$\triangle \mathrm{DBH}$，$\triangle \mathrm{DAH}$は，底辺をDHとすると，高さがそれぞれBE，EIとなる。点Iは辺BCの中点だから，$\mathrm{BI}=\dfrac{1}{2}\mathrm{BC}=\dfrac{1}{2}\times 30=15$となり，$\mathrm{BE}=6$より，$\mathrm{EI}=\mathrm{BI}-\mathrm{BE}=15-6=9$となる。よって，$\triangle \mathrm{ABH}=\triangle \mathrm{DBH}+\triangle \mathrm{DAH}=$

$\frac{1}{2}\times\frac{9\sqrt{3}}{2}\times6+\frac{1}{2}\times\frac{9\sqrt{3}}{2}\times9=\frac{135\sqrt{3}}{4}$である。

≪別解≫前ページの図で，$\mathrm{AI}=\frac{\sqrt{3}}{2}\mathrm{AB}=\frac{\sqrt{3}}{2}\times30=15\sqrt{3}$だから，$\triangle\mathrm{ABC}=\frac{1}{2}\times\mathrm{BC}\times\mathrm{AI}=\frac{1}{2}\times30\times15\sqrt{3}=225\sqrt{3}$である。また，△GCFで，$\mathrm{GC}=\frac{2}{\sqrt{3}}\mathrm{GF}=\frac{2}{\sqrt{3}}\mathrm{DE}=\frac{2}{\sqrt{3}}\times6\sqrt{3}=12$となるから，$\mathrm{AG}=30-12=18$となり，△ABG：△ABC＝AG：AC＝18：30＝3：5である。よって，$\triangle\mathrm{ABG}=\frac{3}{5}\triangle\mathrm{ABC}=\frac{3}{5}\times225\sqrt{3}=135\sqrt{3}$となる。次に，△EHB∽△FGBより，BH：BG＝BE：BF＝6：(6＋18)＝1：4となるから，△ABH：△ABG＝1：4となり，$\triangle\mathrm{ABH}=\frac{1}{4}\triangle\mathrm{ABG}=\frac{1}{4}\times135\sqrt{3}=\frac{135\sqrt{3}}{4}$となる。

4〔空間図形―正四角柱，正四角錐〕

≪基本方針の決定≫(1)　三角形の相似を利用する。　(3)　底面を△BPQとする。

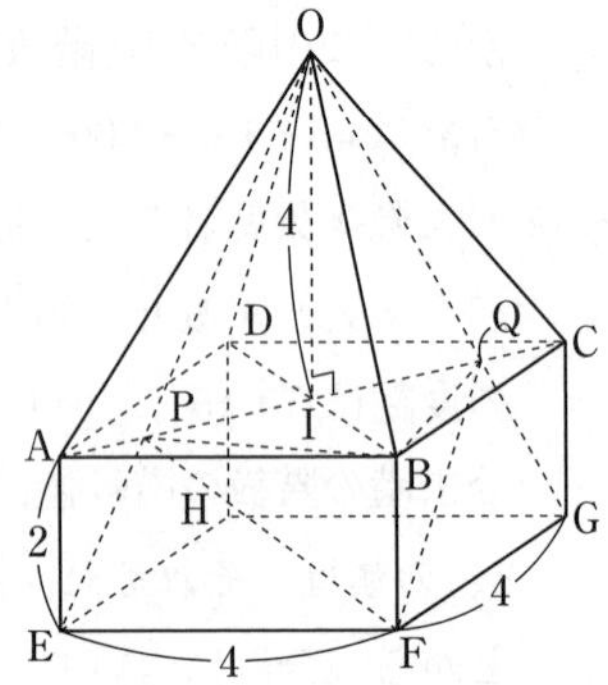

(1)<長さの比―相似>右図で，点Oから面ABCDに垂線OIを引くと，立体O－ABCDが正四角錐だから，点Iは正方形ABCDの対角線AC，BDの交点と一致し，対角線ACの中点になる。また，5点O，A，E，G，Cは同一平面上にあるから，点Pは線分OEと線分ACの交点である。∠OPI＝∠EPA，∠OIP＝∠EAP＝90°より，△OPI∽△EPAとなるから，OP：PE＝OI：EA＝4：2＝2：1である。

(2)<長さ―特別な直角三角形>右図で，(1)より，△OPI∽△EPAだから，PI：PA＝OP：EP＝2：1である。△ABCは直角二等辺三角形で，AB＝4だから，$\mathrm{AC}=\sqrt{2}\,\mathrm{AB}=\sqrt{2}\times4=4\sqrt{2}$，$\mathrm{AI}=\frac{1}{2}\mathrm{AC}=\frac{1}{2}\times4\sqrt{2}=2\sqrt{2}$である。よって，$\mathrm{PI}=\frac{2}{2+1}\mathrm{AI}=\frac{2}{3}\times2\sqrt{2}=\frac{4\sqrt{2}}{3}$となる。同様にして，$\mathrm{QI}=\frac{4\sqrt{2}}{3}$だから，$\mathrm{PQ}=\mathrm{PI}+\mathrm{QI}=\frac{4\sqrt{2}}{3}+\frac{4\sqrt{2}}{3}=\frac{8\sqrt{2}}{3}$となる。

(3)<体積>右上図で，三角錐BFPQは，底面を△BPQと見ると，高さはBF＝2となる。BI⊥PQであり，$\mathrm{BI}=\mathrm{AI}=2\sqrt{2}$だから，$\triangle\mathrm{BPQ}=\frac{1}{2}\times\mathrm{PQ}\times\mathrm{BI}=\frac{1}{2}\times\frac{8\sqrt{2}}{3}\times2\sqrt{2}=\frac{16}{3}$である。よって，〔三角錐BFPQ〕$=\frac{1}{3}\times\triangle\mathrm{BPQ}\times\mathrm{BF}=\frac{1}{3}\times\frac{16}{3}\times2=\frac{32}{9}$となる。

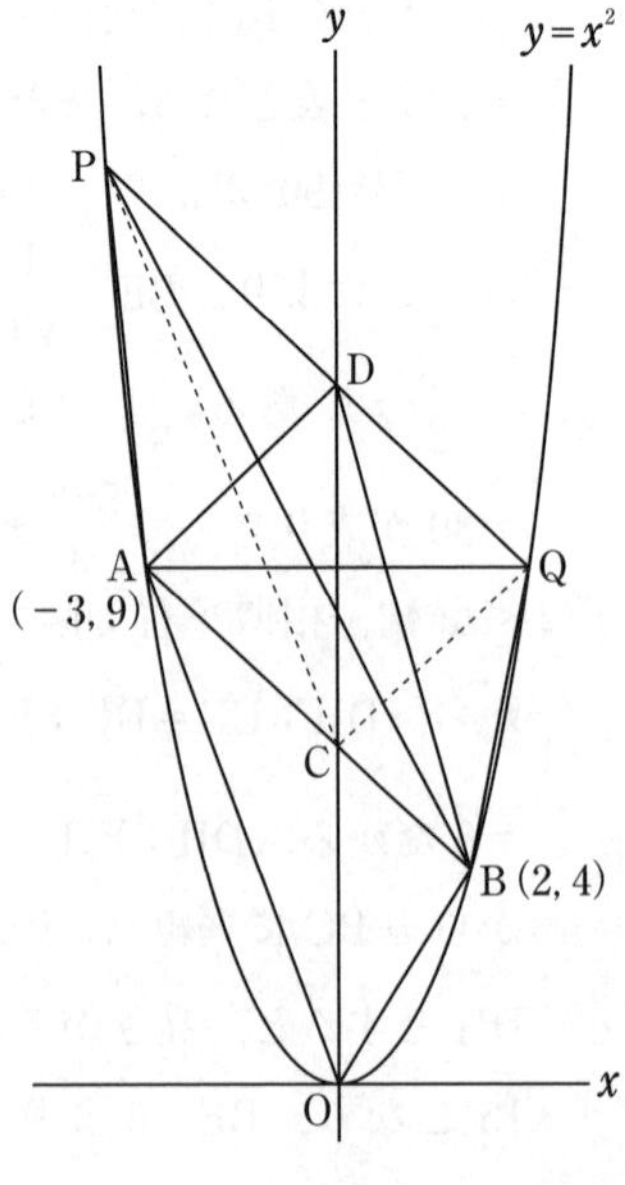

5〔関数―関数$y=ax^2$と直線〕

≪基本方針の決定≫(2)　等積変形の考え方を利用する。

(1)<座標>右図で，A(−3，9)，B(2，4)だから，直線ABの傾きは$\frac{4-9}{2-(-3)}=-1$となり，直線ABの式は$y=-x+b$とおける。点Aを通るから，$9=-(-3)+b$，$b=6$となり，切片が6だから，直線ABとy軸との交点の座標は，(0，6)である。

(2)<座標，面積>①右図で，直線ABとy軸の交点をCとし，y軸上の点Cより上側に△ABD＝△AOBとなる点Dをとる。(1)よりOC＝6であり，点Aのx座標が−3，点Bのx座標が2だから，OC

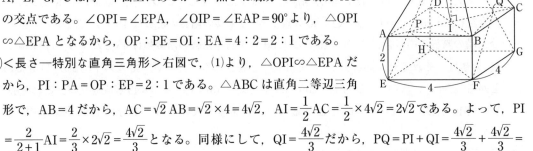

を底辺と見ると，△AOCの高さは3，△BOCの高さは2となり，$\triangle AOB=\triangle AOC+\triangle BOC=\frac{1}{2}\times6\times3+\frac{1}{2}\times6\times2=15$となる。よって，$\triangle ABD=\triangle AOB=15$となる。また，点Dの$y$座標を$d$とすると，$CD=d-6$となり，これを底辺と見ると，△ADCの高さは3，△BDCの高さは2だから，$\triangle ABD=\triangle ADC+\triangle BDC=\frac{1}{2}\times(d-6)\times3+\frac{1}{2}\times(d-6)\times2=\frac{5}{2}d-15$と表せる。したがって，$\frac{5}{2}d-15=15$が成り立ち，$d=12$となるから，D(0，12)である。次に，$\triangle AOB=\triangle ABP=\triangle ABQ$より，$\triangle ABD=\triangle ABP=\triangle ABQ$だから，3点P，D，Qは一直線上にあり，PQ∥ABとなる。直線ABの傾きが-1より，直線PQの傾きは-1だから，直線PQの式は$y=-x+12$となる。2点P，Qは，放物線$y=x^2$と直線$y=-x+12$の交点だから，$x^2=-x+12$，$x^2+x-12=0$，$(x+4)(x-3)=0$より，$x=-4$，3となり，点Pのx座標は-4となる。y座標は$y=4^2=16$となるから，P$(-4$，16)である。
②前ページの図で，〔五角形OBQPA〕$=\triangle AOB+\triangle ABQ+\triangle APQ$である。①より，$\triangle ABQ=\triangle AOB=15$である。PQ∥ABだから，$\triangle APQ=\triangle CPQ$である。$CD=12-6=6$であり，①より，点Pの$x$座標は$-4$，点Qの$x$座標は3だから，$\triangle CPQ=\triangle CPD+\triangle CQD=\frac{1}{2}\times6\times4+\frac{1}{2}\times6\times3=21$であり，$\triangle APQ=21$となる。以上より，〔五角形OBQPA〕$=15+15+21=51$となる。

国語解答

一 問1 B　問2 B　問3 D
問甲 Ⅰ 慰 Ⅱ いた　問4 C
問5 C　問6 B　問7 B
問8 C

二 問9 D　問10 B　問11 C
問12 D　問13 A　問14 B
問乙 ア 妻 イ 母　問15 C
問16 A　問17 C　問18 A

三 問丙 ㋐ 威勢 ㋑ もよお
問19 C　問20 B　問21 B
問22 A　問23 D　問24 A
問25 C　問26 C　問27 C
問28 A

一〔説明文の読解―自然科学的分野―自然〕出典；ジェニファー・アッカーマン／鍛原多恵子訳『鳥！驚異の知能――道具をつくり，心を読み，確率を理解する』「〈鳥頭〉の反撃」。

問1＜品詞＞「やたら」と「ようやく」は，副詞。「うまい」は，形容詞。「この」は，連体詞。「そして」は，接続詞。

問2＜慣用句＞恥ずかしいのを我慢することを，「恥を忍ぶ」という。

問3＜文章内容＞昔から，鳥は，愚かな生き物で「脳が小さいので思考しない」と考えられていたが，「この20年ほどで，鳥が霊長類に匹敵する思考力を持つという報告」が，世界中からなされた。

問甲＜漢字＞Ⅰ．音読みは「慰労」などの「イ」。　Ⅱ．「悼む」は，死を嘆き悲しむ，という意味。

問4＜文章内容＞鳥の脳には大脳皮質がなく，「空を飛ぶため」などの理由で，脳は小さくて認知能力も低いと考えられてきた。しかし，実際には，「ヒトと同じように体に対する脳の比率が比較的大きい種」もいる。また，知力に関しては，「脳の大きさよりニューロンの数，その位置，それらをつなぐ配線」が問題になるが，「霊長類に匹敵する数のニューロンを高密度で重要な部位に持ち，それらをつなぐ配線がヒトに似た脳を持つ鳥」もいる。さらに，鳥は，「必要に応じて古い脳細胞を新しい脳細胞と入れ替える能力も備えている」のである。

問5＜表現＞「鳴禽」は，さえずりを習得し，そのさえずりを数千万年前から今日まで伝えてきているが，その「数千万年前」という時代には，「霊長類」は，まだあまり進化していなかった。両者を比べると，鳥がさえずりを習得して今日まで伝えているのが，驚異的なことと感じられる。

問6＜表現＞「左」「右」は，空間の中での物の位置関係を示す。

問7＜語句＞「示唆」は，それとなく指し示すこと。

問8＜要旨＞近年，「生まれながらにユークリッド幾何学を理解する」鳥や「数をかぞえる」鳥，「基本的な物理の法則を理解する」鳥など，鳥類には「さまざまな能力を持つ種がいる」ことが知られ，「鳥が霊長類に匹敵する思考力を持つ」ことがわかってきた(A…×)。鳥は，「脳があまりに小さいので本能のままに生きている」と誤解されてきたが，「体に対する脳の比率が比較的大きい種」もいるし，「霊長類に匹敵する数のニューロンを高密度で重要な部位に持ち，それらをつなぐ配線がヒトに似た脳を持つ鳥」もいる(B…×)。鳥は，「私たちの脳はどのように学習し記憶するか，どのように言語を創造するか，問題解決能力の基礎となる心的過程はなにか，空間や社会グループ内でどう自分を位置づけるかを理解するモデル」になってくれ，「社会行動を制御する鳥の脳内回路は私たちのそれと似通っていて，どちらも同じような遺伝子や化学物質によって機能している」ので，「鳥の社会的特性を神経科学的に調べれば，私たちについて学ぶことができる」のである(C…○)。「鳥がさえずりを学ぶときに脳内でなにが起きているか」を突きとめることで，ヒトの言語学習に関する多くのことを知ることができるかもしれない(D…×)。

二 〔論説文の読解─社会学的分野─現代社会〕出典；好井裕明『「今，ここ」から考える社会学』「『らしさ』を生きること」。

≪本文の概要≫「イクメン」という言葉に，私は違和感を覚える。育児に本気で関わっている男性にとっては，育児は「あたりまえ」のことなのに，「イクメン」という言葉からは，男性の育児参加は特別ですばらしいことで，だから多くの男性は特別な評価を得るために育児に参加すべきだというニュアンスが感じられるからである。現在においても，育児や子どもの教育に対する男性の参加，協働は不十分であり，だからこそ，「イクメン」という言葉を使うのではなく，今の男性支配的な性別分業のあり方を根底から考え直し，つくりかえることが必要である。男性支配的な性別のあり方を考え直すのは，男性自身がやるべき作業である。しかし，男性が家事を分担すれば，それで男女が対等な関係になれるわけではない。お互いに一人の人間としての働き方や生き方を考え，互いに配慮し協働していくという実質的な男女平等の実現のためには，家事の分担というような形式的な分担だけでは不十分である。

問9＜文章内容＞「イクメン」のような呼称が「増殖」した結果，「伝統的で因習的な性別分業イメージが壊れ，より多様で多彩な男女協働のありかたが実現して」いくのにこしたことはない。つまり，「伝統的で因習的な性別分業」のあり方が，改まるのにこしたことはない。

問10＜慣用句＞はっきり区別することを，「一線を画す」という。「実際に育児を実践している男性」であれば，男性の育児参加に対する世の中の評価とははっきり区別したところで，「いかに上手に効率よく，かつていねいに子育てを実践していけばいいかを常に自分で考え工夫している」だろう。

問11＜文章内容＞「育児に本気でかかわっている男性」にとっては，育児は「『あたりまえ』な日常のワンシーン」である。ところが，「イクメン」という言葉からは，「育児に参加する男性は，それだけで何か特別ですばらしいことをしているのだ，だからこそ多くの男性は，特別な評価を得るためにも，育児に参加すべきではないか，といったニュアンスが感じ取れる」のである。

問12＜文章内容＞「イクメン」という言葉からは，男性の育児参加が「特別なできごと」であるかのように感じられる。しかし，「男性の育児参加，育児分担」が「『あたりまえ』のこと」になれば，「イクメン」という言葉をわざわざ使わなくてもよくなる。

問13＜文章内容＞「イクメン」という言葉からは，「育児に参加する男性は，それだけで何か特別ですばらしいことをしている」というニュアンスが感じ取れる。つまり，男性の育児参加は特別なことだという感覚が，世の中にはある。それからすれば，「イクジョ」という言葉がないのは，女性が育児をするのが，「特別」なことだとは思われていないからということになる。

問14＜漢字＞「空疎」と書く。Aは「粗悪」，Bは「疎遠」，Cは「素質」，Dは「組閣」。

問乙＜四字熟語＞「伝統的で因習的な」考え方による望ましい女性像とは，女性は家で家事や育児を行い，男性を支えるというものである。良い妻であり賢い母であることを，「良妻賢母」という。

問15＜文章内容＞「女性問題」というと，女性が真に輝けるようにするにはどうしたらよいかという問題のように思われる。しかし，「伝統的で因習的な『らしさ』」が息づく社会において，「男性支配的な性別のあり方を考え直すのは，他でもない男性自身がやるべき作業であり，男性が進めるからこそ価値がある作業」であって，「男性が変わらないかぎり，女性も変われない」のである。

問16＜語句＞「気色ばむ」は，怒りを顔に表す，という意味。

問17＜文章内容＞「イクメン」という言葉には，男性の育児参加はすばらしいことで，だからこそ多くの男性は，特別な評価を得るためにも育児に参加すべきではないかといったニュアンスがある。「私は妻ときちんと平等に家事を分担している」という「友人」の言葉にも，「家事分担という『いいこと』をしている自分を評価してほしい」という承認欲求がにじみ出ている。どちらも，自分を認めてほしいという気持ちが根底にある。

問18＜要旨＞「イクメン」という呼称が増殖して，結果的により多様で多彩な男女協働のあり方が実現するのならよいが，実質的な男女平等を実現するためには，「イクメン」という言葉が表す，男性の育児参加は特別ですばらしいことで，特別な評価を得るためにも男性は育児に参加すべきだというような考えは不十分である（B…×）。「性別をめぐり，豊かなわたし『らしさ』が生きる日常を創造する」ためには，「いまの男性支配的な性別分業のあり方を根底から考え直し，つくりかえる」ことが重要である（A…○）。女性が真に輝くためには，伝統的で因習的な「らしさ」をめぐる「縛り」を変え，男性支配的な性別分業のあり方を日常の暮らしの次元から考え直す必要があるが（C…×），家事を平等に分担するなどの「形式的平等」では，「実質的な平等」や「対等な関係」を目指す暮らしは実現できない（D…×）。

三 〔小説の読解〕出典；遠藤周作『あまりに碧い空』。

問丙＜漢字＞㋐活気があり，勢いがよいこと。　㋑音読みは，「主催」などの「サイ」。

問19＜心情＞杉には，たくましい腕をしていて，「麦酒を飲む時」には「太い彼の咽喉がごくごくと動く」田淵がいかにも健康そうに見え，うらやましく感じられた。

問20＜文章内容＞田淵は，「ひょっこり遊びに」来て，「陽にやけた童顔をほころばせながらドサドサと歩いて」くると，杉にゴルフをするよう勧めた。その姿は「ひどく健康そう」で，「まぶしい陽のあたる庭に白い歯を見せて笑っている」というように，屈託がなく快活そのものである。

問21＜心情＞「ひどく健康そう」だった田淵は，「元気そのもの」で杉の家に寄ったのに，そのわずか五日後に急死した。杉は，田淵の急死を聞いても信じられず，動転して冷静さを失った。

問22＜表現技法＞「ように」「ような」などを使って比喩であることを明示する表現を，直喩という。

問23＜心情＞杉は，「深夜，眼をさまして」，自分の死のことを「真暗な闇の中で鳥のように眼を大きく見ひらきながら考える」ことがあった。一方，「まだ死ぬことを考えもしない」若い妻は，杉とは対照的に，「かるい寝息をたてて眠って」いる。そのいかにも安らかな様子が，杉にはうらやましくもあり，また憎らしくも感じられた。

問24＜文章内容＞吉川の小説には，「男女の軀のさまざまな機能，つまり『軀』を形づくっている三つの口の字と万華鏡のように複雑な心理の翳や情熱の陰影との関係が心憎いほど描かれて」いる。そこでは「軀」という文字自体が意味を持ち，だからこそ吉川はこの字にこだわるのである。

問25＜心情＞「俺が死んだら，君，再婚しろよ」という杉の言葉は，夫を思う妻の気持ちを無視した「無神経」な言葉である。妻は，そんな言葉によって，自分の夫への愛情を軽く見られたように感じて傷ついてしまった。

問26＜文章内容＞叔母は，死臭を放って死に，祖父の死は，「俗っぽい死」だった。それらは，「現在の杉にある程度の嫌悪感を催させる」が，健康そのもので元気いっぱいだった田淵の急死という現実に直面した今の杉には，二人ともいかにもありそうな死に方をしたとも思えるのである。

問27＜文章内容＞杉は，田淵の死の衝撃と，田淵が死んでも相変わらず向日葵が咲いていて，空も澄みわたっていることに対するいら立ちから，妻に向日葵を切らせた。しかし，向日葵を切っても，それ以外の光景は，以前のままである。向日葵を切ったことで，むしろ人が一人死んでも状況は何も変わらないという事実が際立ち，杉はその「残酷」な現実に耐えられなかった。

問28＜主題＞死は，それだけでも衝撃的なことであるが，健康だった者が突然死んでも，周囲の風景や空などは何事もなかったように以前と同じようであり続ける。その「残酷な事実」に，杉はいらいらさせられた。杉は，受け入れがたい現実があるのに，どうすることもできないのである。

Memo

Memo

当社発行物の無断使用は固くお断りいたします。御使用の前はまずご相談ください。

当社発行物には500点余の首都圏中・高過去問をはじめ、6点の学校案内、そのほかいくつかの情報誌などがございます。その多くが年度版で、限られたスタッフが来るべき受験シーズン前に余裕を持って受験生へ届けられるよう、日夜作業にあたり出版を重ねております。

最近、通塾生ご父母や塾内部からの告発によって、いくつかの塾が許諾なしに当社過去問を複写（コピー）し生徒に配布、授業等にも使用していることが発覚し、その一部が紛争、係争に至っております。過去問には原著作者や管理団体、代行出版等のほか、当社に著作権がございます。当社としましては、著作権侵害の発覚に対しては著作権を有するこれらの著作権関係者にその事実を開示して、マスコミにリリースする場合や法的な措置を取る場合がございます。その事例としましては、毎年当社過去問の発行を待って自由にシステム化使用していたＡ塾、個別教室でコピーを生徒に解かせ指導していたＢ塾、冊子化していたＣ社、生徒の希望によって書籍の過去問代わりにコピーを配布していたＤ塾などがあります。

当社発行物の全部もしくは一部を無断使用することは固くお断りいたします。

当社コンテンツの中にはリーズナブルな設定で紙面の利用を許諾している塾もたくさんございますので、ご希望の方は、お気軽にご相談くださいますようお願いします。同時に、当社発行物を無断で使用している会社などにつきましての情報もお寄せいただければ幸いです。

株式会社 声の教育社

2025年度用
高校スーパー過去問

■編集人 声の教育社・編集部
■発行所 株式会社 声の教育社
〒162-0814 東京都新宿区新小川町8-15
☎03-5261-5061㈹ FAX03-5261-5062
https://www.koenokyoikusha.co.jp

カコを追いかけ
ミライをつかめ
「今の説明、もう一回」を何度でも
web過去問
ストリーミング配信による入試問題の解説動画
声の教育社
詳しくはこちらから

明治学院高等学校

別冊 解答用紙

丁寧に抜きとって、別冊としてご使用ください。

	2024年	2023年	2022年	2021年	2020年	2019年
満 点	300	300	300	300	300	300
合 格 最低点	男 230 女 242	男 187 女 239	男 190 女 206	男 192 女 226	男 213 女 245	男 188 女 217

注意

○ 解答用紙は、収録の都合により縮小したものや、小社独自に作成したものもあります。
○ 学校配点は学校発表のもの、推定配点は小社で作成したものです。
○ 無断転載を禁じます。
○ 解答用紙を拡大コピーする場合、表示した拡大率に対応する用紙サイズは以下のとおりです。
101%～102%＝B5　103%～118%＝A4　119%～144%＝B4　145%～167%＝A3
(タイトルと配点表は含みません)

２０２４年度　明治学院高等学校

英語解答用紙

評点	／100

フリガナ	
氏名	

記入方法
・記入は、必ずＨＢの黒鉛筆で、⃝の中を正確に、ぬりつぶしてください。
・訂正は、プラスチック製消しゴムできれいに消してください。
・解答用紙を、折り曲げたり、汚さないでください。

受験番号			
⓪	⓪	⓪	⓪
①	①	①	①
②	②	②	②
③	③	③	③
④	④	④	④
⑤	⑤	⑤	⑤
⑥	⑥	⑥	⑥
⑦	⑦	⑦	⑦
⑧	⑧	⑧	⑧
⑨	⑨	⑨	⑨

問	解答記入欄 １～２０
1	① ② ③ ④ ⑤ ⑥ ⑦ ⑧ ⑨ ⑩
2	① ② ③ ④ ⑤ ⑥ ⑦ ⑧ ⑨ ⑩
3	① ② ③ ④ ⑤ ⑥ ⑦ ⑧ ⑨ ⑩
4	① ② ③ ④ ⑤ ⑥ ⑦ ⑧ ⑨ ⑩
5	① ② ③ ④ ⑤ ⑥ ⑦ ⑧ ⑨ ⑩
6	① ② ③ ④ ⑤ ⑥ ⑦ ⑧ ⑨ ⑩
7	① ② ③ ④ ⑤ ⑥ ⑦ ⑧ ⑨ ⑩
8	① ② ③ ④ ⑤ ⑥ ⑦ ⑧ ⑨ ⑩
9	① ② ③ ④ ⑤ ⑥ ⑦ ⑧ ⑨ ⑩
10	① ② ③ ④ ⑤ ⑥ ⑦ ⑧ ⑨ ⑩
11	① ② ③ ④ ⑤ ⑥ ⑦ ⑧ ⑨ ⑩
12	① ② ③ ④ ⑤ ⑥ ⑦ ⑧ ⑨ ⑩
13	① ② ③ ④ ⑤ ⑥ ⑦ ⑧ ⑨ ⑩
14	① ② ③ ④ ⑤ ⑥ ⑦ ⑧ ⑨ ⑩
15	① ② ③ ④ ⑤ ⑥ ⑦ ⑧ ⑨ ⑩
16	① ② ③ ④ ⑤ ⑥ ⑦ ⑧ ⑨ ⑩
17	① ② ③ ④ ⑤ ⑥ ⑦ ⑧ ⑨ ⑩
18	① ② ③ ④ ⑤ ⑥ ⑦ ⑧ ⑨ ⑩
19	① ② ③ ④ ⑤ ⑥ ⑦ ⑧ ⑨ ⑩
20	① ② ③ ④ ⑤ ⑥ ⑦ ⑧ ⑨ ⑩

問	解答記入欄 ２１～４０
21	① ② ③ ④ ⑤ ⑥ ⑦ ⑧ ⑨ ⑩
22	① ② ③ ④ ⑤ ⑥ ⑦ ⑧ ⑨ ⑩
23	① ② ③ ④ ⑤ ⑥ ⑦ ⑧ ⑨ ⑩
24	① ② ③ ④ ⑤ ⑥ ⑦ ⑧ ⑨ ⑩
25	① ② ③ ④ ⑤ ⑥ ⑦ ⑧ ⑨ ⑩
26	① ② ③ ④ ⑤ ⑥ ⑦ ⑧ ⑨ ⑩
27	① ② ③ ④ ⑤ ⑥ ⑦ ⑧ ⑨ ⑩
28	① ② ③ ④ ⑤ ⑥ ⑦ ⑧ ⑨ ⑩
29	① ② ③ ④ ⑤ ⑥ ⑦ ⑧ ⑨ ⑩
30	① ② ③ ④ ⑤ ⑥ ⑦ ⑧ ⑨ ⑩
31	① ② ③ ④ ⑤ ⑥ ⑦ ⑧ ⑨ ⑩
32	① ② ③ ④ ⑤ ⑥ ⑦ ⑧ ⑨ ⑩
33	① ② ③ ④ ⑤ ⑥ ⑦ ⑧ ⑨ ⑩
34	① ② ③ ④ ⑤ ⑥ ⑦ ⑧ ⑨ ⑩
35	① ② ③ ④ ⑤ ⑥ ⑦ ⑧ ⑨ ⑩
36	① ② ③ ④ ⑤ ⑥ ⑦ ⑧ ⑨ ⑩
37	① ② ③ ④ ⑤ ⑥ ⑦ ⑧ ⑨ ⑩
38	① ② ③ ④ ⑤ ⑥ ⑦ ⑧ ⑨ ⑩
39	① ② ③ ④ ⑤ ⑥ ⑦ ⑧ ⑨ ⑩
40	① ② ③ ④ ⑤ ⑥ ⑦ ⑧ ⑨ ⑩

良い例	●
悪い例	⦰ ⊙ ◯▮

（注）この解答用紙は実物を縮小してあります。Ｂ４用紙に128％拡大コピーすると、ほぼ実物大で使用できます。（タイトルと配点表は含みません）

推定配点		計
	Ａ　１　４点　２，３　各３点×２　４～12　各４点×９ 13～15　各３点×３ Ｂ～Ｄ　各３点×15	100点

２０２４年度　明治学院高等学校

数学解答用紙

番号		氏名		評点	／100

1

(1)		(2)		(3)	
(4)		(5)		(6)	
(7)		(8)		(9)	
(10)					

2

(1)		(2)	

3

(1)		(2)		(3)	

4

(1)		(2)	

5

(1)		(2)		(3)	

(注) この解答用紙は実物を縮小してあります。Ａ３用紙に156%拡大コピーすると、ほぼ実物大で使用できます。(タイトルと配点表は含みません)

推定配点		計
	1～5　各５点×20	100点

二〇二四年度　明治学院高等学校

国語解答用紙

評点	/100

良い例	●
悪い例	⊘ ⊙ ◯❚

記入方法

・記入は、必ずＨＢの黒鉛筆で、◯の中を正確に、ぬりつぶしてください。
・訂正は、プラスチック製消しゴムできれいに消してください。
・解答用紙を、折り曲げたり、汚さないでください。

一 問甲 ［　　］方 ［　　］方

問乙 Ⅱ ［　　　　］ Ⅲ ［　　　　］

二 問丙 ［　　］を変え ［　　］を変え

三 問丁 ③ ［　　　　］ ⑦ ［　　　　］

受験番号			
⓪	⓪	⓪	⓪
①	①	①	①
②	②	②	②
③	③	③	③
④	④	④	④
⑤	⑤	⑤	⑤
⑥	⑥	⑥	⑥
⑦	⑦	⑦	⑦
⑧	⑧	⑧	⑧
⑨	⑨	⑨	⑨

フリガナ	
氏名	

問	解答記入欄 1～20									
1	Ⓐ	Ⓑ	Ⓒ	Ⓓ	Ⓔ	Ⓕ	Ⓖ	Ⓗ	Ⓘ	Ⓙ
2	Ⓐ	Ⓑ	Ⓒ	Ⓓ	Ⓔ	Ⓕ	Ⓖ	Ⓗ	Ⓘ	Ⓙ
3	Ⓐ	Ⓑ	Ⓒ	Ⓓ	Ⓔ	Ⓕ	Ⓖ	Ⓗ	Ⓘ	Ⓙ
4	Ⓐ	Ⓑ	Ⓒ	Ⓓ	Ⓔ	Ⓕ	Ⓖ	Ⓗ	Ⓘ	Ⓙ
5	Ⓐ	Ⓑ	Ⓒ	Ⓓ	Ⓔ	Ⓕ	Ⓖ	Ⓗ	Ⓘ	Ⓙ
6	Ⓐ	Ⓑ	Ⓒ	Ⓓ	Ⓔ	Ⓕ	Ⓖ	Ⓗ	Ⓘ	Ⓙ
7	Ⓐ	Ⓑ	Ⓒ	Ⓓ	Ⓔ	Ⓕ	Ⓖ	Ⓗ	Ⓘ	Ⓙ
8	Ⓐ	Ⓑ	Ⓒ	Ⓓ	Ⓔ	Ⓕ	Ⓖ	Ⓗ	Ⓘ	Ⓙ
9	Ⓐ	Ⓑ	Ⓒ	Ⓓ	Ⓔ	Ⓕ	Ⓖ	Ⓗ	Ⓘ	Ⓙ
10	Ⓐ	Ⓑ	Ⓒ	Ⓓ	Ⓔ	Ⓕ	Ⓖ	Ⓗ	Ⓘ	Ⓙ
11	Ⓐ	Ⓑ	Ⓒ	Ⓓ	Ⓔ	Ⓕ	Ⓖ	Ⓗ	Ⓘ	Ⓙ
12	Ⓐ	Ⓑ	Ⓒ	Ⓓ	Ⓔ	Ⓕ	Ⓖ	Ⓗ	Ⓘ	Ⓙ
13	Ⓐ	Ⓑ	Ⓒ	Ⓓ	Ⓔ	Ⓕ	Ⓖ	Ⓗ	Ⓘ	Ⓙ
14	Ⓐ	Ⓑ	Ⓒ	Ⓓ	Ⓔ	Ⓕ	Ⓖ	Ⓗ	Ⓘ	Ⓙ
15	Ⓐ	Ⓑ	Ⓒ	Ⓓ	Ⓔ	Ⓕ	Ⓖ	Ⓗ	Ⓘ	Ⓙ
16	Ⓐ	Ⓑ	Ⓒ	Ⓓ	Ⓔ	Ⓕ	Ⓖ	Ⓗ	Ⓘ	Ⓙ
17	Ⓐ	Ⓑ	Ⓒ	Ⓓ	Ⓔ	Ⓕ	Ⓖ	Ⓗ	Ⓘ	Ⓙ
18	Ⓐ	Ⓑ	Ⓒ	Ⓓ	Ⓔ	Ⓕ	Ⓖ	Ⓗ	Ⓘ	Ⓙ
19	Ⓐ	Ⓑ	Ⓒ	Ⓓ	Ⓔ	Ⓕ	Ⓖ	Ⓗ	Ⓘ	Ⓙ
20	Ⓐ	Ⓑ	Ⓒ	Ⓓ	Ⓔ	Ⓕ	Ⓖ	Ⓗ	Ⓘ	Ⓙ

問	解答記入欄 21～40									
21	Ⓐ	Ⓑ	Ⓒ	Ⓓ	Ⓔ	Ⓕ	Ⓖ	Ⓗ	Ⓘ	Ⓙ
22	Ⓐ	Ⓑ	Ⓒ	Ⓓ	Ⓔ	Ⓕ	Ⓖ	Ⓗ	Ⓘ	Ⓙ
23	Ⓐ	Ⓑ	Ⓒ	Ⓓ	Ⓔ	Ⓕ	Ⓖ	Ⓗ	Ⓘ	Ⓙ
24	Ⓐ	Ⓑ	Ⓒ	Ⓓ	Ⓔ	Ⓕ	Ⓖ	Ⓗ	Ⓘ	Ⓙ
25	Ⓐ	Ⓑ	Ⓒ	Ⓓ	Ⓔ	Ⓕ	Ⓖ	Ⓗ	Ⓘ	Ⓙ
26	Ⓐ	Ⓑ	Ⓒ	Ⓓ	Ⓔ	Ⓕ	Ⓖ	Ⓗ	Ⓘ	Ⓙ
27	Ⓐ	Ⓑ	Ⓒ	Ⓓ	Ⓔ	Ⓕ	Ⓖ	Ⓗ	Ⓘ	Ⓙ
28	Ⓐ	Ⓑ	Ⓒ	Ⓓ	Ⓔ	Ⓕ	Ⓖ	Ⓗ	Ⓘ	Ⓙ
29	Ⓐ	Ⓑ	Ⓒ	Ⓓ	Ⓔ	Ⓕ	Ⓖ	Ⓗ	Ⓘ	Ⓙ
30	Ⓐ	Ⓑ	Ⓒ	Ⓓ	Ⓔ	Ⓕ	Ⓖ	Ⓗ	Ⓘ	Ⓙ
31	Ⓐ	Ⓑ	Ⓒ	Ⓓ	Ⓔ	Ⓕ	Ⓖ	Ⓗ	Ⓘ	Ⓙ
32	Ⓐ	Ⓑ	Ⓒ	Ⓓ	Ⓔ	Ⓕ	Ⓖ	Ⓗ	Ⓘ	Ⓙ
33	Ⓐ	Ⓑ	Ⓒ	Ⓓ	Ⓔ	Ⓕ	Ⓖ	Ⓗ	Ⓘ	Ⓙ
34	Ⓐ	Ⓑ	Ⓒ	Ⓓ	Ⓔ	Ⓕ	Ⓖ	Ⓗ	Ⓘ	Ⓙ
35	Ⓐ	Ⓑ	Ⓒ	Ⓓ	Ⓔ	Ⓕ	Ⓖ	Ⓗ	Ⓘ	Ⓙ
36	Ⓐ	Ⓑ	Ⓒ	Ⓓ	Ⓔ	Ⓕ	Ⓖ	Ⓗ	Ⓘ	Ⓙ
37	Ⓐ	Ⓑ	Ⓒ	Ⓓ	Ⓔ	Ⓕ	Ⓖ	Ⓗ	Ⓘ	Ⓙ
38	Ⓐ	Ⓑ	Ⓒ	Ⓓ	Ⓔ	Ⓕ	Ⓖ	Ⓗ	Ⓘ	Ⓙ
39	Ⓐ	Ⓑ	Ⓒ	Ⓓ	Ⓔ	Ⓕ	Ⓖ	Ⓗ	Ⓘ	Ⓙ
40	Ⓐ	Ⓑ	Ⓒ	Ⓓ	Ⓔ	Ⓕ	Ⓖ	Ⓗ	Ⓘ	Ⓙ

（注）この解答用紙は実物を縮小してあります。Ｂ４用紙に137％拡大コピーすると、ほぼ実物大で使用できます。（タイトルと配点表は含みません）

推定配点		計
	一 問甲　2点　問1、問2　各5点×2　問乙　各2点×2　問3　3点 問4、問5　各5点×2 二 問丙　2点　問6　5点　問7　2点　問8～問11　各5点×4 三 問12　2点　問13　5点　問14、問丁　各2点×4　問15　5点 問16　5点　問17　2点　問18～問21　各5点×4	100点

２０２３年度　　明治学院高等学校

英語解答用紙

評点	／100

フリガナ	
氏名	

記入方法
・記入は、必ずＨＢの黒鉛筆で、⃝の中を正確に、ぬりつぶしてください。
・訂正は、プラスチック製消しゴムできれいに消してください。
・解答用紙を、折り曲げたり、汚さないでください。

受験番号			
⓪	⓪	⓪	⓪
①	①	①	①
②	②	②	②
③	③	③	③
④	④	④	④
⑤	⑤	⑤	⑤
⑥	⑥	⑥	⑥
⑦	⑦	⑦	⑦
⑧	⑧	⑧	⑧
⑨	⑨	⑨	⑨

問	解答記入欄 １～２０
1	① ② ③ ④ ⑤ ⑥ ⑦ ⑧ ⑨ ⑩
2	① ② ③ ④ ⑤ ⑥ ⑦ ⑧ ⑨ ⑩
3	① ② ③ ④ ⑤ ⑥ ⑦ ⑧ ⑨ ⑩
4	① ② ③ ④ ⑤ ⑥ ⑦ ⑧ ⑨ ⑩
5	① ② ③ ④ ⑤ ⑥ ⑦ ⑧ ⑨ ⑩
6	① ② ③ ④ ⑤ ⑥ ⑦ ⑧ ⑨ ⑩
7	① ② ③ ④ ⑤ ⑥ ⑦ ⑧ ⑨ ⑩
8	① ② ③ ④ ⑤ ⑥ ⑦ ⑧ ⑨ ⑩
9	① ② ③ ④ ⑤ ⑥ ⑦ ⑧ ⑨ ⑩
10	① ② ③ ④ ⑤ ⑥ ⑦ ⑧ ⑨ ⑩
11	① ② ③ ④ ⑤ ⑥ ⑦ ⑧ ⑨ ⑩
12	① ② ③ ④ ⑤ ⑥ ⑦ ⑧ ⑨ ⑩
13	① ② ③ ④ ⑤ ⑥ ⑦ ⑧ ⑨ ⑩
14	① ② ③ ④ ⑤ ⑥ ⑦ ⑧ ⑨ ⑩
15	① ② ③ ④ ⑤ ⑥ ⑦ ⑧ ⑨ ⑩
16	① ② ③ ④ ⑤ ⑥ ⑦ ⑧ ⑨ ⑩
17	① ② ③ ④ ⑤ ⑥ ⑦ ⑧ ⑨ ⑩
18	① ② ③ ④ ⑤ ⑥ ⑦ ⑧ ⑨ ⑩
19	① ② ③ ④ ⑤ ⑥ ⑦ ⑧ ⑨ ⑩
20	① ② ③ ④ ⑤ ⑥ ⑦ ⑧ ⑨ ⑩

問	解答記入欄 ２１～４０
21	① ② ③ ④ ⑤ ⑥ ⑦ ⑧ ⑨ ⑩
22	① ② ③ ④ ⑤ ⑥ ⑦ ⑧ ⑨ ⑩
23	① ② ③ ④ ⑤ ⑥ ⑦ ⑧ ⑨ ⑩
24	① ② ③ ④ ⑤ ⑥ ⑦ ⑧ ⑨ ⑩
25	① ② ③ ④ ⑤ ⑥ ⑦ ⑧ ⑨ ⑩
26	① ② ③ ④ ⑤ ⑥ ⑦ ⑧ ⑨ ⑩
27	① ② ③ ④ ⑤ ⑥ ⑦ ⑧ ⑨ ⑩
28	① ② ③ ④ ⑤ ⑥ ⑦ ⑧ ⑨ ⑩
29	① ② ③ ④ ⑤ ⑥ ⑦ ⑧ ⑨ ⑩
30	① ② ③ ④ ⑤ ⑥ ⑦ ⑧ ⑨ ⑩
31	① ② ③ ④ ⑤ ⑥ ⑦ ⑧ ⑨ ⑩
32	① ② ③ ④ ⑤ ⑥ ⑦ ⑧ ⑨ ⑩
33	① ② ③ ④ ⑤ ⑥ ⑦ ⑧ ⑨ ⑩
34	① ② ③ ④ ⑤ ⑥ ⑦ ⑧ ⑨ ⑩
35	① ② ③ ④ ⑤ ⑥ ⑦ ⑧ ⑨ ⑩
36	① ② ③ ④ ⑤ ⑥ ⑦ ⑧ ⑨ ⑩
37	① ② ③ ④ ⑤ ⑥ ⑦ ⑧ ⑨ ⑩
38	① ② ③ ④ ⑤ ⑥ ⑦ ⑧ ⑨ ⑩
39	① ② ③ ④ ⑤ ⑥ ⑦ ⑧ ⑨ ⑩
40	① ② ③ ④ ⑤ ⑥ ⑦ ⑧ ⑨ ⑩

良い例	●
悪い例	

（注）この解答用紙は実物を縮小してあります。Ｂ４用紙に125％拡大コピーすると、ほぼ実物大で使用できます。（タイトルと配点表は含みません）

推定配点		計
	Ａ 各４点×10　Ｂ～Ｅ 各３点×20	100点

2023年度　　明治学院高等学校

数学解答用紙

番号		氏名	

評点	／100

1

(1)		(2)		(3)	
(4)		(5)		(6)	
(7)		(8)		(9)	

2

(1)		(2)	

3

(1)		(2)		(3)	

4

(1)		(2)		(3)	

5

(1)		(2)		(3)	

(注) この解答用紙は実物を縮小してあります。Ａ３用紙に154%拡大コピーすると、ほぼ実物大で使用できます。(タイトルと配点表は含みません)

推定配点		計
	1～5 各５点×20	100点

二〇二三年度　明治学院高等学校

国語解答用紙

評点	/100

問甲

問乙　だから。

問丙　Ⅰ　Ⅱ　して

問丁

問戊　㋐　さ　㋑

問己

記入方法
・記入は、必ずＨＢの黒鉛筆で、○の中を正確に、ぬりつぶしてください。
・訂正は、プラスチック製消しゴムできれいに消してください。
・解答用紙を、折り曲げたり、汚さないでください。

良い例	●
悪い例	⊘ ⊙ ○I

受験番号		
⓪	⓪	⓪
①	①	①
②	②	②
③	③	③
④	④	④
⑤	⑤	⑤
⑥	⑥	⑥
⑦	⑦	⑦
⑧	⑧	⑧
⑨	⑨	⑨

フリガナ	
氏名	

問	解答記入欄 1～20
1	Ⓐ Ⓑ Ⓒ Ⓓ Ⓔ Ⓕ Ⓖ Ⓗ Ⓘ Ⓙ
2	Ⓐ Ⓑ Ⓒ Ⓓ Ⓔ Ⓕ Ⓖ Ⓗ Ⓘ Ⓙ
3	Ⓐ Ⓑ Ⓒ Ⓓ Ⓔ Ⓕ Ⓖ Ⓗ Ⓘ Ⓙ
4	Ⓐ Ⓑ Ⓒ Ⓓ Ⓔ Ⓕ Ⓖ Ⓗ Ⓘ Ⓙ
5	Ⓐ Ⓑ Ⓒ Ⓓ Ⓔ Ⓕ Ⓖ Ⓗ Ⓘ Ⓙ
6	Ⓐ Ⓑ Ⓒ Ⓓ Ⓔ Ⓕ Ⓖ Ⓗ Ⓘ Ⓙ
7	Ⓐ Ⓑ Ⓒ Ⓓ Ⓔ Ⓕ Ⓖ Ⓗ Ⓘ Ⓙ
8	Ⓐ Ⓑ Ⓒ Ⓓ Ⓔ Ⓕ Ⓖ Ⓗ Ⓘ Ⓙ
9	Ⓐ Ⓑ Ⓒ Ⓓ Ⓔ Ⓕ Ⓖ Ⓗ Ⓘ Ⓙ
10	Ⓐ Ⓑ Ⓒ Ⓓ Ⓔ Ⓕ Ⓖ Ⓗ Ⓘ Ⓙ
11	Ⓐ Ⓑ Ⓒ Ⓓ Ⓔ Ⓕ Ⓖ Ⓗ Ⓘ Ⓙ
12	Ⓐ Ⓑ Ⓒ Ⓓ Ⓔ Ⓕ Ⓖ Ⓗ Ⓘ Ⓙ
13	Ⓐ Ⓑ Ⓒ Ⓓ Ⓔ Ⓕ Ⓖ Ⓗ Ⓘ Ⓙ
14	Ⓐ Ⓑ Ⓒ Ⓓ Ⓔ Ⓕ Ⓖ Ⓗ Ⓘ Ⓙ
15	Ⓐ Ⓑ Ⓒ Ⓓ Ⓔ Ⓕ Ⓖ Ⓗ Ⓘ Ⓙ
16	Ⓐ Ⓑ Ⓒ Ⓓ Ⓔ Ⓕ Ⓖ Ⓗ Ⓘ Ⓙ
17	Ⓐ Ⓑ Ⓒ Ⓓ Ⓔ Ⓕ Ⓖ Ⓗ Ⓘ Ⓙ
18	Ⓐ Ⓑ Ⓒ Ⓓ Ⓔ Ⓕ Ⓖ Ⓗ Ⓘ Ⓙ
19	Ⓐ Ⓑ Ⓒ Ⓓ Ⓔ Ⓕ Ⓖ Ⓗ Ⓘ Ⓙ
20	Ⓐ Ⓑ Ⓒ Ⓓ Ⓔ Ⓕ Ⓖ Ⓗ Ⓘ Ⓙ

問	解答記入欄 21～40
21	Ⓐ Ⓑ Ⓒ Ⓓ Ⓔ Ⓕ Ⓖ Ⓗ Ⓘ Ⓙ
22	Ⓐ Ⓑ Ⓒ Ⓓ Ⓔ Ⓕ Ⓖ Ⓗ Ⓘ Ⓙ
23	Ⓐ Ⓑ Ⓒ Ⓓ Ⓔ Ⓕ Ⓖ Ⓗ Ⓘ Ⓙ
24	Ⓐ Ⓑ Ⓒ Ⓓ Ⓔ Ⓕ Ⓖ Ⓗ Ⓘ Ⓙ
25	Ⓐ Ⓑ Ⓒ Ⓓ Ⓔ Ⓕ Ⓖ Ⓗ Ⓘ Ⓙ
26	Ⓐ Ⓑ Ⓒ Ⓓ Ⓔ Ⓕ Ⓖ Ⓗ Ⓘ Ⓙ
27	Ⓐ Ⓑ Ⓒ Ⓓ Ⓔ Ⓕ Ⓖ Ⓗ Ⓘ Ⓙ
28	Ⓐ Ⓑ Ⓒ Ⓓ Ⓔ Ⓕ Ⓖ Ⓗ Ⓘ Ⓙ
29	Ⓐ Ⓑ Ⓒ Ⓓ Ⓔ Ⓕ Ⓖ Ⓗ Ⓘ Ⓙ
30	Ⓐ Ⓑ Ⓒ Ⓓ Ⓔ Ⓕ Ⓖ Ⓗ Ⓘ Ⓙ
31	Ⓐ Ⓑ Ⓒ Ⓓ Ⓔ Ⓕ Ⓖ Ⓗ Ⓘ Ⓙ
32	Ⓐ Ⓑ Ⓒ Ⓓ Ⓔ Ⓕ Ⓖ Ⓗ Ⓘ Ⓙ
33	Ⓐ Ⓑ Ⓒ Ⓓ Ⓔ Ⓕ Ⓖ Ⓗ Ⓘ Ⓙ
34	Ⓐ Ⓑ Ⓒ Ⓓ Ⓔ Ⓕ Ⓖ Ⓗ Ⓘ Ⓙ
35	Ⓐ Ⓑ Ⓒ Ⓓ Ⓔ Ⓕ Ⓖ Ⓗ Ⓘ Ⓙ
36	Ⓐ Ⓑ Ⓒ Ⓓ Ⓔ Ⓕ Ⓖ Ⓗ Ⓘ Ⓙ
37	Ⓐ Ⓑ Ⓒ Ⓓ Ⓔ Ⓕ Ⓖ Ⓗ Ⓘ Ⓙ
38	Ⓐ Ⓑ Ⓒ Ⓓ Ⓔ Ⓕ Ⓖ Ⓗ Ⓘ Ⓙ
39	Ⓐ Ⓑ Ⓒ Ⓓ Ⓔ Ⓕ Ⓖ Ⓗ Ⓘ Ⓙ
40	Ⓐ Ⓑ Ⓒ Ⓓ Ⓔ Ⓕ Ⓖ Ⓗ Ⓘ Ⓙ

（注）この解答用紙は実物を縮小してあります。Ａ３用紙に159%拡大コピーすると、ほぼ実物大で使用できます。（タイトルと配点表は含みません）

推定配点	
一	問1　2点　問甲、問2　各4点×2　問乙　5点　問丙　各2点×2　問3、問4　各5点×2
二	問5　2点　問丁、問6、問7　各4点×3　問8　2点　問9～問11　各5点×3
三	問12　5点　問13　2点　問14　5点　問戊　各2点×2　問己　4点　問15～問18　各5点×4
計	100点

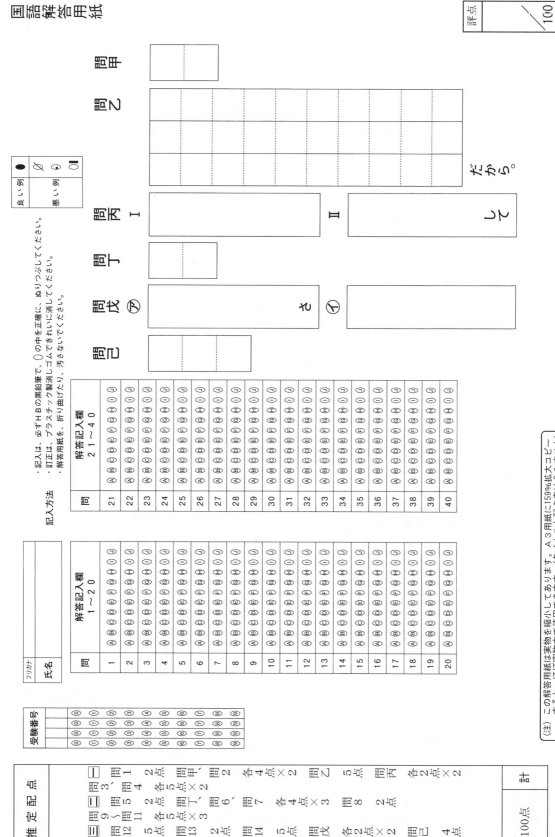

2022年度　明治学院高等学校

英語解答用紙

評点	／100

フリガナ	
氏名	

記入方法
・記入は、必ずＨＢの黒鉛筆で、⬯の中を正確に、ぬりつぶしてください。
・訂正は、プラスチック製消しゴムできれいに消してください。
・解答用紙を、折り曲げたり、汚さないでください。

受験番号			
⓪	⓪	⓪	⓪
①	①	①	①
②	②	②	②
③	③	③	③
④	④	④	④
⑤	⑤	⑤	⑤
⑥	⑥	⑥	⑥
⑦	⑦	⑦	⑦
⑧	⑧	⑧	⑧
⑨	⑨	⑨	⑨

問	解答記入欄 1～20
1	① ② ③ ④ ⑤ ⑥ ⑦ ⑧ ⑨ ⑩
2	① ② ③ ④ ⑤ ⑥ ⑦ ⑧ ⑨ ⑩
3	① ② ③ ④ ⑤ ⑥ ⑦ ⑧ ⑨ ⑩
4	① ② ③ ④ ⑤ ⑥ ⑦ ⑧ ⑨ ⑩
5	① ② ③ ④ ⑤ ⑥ ⑦ ⑧ ⑨ ⑩
6	① ② ③ ④ ⑤ ⑥ ⑦ ⑧ ⑨ ⑩
7	① ② ③ ④ ⑤ ⑥ ⑦ ⑧ ⑨ ⑩
8	① ② ③ ④ ⑤ ⑥ ⑦ ⑧ ⑨ ⑩
9	① ② ③ ④ ⑤ ⑥ ⑦ ⑧ ⑨ ⑩
10	① ② ③ ④ ⑤ ⑥ ⑦ ⑧ ⑨ ⑩
11	① ② ③ ④ ⑤ ⑥ ⑦ ⑧ ⑨ ⑩
12	① ② ③ ④ ⑤ ⑥ ⑦ ⑧ ⑨ ⑩
13	① ② ③ ④ ⑤ ⑥ ⑦ ⑧ ⑨ ⑩
14	① ② ③ ④ ⑤ ⑥ ⑦ ⑧ ⑨ ⑩
15	① ② ③ ④ ⑤ ⑥ ⑦ ⑧ ⑨ ⑩
16	① ② ③ ④ ⑤ ⑥ ⑦ ⑧ ⑨ ⑩
17	① ② ③ ④ ⑤ ⑥ ⑦ ⑧ ⑨ ⑩
18	① ② ③ ④ ⑤ ⑥ ⑦ ⑧ ⑨ ⑩
19	① ② ③ ④ ⑤ ⑥ ⑦ ⑧ ⑨ ⑩
20	① ② ③ ④ ⑤ ⑥ ⑦ ⑧ ⑨ ⑩

問	解答記入欄 21～40
21	① ② ③ ④ ⑤ ⑥ ⑦ ⑧ ⑨ ⑩
22	① ② ③ ④ ⑤ ⑥ ⑦ ⑧ ⑨ ⑩
23	① ② ③ ④ ⑤ ⑥ ⑦ ⑧ ⑨ ⑩
24	① ② ③ ④ ⑤ ⑥ ⑦ ⑧ ⑨ ⑩
25	① ② ③ ④ ⑤ ⑥ ⑦ ⑧ ⑨ ⑩
26	① ② ③ ④ ⑤ ⑥ ⑦ ⑧ ⑨ ⑩
27	① ② ③ ④ ⑤ ⑥ ⑦ ⑧ ⑨ ⑩
28	① ② ③ ④ ⑤ ⑥ ⑦ ⑧ ⑨ ⑩
29	① ② ③ ④ ⑤ ⑥ ⑦ ⑧ ⑨ ⑩
30	① ② ③ ④ ⑤ ⑥ ⑦ ⑧ ⑨ ⑩
31	① ② ③ ④ ⑤ ⑥ ⑦ ⑧ ⑨ ⑩
32	① ② ③ ④ ⑤ ⑥ ⑦ ⑧ ⑨ ⑩
33	① ② ③ ④ ⑤ ⑥ ⑦ ⑧ ⑨ ⑩
34	① ② ③ ④ ⑤ ⑥ ⑦ ⑧ ⑨ ⑩
35	① ② ③ ④ ⑤ ⑥ ⑦ ⑧ ⑨ ⑩
36	① ② ③ ④ ⑤ ⑥ ⑦ ⑧ ⑨ ⑩
37	① ② ③ ④ ⑤ ⑥ ⑦ ⑧ ⑨ ⑩
38	① ② ③ ④ ⑤ ⑥ ⑦ ⑧ ⑨ ⑩
39	① ② ③ ④ ⑤ ⑥ ⑦ ⑧ ⑨ ⑩
40	① ② ③ ④ ⑤ ⑥ ⑦ ⑧ ⑨ ⑩

良い例	●
悪い例	⌀ ⊙ ⬯▌

(注) この解答用紙は実物を縮小してあります。Ｂ４用紙に125%拡大コピーすると、ほぼ実物大で使用できます。(タイトルと配点表は含みません)

推定配点		計
	A　1～12　各３点×12　13，14　各４点×２ B～D　各２点×16　E　各３点×８	100点

２０２２年度　明治学院高等学校

数学解答用紙

番号		氏名		評点	／100

1

(1)		(2)		(3)	
(4)		(5)		(6)	
(7)		(8)		(9)	
(10)					

2

(1)		(2)	

3

(1)		(2)		(3)	

4

(1)		(2)	①		②	

5

(1)		(2)	

（注）この解答用紙は実物を縮小してあります。Ａ３用紙に154％拡大コピーすると、ほぼ実物大で使用できます。（タイトルと配点表は含みません）

推定配点		計
	1～5　各５点×20	100点

二〇二三年度　明治学院高等学校

国語解答用紙

評点
/100

問甲　〜

問乙　Ⅰ　Ⅱ

問丙

問丁　①　②　③　④

問戊　〜

良い例	●
悪い例	⊘　⊙　０▌

記入方法
・記入は、必ずＨＢの黒鉛筆で、⬭の中を正確に、ぬりつぶしてください。
・訂正は、プラスチック製消しゴムできれいに消してください。
・解答用紙を、折り曲げたり、汚さないでください。

フリガナ	
氏名	

問	解答記入欄 21〜40
21	Ⓐ Ⓑ Ⓒ Ⓓ Ⓔ Ⓕ Ⓖ Ⓗ Ⓘ Ⓙ
22	Ⓐ Ⓑ Ⓒ Ⓓ Ⓔ Ⓕ Ⓖ Ⓗ Ⓘ Ⓙ
23	Ⓐ Ⓑ Ⓒ Ⓓ Ⓔ Ⓕ Ⓖ Ⓗ Ⓘ Ⓙ
24	Ⓐ Ⓑ Ⓒ Ⓓ Ⓔ Ⓕ Ⓖ Ⓗ Ⓘ Ⓙ
25	Ⓐ Ⓑ Ⓒ Ⓓ Ⓔ Ⓕ Ⓖ Ⓗ Ⓘ Ⓙ
26	Ⓐ Ⓑ Ⓒ Ⓓ Ⓔ Ⓕ Ⓖ Ⓗ Ⓘ Ⓙ
27	Ⓐ Ⓑ Ⓒ Ⓓ Ⓔ Ⓕ Ⓖ Ⓗ Ⓘ Ⓙ
28	Ⓐ Ⓑ Ⓒ Ⓓ Ⓔ Ⓕ Ⓖ Ⓗ Ⓘ Ⓙ
29	Ⓐ Ⓑ Ⓒ Ⓓ Ⓔ Ⓕ Ⓖ Ⓗ Ⓘ Ⓙ
30	Ⓐ Ⓑ Ⓒ Ⓓ Ⓔ Ⓕ Ⓖ Ⓗ Ⓘ Ⓙ
31	Ⓐ Ⓑ Ⓒ Ⓓ Ⓔ Ⓕ Ⓖ Ⓗ Ⓘ Ⓙ
32	Ⓐ Ⓑ Ⓒ Ⓓ Ⓔ Ⓕ Ⓖ Ⓗ Ⓘ Ⓙ
33	Ⓐ Ⓑ Ⓒ Ⓓ Ⓔ Ⓕ Ⓖ Ⓗ Ⓘ Ⓙ
34	Ⓐ Ⓑ Ⓒ Ⓓ Ⓔ Ⓕ Ⓖ Ⓗ Ⓘ Ⓙ
35	Ⓐ Ⓑ Ⓒ Ⓓ Ⓔ Ⓕ Ⓖ Ⓗ Ⓘ Ⓙ
36	Ⓐ Ⓑ Ⓒ Ⓓ Ⓔ Ⓕ Ⓖ Ⓗ Ⓘ Ⓙ
37	Ⓐ Ⓑ Ⓒ Ⓓ Ⓔ Ⓕ Ⓖ Ⓗ Ⓘ Ⓙ
38	Ⓐ Ⓑ Ⓒ Ⓓ Ⓔ Ⓕ Ⓖ Ⓗ Ⓘ Ⓙ
39	Ⓐ Ⓑ Ⓒ Ⓓ Ⓔ Ⓕ Ⓖ Ⓗ Ⓘ Ⓙ
40	Ⓐ Ⓑ Ⓒ Ⓓ Ⓔ Ⓕ Ⓖ Ⓗ Ⓘ Ⓙ

問	解答記入欄 1〜20
1	Ⓐ Ⓑ Ⓒ Ⓓ Ⓔ Ⓕ Ⓖ Ⓗ Ⓘ Ⓙ
2	Ⓐ Ⓑ Ⓒ Ⓓ Ⓔ Ⓕ Ⓖ Ⓗ Ⓘ Ⓙ
3	Ⓐ Ⓑ Ⓒ Ⓓ Ⓔ Ⓕ Ⓖ Ⓗ Ⓘ Ⓙ
4	Ⓐ Ⓑ Ⓒ Ⓓ Ⓔ Ⓕ Ⓖ Ⓗ Ⓘ Ⓙ
5	Ⓐ Ⓑ Ⓒ Ⓓ Ⓔ Ⓕ Ⓖ Ⓗ Ⓘ Ⓙ
6	Ⓐ Ⓑ Ⓒ Ⓓ Ⓔ Ⓕ Ⓖ Ⓗ Ⓘ Ⓙ
7	Ⓐ Ⓑ Ⓒ Ⓓ Ⓔ Ⓕ Ⓖ Ⓗ Ⓘ Ⓙ
8	Ⓐ Ⓑ Ⓒ Ⓓ Ⓔ Ⓕ Ⓖ Ⓗ Ⓘ Ⓙ
9	Ⓐ Ⓑ Ⓒ Ⓓ Ⓔ Ⓕ Ⓖ Ⓗ Ⓘ Ⓙ
10	Ⓐ Ⓑ Ⓒ Ⓓ Ⓔ Ⓕ Ⓖ Ⓗ Ⓘ Ⓙ
11	Ⓐ Ⓑ Ⓒ Ⓓ Ⓔ Ⓕ Ⓖ Ⓗ Ⓘ Ⓙ
12	Ⓐ Ⓑ Ⓒ Ⓓ Ⓔ Ⓕ Ⓖ Ⓗ Ⓘ Ⓙ
13	Ⓐ Ⓑ Ⓒ Ⓓ Ⓔ Ⓕ Ⓖ Ⓗ Ⓘ Ⓙ
14	Ⓐ Ⓑ Ⓒ Ⓓ Ⓔ Ⓕ Ⓖ Ⓗ Ⓘ Ⓙ
15	Ⓐ Ⓑ Ⓒ Ⓓ Ⓔ Ⓕ Ⓖ Ⓗ Ⓘ Ⓙ
16	Ⓐ Ⓑ Ⓒ Ⓓ Ⓔ Ⓕ Ⓖ Ⓗ Ⓘ Ⓙ
17	Ⓐ Ⓑ Ⓒ Ⓓ Ⓔ Ⓕ Ⓖ Ⓗ Ⓘ Ⓙ
18	Ⓐ Ⓑ Ⓒ Ⓓ Ⓔ Ⓕ Ⓖ Ⓗ Ⓘ Ⓙ
19	Ⓐ Ⓑ Ⓒ Ⓓ Ⓔ Ⓕ Ⓖ Ⓗ Ⓘ Ⓙ
20	Ⓐ Ⓑ Ⓒ Ⓓ Ⓔ Ⓕ Ⓖ Ⓗ Ⓘ Ⓙ

受験番号			
⓪	⓪	⓪	⓪
①	①	①	①
②	②	②	②
③	③	③	③
④	④	④	④
⑤	⑤	⑤	⑤
⑥	⑥	⑥	⑥
⑦	⑦	⑦	⑦
⑧	⑧	⑧	⑧
⑨	⑨	⑨	⑨

（注）この解答用紙は実物を縮小してあります。Ａ３用紙に147％拡大コピーすると、ほぼ実物大で使用できます。（タイトルと配点表は含みません）

推定配点

一　問甲、問1　各4点×2　問乙　各2点×2　問2、問3　各4点×2
問4〜問6　各3点×3　問7　4点

二　問8、問9　各3点×2　問10〜問13　各4点×5

三　問丁　各2点×4　問14〜問16　各3点×3　問戊　4点
問17〜問20　各3点×4　問21、問22　各4点×2

100点	計

２０２１年度　明治学院高等学校

英語解答用紙

評点	／100

フリガナ	
氏名	

記入方法
・記入は、必ずＨＢの黒鉛筆で、⬯の中を正確に、ぬりつぶしてください。
・訂正は、プラスチック製消しゴムできれいに消してください。
・解答用紙を、折り曲げたり、汚さないでください。

受験番号			
⓪	⓪	⓪	⓪
①	①	①	①
②	②	②	②
③	③	③	③
④	④	④	④
⑤	⑤	⑤	⑤
⑥	⑥	⑥	⑥
⑦	⑦	⑦	⑦
⑧	⑧	⑧	⑧
⑨	⑨	⑨	⑨

問	解答記入欄 1～20
1	① ② ③ ④ ⑤ ⑥ ⑦ ⑧ ⑨ ⑩
2	① ② ③ ④ ⑤ ⑥ ⑦ ⑧ ⑨ ⑩
3	① ② ③ ④ ⑤ ⑥ ⑦ ⑧ ⑨ ⑩
4	① ② ③ ④ ⑤ ⑥ ⑦ ⑧ ⑨ ⑩
5	① ② ③ ④ ⑤ ⑥ ⑦ ⑧ ⑨ ⑩
6	① ② ③ ④ ⑤ ⑥ ⑦ ⑧ ⑨ ⑩
7	① ② ③ ④ ⑤ ⑥ ⑦ ⑧ ⑨ ⑩
8	① ② ③ ④ ⑤ ⑥ ⑦ ⑧ ⑨ ⑩
9	① ② ③ ④ ⑤ ⑥ ⑦ ⑧ ⑨ ⑩
10	① ② ③ ④ ⑤ ⑥ ⑦ ⑧ ⑨ ⑩
11	① ② ③ ④ ⑤ ⑥ ⑦ ⑧ ⑨ ⑩
12	① ② ③ ④ ⑤ ⑥ ⑦ ⑧ ⑨ ⑩
13	① ② ③ ④ ⑤ ⑥ ⑦ ⑧ ⑨ ⑩
14	① ② ③ ④ ⑤ ⑥ ⑦ ⑧ ⑨ ⑩
15	① ② ③ ④ ⑤ ⑥ ⑦ ⑧ ⑨ ⑩
16	① ② ③ ④ ⑤ ⑥ ⑦ ⑧ ⑨ ⑩
17	① ② ③ ④ ⑤ ⑥ ⑦ ⑧ ⑨ ⑩
18	① ② ③ ④ ⑤ ⑥ ⑦ ⑧ ⑨ ⑩
19	① ② ③ ④ ⑤ ⑥ ⑦ ⑧ ⑨ ⑩
20	① ② ③ ④ ⑤ ⑥ ⑦ ⑧ ⑨ ⑩

問	解答記入欄 21～40
21	① ② ③ ④ ⑤ ⑥ ⑦ ⑧ ⑨ ⑩
22	① ② ③ ④ ⑤ ⑥ ⑦ ⑧ ⑨ ⑩
23	① ② ③ ④ ⑤ ⑥ ⑦ ⑧ ⑨ ⑩
24	① ② ③ ④ ⑤ ⑥ ⑦ ⑧ ⑨ ⑩
25	① ② ③ ④ ⑤ ⑥ ⑦ ⑧ ⑨ ⑩
26	① ② ③ ④ ⑤ ⑥ ⑦ ⑧ ⑨ ⑩
27	① ② ③ ④ ⑤ ⑥ ⑦ ⑧ ⑨ ⑩
28	① ② ③ ④ ⑤ ⑥ ⑦ ⑧ ⑨ ⑩
29	① ② ③ ④ ⑤ ⑥ ⑦ ⑧ ⑨ ⑩
30	① ② ③ ④ ⑤ ⑥ ⑦ ⑧ ⑨ ⑩
31	① ② ③ ④ ⑤ ⑥ ⑦ ⑧ ⑨ ⑩
32	① ② ③ ④ ⑤ ⑥ ⑦ ⑧ ⑨ ⑩
33	① ② ③ ④ ⑤ ⑥ ⑦ ⑧ ⑨ ⑩
34	① ② ③ ④ ⑤ ⑥ ⑦ ⑧ ⑨ ⑩
35	① ② ③ ④ ⑤ ⑥ ⑦ ⑧ ⑨ ⑩
36	① ② ③ ④ ⑤ ⑥ ⑦ ⑧ ⑨ ⑩
37	① ② ③ ④ ⑤ ⑥ ⑦ ⑧ ⑨ ⑩
38	① ② ③ ④ ⑤ ⑥ ⑦ ⑧ ⑨ ⑩
39	① ② ③ ④ ⑤ ⑥ ⑦ ⑧ ⑨ ⑩
40	① ② ③ ④ ⑤ ⑥ ⑦ ⑧ ⑨ ⑩

良い例	⬮
悪い例	⦰ ⊙ ⬯▌

（注）この解答用紙は実物を縮小してあります。Ｂ４用紙に125％拡大コピーすると、ほぼ実物大で使用できます。（タイトルと配点表は含みません）

推定配点		計
	Ａ　各３点×16　Ｂ～Ｄ　各２点×17　Ｅ　各３点×６	100点

２０２１年度　明治学院高等学校

数学解答用紙

番号		氏名	

評点	／100

1

(1)		(2)		(3)	
(4)		(5)		(6)	
(7)		(8)		(9)	
(10)					

2

(1)		(2)	

3

(1)		(2)		(3)	

4

(1)		(2)	

5

(1)		(2)		(3)	

(注) この解答用紙は実物を縮小してあります。Ａ３用紙に154%拡大コピーすると、ほぼ実物大で使用できます。(タイトルと配点表は含みません)

推定配点		計
	1～5　各５点×20	100点

二〇二一年度　明治学院高等学校

国語解答用紙

良い例	●
悪い例	⊘ ⊙ ０▌

記入方法
・記入は、必ずＨＢの黒鉛筆で、⬯の中を正確に、ぬりつぶしてください。
・訂正は、プラスチック製消しゴムできれいに消してください。
・解答用紙を、折り曲げたり、汚さないでください。

フリガナ	
氏名	

受験番号			
⓪	⓪	⓪	⓪
①	①	①	①
②	②	②	②
③	③	③	③
④	④	④	④
⑤	⑤	⑤	⑤
⑥	⑥	⑥	⑥
⑦	⑦	⑦	⑦
⑧	⑧	⑧	⑧
⑨	⑨	⑨	⑨

問	解答記入欄 1～20	問	解答記入欄 21～40
1	Ⓐ Ⓑ Ⓒ Ⓓ Ⓔ Ⓕ Ⓖ Ⓗ Ⓘ Ⓙ	21	Ⓐ Ⓑ Ⓒ Ⓓ Ⓔ Ⓕ Ⓖ Ⓗ Ⓘ Ⓙ
2	Ⓐ Ⓑ Ⓒ Ⓓ Ⓔ Ⓕ Ⓖ Ⓗ Ⓘ Ⓙ	22	Ⓐ Ⓑ Ⓒ Ⓓ Ⓔ Ⓕ Ⓖ Ⓗ Ⓘ Ⓙ
3	Ⓐ Ⓑ Ⓒ Ⓓ Ⓔ Ⓕ Ⓖ Ⓗ Ⓘ Ⓙ	23	Ⓐ Ⓑ Ⓒ Ⓓ Ⓔ Ⓕ Ⓖ Ⓗ Ⓘ Ⓙ
4	Ⓐ Ⓑ Ⓒ Ⓓ Ⓔ Ⓕ Ⓖ Ⓗ Ⓘ Ⓙ	24	Ⓐ Ⓑ Ⓒ Ⓓ Ⓔ Ⓕ Ⓖ Ⓗ Ⓘ Ⓙ
5	Ⓐ Ⓑ Ⓒ Ⓓ Ⓔ Ⓕ Ⓖ Ⓗ Ⓘ Ⓙ	25	Ⓐ Ⓑ Ⓒ Ⓓ Ⓔ Ⓕ Ⓖ Ⓗ Ⓘ Ⓙ
6	Ⓐ Ⓑ Ⓒ Ⓓ Ⓔ Ⓕ Ⓖ Ⓗ Ⓘ Ⓙ	26	Ⓐ Ⓑ Ⓒ Ⓓ Ⓔ Ⓕ Ⓖ Ⓗ Ⓘ Ⓙ
7	Ⓐ Ⓑ Ⓒ Ⓓ Ⓔ Ⓕ Ⓖ Ⓗ Ⓘ Ⓙ	27	Ⓐ Ⓑ Ⓒ Ⓓ Ⓔ Ⓕ Ⓖ Ⓗ Ⓘ Ⓙ
8	Ⓐ Ⓑ Ⓒ Ⓓ Ⓔ Ⓕ Ⓖ Ⓗ Ⓘ Ⓙ	28	Ⓐ Ⓑ Ⓒ Ⓓ Ⓔ Ⓕ Ⓖ Ⓗ Ⓘ Ⓙ
9	Ⓐ Ⓑ Ⓒ Ⓓ Ⓔ Ⓕ Ⓖ Ⓗ Ⓘ Ⓙ	29	Ⓐ Ⓑ Ⓒ Ⓓ Ⓔ Ⓕ Ⓖ Ⓗ Ⓘ Ⓙ
10	Ⓐ Ⓑ Ⓒ Ⓓ Ⓔ Ⓕ Ⓖ Ⓗ Ⓘ Ⓙ	30	Ⓐ Ⓑ Ⓒ Ⓓ Ⓔ Ⓕ Ⓖ Ⓗ Ⓘ Ⓙ
11	Ⓐ Ⓑ Ⓒ Ⓓ Ⓔ Ⓕ Ⓖ Ⓗ Ⓘ Ⓙ	31	Ⓐ Ⓑ Ⓒ Ⓓ Ⓔ Ⓕ Ⓖ Ⓗ Ⓘ Ⓙ
12	Ⓐ Ⓑ Ⓒ Ⓓ Ⓔ Ⓕ Ⓖ Ⓗ Ⓘ Ⓙ	32	Ⓐ Ⓑ Ⓒ Ⓓ Ⓔ Ⓕ Ⓖ Ⓗ Ⓘ Ⓙ
13	Ⓐ Ⓑ Ⓒ Ⓓ Ⓔ Ⓕ Ⓖ Ⓗ Ⓘ Ⓙ	33	Ⓐ Ⓑ Ⓒ Ⓓ Ⓔ Ⓕ Ⓖ Ⓗ Ⓘ Ⓙ
14	Ⓐ Ⓑ Ⓒ Ⓓ Ⓔ Ⓕ Ⓖ Ⓗ Ⓘ Ⓙ	34	Ⓐ Ⓑ Ⓒ Ⓓ Ⓔ Ⓕ Ⓖ Ⓗ Ⓘ Ⓙ
15	Ⓐ Ⓑ Ⓒ Ⓓ Ⓔ Ⓕ Ⓖ Ⓗ Ⓘ Ⓙ	35	Ⓐ Ⓑ Ⓒ Ⓓ Ⓔ Ⓕ Ⓖ Ⓗ Ⓘ Ⓙ
16	Ⓐ Ⓑ Ⓒ Ⓓ Ⓔ Ⓕ Ⓖ Ⓗ Ⓘ Ⓙ	36	Ⓐ Ⓑ Ⓒ Ⓓ Ⓔ Ⓕ Ⓖ Ⓗ Ⓘ Ⓙ
17	Ⓐ Ⓑ Ⓒ Ⓓ Ⓔ Ⓕ Ⓖ Ⓗ Ⓘ Ⓙ	37	Ⓐ Ⓑ Ⓒ Ⓓ Ⓔ Ⓕ Ⓖ Ⓗ Ⓘ Ⓙ
18	Ⓐ Ⓑ Ⓒ Ⓓ Ⓔ Ⓕ Ⓖ Ⓗ Ⓘ Ⓙ	38	Ⓐ Ⓑ Ⓒ Ⓓ Ⓔ Ⓕ Ⓖ Ⓗ Ⓘ Ⓙ
19	Ⓐ Ⓑ Ⓒ Ⓓ Ⓔ Ⓕ Ⓖ Ⓗ Ⓘ Ⓙ	39	Ⓐ Ⓑ Ⓒ Ⓓ Ⓔ Ⓕ Ⓖ Ⓗ Ⓘ Ⓙ
20	Ⓐ Ⓑ Ⓒ Ⓓ Ⓔ Ⓕ Ⓖ Ⓗ Ⓘ Ⓙ	40	Ⓐ Ⓑ Ⓒ Ⓓ Ⓔ Ⓕ Ⓖ Ⓗ Ⓘ Ⓙ

問甲　X　　Y

問乙　　～

問丙

問丁　Ⅰ　　Ⅱ

評点
／100

推定配点	
一 問1 4点　問2 3点　問3 4点　問4 2点　問5～問8 各4点×4 二 問甲 各2点×2　問9 4点　問乙 4点　問10 4点　問11 2点 問12～問15 各4点×4 三 問16～問19 各4点×4　問20 3点　問丙 2点　問21 4点 問丁 各2点×2　問22、問23 各4点×2	
100点	計

（注）この解答用紙は実物を縮小してあります。Ａ３用紙に147％拡大コピーすると、ほぼ実物大で使用できます。（タイトルと配点表は含みません）

英語解答用紙

評点	／100

フリガナ	
氏名	

記入方法
・記入は、必ずＨＢの黒鉛筆で、⓪の中を正確に、ぬりつぶしてください。
・訂正は、プラスチック製消しゴムできれいに消してください。
・解答用紙を、折り曲げたり、汚さないでください。

受験番号			
⓪	⓪	⓪	⓪
①	①	①	①
②	②	②	②
③	③	③	③
④	④	④	④
⑤	⑤	⑤	⑤
⑥	⑥	⑥	⑥
⑦	⑦	⑦	⑦
⑧	⑧	⑧	⑧
⑨	⑨	⑨	⑨

問	解答記入欄 １～２０
1	① ② ③ ④ ⑤ ⑥ ⑦ ⑧ ⑨ ⑩
2	① ② ③ ④ ⑤ ⑥ ⑦ ⑧ ⑨ ⑩
3	① ② ③ ④ ⑤ ⑥ ⑦ ⑧ ⑨ ⑩
4	① ② ③ ④ ⑤ ⑥ ⑦ ⑧ ⑨ ⑩
5	① ② ③ ④ ⑤ ⑥ ⑦ ⑧ ⑨ ⑩
6	① ② ③ ④ ⑤ ⑥ ⑦ ⑧ ⑨ ⑩
7	① ② ③ ④ ⑤ ⑥ ⑦ ⑧ ⑨ ⑩
8	① ② ③ ④ ⑤ ⑥ ⑦ ⑧ ⑨ ⑩
9	① ② ③ ④ ⑤ ⑥ ⑦ ⑧ ⑨ ⑩
10	① ② ③ ④ ⑤ ⑥ ⑦ ⑧ ⑨ ⑩
11	① ② ③ ④ ⑤ ⑥ ⑦ ⑧ ⑨ ⑩
12	① ② ③ ④ ⑤ ⑥ ⑦ ⑧ ⑨ ⑩
13	① ② ③ ④ ⑤ ⑥ ⑦ ⑧ ⑨ ⑩
14	① ② ③ ④ ⑤ ⑥ ⑦ ⑧ ⑨ ⑩
15	① ② ③ ④ ⑤ ⑥ ⑦ ⑧ ⑨ ⑩
16	① ② ③ ④ ⑤ ⑥ ⑦ ⑧ ⑨ ⑩
17	① ② ③ ④ ⑤ ⑥ ⑦ ⑧ ⑨ ⑩
18	① ② ③ ④ ⑤ ⑥ ⑦ ⑧ ⑨ ⑩
19	① ② ③ ④ ⑤ ⑥ ⑦ ⑧ ⑨ ⑩
20	① ② ③ ④ ⑤ ⑥ ⑦ ⑧ ⑨ ⑩

問	解答記入欄 ２１～４０
21	① ② ③ ④ ⑤ ⑥ ⑦ ⑧ ⑨ ⑩
22	① ② ③ ④ ⑤ ⑥ ⑦ ⑧ ⑨ ⑩
23	① ② ③ ④ ⑤ ⑥ ⑦ ⑧ ⑨ ⑩
24	① ② ③ ④ ⑤ ⑥ ⑦ ⑧ ⑨ ⑩
25	① ② ③ ④ ⑤ ⑥ ⑦ ⑧ ⑨ ⑩
26	① ② ③ ④ ⑤ ⑥ ⑦ ⑧ ⑨ ⑩
27	① ② ③ ④ ⑤ ⑥ ⑦ ⑧ ⑨ ⑩
28	① ② ③ ④ ⑤ ⑥ ⑦ ⑧ ⑨ ⑩
29	① ② ③ ④ ⑤ ⑥ ⑦ ⑧ ⑨ ⑩
30	① ② ③ ④ ⑤ ⑥ ⑦ ⑧ ⑨ ⑩
31	① ② ③ ④ ⑤ ⑥ ⑦ ⑧ ⑨ ⑩
32	① ② ③ ④ ⑤ ⑥ ⑦ ⑧ ⑨ ⑩
33	① ② ③ ④ ⑤ ⑥ ⑦ ⑧ ⑨ ⑩
34	① ② ③ ④ ⑤ ⑥ ⑦ ⑧ ⑨ ⑩
35	① ② ③ ④ ⑤ ⑥ ⑦ ⑧ ⑨ ⑩
36	① ② ③ ④ ⑤ ⑥ ⑦ ⑧ ⑨ ⑩
37	① ② ③ ④ ⑤ ⑥ ⑦ ⑧ ⑨ ⑩
38	① ② ③ ④ ⑤ ⑥ ⑦ ⑧ ⑨ ⑩
39	① ② ③ ④ ⑤ ⑥ ⑦ ⑧ ⑨ ⑩
40	① ② ③ ④ ⑤ ⑥ ⑦ ⑧ ⑨ ⑩

良い例	●
悪い例	⊘ ⊙ ◯▮

（注）この解答用紙は実物を縮小してあります。Ｂ４用紙に125％拡大コピーすると、ほぼ実物大で使用できます。（タイトルと配点表は含みません）

推定配点		計
	Ａ 各３点×15　Ｂ 各２点×５　Ｃ～Ｅ 各３点×15	100点

２０２０年度　明治学院高等学校

数学解答用紙

番号		氏名		評点	／100

1

(1)		(2)		(3)	
(4)		(5)		(6)	$N=$
(7)		(8) ①		②	
(9)	(△ABCの面積) : (△DEFの面積)＝　　　:				

2

(1)		(2)	

3

(1)		(2)	cm

4

(1)		(2)		(3)	

5

(1)		(2)		(3)	

(注) この解答用紙は実物を縮小してあります。Ａ３用紙に156%拡大コピーすると、ほぼ実物大で使用できます。(タイトルと配点表は含みません)

推定配点		計
	1～5　各５点×20	100点

二〇二〇年度　明治学院高等学校

国語解答用紙

評点
/100

問甲 ①

問乙 I

問丙

問丁

記入方法
・記入は、必ずＨＢの黒鉛筆で、⓪の中を正確に、ぬりつぶしてください。
・訂正は、プラスチック製消しゴムできれいに消してください。
・解答用紙を、折り曲げたり、汚さないでください。

良い例	●
悪い例	∅ ⊙ ○▌

フリガナ	
氏名	

受験番号

⓪	⓪	⓪	⓪
①	①	①	①
②	②	②	②
③	③	③	③
④	④	④	④
⑤	⑤	⑤	⑤
⑥	⑥	⑥	⑥
⑦	⑦	⑦	⑦
⑧	⑧	⑧	⑧
⑨	⑨	⑨	⑨

問	解答記入欄 1～20
1	Ⓐ Ⓑ Ⓒ Ⓓ Ⓔ Ⓕ Ⓖ Ⓗ Ⓘ Ⓙ
2	Ⓐ Ⓑ Ⓒ Ⓓ Ⓔ Ⓕ Ⓖ Ⓗ Ⓘ Ⓙ
3	Ⓐ Ⓑ Ⓒ Ⓓ Ⓔ Ⓕ Ⓖ Ⓗ Ⓘ Ⓙ
4	Ⓐ Ⓑ Ⓒ Ⓓ Ⓔ Ⓕ Ⓖ Ⓗ Ⓘ Ⓙ
5	Ⓐ Ⓑ Ⓒ Ⓓ Ⓔ Ⓕ Ⓖ Ⓗ Ⓘ Ⓙ
6	Ⓐ Ⓑ Ⓒ Ⓓ Ⓔ Ⓕ Ⓖ Ⓗ Ⓘ Ⓙ
7	Ⓐ Ⓑ Ⓒ Ⓓ Ⓔ Ⓕ Ⓖ Ⓗ Ⓘ Ⓙ
8	Ⓐ Ⓑ Ⓒ Ⓓ Ⓔ Ⓕ Ⓖ Ⓗ Ⓘ Ⓙ
9	Ⓐ Ⓑ Ⓒ Ⓓ Ⓔ Ⓕ Ⓖ Ⓗ Ⓘ Ⓙ
10	Ⓐ Ⓑ Ⓒ Ⓓ Ⓔ Ⓕ Ⓖ Ⓗ Ⓘ Ⓙ
11	Ⓐ Ⓑ Ⓒ Ⓓ Ⓔ Ⓕ Ⓖ Ⓗ Ⓘ Ⓙ
12	Ⓐ Ⓑ Ⓒ Ⓓ Ⓔ Ⓕ Ⓖ Ⓗ Ⓘ Ⓙ
13	Ⓐ Ⓑ Ⓒ Ⓓ Ⓔ Ⓕ Ⓖ Ⓗ Ⓘ Ⓙ
14	Ⓐ Ⓑ Ⓒ Ⓓ Ⓔ Ⓕ Ⓖ Ⓗ Ⓘ Ⓙ
15	Ⓐ Ⓑ Ⓒ Ⓓ Ⓔ Ⓕ Ⓖ Ⓗ Ⓘ Ⓙ
16	Ⓐ Ⓑ Ⓒ Ⓓ Ⓔ Ⓕ Ⓖ Ⓗ Ⓘ Ⓙ
17	Ⓐ Ⓑ Ⓒ Ⓓ Ⓔ Ⓕ Ⓖ Ⓗ Ⓘ Ⓙ
18	Ⓐ Ⓑ Ⓒ Ⓓ Ⓔ Ⓕ Ⓖ Ⓗ Ⓘ Ⓙ
19	Ⓐ Ⓑ Ⓒ Ⓓ Ⓔ Ⓕ Ⓖ Ⓗ Ⓘ Ⓙ
20	Ⓐ Ⓑ Ⓒ Ⓓ Ⓔ Ⓕ Ⓖ Ⓗ Ⓘ Ⓙ

問	解答記入欄 21～40
21	Ⓐ Ⓑ Ⓒ Ⓓ Ⓔ Ⓕ Ⓖ Ⓗ Ⓘ Ⓙ
22	Ⓐ Ⓑ Ⓒ Ⓓ Ⓔ Ⓕ Ⓖ Ⓗ Ⓘ Ⓙ
23	Ⓐ Ⓑ Ⓒ Ⓓ Ⓔ Ⓕ Ⓖ Ⓗ Ⓘ Ⓙ
24	Ⓐ Ⓑ Ⓒ Ⓓ Ⓔ Ⓕ Ⓖ Ⓗ Ⓘ Ⓙ
25	Ⓐ Ⓑ Ⓒ Ⓓ Ⓔ Ⓕ Ⓖ Ⓗ Ⓘ Ⓙ
26	Ⓐ Ⓑ Ⓒ Ⓓ Ⓔ Ⓕ Ⓖ Ⓗ Ⓘ Ⓙ
27	Ⓐ Ⓑ Ⓒ Ⓓ Ⓔ Ⓕ Ⓖ Ⓗ Ⓘ Ⓙ
28	Ⓐ Ⓑ Ⓒ Ⓓ Ⓔ Ⓕ Ⓖ Ⓗ Ⓘ Ⓙ
29	Ⓐ Ⓑ Ⓒ Ⓓ Ⓔ Ⓕ Ⓖ Ⓗ Ⓘ Ⓙ
30	Ⓐ Ⓑ Ⓒ Ⓓ Ⓔ Ⓕ Ⓖ Ⓗ Ⓘ Ⓙ
31	Ⓐ Ⓑ Ⓒ Ⓓ Ⓔ Ⓕ Ⓖ Ⓗ Ⓘ Ⓙ
32	Ⓐ Ⓑ Ⓒ Ⓓ Ⓔ Ⓕ Ⓖ Ⓗ Ⓘ Ⓙ
33	Ⓐ Ⓑ Ⓒ Ⓓ Ⓔ Ⓕ Ⓖ Ⓗ Ⓘ Ⓙ
34	Ⓐ Ⓑ Ⓒ Ⓓ Ⓔ Ⓕ Ⓖ Ⓗ Ⓘ Ⓙ
35	Ⓐ Ⓑ Ⓒ Ⓓ Ⓔ Ⓕ Ⓖ Ⓗ Ⓘ Ⓙ
36	Ⓐ Ⓑ Ⓒ Ⓓ Ⓔ Ⓕ Ⓖ Ⓗ Ⓘ Ⓙ
37	Ⓐ Ⓑ Ⓒ Ⓓ Ⓔ Ⓕ Ⓖ Ⓗ Ⓘ Ⓙ
38	Ⓐ Ⓑ Ⓒ Ⓓ Ⓔ Ⓕ Ⓖ Ⓗ Ⓘ Ⓙ
39	Ⓐ Ⓑ Ⓒ Ⓓ Ⓔ Ⓕ Ⓖ Ⓗ Ⓘ Ⓙ
40	Ⓐ Ⓑ Ⓒ Ⓓ Ⓔ Ⓕ Ⓖ Ⓗ Ⓘ Ⓙ

(注)　この解答用紙は実物を縮小してあります。Ｂ４用紙に133%拡大コピーすると、ほぼ実物大で使用できます。(タイトルと配点表は含みません)

推定配点	
一　問1、問2　各3点×2　問甲　2点　問3～問8　各3点×6 二　問9、問10　各4点×2　問乙　2点　問11～問15　各4点×5 三　問16～問21　各4点×6　問丙　2点　問22　4点　問丁　2点 問23～問25　各4点×3	
100点	計

２０１９年度　　明治学院高等学校

英語解答用紙

評点	／100

フリガナ	
氏名	

記入方法
・記入は、必ずＨＢの黒鉛筆で、⬯の中を正確に、ぬりつぶしてください。
・訂正は、プラスチック製消しゴムできれいに消してください。
・解答用紙を、折り曲げたり、汚さないでください。

受験番号			
⓪	⓪	⓪	⓪
①	①	①	①
②	②	②	②
③	③	③	③
④	④	④	④
⑤	⑤	⑤	⑤
⑥	⑥	⑥	⑥
⑦	⑦	⑦	⑦
⑧	⑧	⑧	⑧
⑨	⑨	⑨	⑨

問	解答記入欄 １～２０
1	① ② ③ ④ ⑤ ⑥ ⑦ ⑧ ⑨ ⑩
2	① ② ③ ④ ⑤ ⑥ ⑦ ⑧ ⑨ ⑩
3	① ② ③ ④ ⑤ ⑥ ⑦ ⑧ ⑨ ⑩
4	① ② ③ ④ ⑤ ⑥ ⑦ ⑧ ⑨ ⑩
5	① ② ③ ④ ⑤ ⑥ ⑦ ⑧ ⑨ ⑩
6	① ② ③ ④ ⑤ ⑥ ⑦ ⑧ ⑨ ⑩
7	① ② ③ ④ ⑤ ⑥ ⑦ ⑧ ⑨ ⑩
8	① ② ③ ④ ⑤ ⑥ ⑦ ⑧ ⑨ ⑩
9	① ② ③ ④ ⑤ ⑥ ⑦ ⑧ ⑨ ⑩
10	① ② ③ ④ ⑤ ⑥ ⑦ ⑧ ⑨ ⑩
11	① ② ③ ④ ⑤ ⑥ ⑦ ⑧ ⑨ ⑩
12	① ② ③ ④ ⑤ ⑥ ⑦ ⑧ ⑨ ⑩
13	① ② ③ ④ ⑤ ⑥ ⑦ ⑧ ⑨ ⑩
14	① ② ③ ④ ⑤ ⑥ ⑦ ⑧ ⑨ ⑩
15	① ② ③ ④ ⑤ ⑥ ⑦ ⑧ ⑨ ⑩
16	① ② ③ ④ ⑤ ⑥ ⑦ ⑧ ⑨ ⑩
17	① ② ③ ④ ⑤ ⑥ ⑦ ⑧ ⑨ ⑩
18	① ② ③ ④ ⑤ ⑥ ⑦ ⑧ ⑨ ⑩
19	① ② ③ ④ ⑤ ⑥ ⑦ ⑧ ⑨ ⑩
20	① ② ③ ④ ⑤ ⑥ ⑦ ⑧ ⑨ ⑩

問	解答記入欄 ２１～４０
21	① ② ③ ④ ⑤ ⑥ ⑦ ⑧ ⑨ ⑩
22	① ② ③ ④ ⑤ ⑥ ⑦ ⑧ ⑨ ⑩
23	① ② ③ ④ ⑤ ⑥ ⑦ ⑧ ⑨ ⑩
24	① ② ③ ④ ⑤ ⑥ ⑦ ⑧ ⑨ ⑩
25	① ② ③ ④ ⑤ ⑥ ⑦ ⑧ ⑨ ⑩
26	① ② ③ ④ ⑤ ⑥ ⑦ ⑧ ⑨ ⑩
27	① ② ③ ④ ⑤ ⑥ ⑦ ⑧ ⑨ ⑩
28	① ② ③ ④ ⑤ ⑥ ⑦ ⑧ ⑨ ⑩
29	① ② ③ ④ ⑤ ⑥ ⑦ ⑧ ⑨ ⑩
30	① ② ③ ④ ⑤ ⑥ ⑦ ⑧ ⑨ ⑩
31	① ② ③ ④ ⑤ ⑥ ⑦ ⑧ ⑨ ⑩
32	① ② ③ ④ ⑤ ⑥ ⑦ ⑧ ⑨ ⑩
33	① ② ③ ④ ⑤ ⑥ ⑦ ⑧ ⑨ ⑩
34	① ② ③ ④ ⑤ ⑥ ⑦ ⑧ ⑨ ⑩
35	① ② ③ ④ ⑤ ⑥ ⑦ ⑧ ⑨ ⑩
36	① ② ③ ④ ⑤ ⑥ ⑦ ⑧ ⑨ ⑩
37	① ② ③ ④ ⑤ ⑥ ⑦ ⑧ ⑨ ⑩
38	① ② ③ ④ ⑤ ⑥ ⑦ ⑧ ⑨ ⑩
39	① ② ③ ④ ⑤ ⑥ ⑦ ⑧ ⑨ ⑩
40	① ② ③ ④ ⑤ ⑥ ⑦ ⑧ ⑨ ⑩

良い例	●
悪い例	⦰ ⊙ ⬯▮

（注）この解答用紙は実物を縮小してあります。Ｂ４用紙に125％拡大コピーすると、ほぼ実物大で使用できます。（タイトルと配点表は含みません）

推定配点		計
	Ａ　1　3点　2～4　各４点×３　5　3点　6～15　各４点×10 Ｂ～Ｄ　各２点×21	100点

2019年度　明治学院高等学校

数学解答用紙

番号		氏名	

評点	／100

1

(1)		(2)		(3)	
(4)	$x=$　　，$y=$	(5)			
(6)		(7)			
(8)		(9)			

2

(1)		(2)	
(3)			

3

(1)		(2)	

4

(1)		(2)	
(3)			

5

(1)	（　　，　　）		
(2) ①	（　　，　　）	②	

（注）この解答用紙は実物を縮小してあります。A３用紙に164％拡大コピーすると、ほぼ実物大で使用できます。（タイトルと配点表は含みません）

推定配点		計
	1～5　各５点×20	100点

二〇一九年度　明治学院高等学校

国語解答用紙

評点　／100

良い例	●
悪い例	⌀ ◐ ○I

記入方法
・記入は、必ずＨＢの黒鉛筆で、()の中を正確に、ぬりつぶしてください。
・訂正は、プラスチック製消しゴムできれいに消してください。
・解答用紙を、折り曲げたり、汚さないでください。

問甲　Ⅰ　Ⅱ

問乙　ア　イ

問丙　㋐　㋑

受験番号			
⓪①②③④⑤⑥⑦⑧⑨	⓪①②③④⑤⑥⑦⑧⑨	⓪①②③④⑤⑥⑦⑧⑨	⓪①②③④⑤⑥⑦⑧⑨

フリガナ	
氏名	

問	解答記入欄 1～20
1	ⒶⒷⒸⒹⒺⒻⒼⒽⒾⒿ
2	ⒶⒷⒸⒹⒺⒻⒼⒽⒾⒿ
3	ⒶⒷⒸⒹⒺⒻⒼⒽⒾⒿ
4	ⒶⒷⒸⒹⒺⒻⒼⒽⒾⒿ
5	ⒶⒷⒸⒹⒺⒻⒼⒽⒾⒿ
6	ⒶⒷⒸⒹⒺⒻⒼⒽⒾⒿ
7	ⒶⒷⒸⒹⒺⒻⒼⒽⒾⒿ
8	ⒶⒷⒸⒹⒺⒻⒼⒽⒾⒿ
9	ⒶⒷⒸⒹⒺⒻⒼⒽⒾⒿ
10	ⒶⒷⒸⒹⒺⒻⒼⒽⒾⒿ
11	ⒶⒷⒸⒹⒺⒻⒼⒽⒾⒿ
12	ⒶⒷⒸⒹⒺⒻⒼⒽⒾⒿ
13	ⒶⒷⒸⒹⒺⒻⒼⒽⒾⒿ
14	ⒶⒷⒸⒹⒺⒻⒼⒽⒾⒿ
15	ⒶⒷⒸⒹⒺⒻⒼⒽⒾⒿ
16	ⒶⒷⒸⒹⒺⒻⒼⒽⒾⒿ
17	ⒶⒷⒸⒹⒺⒻⒼⒽⒾⒿ
18	ⒶⒷⒸⒹⒺⒻⒼⒽⒾⒿ
19	ⒶⒷⒸⒹⒺⒻⒼⒽⒾⒿ
20	ⒶⒷⒸⒹⒺⒻⒼⒽⒾⒿ

問	解答記入欄 21～40
21	ⒶⒷⒸⒹⒺⒻⒼⒽⒾⒿ
22	ⒶⒷⒸⒹⒺⒻⒼⒽⒾⒿ
23	ⒶⒷⒸⒹⒺⒻⒼⒽⒾⒿ
24	ⒶⒷⒸⒹⒺⒻⒼⒽⒾⒿ
25	ⒶⒷⒸⒹⒺⒻⒼⒽⒾⒿ
26	ⒶⒷⒸⒹⒺⒻⒼⒽⒾⒿ
27	ⒶⒷⒸⒹⒺⒻⒼⒽⒾⒿ
28	ⒶⒷⒸⒹⒺⒻⒼⒽⒾⒿ
29	ⒶⒷⒸⒹⒺⒻⒼⒽⒾⒿ
30	ⒶⒷⒸⒹⒺⒻⒼⒽⒾⒿ
31	ⒶⒷⒸⒹⒺⒻⒼⒽⒾⒿ
32	ⒶⒷⒸⒹⒺⒻⒼⒽⒾⒿ
33	ⒶⒷⒸⒹⒺⒻⒼⒽⒾⒿ
34	ⒶⒷⒸⒹⒺⒻⒼⒽⒾⒿ
35	ⒶⒷⒸⒹⒺⒻⒼⒽⒾⒿ
36	ⒶⒷⒸⒹⒺⒻⒼⒽⒾⒿ
37	ⒶⒷⒸⒹⒺⒻⒼⒽⒾⒿ
38	ⒶⒷⒸⒹⒺⒻⒼⒽⒾⒿ
39	ⒶⒷⒸⒹⒺⒻⒼⒽⒾⒿ
40	ⒶⒷⒸⒹⒺⒻⒼⒽⒾⒿ

(注) この解答用紙は実物を縮小してあります。Ｂ４用紙に133%拡大コピーすると、ほぼ実物大で使用できます。(タイトルと配点表は含みません)

推定配点

一 問１、問２　各３点×２　問３　４点　問甲　各２点×２
問４～問８　各４点×５

二 問９～問14　各３点×６　問乙　２点　問15～問18　各３点×４

三 問丙　各２点×２　問19～問28　各３点×10

計　100点

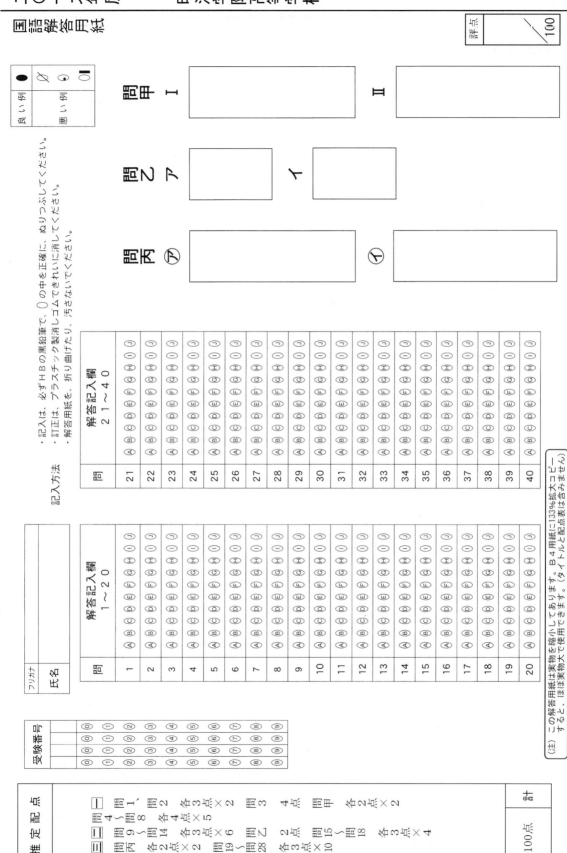

Memo

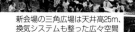

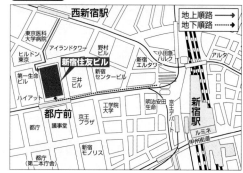

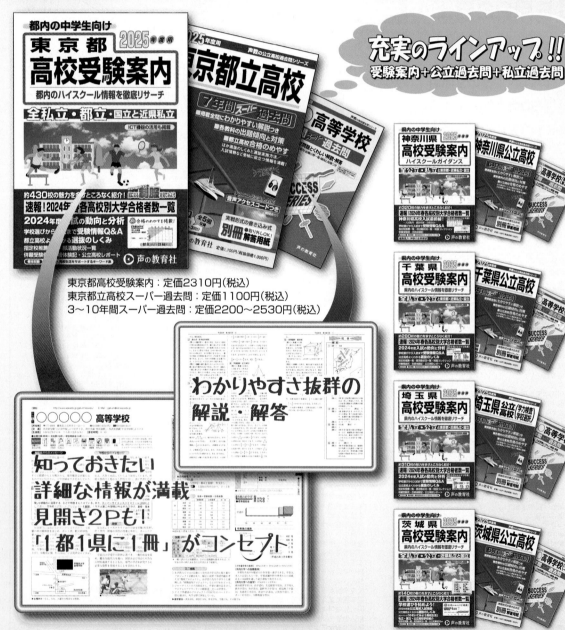